소통으로 세상을 바꾸다

모두를 위한 스피치 커뮤니케이션

엄남현 지음

이프레스

PREFACE

『소통으로 세상을 바꾸다, 모두를 위한 스피치 커뮤니케이션』이라는 책을 쓰게 된 것은 솔직히 말해 우발적 행동에서 시작되었다. 교수가 된 이후 처음 맞이하는 안식년이었고, 뭔가 의미 있는 프로젝트를 해야겠다는 생각이 들어 출판사에 먼저 전화를 걸어 일단 계약서를 쓰자고 제안했다. 그러면 약속을 지키기 위해서라도 1년이라는 시간 프레임 안에 끝마칠 수 있을 것 같았기 때문이다. 집필이 안 될 때면 '내가 왜 그랬을까' 하는 자책과 후회를 몇 번 하기도 했지만, 시작이 반이라고 책의 목차를 구성하고 나니 속도가 붙었다. 그리고 나에게 주어진 시간을 최대한 활용해 집필을 마쳤다.

'스피치 커뮤니케이션', '퍼블릭 스피킹', 또는 '프레젠테이션' 등의 수업으로 국내 대학에서도 스피치 수업이 진행되고 있다. 한 가지 아쉬운 것은 스피치 수업이 대체로 미디어, 광고 또는 PR 관련 전공수업 커리큘럼으로 포함되어 있기 때문에, 타 전공 학생들이 스피치 수업을 경험하는 것은 흔치 않은 일이다. 미국 대학의 경우, 전공을 불문하고 1학년 신입생들이 수강해야 할 교양수업으로 '스피치 커뮤니케이션'이 지정되어 있다. 그만큼 미국 대학에서는 스피치의 중요성을 크게 보고 있는 것으로 해석할 수 있다.

미국에서 박사학위를 받고 위스콘신 대학교 커뮤니케이션학과에서 처음으로 강의를 시작했을 때 '스피치 커뮤니케이션'이라는 수업을 맡게 되었다. 영어가 모국어가 아닌 내가 미국 대학생들을 상대로 스피치 수업을 한다는 것은 여간 힘든 일이 아니었다. 동료 교수의 도움을 받아서 스피치 수업 계획서를 작성하고, 매해 수정과 수정을 거쳐 나만의 '스피치 커뮤니케이션' 수업 계획서를 만들게 되었다. 그렇게 5년 동안 위스콘신 대학교에서 '스피치 커뮤니케이션' 수업을 가르치다가 2015년에 홍익대학교 광고홍보학부로 자리를 옮기게 되었고, 그리고 줄곧 '스피치 커뮤니케이션' 수업을 맡아오고 있다.

한국에서 '스피치 커뮤니케이션' 수업을 가르치기 위해 교재를 선택하는 것은 쉽지 않았다. 미국에서 발행된 교재를 그대로 번역한 책들이 많았고, 그러한 책들은 다분히 미국 문화에 맞는, 그리고 미국적 맥락에 따른 내용들이기 때문에 국내 대학생을 위한 스피치 수업 교재로서는 약간 아쉬움이 남았다. 그리고 기존에 국내에서 출판된 스피치 관련 교재들은 오래되고, 개정판이 나오지 않아 예시, 사례 등 교재 내용의 업데이트가 필요하다고 생각했다. 그리고 기회가 되면 뭔가 새로운 '스피치 커뮤니케이션' 교재를 만들어 보고 싶다는 욕망이 꿈틀거리고는 했다.

이 책을 기획하면서 무엇보다 기존에 나와 있는 '스피치 커뮤니케이션' 교재들과의 차별화를 꾀하고 싶었다. 우선, 14개의 장에 스피치 관련 이론적으로 필수적인 내용들을 포함시키되 충분한 예시들을 들어서 쉽게 설명하고 싶었다. 또한, 각 장 마지막에 스피치 사례를 하나씩 들고 QR 코드를 제공하여 동영상으로 시청할 수 있는 장치도 마련했다. 그리고 '사소하고 소소한 이야기'라는 꼭지를 만들어서 내 개인적인 스토리텔링을 통해 스피치와의 연결고리를 담아내고자 했다. 예를 들어, 내가 워싱턴 주립대 커뮤니케이션학부에서 편입생 시절 들었던 '퍼블릭 스피킹' 수업 경험을, 그리고 제일기획에 입사해서 처음 참여했던 광고주 프레젠테이션 경험을 그리고 마케팅 전문가, 크리에이티브 디렉터, 또는 광고대행사 대표와 같은 프레젠테이션 전문가들과의 인터뷰도 '사소하고 소소한 이야기'에 담아냈다. 참고로, ChatGPT4를 이용해서 교재 내용과 관련 있는 이미지를 만들어서 비주얼 자료로 활용했으며, 이 책에 나와 있는 스피치 예시들은 ChatGPT4의 도움을 받았다는 것을 명확하게 밝힌다. 한마디로 이 책은 '스피치 커뮤니케이션' 교재로서, 그리고 일반 커뮤니케이션 전문서적으로 포지셔닝되길 바라는 마음으로 집필했다. 또한, 이 책은 광고적 관점에서 쓴 '스피치 커뮤니케이션' 책이라고 해석할 수 있다. 책에 소개된 사례들과 광고 관련 전문 용어들, 그리고 '사소하고 소소한 이야기'에 나오는 인터뷰와 내용들이 다분히 나의 개인적 경험과 관심사에 맞닿아 있기 때문에 '광고'가 자연스레 이 책에 스며들었다.

책에서 언급했듯이 스피치는 생존의 기술이다. 대학교 4년 동안 학생들은 수업을 들으며 발표를 하게 되고 평가를 받는다. 학생들은 대학이라는 아카데믹 환경에서 살아남기 위해서 스피치 기술이 필요하며, 사회의 첫 관문이라 할 수 있는 면접에서는 더더욱 스피치 능력이 빛을 발한다. 서류전형에 합격했다면 다음 단계인 면접에서 어떻게 평가자들에게 자신의 생각을 전달하고 본인이 입사를 희망하는 기업에 적합한 인재인지 설득하는 것이 최종 합격의 열쇠가 된다. 기업에 합격 후, 부서에 배치받고 경력을 쌓게 되면서 크고 작은 프레젠테이션 기회가 주어진다. 때로는 팀 안에서 그리고 때로는 임원 및 클라이언트 앞에서 프레젠테이션을 하게 되고, 어떻게 프레젠테이션을 하느냐에 따라 냉정한 평가를 받게 된다. 그렇기 때문에 계속해서 프레젠테이션 기술을 익히고 연습하는 것이야 말로 본인의 커뮤니케이션 능력을 강화하는 첫걸음이 되는 것이다.

이 책이 스피치 커뮤니케이션에 관심이 있고, 자신의 부족한 부분을 채우고자 고민하고 부단히 노력하는 학생들과 여러 많은 사람들에게 도움이 되길 바란다.

인터뷰에 참여하고 그 내용을 책에 싣게 해주신 언바운드랩 조용민 대표님, 스튜디오좋 남우리 대표님, 그리고 TBWA Korea 유병욱 크리에이티브 디렉터님께 다시 한번 감사의 말씀을 전한다. 그리고 세바시 강연들을 스피치 사례로 사용할 수 있도록 허락해 주신 세바시 관계자 분들께도 진심으로 감사드린다. 『소통으로 세상을 바꾸다, 모두를 위한 스피치 커뮤니케이션』 이 책의 초안을 읽고 꼼꼼한 피드백을 주신 상지대학교 이희복 교수님과 성신여대 소현진 교수님께도 감사의 말씀을 드린다.

마지막으로, 평일 오전 8시, 따뜻한 카페 라테 1.5샷으로 아침을 열어준 스타벅스 대전수침교DT점 바리스타들에게도 역시 고마움을 표한다. 이 책의 시작과 끝은 그곳에서였다.

2024년 10월

소통으로 세상이 바뀌길 바라는 마음을 담아서

저자 엄남현

CONTENTS

03. 말하기와 듣기
의사소통의 두 가지 축

04. 청중 분석
누구와 말하고 있는가

05. 스피치 내용 조사
이해와 설득은 조사로부터 시작

06. 스피치 목적과 주제 정하기
무엇을 말할 것인가

07. 스피치 구조
스피치라는 집을 짓기

08. 서론과 결론
스피치에서 무엇을 남길 것인가

09. 아이디어 지지
뒷받침 자료 선택하기

10. 스피치 실행
어떻게 말할 것인가

11. 스피치를 위한 효과적인 언어 선택
청중 중심의 언어 사용하기

12. 정보전달 스피치
정보를 통해 이해를

13. 설득 스피치
설득을 통해 변화를

14. 특별한 상황 스피치
상황에 맞는 스피치하기

CHAPTER

01

스피치의 중요성

스피치는 생존의 기술

일상 속에서 우리는 '언어'와 '비언어'라는 도구를 사용해서 스피치를 한다. 스피치 장소와 대상에 따라 정보를 전달하고자 하는 목적으로 그리고 때로는 생각과 행동의 변화를 일으키고자 하는 설득의 목적으로 스피치를 한다. 정보 전달과 설득의 목적 외에도 우리는 끊임없이 주위에 있는 사람들과 관계를 유지하고 형성하기 위해서 소통을 한다. 내가 말한 의도를 상대방이 오해해서 생기는 일도 발생하기도 하고, 친구들 앞에서 발표하는 것에 불안감을 느끼기도 한다. 우리나라 학생들은 초등학교부터 고등학교 과정에서 수업시간을 통해 발표를 많이 하지만, 대학에서는 본격적인 팀프로젝트(일명 팀플)가 본격화되면서 스피치의 중요성이 좀더 높아진다. 대학생들에게 본격적인 스피치의 하이라이트는 면접일 것이다. 졸업을 앞둔 대학교 4학년 학생들에게 면접은 직장인으로 나아가기 위한 최종 단계이기 때문이다. 단순하게 말을 잘하는 것이 아니라, 자신의 생각을 구조화해서 임팩트 있는 스피치를 통해 자신을 '브랜딩'하는 것이야 말로 지금 우리가 가져야 할 생존의 기술이 아닐까 싶다.

SPEECH
COMMUNICATION

1. 스피치의 기초

스피치의 기초에 대한 이해는 효과적인 의사소통과 설득력 있는 발표를 위해 중요하다. 첫째, 스피치의 의도를 명확하게 밝혀야 한다. 스피치를 준비할 때 가장 먼저 고려해야 할 점은 명확한 의도를 가지고 발표하는 것이다. 발표의 목적이 무엇인지를 정확히 이해하고, 이를 효과적으로 전달하기 위해 구체적인 목표를 설정해야 한다. 둘째, 스피치의 대상인 청중을 이해해야 한다. 스피치를 준비할 때 청중을 이해하는 것이 중요하다. 청중의 관심사, 지식 수준, 문화적 배경 등을 고려하여 발표 내용을 조정하고, 청중의 관심을 확보할 수 있는 전략을 도입해야 한다. 셋째, 스피치의 내용을 구조화해야 한다. 스피치는 구조화된 형식으로 준비되어야 한다. 서론, 본론, 결론으로 구성된 명확한 구조를 갖추어야 한다. 논리적으로 이어지는 주제 선정과 각 부분 간의 매끄러운 전환을 통해 청중이 내용을 쉽게 이해할 수 있도록 해야 한다. 넷째, 스피치에서는 자신감과 표현력이 중요하다. 자신감 있고 명료한 발표를 위해서는 연습과 준비가 필요하다. 발표를 위한 내용을 충분히 숙지하고, 자신감 있게 전달할 수 있는 연습을 통해 발표 기술을 향상시켜야 한다. 또한 몸짓, 표정, 목소리 등의 비언어적 요소를 활용하여 발표를 보다 생동감 있고 효과적으로 만들어야 한다. 마지막으로, 청중과의 상호작용은 스피치의 성공을 위한 선택요인이 아닌 필수요인이다. 발표는 일방향적인 행위가 아니라 청중과의 상호작용을 통해 완성된다. 청중의 피드백을 주시하고 수용하는 능력이 중요하며, 필요에 따라 발표를 수정하고 청중의 관심을 유지할 수 있어야 하다. 이러한 스피치의 기초적인 원칙을 이해하고 적용함으로써, 효과적이고 강력한 스피치를 준비하고 전달할 수 있다는 것을 잊지 말아야 한다.

1) 상호교류적 모델

상호교류적 모델은 의사소통의 복잡성과 상호의존성을 강조하는 커뮤니케이션 이론이다. 이 모델은 단순한 발신자(sender)와 수신자(receiver) 사이의 일방향적인 흐름이 아니라, 상호작용과 상호의존성을 강조한다. 상호교류적 모델을 구체적인 개념 설명에 앞서 일상에서 일어날 수 있는 대화를 통해서 간단하게 살펴보기로 하자.

> 여성(발신자)이 설거지에 대해 제안하고자 할 때, 그녀는 자신의 생각을 표현하기 위해 말을 꺼낸다. 이 과정에서 주방의 물 흐르는 소리와 TV 소리 같은 노이즈가 배경에 깔려 있다. 여성이 "저녁 식사 후에 설거지를 나누어서 할까요?"라고 말하면서 인코딩 과정을 통해 자신의 메시지를 전달한다. 남성(수신자)은 여성의 제안을 듣고 이를 이해하려고 한다. 주방의 소음과 TV 소리 같은 노이즈가 그의 집중을 방해할 수 있지만, 그는 "좋아요, 제가 먼저 할게요."라고 응답하면서 디코딩 과정을 통해 여성의 메시지를 해석한다. 여성은 남성의 응답을 듣고 이에 대해 피드백을 제공한다. "고마워요. 그럼 저는 다음에 할게요."라고 말하며, 다시 인코딩 과정을 통해 자신의 감사를 표현하고, 남성에게 피드백을 준다. 주방의 소음과 TV 소리가 여전히 배경에 있지만, 두 사람은 서로의 메시지를 이해하며 대화를 이어간다.

이 시나리오는 발신자와 수신자가 인코딩과 디코딩 과정을 통해 메시지를 주고받고, 노이즈가 이러한 과정에 영향을 미칠 수 있음을 보여준다. 피드백을 통해 양방향 소통이 이루어지며, 상호교류적 모델의 핵심 요소들이 대화 속에서 어떻게 작용하는지 설명한다. 상호교류적 모델에서는 의사소통을 다음과 같은 요소들의 상호작용으로 설명한다.

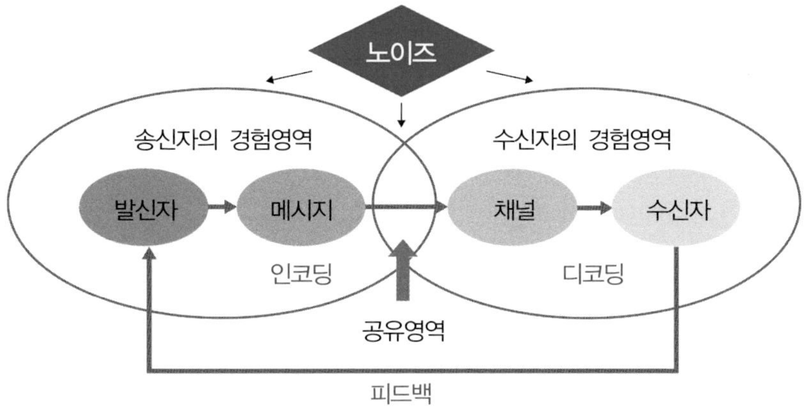

[그림 1-1] **상호교류적 모델**

(1) 발신자

발신자(sender)는 의사소통 과정에서 메시지를 생성하고 전달하는 중심적인 역할을 수행한다. 이는 의사소통의 시작점으로, 발신자는 자신의 생각, 감정, 정보, 의견 등을 외부로 표현하기 위해 메시지를 형성하고 전달하는 주체라고 할 수 있다. 발신자의 주요 역할은 정보를 명확하고 효과적으로 전달하는 것이다. 이를 수행하기 위해 발신자는 여러 책임을 지게 된다. 첫째, 메시지 생성 과정에서 자신의 생각과 정보를 명확한 메시지로 구성한다. 둘째, 인코딩 과정을 통해 생성된 메시지를 적절한 언어나 기호로 변환하여 전달 가능한 형태로 만든다. 셋째, 선택된 채널을 통해 메시지를 수신자에게 전송하는 책임이 있다. 마지막으로, 피드백 수집 및 반응 과정에서 수신자로부터의 피드백을 받아 메시지 전달의 효과를 평가하고 필요에 따라 메시지를 수정한다. 이러한 과정을 통해 발신자는 의사소통의 효율성을 높이고 목표를 달성할 수 있다.

(2) 수신자

수신자(receiver)는 의사소통 과정에서 메시지를 받고 해석하는 역할을 수행한다. 수신자의 해석과 반응은 의사소통의 효과를 판단하는 중요한 지표이며, 이들의 피드백은 의사소통 과정을 수정하고 개선할 때 필수적인 요소다. 수신자의 주요 역할은 의사소통 과정에서 중요한 기능을 수행한다. 첫 번째로, 메시지 수신은 발신자로부터 메시지를 받아들이는 과정을 포함한다. 이후, 디코딩 과정에서 수신자는 수신한 메시지를 해석하고 이해한다. 이 과정은 메시지의 의미를 정확히 파악하기 위해서는 필수적이다. 피드백 제공은 의사소통의 양방향성을 확립하는 과정에서 중요한 역할을 한다. 수신자는 메시지의 이해도 및 자신의 반응을 발신자에게 전달함으로써, 의사소통의 효과를 평가하고 필요한 변경을 할 수 있도록 돕는다. 마지막으로, 적절한 반응은 수신자가 메시지에 기반하여 보여주는 행동이나 반응을 의미하며, 이는 의사소통 과정이 성공적으로 완료되었는지를 나타내는 지표가 된다. 이러한 역할과 책임은 수신자가 의사소통에서 활성적이고 의미 있는 참여자로서 기능하도록 한다.

(3) 메시지

메시지(message)는 의사소통 과정에서 전달되는 정보, 아이디어, 감정 등의 내용을 포함한다. 이는 의사소통의 핵심 요소로서, 발신자와 수신자 간에 교환되는 구체적인 내용이며, 언어적, 비언어적 수단을 통해 표현될 수 있다. 메시지의 구성과 전달 방식은 의사소통의 성공 여부를 크게 좌우한다. 메시지는 의사소통 과정에서 중요한 역할을 수행한다. 주요 역할로는 정보 전달, 감정 표현, 행동 유도가 있다. 정보 전달은 발신자가 수신자에게 특정 정보를 제공하는 과정이다. 감정 표현은 발신자의 감정이나 태도를 수신자에게 전달하며, 행동 유도는 수신자에게 특정 행동을 취하도록 동기를 부여하는 역할을 한다.

(4) 채널

채널(channel)은 의사소통 과정에서 메시지를 발신자로부터 수신자에게 전달하는 매개체 또는 경로를 의미한다. 채널의 선택은 메시지가 어떻게, 얼마나 효과적으로 전달될지를 결정하는 중요한 요소다. 채널은 말하기, 쓰기, 듣기, 읽기, 그리고 비언어적 표현 등 다양한 형태를 취할 수 있다. 채널의 기본 역할은 발신자의 메시지를 수신자에게 직접 전달하고, 메시지가 수신자에게 도달할 수 있는 경로를 제공하며, 발신자와 수신자 간의 양방향 의사소통을 촉진하는 것이다. 이러한 역할은 의사소통 과정에서 매우 중요하며, 효과적인 커뮤니케이션을 위해 적절한 채널의 선택이 필수적이다.

(5) 맥락

맥락(context)은 의사소통이 발생하는 상황이나 환경을 의미하며, 메시지의 해석과 수신자의 반응에 결정적인 영향을 미친다. 맥락은 의사소통의 품질과 효과를 결정하는 중요한 요소로, 시간, 장소, 문화적 배경, 사회적 관계 등 다양한 요소가 포함된다. 맥락은 의사소통에서 중요한 역할을 수행하며, 이는 메시지의 내용이 어떻게 해석될지를 결정하는 해석의 프레임을 제공한다. 이 프레임을 통해 메시지의 의미를 올바르게 파악하고, 특정 상황에 적합한 의사소통 방식을 결정할 때 도움을 준다. 또한, 맥락은 문화적 감수성을 증진시켜 다양한 문화적 배경을 가진 사람들을 이해하고 적절하게 반응할 수 있도록 도와준다.

맥락을 구성하는 요소로는 ① 물리적 맥락, ② 사회적 맥락, ③ 역사적 맥락, ④ 문화적 맥락, 그리고 ⑤ 심리적 맥락이 있다. 물리적 맥락은 의사소통이 이루어지는 장소와 환경을 말하며, 사회적 맥락은 참여자들 사이의 관계와 상호작용의 사회적 규범을 나타낸다. 역사적 맥락은 과거의 상호작용이 현재의 의사소통에 미치는 영향을 설명하고, 문화적 맥락은 의사소통 참여자들의 문화적 배경과 가치를 포함한다. 심리적 맥락은 참여자들의 감정 상태나 기대를 의미한다.

(6) 피드백

피드백(feedback)은 의사소통 과정에서 수신자가 발신자에게 제공하는 응답이며, 이는 의사소통의 양방향성을 확립하고 효과적인 상호작용을 촉진하는 중요한 요소다. 피드백은 발신자가 자신의 메시지가 어떻게 받아들여졌는지를 이해하고, 필요한 경우 수정하거나 개선할 수 있게 한다. 피드백은 의사소통 과정에서 핵심적인 역할을 수행한다. 첫째, 이해도 확인을 통해 발신자가 자신의 메시지가 수신자에 의해 어떻게 이해되었는지를 확인할 수 있다. 이는 메시지의 명확성을 보장하고 필요한 경우 수정을 가할 수 있는 기회를 제공한다. 둘째, 피드백은 수신자와 발신자 간의 상호작용을 촉진하며 의사소통의 연속성을 유지하고자 할 때 도움을 준다. 이를 통해 의사소통이 보다 효과적이고 지속적으로 이루어질 수 있다. 셋째, 개방적이고 정직한 피드백은 관계를 개선하고 더 강한 신뢰와 이해 구축에 기여한다.

(7) 노이즈

노이즈(noise)는 의사소통 과정에서 발생하는 모든 형태의 방해 요소를 의미한다. 이는 메시지가 원활하게 전달되는 것을 방해하며, 의사소통의 효과와 정확성을 저하시킬 수 있다. 노이즈는 의사소통의 품질을 저하시키는 중요한 장애물로 작용하며, 이를 최소화하고 관리하는 것은 효과적인 의사소통을 위해 필수적이다. 노이즈는 의사소통 과정에서 발생할 수 있는 여러 방해 요소를 말하며, 크게 세 가지 주요 범주로 나뉜다. 첫째, 물리적 노이즈(physical noise)는 환경적 요인으로 인해 발생하며, 잡음, 사람들의 대화, 교통 소음 등이 포함된다. 이러한 노이즈는 대화나 회의 중에 메시지의 전달을 방해할 수 있다. 둘째, 심리적 노이즈(psychological noise)는 수신자의 감정 상태나 사전 편견과 같은 내적 요인이 메시지의 수신과 해석을 방해할 때 발생한다. 예를 들어, 스트레스가 많거나 화가 난 상태에서는 정보를 제대로 이해하는 것은 어려울 수 있다. 셋째, 의미론적 노이즈(semantic noise)는 사용되는 언어나 전문 용어의 모호성으로 인해 발생하며, 발신자와 수신자 간의 언어적 이해도 차이로 인해 오해가 발생할 수 있다.

(8) 인코딩

인코딩(encoding)은 의사소통 과정에서 발신자가 자신의 생각, 감정, 정보 등을 메시지로 변환하는 과정을 의미한다. 이 과정은 의사소통의 시작점으로,

발신자가 내부적인 아이디어를 외부적으로 표현 가능한 형태로 바꾸는 것이다. 인코딩은 효과적인 의사소통을 위한 첫 단계로서, 메시지가 수신자에게 명확하고 이해하기 쉬워야 한다. 인코딩은 의사소통 과정에서 매우 핵심적인 역할을 한다. 첫째, 인코딩은 생각이나 정보를 명확하게 전달할 수 있도록 도와준다. 이 과정을 통해 오해의 가능성을 줄이고 의사소통의 정확성을 높일 수 있다. 둘째, 발신자는 인코딩을 통해 자신의 의도와 감정을 효과적으로 표현할 수 있으며, 이는 수신자와의 관계 형성에 중요한 역할을 한다. 셋째, 다양한 문화적 배경을 가진 수신자에게 메시지를 전달할 때 인코딩 과정에서 문화적 차이를 고려하는 것이 중요하다. 이는 메시지가 각 문화권 내에서 적절하게 해석되고 수용될 수 있도록 보장한다.

(9) 디코딩

디코딩(decoding)은 의사소통 과정에서 수신자가 발신자로부터 받은 메시지를 해석하고 이해하는 과정을 의미한다. 이 과정은 수신자가 발신자의 의도, 감정, 정보를 파악하여 적절하게 반응할 수 있도록 돕는다. 디코딩은 의사소통의 완성 단계로 볼 수 있으며, 수신자가 메시지를 얼마나 잘 해석하고 이해하는지에 따라 의사소통의 효과가 크게 좌우된다. 디코딩은 의사소통에서 매우 중요한 역할을 한다. 수신자는 디코딩을 통해 발신자의 메시지를 이해하고, 이를 바탕으로 적절하게 반응할 수 있다. 이 과정에서 잘못된 디코딩은 오해를 초래할 수 있다. 또한, 올바른 디코딩은 관계 형성과 유지에 중요한 역할을 하며, 이해의 정도가 높을수록 더 강하고 긍정적인 관계를 구축할 수 있다. 수신자가 다양한 문화적 배경을 가진 발신자의 메시지를 이해함으로써 문화적 감수성도 향상될 수 있다.

이렇듯 상호교류적 모델은 의사소통이 단순한 일방향적인 행위가 아니라 상호작용과 상호의존성을 가지며 발생한다는 개념을 강조하여, 실제 의사소통 과정에서의 복잡성을 설명하는 데 유용한 이론이라고 볼 수 있다. 그렇다면 가장 효과적인 커뮤니케이션이란 무엇일까? 커뮤니케이션 모델에 따르면, 가장 효과적인 커뮤니케이션은 발신자가 의도한 메시지를 수신자가 정확하게 이해하고 적절하게 해석하여 피드백을 주는 경우라고 볼 수 있다. 일상생활에서 대화하는 사람들 사이에 오해가 종종 발생하는 이유가 바로 인코딩과 디코딩 사이에서 발생하는 오류라고 볼 수 있다.

가정에서 TV를 시청하면서 광고를 보는 상황을 발신자, 수신자, 노이즈, 인코딩, 디코딩, 채널, 피드백 등의 개념을 사용하여 상호교류적 모델을 마지막으로 정리해 보고자 한다.

- 발신자(광고 회사): 광고 회사는 새로운 상품의 인지도를 제고시키거나 서비스의 장점을 알리기 위해 광고를 제작한다. 이 과정에서 회사는 전달하고자 하는 메시지를 구체화하고, 시청자들에게 효과적으로 전달할 수 있도록 내용을 구성한다.
- 인코딩: 광고 회사는 상품의 특장점을 강조하고 구매를 유도하는 메시지를 시청자들이 이해할 수 있는 형태로 변환한다. 이는 영상, 음향, 텍스트 등의 요소를 사용하여 시청자에게 전달될 메시지로 구성된다.
- 채널(TV 방송): 완성된 광고는 TV 방송 채널을 통해 송출된다. TV는 광고 회사가 시청자에게 메시지를 전달하기 위한 매개체(채널) 역할을 한다.
- 노이즈: 소비자가 광고를 시청하는 동안 다양한 형태의 노이즈가 발생할 수 있다. 예를 들어, 가정 내의 대화 소리, 외부의 소음, TV 화면의 잡음 등이 메시지 전달을 방해할 수 있다. 이 외에도 시청자의 주의가 산만해지거나 다른 생각을 하고 있을 수도 있다.
- 수신자(시청자): 광고를 시청하는 가정의 구성원들이 수신자라고 할 수 있다. 그들은 TV를 통해 송출된 광고를 보고 들으면서 메시지를 수신한다.
- 디코딩: 시청자들은 TV 광고에서 전달된 메시지를 해석하고 이해한다. 각 시청자는 자신의 경험, 지식, 태도 등에 따라 메시지를 다르게 해석할 수

있다. 예를 들어, 어떤 시청자는 광고의 메시지를 긍정적으로 받아들여 상품을 구매하고자 할 수 있고, 다른 시청자는 무관심하게 넘길 수도 있다.

- 피드백: 피드백은 시청자들이 광고에 대해 반응하는 것을 의미다. 이는 광고에 대한 즉각적인 반응(예: 광고를 보고 바로 상품을 구매하는 것)일 수도 있고, 나중에 상품에 대해 더 알아보는 등의 행동으로 나타날 수 있다. 광고 회사는 이러한 피드백을 분석하여 광고의 효과를 평가하고, 필요 시 메시지를 수정할 수 있다.

2. 효과적인 커뮤니케이션 방해 요인들

효과적인 커뮤니케이션을 방해하는 요인들로는 선택적 지각(selective perception), 강제적 일관성(forced consistency), 편견(prejudice), 고정관념(stereotype), 그리고 차별(discrimination) 등이 있다. 이러한 요인들은 효과적인 커뮤니케이션을 방해하고, 인간 사회의 의사소통에 부정적인 영향을 미칠 수 있다.

1) 선택적 지각

선택적 지각은 개인이 자신의 기대, 경험, 신념 등에 따라 정보를 선택적으로 인식하고 해석하는 심리적 과정이다. 이 현상은 사람들이 복잡한 정보 환경에서 자신에게 중요하거나 관련 있는 정보만을 선택적으로 주목하고, 다른 정보는 무시하거나 간과하는 경향을 나타낸다. 선택적 지각은 개인의 주관성이 강하게 작용하여 같은 정보나 사건에 대해서도 서로 다른 반응을 보일 수 있게 만든다.

특히, 스피치 커뮤니케이션에서는 선택적 지각이 청중의 반응에 큰 영향을 미친다. 예를 들어, 회의에서 팀장이 새로운 프로젝트 계획을 발표할 때, 각 팀원이 자신의 관심사에 맞는 정보만 선택적으로 받아들이는 경향이 있을 수 있다. 기술에 관심이 많은 팀원은 기술적 호환성에만 집중하고, 마케팅 담당자는 협업 기능에만 주목하는 식이다. 이와 반대로 재무 담당자는 비용에만 신경 쓰고, IT 관리자는 보안 기능에만 주목할 수 있다. 이러한 선택적 지각은 발표 내용을 이해하고 평가하는 데 중요한 영향을 미친다.

2) 강제적 일관성

강제적 일관성은 개인이 자신의 신념, 가치, 행동 사이의 불일치를 감지했을 때, 이러한 요소들 사이의 일관성을 강제로 만들려는 심리적 경향을 의미한다. 이는 일종의 인지부조화를 해소하기 위한 방법 중 하나로, 사람들이 자신의 내면적 갈등을 줄이기 위해 불일치하는 요소들을 변화시키거나 해석을 바꾸는 과정을 포함한다. 예를 들어, 한 사람이 건강에 좋지 않다는 걸 알면서도 흡연을 계속하는 경우를 생각해 볼 수 있다. 이 사람은 자신이 흡연을 계속함으로써 발생하는 건강상의 위험과 자신의 건강에 대한 가치 사이에 불일치를 느낄 수 있다.

강제적 일관성은 스피치 상황에서 믿음이나 가치관을 유지하기 위해 발생할 수 있다. 예를 들어, 기업 리더가 회사의 비전과 가치관을 강조하는 발표를 할 때, 그들은 일관된 메시지를 전달하려고 노력할 것이다. 이는 모든 직원이 회사의 방향성에 동의하고 행동할 수 있도록 하기 위함이다. 그러나 이러한 강제적 일관성은 때로 개인의 창의성이나 새로운 아이디어를 억압할 수 있다. 특정한 의견이나 관점을 받아들이지 않고, 일관된 메시지만을 강조함으로써 새로운 아이디어가 억눌리고 개선의 기회를 상실할 수 있다. 이러한 상황에서는 조직의 진정한 혁신을 위해 다양한 의견과 관점을 수용하는 것이 중요하다.

3) 편견

편견은 미리 형성된 부정적인 태도나 의견을 의미한다. 이는 특정 집단, 사람 또는 사물에 대해 사전 지식이나 경험 없이 미리 형성된 판단에 근거한다.

편견은 종종 개인의 경험, 사회적 환경, 문화적 영향 등에 의해 형성되며, 편견이 있는 사람은 자신의 신념을 뒷받침할 정보만 선택적으로 수용하고 반대 정보는 무시하는 경향이 있다. 이로 인해 커뮤니케이션 과정에서 이해관계가 왜곡되거나 갈등이 발생할 수 있다.

편견은 스피치 상황에서 주관적인 의견이나 선입견에 따라 발생할 수 있다. 예를 들어, 발표자가 특정한 문화나 인종에 대한 선입견을 갖고 있을 때, 그들은 발언이나 언어 선택에 그 편견이 반영될 수 있다. 이는 청중이나 대상에 대해 일방적으로 평가하거나 차별적인 태도를 보이는 결과를 초래할 수 있다. 또한 발표자의 편견은 그들의 메시지에 왜곡을 일으키고, 이해관계를 저해할 수 있다. 이러한 상황에서는 발표자가 자신의 편견을 인식하고, 다양성과 포용성을 존중하는 메시지를 전달하는 것이 중요하다.

4) 고정관념

고정관념은 특정 집단의 구성원들이 공통적으로 가지고 있다고 여겨지는 단순화되고 고정화된 이미지나 개념을 일컫는다. 고정관념은 개인의 실제 행동이나 특성을 고려하지 않고, 집단에 속한 모든 사람들을 동일하게 간주하는 경향이 있다. 이러한 고정관념은 사회적 상호작용에서 효과적인 커뮤니케이션을 방해하며, 때로는 불필요한 오해나 갈등을 유발할 수 있다. 직장에서의 고정관념은 특정 연령대의 직원들에 대한 고정관념으로 나타날 수 있다.

고정관념은 스피치 상황에서 과거의 경험이나 특정한 사실에 기반하여 발생할 수 있다. 예를 들어, 발표자가 특정 집단이나 개인에 대한 고정된 관점을 가지고 있을 때, 그들은 발언이나 주장에 그 관점이 반영될 수 있다. 이는 다양한 관점이나 새로운 아이디어를 수용하지 않고, 과거의 경험에 따라 일관된 판단을 내리는 결과를 초래할 수 있다. 또한 발표자의 고정관념은 대상에 대한 평가를 왜곡하고, 공정한 의사소통을 방해할 수 있다. 이러한 상황에서는 발표자가 자신의 고정관념을 인식하고, 개인이나 집단에 대한 개별적인 판단을 하며, 다양성을 존중하는 메시지를 전달하는 것이 중요하다.

5) 차별

차별은 개인이나 그룹을 부당하게 다루는 행위를 의미한다. 이는 특정한 특성(인종, 성별, 연령, 종교 등)을 기반으로 한 사전 판단이나 편견에 의해 발생한다. 차별은 대상에게 불리한 대우를 하거나, 특정 집단에게 불공평한 기회를 제공함으로써 효과적인 커뮤니케이션과 사회적 상호작용을 방해할 수 있다. 직장 내 성별 차별은 흔한 현상 중 하나라고 할 수 있다.

차별은 스피치 상황에서 특정 집단이나 개인에 대한 부당한 대우나 평가로 나타날 수 있다. 예를 들어, 발표자가 특정 인종, 성별, 성적 지향, 종교, 능력 등에 대한 차별적인 태도를 보일 때, 그들의 발언이나 언어 선택에 그 차별이 반영될 수 있다. 이는 대상에 대한 무차별적인 평가나 기회 부여를 방해할 수 있으며, 스피치의 효과를 저하시킬 수 있다. 또한 차별은 대상에게 상처를 주고, 의사소통 관계를 파괴할 수 있다. 이러한 상황에서는 발표자가 자신의 행동이나 발언이 차별적이지 않은지를 인식하고, 모든 대상을 존중하며 공정하고 포용적인 메시지를 전달하는 것이 중요하다.

6) 그 외 다른 요인들

인종차별(racism), 민족중심주의(ethnocentrism), 성차별주의(sexism), 이성애주의(heterosexism), 연령차별주의(ageism), 장애인차별주의(ableism) 등은 한 그룹의 구성원들이 다른 그룹의 행동과 특성을 본인들의 그룹보다 본능적으로 우월하다고 믿는 다양한 형식의 편견이다.

3. 스피치의 기능 및 특징

소통은 우리 사회를 건강하게 만드는 중요한 역할을 한다. 사람과 사람 사이를 연결하고, 관계를 형성하고, 결정에 영향을 주며, 태도와 행동의 변화에 자극을 주기도 한다. 소통의 기술이 없다면 학교와 직장 생활, 삶 자체에서 의미를 찾기 힘들 것이다. 스피치는 가장 중요하면서도 두려워하는 소통 형식 중 하나일 것이다. 발표 공포증 또는 스피치 불안은 전 세계적으로 가장 흔한 공포 중 하나이다. 초등학교 시절에는 교실 뒷자리에 앉아 손을 들지 않고 이러한 상황을 피하는 것이 쉽다. 그러나 직장 세계에서는 스피치 또는 프레젠테이션(presentation)은 반드시 필요한 중요한 기술이며 연마해야 할 필수 기술로 받아들여진다.

스피치는 동료, 상사, 직원, 마케팅 전문가와 고객 간의 간단한 일상적인 상호작용에 영향을 미치며, 직업 경로와 사회에서의 성공 수준에 엄청난 영향을 줄 수 있다. 〈고용주협회 조사결과〉에 따르면, 고용주가 가장 중요하게 생각하는 기술은 커뮤니케이션 기술(4.6/5.0), 팀워크 기술(4.5/5.0), 대인 기술(4.4/5.0), 문제 해결 기술(4.4/5.0), 적응능력(4.2/5,0), 그리고 자신가(3.9/5,0) 순으로 나타났다. 클라이언트에게 프레젠테이션을 자주하는 마케팅 관련 회사들은 직원들의 스피치 능력 향상을 위해서 전문 스피치 강사를 초빙하는 교육 프로그램을 운영하기도 한다. 특히, 광고와 PR 대행사의 경우 프레젠테이션을 통해 기획안을 제시하고 클라이언트의 선택을 받기 위해서는 스피치 능력을 갖춘 직원을 선호하는 것은 당연할지도 모른다. 스피치가 중요한 이유를 아래 세 가지 스피치 특징들을 들어 설명해 보고자 한다.

1) 스피치는 청중(또는 클라이언트)을 설득하기 위한 도구로 사용된다

비즈니스와 특히 광고 및 홍보 분야에서 가지고 있어야 할 중요한 기술 중 하나는 설득 능력, 즉 청중을 설득하는 능력이다. 직장 내외에서 설득의 힘은 중요한 역할을 차지하고 있으며, 이 모든 것은 스피치 기술을 연마함으로써 시작된다고 볼 수 있다. 스피치 기술을 마스터하면 자신감이 증가하며, 이로 인해 청중 앞에서 차분하고 침착한 태도를 보일 수 있다. 당연히 발표할 주제에 대해 잘 알고 있어야 하지만, 더 나아가 어떤 종류의 설득적인 스피치를 할 때, 클라이언트에 대한 판매 제안을 포함한 상황에서 반대 의견에 대비하고 침착하게 말할 준비가 되어 있어야 한다.

강력한 주장을 하기 위해서는 대중 앞에서 말하는 능력이 중요할 뿐만 아니라, 자신의 내면적 그리고 외적 성장을 위해서라도 스피치 능력은 필수적이다. 예를 들어, 중요한 클라이언트 앞에서 광고 기획안을 발표한다고 가정해 보자. 광고 상황분석을 통해 콘셉트를 도출하고, 도출한 콘셉트를 바탕으로 광고 크리에이티브안을 제시하는 과정에서 내용적인 부족한 부분을 충분히 보완할 수 있는 것이 프리젠터의 역량이다. 특히, 경쟁 프레젠테이션에서 고만고만한 광고기획안들이 제시되었다면 더더욱 프리젠터의 역할은 중요하다고 볼 수 있다.

2) 스피치는 청중들에게 동기를 부여한다

훌륭한 연설자는 청중으로 하여금 무언가를 하도록, 그만두도록, 행동을 변경하도록 또는 목표를 달성하도록 동기를 부여하는 힘을 가지고 있다. 그러나 아이디어를 전달하려면 동료, 직원, 고객들을 흥분시키고 활기를 불어넣을 수 있어야 한다. 연설자는 청중을 자신의 목표를 달성하도록 동기를 부여하는 리더라고 볼 수 있다. 연설자의 역할은 청중에게 영향을 미치고 모두가 준비가 되어 나갈 수 있는 환경을 조성하는 것이다. 특정 행동을 취하도록 청중을 설득하려는 것이 아니라, 연설자는 행동의 일부이며, 청중의 열정과 의지를 전달할 수 있어야 한다.

현재의 문제에 대해 단순히 알고 있는 것만으로 충분하지 않으며, 연설자의 열정을 청중과 공유해야 한다. 지식은 중요한 요소이지만, 무엇보다도 숙련된 스피치를 통해 사람들에게 열정을 일으킬 수 있는 능력이 더 중요하다. 스피치 기술의 숙달은 청중과 관계를 형성하고 그들의 신뢰를 얻을 수 있게 해준다. 숙련된 연설자로서 호감을 얻고 믿음직스럽고, 청중을 격려하고 심지어 그들을 즐겁게 만들 수 있어야 한다.

3) 스피치는 정보 제공을 위한 필수적인 과정이다

정보 전달 능력은 스피치의 가장 중요한 측면 중 하나다. 학교에서 연구 논문이나 파워포인트(PowerPoint) 프레젠테이션을 제시하는 것부터 회사 임원이나 클라이언트에게 아이디어를 제시하는 것까지, 정보 제공 스피치는 모든 직업 분야에서 성공적인 커리어를 지속하기 위한 필수요소이다. 청중의 관심을 끈 후에, 청중과 연설자의 지식을 공유하는 좋은 정보 제공 스피치는 청중의 이해를 높이고 연설자의 말을 오랫동안 기억하게 만들어줄 것이다. 미국의 사회학자 앤드류 제케리(Andrew Zekeri)는 연구에서 "구두 의사소통 기술은 대학 졸업생이 비즈니스 세계에서 가장 유용하다고 느낀 기술 중 가장 중요한 것이었다."고 밝혔다. 의사소통 기술은 상호작용하는 능력을 향상시킬 뿐만 아니라 건강한 관계를 형성하고 유지하며, 더 나아가 개인이 사회에서 선택한 분야에서 승진하고 성공할 수 있는 촉매의 역할을 한다고 해도 과언이 아닐 것이다.

4. 대학에서의 스피치 중요성

현대 사회에서 스피치의 중요성은 여러 측면에서 부각되고 있다. 특히 대학생들에게 있어서도 스피치는 중요한 역할을 한다. 스피치는 커뮤니케이션의 주요 수단 중 하나다. 현대 사회에서는 다양한 상황에서 다양한 사람들과의 원활한 의사소통이 필요하다. 대학생들은 학업에서 협력하고 토론하며 발표하는 기회가 많아졌다. 따라서 효과적인 스피치 기술은 학업 및 사회생활에서 성공적으로 의사소통할 때 매우 중요하다. 스피치는 개인의 생각과 감정을 효과적으로 전달하는 데 사용된다. 대학생들은 자신의 아이디어를 타인에게 효과적으로 전달하고 자신의 의견을 표현하는 기회를 많이 가지게 되었다. 따라서 스피치 기술은 자기표현의 중요한 부분으로 작용하며 자신의 생각과 견해를 효과적으로 전달하는 능력을 키우고자 할 때 도움이 된다.

스피치는 리더십 능력을 향상시킬 때도 중요한 역할을 한다. 대학생들은 학교나 클럽에서 리더십 역할을 맡을 기회가 있다. 효과적인 스피치는 다른 사람들을 이끄는 데 필수적이며, 대학생들이 리더로서 성공하기 위해서는 스피치 기술을 연마해야 한다. 대학생들은 졸업 후 취업을 준비하고 경력을 쌓아가는 과정을 거치며 스피치는 면접에서 가장 중요한 역할을 한다. 이러한 과정에서 효과적인 스피치 기술은 취업 면접에서의 자신의 능력을 증명할 때 도움이 된다. 또한 업무 환경에서 효과적으로 의사소통하고 발표하는 능력은 경력 개발에 중요한 역할을 한다. 스피치를 통해 대학생들은 자신감을 향상시키고 공개적으로 자신의 의견을 표현하는 능력을 키울 수 있다. 이는 자신의 능력에 대한 자신감을 높이고 사회적으로 성장하고자 할 때 도움이 된다. 따라서 대학생들은 스피치의 중요성을 인식하고 이를 향상시키기 위해서 노력해야 한다.

스피치 기술은 학업 및 직장 생활에서 성공적으로 커뮤니케이션하고 성장하는 과정에서 필수적인 요인이라는 것을 명심해야 한다. 결코 스피치를 두려워하지 말고, 스피치 기회가 주어졌을 때 준비를 통해 자신감을 가지고 반복적인 연습으로 조금씩 향상된 발표자로서의 모습을 갖추어 나가야 한다. 직장생활을 하다 보면 언제 어떻게 프레젠테이션 기회가 주어질지 모른다. 준비된 자만이 기회를 잡을 수 있으며, 그 기회를 통해 더 앞으로 전진할 수 있다. 기회는 항상 준비된 사람들의 몫이다.

5. 역사 속 유명한 연설자들

우리 역사 속에서 유명한 연설자들은 누가 있을까? 대체적으로 유명한 연설자들은 정치인이거나 사회의 지도자들이 많다. 대중을 상대로 설득을 해야 하는 입장이기 때문에 그들에게 스피치 역량은 중요하다고 할 수 있다. 영국의 수상이었던 윈스턴 처칠(Winston Churchill)부터 로마의 정치인이자 연설가인 마르크스 툴리우스 키케로(Marcus Tullius Cicero)에 이르기까지 10명의 유명한 연설자들을 소개하고자 한다. 그에 앞서, 좋은 스피치의 조건과 좋은 연사의 조건에 대해 간략하게 설명하고자 한다.

1) 좋은 스피치의 조건

좋은 스피치는 여러 중요한 요소에 기반하여 구성되어야 한다. 첫째, 효과적인 스피치는 분명한 목표를 가지고 있어야 하며, 이 목표는 청중이 스피치의 핵심 메시지를 명확하게 이해할 수 있도록 해야 한다. 스피치는 논리적 구조를 따라 청중을 이끌어갈 수 있어야 하며, 서론, 본론, 결론의 명확한 구분이 필수적이다.

둘째, 스피치의 언어는 청중에게 적합해야 하며, 전문 용어의 사용은 청중의 이해 수준에 맞춰 조절되어야 한다. 스피치에서는 설득력 있는 어휘 선택과 함께, 강조하고자 하는 포인트에 대해 명확하게 표현할 수 있는 능력이 중요하다.

셋째, 청중과의 상호작용은 스피치의 성공을 좌우한다. 좋은 스피치는 청중의 참여를 유도하고, 그들의 반응을 살피며 상황에 맞게 조정할 수 있는 유연성을 가져야 한다. 질문을 던지거나 청중의 의견을 요청하는 방식으로 상호작용을 촉진시킬 수 있다.

넷째, 감정의 효과적인 전달 또한 중요하다. 스피치를 통해 청중의 감정에 호소하고 공감을 이끌어내는 것은 메시지가 더 깊이 있게 다가가게 만든다.

이를 위해 발표자는 자신의 감정을 진솔하게 표현할 수 있어야 하며, 이야기를 통해 청중과 감정적으로 연결될 수 있다.

이러한 요소들은 스피치가 청중에게 긍정적인 영향을 미치게 하며, 메시지의 전달과 수용을 극대화하는 과정에 중요한 역할을 한다.

2) 좋은 연사의 조건

훌륭한 연사가 되기 위해서는 다음과 같은 조건들이 충족되어야 한다. 첫째, 탁월한 커뮤니케이션 기술을 갖추어야 한다. 이는 명확하고 설득력 있는 메시지를 전달하는 능력을 포함하며, 말하는 기술과 비언어적 표현 모두를 아우른다. 이러한 기술은 연사가 청중에게 명확한 메시지를 전달할 수 있도록 도와주며, 의사소통의 효과를 높인다. 둘째, 자신감이 중요하다. 연사는 자신의 메시지에 대한 확신을 가지고 있어야 하며, 이는 청중에게도 긍정적으로 전달되어야 한다. 자신감 있는 태도는 청중에게 신뢰감을 줄 수 있다. 셋째, 강연 내용에 대한 깊은 지식과 전문성이 요구된다. 연사가 해당 주제에 대해 깊이 있는 지식을 가지고 있을 때, 청중은 연사를 더 신뢰하고 존경하게 된다. 넷째, 적응력과 유연성을 보여야 한다. 연사는 상황에 따라 발표 스타일을 수정하고, 청중의 반응에 민감하게 대응할 수 있어야 한다. 이는 청중과의 상호작용을 원활하게 하고, 스피치의 효과를 극대화한다. 다섯째, 감정을 효과적으로 전달하고 청중과의 공감대를 형성하는 능력이 중요하다. 연사가 자신의 감정을 진솔하게 표현하고 청중과 감정적으로 연결될 수 있을 때, 메시지가 청중에게 더욱 깊이 있게 다가갈 수 있다.

이러한 요소들은 모두 연사가 청중에게 긍정적인 영향을 미치고, 효과적으로 소통하기 위한 필요한 조건들로 인식되고 있다.

3) 유명한 연설자들

(1) 윈스턴 처칠(Winston Churchill)

처칠은 제2차 세계 대전 중에 영국 총리로 활약했다. 그는 역사상 가장 유명한 연설가 중 한 명으로 평가된다. 처칠의 연설은 매우 감동적이고 진지하며, 자신의 역사적 위치와 시대적 상황에 대한 이해를 반영했다. 예를 들어, 그의 "We Shall Fight on the Beaches"와 "Their Finest Hour" 같은 연설들은 영국이 나치 독일과의 싸움에서 결코 굴복하지 않을 결의를 보여주었다. 또한 처칠은 유능한 리더로서, 뛰어난 의사소통 능력을 통해 국민들을 통합하고 자신의 비전을 전파하는 데 중요한 역할을 했다. 처칠은 스피치와 글을 인정을 받아 1953년에 문학 분야에서 노벨상을 받았다.

(2) 마틴 루터 킹 주니어(Martin Luther King Jr.)

마틴 루터 킹 주니어는 미국의 흑인 인권 운동가로, 비폭력주의를 강조했다. 마틴 루터 킹 주니어의 "I Have a Dream" 연설은 미국 흑인 인권 운동의 상징적인 순간 중 하나로 평가된다. 이 연설은 1963년 8월 28일, 워싱턴 D.C.의 링컨 메모리얼에서 열린 대규모 집회인 워싱턴 명예의 행진에서 발표되었다. "I Have a Dream" 연설에서 마틴 루터 킹은 미국의 인종 차별과 인권에 대한 미래적인 비전을 제시했다. "I Have a Dream" 연설은 미국 역사상 가장 중요한 연설 중 하나로 꼽히며, 인종 갈등과 차별에 대한 인식을 촉진하고 미국의 인권 운동에 큰 영향을 미쳤다. 이 연설은 미국인들뿐만 아니라 전 세계에서도 영감을 주는 메시지로 여겨지며, 킹의 이상과 열정을 대중에게 전달하는 가장 유명한 표현 중 하나가 되었다.

(3) 존 F. 케네디(John F. Kennedy)

미국의 35대 케네디 대통령은 우주 개척에 대한 열정으로 유명하다. 그의 연설 "We Choose to Go to the Moon"은 미국의 우주 탐사에 대한 열망을 나타내는 데 중요한 역할을 했다. 암살 당시, 미국은 케네디의 통치 아래 특히 외교적으로 강력한 지위를 차지하고 있었다. 케네디 대통령의 또 다른 "Ich bin ein Berliner(나는 베를린 시민입니다)" 스피치는 1963년 6월 26일 독일 베를린에서 진행되었다. 이 스피치는 냉전 시대의 중요한 사건 가운데 하나로 기억되며, 베를린 분단과 통일에 대한 미국의 지지를 강화하는 데 기여했다.

(4) 에이브러햄 링컨(Abraham Lincoln)

미국의 16대 에이브러햄 링컨 대통령은 분열된 미국을 하나로 연결하는 데 큰 역할을 했다. 우리에게도 익숙한 링컨의 "게티즈버그 연설(Gettysburg address)"은 전쟁의 의미를 강조하고, 미국이 단합해야 한다는 메시지를 전했다. 링컨의 게티즈버그 연설은 단지 2분이라는 짧은 시간 동안에 발표되었지만, 미국의 정체성과 자유, 평등에 대한 맹세를 표현한 역사적인 연설로 평가된다. 그의 지도력으로 인해 미국은 분열을 극복하고 통일되었다.

(5) 마거릿 대처(Margaret Thatcher)

마거릿 대처는 영국의 최초 여성 총리로, 경제적 개혁과 강력한 리더십으로 유명하다. 그녀의 경제 정책은 "석탄 광산 쇼크"라고 불리는 대대적인 구조조정을 포함했다. 그녀는 사임할 때까지 무려 11년 동안 총리로 남아 있었다. 마거릿 대처는 철의 여인으로 불렸으며, 유명한 명언들을 남기기도 했다. "생각을 조심하라, 말이 된다. 말을 조심하라, 행동이 된다. 행동을 조심하라, 습관이 된다. 습관을 조심하라, 성격이 된다. 성격을 조심하라, 운명이 된다. 우리는 생각하는 대로 된다."

(6) 마하트마 간디(Mahatma Gandhi)

마하트마 간디는 20세기 초 인도와 세계 역사에서 중대한 변화를 이끈 인물로, 비폭력 저항과 시민 불복종의 상징이다. 그는 영국 식민지 지배하에 있던 인도에서 독립을 추진하는 데 결정적인 역할을 했으며, 그의 철학과 행동은 전 세계 수많은 사회운동과 자유 운동에 영감을 주었다. 간디는 비폭력 저항의 철학을 실천하여 세계적으로 널리 알려졌으며, 폭력을 사용하지 않고도 정치적 목표를 달성할 수 있다는 증거를 제공함으로써, 전 세계 평화 운동에 중요한 교훈을 남겼다. 간디의 연설은 단지 인도 내부의 청중에게만 영향을 끼친 것이 아니라, 전 세계적으로 수많은 인권 운동가와 정치 지도자들에게 영향을 미쳤다. 그의 말과 행동은 마틴 루터 킹 주니어와 넬슨 만델라와 같은 민주화 운동에 힘쓴 인물들에게도 깊은 영향을 주었다.

(7) 버락 오바마(Barack Obama)

오바마는 미국 역사상 첫 아프리카계 미국인 대통령으로서, 그의 대통령 취임은 인종적 장벽의 중요한 극복을 상징한다. 대통령 재임 기간 동안 오바마는 경제 위기 극복, 건강 보험 개혁(오바마 케어), 그리고 이란 핵 협정과 같은 중대한 외교 정책 이니셔티브를 주도했다. 연설자로서의 오바마는 매우 능숙하다고 평가된다. 그는 강력하고 설득력 있는 연설로 유명하며, 그의 연설은 그의 정치적 성공에 큰 도움이 되었다. 그는 감정적 호소와 논리적인 주장을 효과적으로 결합하여 청중과의 강한 유대감을 형성할 수 있었고, 그의 연설은 희망과 긍정적인 변화의 메시지를 전달하는 데 중점을 두었다.

(8) 로널드 레이건(Ronald Reagan)

로널드 레이건은 할리우드 배우이자 미국 정치인이다. 그는 캘리포니아 주지사로 임기를 맡은 후 미국 제40대 대통령으로 선출되었으며, 청중과의 연결 능력으로 "위대한 의사소통자"로 불리게 되었다. 그의 가장 매혹적인 연설 "이 벽을 허물어라"는 1987년 6월 12일 베를린의 브란덴부르크 문(Brandenburg Gate)에서 발표되었다. 연설 중에 그는 당시 소비에트 총리 미하일 고르바초프에게 베를린 장벽을 철거할 것을 제안했다.

(9) 소크라테스(Socrates)

소크라테스는 고대 그리스 철학자로서 그리고 웅변가로서의 역량으로 유명하다. 그의 웅변은 그의 철학적 사고를 전달하고, 사회적 변화를 이끌며, 그의 영향력을 확장하는 데 중요한 역할을 했다. 그는 웅변 능력을 통해 공공의 장에서 사람들과 토론하고, 그들의 가치관과 믿음을 도전했으며, 이러한 행동은 때로는 그의 시대의 권위자들과의 충돌을 초래했다. 소크라테스는 그의 철학적 신념을 변호하고, 시민들을 교육하며, 자유로운 사고와 질문의 중요성을 강조하는 데 그의 생명을 바쳤다.

(10) 마르크르 툴리우스 키케로(Marcus Tullius Cicero)

키케로는 로마의 정치인이자 연설가로, 로마의 자유와 공의를 위한 연설로 유명하다. 그는 연설과 글로 로마의 정치와 문화에 큰 영향을 끼쳤으며, 로마의 자유를 위해 목숨을 바친 인물로 기억되고 있다. 키케로가 로마의 총사령관이자 수장의 자리에 오른 이후에는 적들조차 그를 '만담꾼 집정관'이라고 불렀을 정도로 유머 감각과 농담의 기술이 탁월했던 것으로 보인다.

윈스턴 처칠 / 마틴 루터 킹 주니어 / 존 F. 케네디 / 에이브러햄 링컨 / 마거릿 대처

마하트마 간디 / 버럭 오바마 / 로널드 레이건 / 소크라테스 / 툴리우스 키케로

[그림 1-2] **역사 속 유명한 연설자들**

요약

스피치의 기초는 효과적인 의사소통과 설득력 있는 발표를 위한 필수 요소다. 이를 위해 발표자는 청중의 관심사, 지식 수준, 문화적 배경을 충분히 고려하여 발표 내용을 수정해야 한다. 이러한 이해를 바탕으로 청중의 관심을 확보하고 메시지를 효과적으로 전달할 수 있는 전략을 개발하는 것이 중요하다. 또한, 스피치 과정에서 발생할 수 있는 방해 요인들을 인식하는 것도 중요하다. 선택적 지각, 강제적 일관성, 편견, 고정관념, 차별 등은 의사소통을 저해할 수 있는 요소로, 이러한 요소들이 어떻게 의사소통의 효과를 떨어뜨리는지 이해하고 이에 대처하는 방법을 배우는 것이 필요하다.

스피치는 또한 강력한 정보 전달 도구로서, 학문적, 사회적, 직업적 환경에서 자신의 의견과 아이디어를 명확하게 전달하는 수단이다. 이는 특히 대학 환경에서 중요하며, 스피치를 통해 학생들은 자신의 아이디어를 효과적으로 전달하고, 학문적 논의에 참여하며, 비판적 사고와 창의력을 발휘할 수 있다. 이 과정에서 학생들은 자신의 의견을 표현하고, 다른 사람들과 의사소통하며, 중요한 사회적 및 전문적 기술을 개발하는 기회를 갖게 된다. 또한, 스피치는 리더십 개발에도 연결된다. 효과적인 스피치 능력은 리더가 팀이나 조직을 동기부여하고, 목표를 향해 이끌며, 영향력을 행사할 때 중요하다.

대학에서 스피치 기술을 개발함으로써 학생들은 미래의 직장이나 사회에서 리더로서 필요한 자신감과 능력을 쌓을 수 있다. 이것은 졸업 후 직업을 구하는 과정에서 면접과 같은 상황에서도 자신의 능력을 효과적으로 전달하고, 업무 환경에서 자신의 입장을 명확하게 표현할 수 있는 기초를 마련해 준다. 따라서 스피치는 단순히 말을 잘하는 기술을 넘어서, 복잡한 생각을 구조화하고 명확하게 전달하는 과정에서 중요한 역할을 한다. 이를 통해 개인은 더 효과적으로 의사소통하고, 전문적이고 사회적인 맥락에서 자신의 위치를 강화할 수 있다.

2018년 BTS
유엔 스피치
영상 시청하기

스피치 사례

2018년 BTS 유엔 스피치(BTS' Speech at the United Nations)

BTS(방탄소년단)가 2018년 유엔(United Nations)에서 한 스피치는 그룹의 지속가능한 발전 및 청소년 문제에 대한 메시지를 전달하는 데 주로 초점을 맞추었다. BTS는 "Love Yourself" 캠페인을 통해 자살 예방 및 정신 건강 문제에 대한 인식을 높이기 위해 UNICEF와 협력하고 있었다. 이 스피치는 UN의 "Generation Unlimited" 캠페인 행사의 일환으로 BTS의 리더 RM(한국명 김남준)이 그룹을 대표하여 스피치를 진행했다. 스피치에서 RM은 청소년들에게 자신들의 꿈을 추구하도록 독려하고, 자신을 사랑하며, 스스로를 인정하도록 격려했다. 그는 또한 세계 곳곳에 있는 어린이들에게 교육과 기회를 제공하는 것의 중요성을 강조했다. 이 스피치는 전 세계적으로 매우 큰 반향을 일으켰으며, BTS와 그들의 음악이 이끄는 메시지는 청소년들과 대중에게 긍정적인 영향을 끼쳤다.

[그림 1-3] 2018년 BTS 유엔 스피치

영상 출처: UNICEF YouTube (https://www.youtube.com/watch?v=oTe4f-bBEKg)

미국 대학의 교양선택 또는 필수 과목인 퍼블릭 스피킹

내가 군대를 마치고 미국 워싱톤 주립대(Washington State University – Pullman)에 어학연수를 갔을 때의 일이다. 우스게 소리로 미국 워싱톤주에 위치한 풀만(Pullman)이라는 도시는 정말 '풀'밖에 없는 도시로 공부하기에 좋은 미국의 작은 도시였다. 어학연수 프로그램을 시작하기 전에 배치 시험(Placement Test)을 치렀고, 운 좋게 Level 5라는 높은 등급을 받았다. 6주 정도의 어학연수를 성공적으로 끝내고 토플(TOEFL) 시험을 치르지 않고 워싱톤 주립대 커뮤니케이션학부(Edward R. Murrow School of Communication) 광고 전공으로 3학년에 편입할 수 있었다. 한국 대학에서 독어독문학을 전공한 나는 편입하자마자 신입생들이 들어야 하는 교양필수 과목인 '퍼블릭 스피킹'을 수강해야만 했다.

수업은 300명 정도의 학생들이 대강당에서 교수의 이론수업을 듣고, 그 다음 시간표에 따라 대학원생들이 진행하는 실습수업에 참여하게 되었다. 첫 번째 수업에서는 옆자리에 앉아 있는 친구를 인터뷰하고 그 결과를 일어나서 발표했던 것으로 기억한다. 그러고 나서 계속해서 발표가 이어지고, 정보전달 스피치와 설득 스피치 등 리서치가 필요한 중요한 스피치들도 진행했었다. 무엇보다 내 기억에 남는 스피치는 정보전달 스피치로 그 당시 대학에서 큰 이슈였던 데이트 강간(Date Rape)을 다뤘다. 자료를 찾아서 본론을 먼저 구성하고, 서론과 결론을 만들었다. 내용적인 부분을 좀더 강화시키기 위해서 대학교 보건센터에 가서 카운셀러를 만나 인터뷰를 진행했고, 인터뷰 내용도 스피치 결론에 담아서 나름 의미 있는 스피치를 구성했다. 한국에서 발표수업에 익숙하지 않았던 나였지만 '퍼블릭 스피킹' 수업을 통해서 발표에 대한 불안감을 조금은 없앨 수 있었다.

그리고 시간이 많이 지나고 우여곡절 끝에 '제일기획'이라는 광고대행사에서 광고기획자(AE: Account Executive)로 6년을 일하고, 다시 미국 텍사스 주립대(The University of Texas at Austin)에서 광고학으로 박사 학위를 받았다. 미국에서의 첫 직장인 위스콘신 대학교(University of Wisconsin - Whitewater)에서 광고를 가르치면서 '스피치 커뮤니케이션(Speech Communication)'이라는 수업도 가르치게 되었다. 이 학교에서 조교수로 재직하는 5년 동안 '스피치 커뮤니케이션'이라는 수업을 가르치는 것이 정말 너무 재미있고 보람이 컸다.

이것이 인연이 되어 나는 지금도 홍익대학교 광고홍보학부에서 1학년 학생들에게 '스피치 커뮤니케이션'이라는 수업을 가을학기에 가르친다. 어느 날 캠퍼스에서 마주친 한 여학생이 내 수업을 들었다면서 먼저 말을 건넸다. 그 학생은 내 수업을 통해 발표에 자신감을 얻었고, 다른 발표 수업에 도움이 되었다고 털어 놓았다. 나름 내 수업에 대한 긍정적이고 직접적인 피드백이었고, 아침에 만난 그 학생 때문에 하루 종일 기분이 좋았었다. 미국에서 편입생의 자격으로 들어야만 했던 '퍼블릭 스피킹'이라는 수업이 지금은 한국에서 '스피치 커뮤니케이션'이라는 수업을 가르치는 교수로 연결지어진 것이 사뭇 재미있다.

CHAPTER

02

발표불안 극복 및 자신감 쌓기

할 수 있다는 자신감

SPEECH
COMMUNICATION

중요한 발표에 앞서 불안감을 느끼거나 떨리는 감정을 가지는 것은 프레젠테이션으로 먹고 산다고 해도 과언이 아닌 광고 전문가들에게도 적용된다. 그래서 클라이언트 발표 전날 광고회사에서는 수차례 리허설을 진행하고, 무엇을 어떻게 이야기할 것인가에 대해 계속 수정을 하고, 발표 후 광고주가 어떤 질문을 할 것인가에 대한 예상 질문 리스트도 작성하기 일쑤다. 발표불안을 극복하고 자신감을 쌓는 것은 성공적인 커뮤니케이션과 자기 표현 능력을 향상시키기 위해서는 중요하다. 발표불안이 없는 사람들은 직장에서 더 많은 기회를 얻고, 자신의 의견을 효과적으로 전달하며, 더 긍정적인 인상을 주는 데 도움이 된다. 또한 발표불안을 극복하고 자신감을 갖는 것은 개인적인 성장과 자아 개발에도 큰 도움이 될 수 있다. 발표를 할 때 자신감을 갖는 것은 상대방에게 믿음과 신뢰를 줄 수 있다. 이를 통해 더 효과적인 커뮤니케이션을 할 수 있으며, 이는 사회적 관계에서도 큰 장점이 될 수 있다. 발표불안을 극복하기 위해 긍정적인 태도와 심리적인 전략, 그리고 실전 훈련이 필요하다. 무엇보다 발표불안은 발표 전 누구나 갖는 심리적 불안 상태라는 것을 인식하고 받아들일 때 자신만의 극복 방법을 찾아낼 수 있다. 예를 들어, 발표 전에 명상이나 호흡 운동을 통해 긴장을 푸는 것이 도움이 될 수 있다. 또한 자신의 강점을 인식하고 자신에게 긍정적인 이야기를 하는 것도 중요하다. 이러한 실천적인 전략들을 통해 발표불안을 극복하고 자신감을 쌓을 수 있다는 것을 잊지 말아야 한다.

1. 스피치 불안감

스피치 불안감은 '스피치 두려움'이라는 말로도 사용되며, 일반적으로 많은 청중 앞에서 말할 때 가지게 되는 스트레스와 불안감, 두려움을 이르는 말이다. 맥크로스키(McCroskey)는 스피치 불안감이란 다른 사람과 실제로 커뮤니케이션을 하거나 할 것으로 예상될 때 가지는 두려움 혹은 걱정이라고 정의했다. 발표 전이나 도중에 연사가 느끼는 긴장으로 땀나는 손, 흔들리는 목소리, 건조한 목구멍, 호흡 곤란 및 심지어 기억 상실은 모두 스피치 불안감의 일반적인 증상이라고 할 수 있다. 대다수의 사람들은 집단 앞에서 말을 해야 할 때 어느 정도의 스피치 불안을 경험한다. 실제로, 대중 앞에서 하는 스피치는 많은 사람들의 가장 큰 두려움이다. 스피치 불안을 완전히 없앨 수는 없지만, 그것을 극복하고 심지어 자신의 이점으로 활용할 수 있는 다양한 방법을 습득하는 것이 중요하다.

[그림 2-1] 스피치 불안감

출처: 챗GPT를 활용해 만든 이미지.

스피치 불안감을 경험하는 것은 정상이다. 대부분의 사람들은 연설이나 프레젠테이션을 할 때 긴장을 느끼며, 심지어 경험이 많은 연사도 마찬가지다. 느긋하고 자신감 있는 모습을 보이는 연사는 긴장을 다루는 법을 배웠고, 그것을 활용하여 그들의 성과를 향상시켰을 뿐이다. 대부분의 긴장은 청중에게는 보이지 않는다. 자신이 불안한 것처럼 떨리는 느낌이 들지만 청중은 그렇게 보이지 않을 것이다. 본인이 얼마나 불안한지 알고 있는 사람은 청중이 아니라 본인뿐이다. 청중은 연사의 스피치 성공을 바란다. 초보 연사들은 대부분 청중이 매우 비판적이고 실패하길 원하는 것으로 느낄 수 있지만, 이것은 매우 드문 사례다.

여러분이 청중으로서 있었던 상황을 한번 생각해 보면 어떨까? 스피치를 진행하는 연사가 실패하기를 원했던 적이 한번이라도 있었을까? 아마 그렇지 않았을 것이다. 실제로 우리는 보통 연사를 지지하고 있으며, 단어를 더듬거리거나 생각을 잊어버릴 때 안타까워한다. 대부분의 청중들은 발표자를 응원할 것이라는 것을 믿고, 자신 있게 본인의 스피치를 하면 되는 것이다. 스피치가 진행됨에 따라 불안감은 줄어든다. 스피치 불안감은 일반적으로 스피치 직전과 스피치 시작 부분에서 가장 심각하다. 대부분의 사람들은 자기소개를 마친 후에 불안감이 감소하고 자신감이 증가하는 것을 느낀다. 자기소개를 하면서 가벼운 유머나 농담은 청중의 주의를 끌고, 관심을 유발할 수 있으며, 긴장을 완화하고 무엇보다 청중과의 긍정적인 관계를 형성하는 데 도움이 된다.

마지막으로, 다른 사람에게 여러분의 불안감은 여러분에게 느껴지는 것만큼 다른 사람의 눈에 띄지 않으니 크게 남을 걱정하지 않아도 된다는 것을 잊지 말길 바란다.

스포트라이트 효과(Spotlight Effect)

스포트라이트 효과는 사람들이 자신이 실제로 눈에 띄는 것보다 더 많이 주목받는다고 믿는 심리 현상이다. 자신은 자신의 세계의 중심에 있는 것이고 다른 사람들에게 얼마나 많이 주목받는지 정확히 평가하는 경우는 드물다. 스포트라이트 효과의 원인은 자신이 자신의 세계의 중심이지만 다른 사람들의 세계의 중심은 아니라는 사실을 잊는 내재적 경향 때문이다.

2. 스피치 불안감을 관리하기 위한 전략

스피치 기회는 일반적으로 자주 있는 일은 아니다. 대학생들의 경우, 팀프로젝트를 하면 그룹의 리더가 그룹을 대표해 발표를 한다. 대학생들은 발표 기회가 있을 때 팀원들에게 미루거나 그룹 리더에게만 맡기려 하지 말고, 이러한 기회를 연습 삼아 경험을 쌓아야 한다. 우선, 소규모 그룹 앞에서 스피치 경험을 쌓고 거기서부터 발전시켜 나가야 한다. 그래야 나중에 큰 그룹, 대규모 청중 앞에서도 불안감 없이 자신 있게 스피치를 할 수 있을 것이다. 스피치 불안감을 완전히 없앨 수 없더라도 본인만의 스피치 불안감을 관리하는 전략을 세워야 한다.

① 청중을 분석하라

준비는 자신감으로 이어진다. 무대를 즐기는 사람들조차도 위대한 스피치를 펼치는 것처럼 보이지만 미리 결정된 이야기 포인트가 있다. 이러한 포인트를 제시하는 방법은 대부분 청중에 의해 결정되어야 한다. 스피치를 개요화하기 전에, 청중들이 무엇을 듣고 싶어 하는지 스스로에게 질문해 보기 바란다.

② 성공을 상상하라

대중 앞에서 말하기 전에 실패를 걱정하는 것은 자연스럽지만, 부정적인 생각은 여러분의 신경만 더 건드릴 뿐이다. 대중 앞 무대에 오르기 직전에 자신이 완벽히 성공할 것으로 상상하고, 끝난 후에 얼마나 멋진 느낌일지 상상해보면 도움이 된다.

③ 시각적 보조 도구를 사용하라

공식적인 발표 상황에서 연설자들은 종종 보다 효과적인 프레젠테이션을 위해 시각적 보조 도구를 사용한다. 예를 들어, 주요 포인트를 파워포인트 슬라이드쇼에서 강조하는 것은 청중이 그 포인트를 기억하는 데 도움이 된다. 차트, 그래프, 사진 및 비디오와 같은 시각적 보조 도구는 스피치의 정보에 추가적인 맥락을 강조하기 위한 훌륭한 방법이다.

④ 개인적인 일화를 공유하라

스피치 중에 효과적으로 소통하기 위해서는 청중과 관련을 맺어야 한다. 자신을 이야기에 삽입할 수 있다면, 발표자가 말하고 있는 것을 진심으로 생각한다는 것을 청중에게 보여줄 것이다. 개인적 일화를 청중에게 이야기하는 것은 청중과의 거리를 좁히고, 감정적인 연결고리를 강화시키는 역할을 한다.

⑤ 어디를 봐야 하는지 생각하라

청중이 많은 경우, 청중의 눈높이를 약간 넘어서 볼 필요가 있다. 그러면, 청중 모두를 보는 것처럼 보일 수 있으며, 청중의 규모를 계속해서 생각할 필요가 없어진다. 청중이 적은 경우, 직접적인 눈 맞춤을 하고 발표자의 매 순간을 주시하는 한 사람을 찾는 것이 중요하다. 발표자와 눈 맞춤 하는 청중은 발표자의 스피치를 자신 있게 만들 것이다. 만약, 스피치를 듣지 않고 핸드폰을 보거나 집중하지 않는 청중이 있다면 크게 신경 쓰지 말아야 한다. 그들은 연사의 스피치에 방해만 될 뿐 결코 도움이 되지 않는다. 연사가 산만한 청중에 신경을 쓰게 되면 발표의 흐름이 끊기게 되며, 때로는 말하고자 하는 내용을 잊어버리게 되는 경우도 발생한다.

⑥ 포인트만 기록하라

스피치 스크립트를 작성하고 준비한 대본을 읽는 것은 쉽고 유혹적인 일이다. 하지만, 청중은 대본을 읽는 연설자가 진실하지 않다고 판단할 것이다. A4 용지 빼곡하게 써온 대본을 청중 앞에서 읽는 것보다 스피치의 주요 아이디어를 기억하는 데 도움이 되는 색인 카드를 사용하는 것이 효과적인 방법이다.

⑦ 간단하게 유지하라

청중을 문장 구조로 인상 깊게 하려고 할 필요는 없다. 단문과 빠른 이야기로 관심을 끌어야 한다. 청중은 항상 제한된 주의력을 가지고 있기 때문에 연사의 스피치는 그것에 맞춰야 한다. 장황하고 긴 문장을 말하는 것보다 짧은 문장을 통해 청중과의 호흡을 함께 가져가야 한다. 문장을 간단하게 유지할 때 청중에게 스피치의 주요 아이디어가 잘 전달될 수 있다.

⑧ 자신의 잘못된 언어적 습관을 확인하고 제거하라

"어", "음", "저", "말이죠"와 같은 더듬거리는 단어나 구문을 사용하는 경향이 있을 수 있다. 자신의 말하기 패턴에 주의를 기울이거나 자신이 말할 때 영상을 보면서 원치 않는 언어적 경향을 알아내는 것이 중요하다. 완벽한 발음과 언어능력은 진지한 연습이 필요하지만, 청중 앞에서 스피치할 때 분명히 그 가치가 있다. 스피치에서 더듬거리는 단어나 구문을 빈번하게 사용하면 청중의 집중력을 분산시킬 수 있으며 스피치 내용에 대한 신뢰에도 부정적으로 작용할 수 있다. 본인 자신의 잘못된 언어적 습관을 모를 수 있기 때문에 스피치 연습을 하면서 본인의 스피치를 동영상으로 촬영해서 분석해 보는 노력이 필요하다. 미국 대학생들의 경우, "Uhm", "You know", 또는 "You know what I am saying"과 같은 단어와 구문을 스피치에서 자주 사용한다.

⑨ 긍정적인 몸짓을 사용하라

바른 자세와 친근한 미소는 청중과의 관계를 형성하고 신뢰를 쌓는 데 큰 도움이 된다. 또한, 가만히 서 있거나 강단 뒤에 숨어 있는 것보다 스피치 할 때 움직이는 것이 중요하다. 걸어 다니고 활발한 손짓을 사용하면 청중의 주의를 끌고, 발표자를 더 열정적으로 보이게 할 뿐만 아니라 발표 주제에 대해 더 많은 관심을 받을 것이다. 스피치라는 무대 중심에서 배우가 되었다고 가정하고 스피치를 하는 것은 도움이 된다.

⑩ 연습하라

첫 시도에서 전문가가 되는 사람은 없기 때문에 스피치는 연습할수록 더 쉬워진다. 다른 사람들 앞에서 스피치할 기회가 주어지면 그것을 충분히 활용해야 한다. 혼자 연습하는 것은 공개적으로 연습하는 것만큼 유용하지 않지만, 여전히 연사가 더 편안하고 스피치 환경과 능력에 익숙해지도록 도와주기 때문에 충분히 의미가 있다.

3. 스피치하기 전 불안감 관리 전략

스피치 불안감 관리 전략을 '스피치하기 전'과 '스피치 당일'로 나누어서 설명하고자 한다. 그리고 본인에게 맞는 전략들을 적용해 보고, 그리고 본인만의 전략을 고안해 볼 것을 제안한다. 그 이유는 남들에게는 멋진 옷일지라도 나에게 맞지 않는 옷일 수 있기 때문이다. 스피치 불안감 관리 전략도 마찬가지다.

① 불안의 원인을 파악하라

스피치나 프레젠테이션을 하기 전에 본인이 긴장되는 이유를 적어 보자. "내가 우습게 보일까 봐 무서워"와 같은 것이 떠오르면 조금 더 깊게 생각해 보길 바란다. 왜 우습게 보일까? 본인이 실제로 말하고 싶은 것을 잊을까봐 무서워하는 것은 아닐까? 이것은 발표자가 극복해야 할 좀더 구체적인 질문이 될 수 있다. 연사가 말하고 싶은 것을 잊을까봐 무서워한다면 스피치를 연습하는 시간을 더 늘릴수록 그 불안을 줄일 수 있다.

② 자신이 관심 있는 주제를 선택하라

우리는 항상 말할 주제를 선택할 수 있는 것은 아니다. 만약 발표자가 주제를 선택할 수 있는 경우(정보전달 및 설득 스피치), 자신이 관심 있는 주제를 선택해야 한다. 자신이 관심 있는 주제에 대해 연구하고 준비하는 것은 관심 없는 주제에 대해 준비하는 것보다 훨씬 쉽고 재미있는 과정이 된다. 사람들은 자신이 즐거워하는 주제에 대해 열정을 보일 가능성이 높다.

③ 스피치를 사전에 철저히 준비하라

마지막 순간에 스피치를 준비해야 한다면 불안은 더욱 증가할 것이다. 스피치를 준비한 후에는 반복적으로 연습해야 한다. 실제 스피치 전에 최소 10번 이상의 연습으로 스피치를 실행하는 방법을 스스로 터득해야 한다. 그리고 자신의 주요 포인트의 구조를 알고 있어야 스피치를 하면서 본인이 어디에 있는지를 알 수 있다. 거울 앞에서 스피치를 연습하는 동안 자신의 제스처와 몸짓, 눈빛을 연습할 수 있다. 또한 스피치를 가족이나 친구들 앞에서 연습해 보고 피드백을 받을 수도 있다.

스피치를 녹음하거나 휴대폰으로 촬영하여 발표를 평가하고 개선할 수도 있다. 스피치에 시간 제한이 있다면 리허설 할 때 스톱워치를 사용해 보면 좋다. 각 연습을 시간으로 측정하고 지정된 시간 내에 스피치를 할 수 있도록 노력해야 한다. 대부분의 경우 실제 청중 앞에서는 말을 빨리 하는 경우가 많기 때문에 이 점을 고려해야 한다. 그리고 스피치 평가자의 입장에서 보면, 연설자가 주어진 시간을 넘기면 감점 대상이 된다.

④ 주제를 정복하라

연사는 주제를 철저하게 연구하고 이해함으로써 정확한 정보를 청중에게 제공할 수 있다. 이는 청중에게 믿음을 줄 뿐만 아니라, 스피치 후에 질문에 대답할 때도 자신감을 부여한다. 이러한 자신감은 스피치를 보다 효과적으로 전달하고, 청중에게 긍정적인 인상을 남길 수 있도록 도와준다. 따라서 주제를 완벽하게 이해하고 탄탄하게 준비하는 것이 중요하다. 얇은 지식은 청중에게도 쉽게 드러나고, 스피치의 신뢰도에 부정적인 영향을 미칠 수 있다.

⑤ 연설 상황을 인식하라

연설자가 다루기 가장 어려운 것 중 하나는 뜻밖의 상황이다. 뜻밖의 일을 완전히 피할 수는 없지만 최소화할 수는 있다. 스피치 상황의 모든 측면을 사전에 알고 있도록 준비해야 한다. 스피치의 시간 제한, 청중의 규모, 청중의 구성원(청중 분석), 발표를 위해 사용할 수 있는 장비(컴퓨터, 강단, 이젤 등) 및 발표에 영향을 줄 수 있는 다른 세부 사항을 파악해야 한다. 또한 스피치에서 미디어를 사용하는 경우(예: 파워포인트 프레젠테이션) 파일이 잘 열리는지, 폰트가 깨지지 않고 잘 보이는지, 준비한 영상의 소리는 적절한지, 인터넷 연결이 잘 되는지 등 기술적인 측면을 사전에 점검하는 자세가 필요하다. 미디어는 훌륭한 도구가 될 수 있지만 예측할 수 없을 수도 있기 때문에 스피치하기 최소 10분 전에 발표 장소에 도착해서 준비해야 한다.

⑥ 현실적인 기대를 설정하라

누구나 완벽하지 않다. 스피치에서는 누구나 작은 실수를 하기 마련이다. 완벽한 스피치를 해야 한다는 생각 대신 "스피치 내용을 잊어버린다면 차분하게 노트 카드를 잠시 참조하고 스피치를 계속할 것"과 같은 현실적인 생각이 필요하다. "작은 실수가 내 스피치를 망칠 수 없다"와 같은 보다 현실적인 생각을 가지는 것이 중요하다.

⑦ 부정적인 생각을 긍정적인 것으로 대체하고 성공을 상상하라

부정적인 생각은 불안을 증가시킨다. 부정적인 생각이 떠오를 때 즉시 긍정적인 생각으로 대체해야 한다. 예를 들어, "무엇을 말할지 잊어버리고 그냥 서 있을 것 같아"라고 생각한다면 "나는 이 주제에 대해 많은 연구를 했고 잘 알고 있다"와 "나는 내 스피치를 많이 연습했고 연습한 대로 전달할 것"과 같은 생각으로 대체하길 바란다. 운동선수나 음악가와 같은 다른 예술가들은 상상력이 성능 향상에 강력한 도구가 될 수 있다는 것을 발견했다. 자신이 자신감 있게 스피치하는 모습을 상상하고 메시지를 성공적으로 전달하는 모습을 상상해 보길 바란다. 스피치에서도 성공적인 이미지 트레이닝이 도움이 될 수 있다.

⑧ 계속해서 경험을 쌓아라

스피치 불안을 극복하는 가장 좋은 방법 중 하나는 스피치 경험을 쌓는 것이다. 공개적으로 스피치할 기회가 있는 경우 어떤 기회든지 이용하길 바란다. 수업에서 발표하거나 팀프 로젝트 결과물을 수업시간에 발표할 기회가 있을 때 자신 있게 자원해서 스피치 기술을 연마할 기회를 얻는 것이 중요하다. 이를 통해 자신의 스피치 기술을 향상시키고 불안감을 극복할 수 있다.

4. 스피치 당일 불안감 관리 전략

학교에서 스피치 수업을 가르치다 보면 학생들이 동료의 스피치를 듣지 않고, 본인의 스피치 준비에만 몰두하는 모습을 보고는 한다. 이러한 행동은 스피치하는 동료 학생에게도 예의가 아니며, 본인의 스피치 불안감에도 결코 도움이 되지 않는다. 스피치 당일 불안감 관리를 위한 차원에서라도 스피치하는 동료에게 집중하는 것이 불안감 관리에 더 도움이 된다.

① 가벼운 운동을 하라

스피치 당일에 가볍게 운동하는 것은 스피치를 하기 전 불안과 스트레스를 줄이는 데 도움이 되는 방법 중 하나다. 스피치를 하기 전에 가볍게 운동하는 것은 정신을 차분하게 하고 몸과 마음을 준비하는 데 도움이 된다. 공원을 산책하거나 조깅을 하면서 신선한 공기를 마시고 몸을 가볍게 움직이면 긴장이 완화되고 스트레스가 줄어든다. 이렇게 하면 스피치를 하기 전에 자신감을 키우고 더 효과적으로 말할 수 있을 것이다.

② 이완 기술을 사용하라

간단한 이완 기술은 스피치 불안을 줄이고 현재의 작업에 집중할 수 있도록 도와준다. 가장 일반적인 이완 기술은 숨을 깊이 들이마시는 것, 근육을 긴장시킨 다음 이완시키는 것, 평화로운 장면을 상상하는 것 등이 있다. 또는 차분한 클래식 음악을 듣는 것도 도움이 된다. 개인종목 선수들이 출발선에 서기 전에 헤드셋을 쓰고 음악을 듣는 이유도 긴장감을 완화시키고자 함이다. 이것 역시 경험을 통해 본인에게 맞는 기술을 체득하는 것이 중요하다.

③ 두려움을 받아들이고 활용하라

불안함을 느끼는 것은 자연스러운 일이며, 이를 받아들이는 것이 중요하다. 불안한 상황에서 아드레날린(adrenaline)이 분비되는 것은 정상적인 반응이다. 이러한 불안한 에너지를 스피치 상황에서 활용하여 긴장을 완화하고 자신의 스피치에 열정을 불어넣을 수 있다. 최고의 연설자들조차도 때로는 불안해하지만, 그들은 이를 자신의 장점으로 활용할 수 있는 방법을 알고 있다. 따라서 스피치를 할 때 불안함을 받아들이고 이를 자신의 이점으로 활용하는 것이 중요하다.

아드레날린 이해하기

아드레날린은 주로 스트레스 상황이나 불안한 상황에서 분비되는 호르몬의 일종이다. 상태불안을 적절히 조절, 통제할 수 있을 때 다량 분비된 아드레날린을 활용하여 놀라운 집중력과 폭발적인 에너지를 동원할 수 있기 때문에 스피치 상황에서도 긍정적인 영향을 미칠 수 있다.

④ 자신이 자신감 있는 옷을 입어라

대부분의 사람들은 자신이 특히 편안하고 자신감 있는 몇 가지 옷을 가지고 있다. 스피치할 때 자신감을 줄 수 있는 옷을 입는 것이 좋다. 청중 앞에 서 있을 때 자신의 모습에 자신감이 있으면 메시지에 모든 주의를 기울일 수 있다. 스피치하는 동안 옷이나 머리카락을 매만지는 행동으로 청중이나 자신을 혼란스럽게 하고 싶지는 않을 것이다. 또는 스피치하는 내용에 맞는 옷차림도 생각해 볼만하다. 만약, 정보전달 스피치 주제로 환경운동 단체인 '그린피스(Greenpeace)'를 이야기한다면, 그린피스 후원 티셔츠를 입는 것도 효과적일 수 있다. 대학의 스피치 수업에서 스피치를 할 때 일반적으로 캐주얼보다는 세미 정장 스타일로 약간의 격식을 갖추는 것이 좋다. 스피치할 때 반바지에 슬리퍼를 착용하는 실수는 범하지 않길 바란다. 스피치도 TPO(Time, Place, Occasion; 시간, 장소, 상황)에 맞는 복장을 요구한다. 결론적으로, 청중은 발표자의 외모와 복장을 보고 첫 인상을 형성하게 되며, 이는 청중이 발표자의 신뢰성, 전문성, 자신감 등을 판단하는 데 영향을 줄 수 있다.

⑤ 자신감 있게 행동하고 청중에게 불안을 고백하지 마라

연사의 불안함은 대개 청중에게 보이지 않는다. 자신감 있게 행동하면 청중은 연사가 자신감 있는 사람이라고 가정할 것이다. 이것은 긍정적인 과정이 될 수 있다. 청중이 발표자를 유능한 연설자로 존중해 주면 연사는 능력에 대한 자신감을 얻게 되고, 그러면 청중은 연사를 더 많이 존중해 준다.

초보 연설자들이 하는 일반적인 실수 중 하나는 청중에게 자신의 불안을 고백

하는 것이다. 이것은 연사의 불안을 줄이지 않으며 청중을 오히려 불편하게 만들기 때문에 연사가 성공하기를 원하는 청중에게 불편함을 줄 수 있다. 자신감 있게 행동하는 것이 훨씬 효과적인 전략이다. 고백은 스피치에서 하지 말고, 사랑하는 사람 앞에서 하자. 그것이 훨씬 더 생산적이고 미래 지향적이다.

⑥ 청중 중에서 친근한 얼굴을 찾아라

스피치를 하는 동안 긍정적인 피드백을 받는 것은 발표자에게 자신감을 불어넣어주고, 불안함을 완화시켜줄 수 있다. 이러한 피드백은 미소 짓는 것이나 머리를 끄덕이는 것과 같은 간단한 동작으로 나타날 수 있다. 친근한 얼굴을 찾아서 그들과 눈을 마주치면, 그들의 긍정적인 반응은 발표자에게 용기를 주고 자신감을 높여준다. 이는 발표하는 동안 긴장을 완화시키고 더 나은 스피치를 할 수 있도록 도와준다. 따라서, 청중 중에서 자신을 격려해 줄 친근한 얼굴을 찾아두고 그들과 눈을 마주치는 것은 스피치를 향상시키고자 할 때 유용한 전략이다.

⑦ 불안을 숨기는 방법을 찾아라

긴장이 되어 입이 마르면 스피치할 때 물병 또는 텀블러를 가져가는 것도 좋다. 과도하게 땀이 난다면 청중이 인지하지 못할 옷을 입는 것도 좋다. 손이 떨린다면 흔들림을 가리는 제스처를 사용해 보자. 스피치할 때 손바닥에 땀이 나는 것은 매우 일반적인 현상이며, 땀이 나는 것을 너무 신경 쓰지 않는 것이 중요하다. 노트 카드나 포인터를 손에 들고 있으면 땀이 나는 손을 자연스레 숨길 수 있다.

5. 스피치에서 자신감

의사소통에서 자신감은 효과적인 커뮤니케이션의 중요한 구성 요소라고 할 수 있다. 자신감이 있을 때는 생각과 아이디어를 분명하고 설득력 있게 표현할 가능성이 높다. 의사소통에서 자신감은 메시지를 분명하고 확고하게 전달하고자 할 때 도움이 된다. 자신감 있을 때는 명확하게 말하고 눈 맞춤(eye contact)을 유지하며 적절한 몸짓을 사용하는 경향이 있다. 이러한 행동은 청중과 신뢰를 구축하고 신뢰성을 확립하는 데 도움이 된다. 또한 자신감은 의사소통 장애를 극복할 때 핵심적인 역할을 한다. 예를 들어, 자신감이 없거나 불안할 때는 생각을 명확하게 표현하기 어려울 수 있으며, 이로 인해 오해와 혼란이 생길 수 있다는 것을 명심해야 한다.

1) 스피치 자신감에 영향을 미치는 요인들

모든 분야에서 자만감(overconfidence)이 아닌 어느 정도의 자신감(confidence)은 필요하고, 이러한 자신감은 긍정적으로 작용한다. 경험(experience), 지식(knowledge), 자아 존중감(self-esteem), 피드백(feedback) 등은 스피치에서 자신감에 영향을 미치는 요인들이다. 스피치에서 자신감은 매우 중요한 요소이며, 이는 스피치의 성공에 큰 영향을 미친다. 자신감은 단순히 느낌 이상의 것으로, 여러 구체적 요인에 의해 형성되고 강화된다. 이러한 요인들을 이해하고 개발하는 것은 스피치 능력을 향상시키는 데 필수적이다.

(1) 경험

경험은 스피치에서 자신감을 구축하는 가장 기본적인 요소 중 하나다. 스피치 경험이 많을수록, 즉 무대에 서 본 횟수가 많을수록 불안감은 줄고 자신감은 향상된다. 이는 연습과 반복을 통해 얻어지며, 각 스피치를 통해 배운 점을 다음 스피치에 적용함으로써 의사소통 기술과 자신감을 지속적으로 개발할 수 있다. 실제 상황에서의 반복된 연습은 예상치 못한 상황에 대처하는 능력을 키우고, 더 나은 대응 방안을 찾아내는 데 도움을 준다.

(2) 지식

스피치 주제에 대한 충분한 지식은 발표자가 자신감을 가지고 주제를 논리적으로 전달할 수 있게 한다. 주제에 대한 깊이 있는 이해는 발표 내용의 정확성을 보장하고, 청중의 질문에 자신 있게 답할 수 있게 해준다. 또한, 철저한 준비와 연구는 발표자가 스피치 도중 발생할 수 있는 예상치 못한 질문이나 상황에도 유연하게 대응할 수 있게 해주며, 이는 청중으로부터의 신뢰와 공감을 얻는 데 중요한 역할을 한다.

(3) 자아 존중감

자아 존중감은 개인이 자신을 어떻게 인식하느냐에 대한 광범위한 감정이다. 높은 자아 존중감은 개인이 자신의 능력을 긍정적으로 평가하고, 스피치 중 자신감을 발휘할 수 있도록 한다. 반면, 낮은 자아 존중감은 스스로를 의심하게 만들고, 이는 스피치의 질을 저하시킬 수 있다. 자아 존중감을 높이는 것은 개인이 스스로를 긍정적으로 보고, 자신의 장점을 인정하며, 스피치 중 발생할 수 있는 실수를 용인할 때 도움을 준다.

(4) 피드백

스피치 후 받는 피드백은 발표자가 자신의 성과를 평가하고 개선할 수 있는 기회를 제공한다. 긍정적인 피드백은 자신감을 증진시키고 성공적인 스피치 기술을 강화하는 반면, 건설적인 비판은 발표자가 자신의 약점을 인식하고 이를 개선할 수 있도록 돕는다. 이러한 피드백을 적극적으로 수용하고 자신의 스피치 능력을 지속적으로 개선하려는 노력은 발표자가 더욱 더 효과적으로 의사소통할 수 있게 만든다.

요약

스피치 불안감은 대부분의 사람들이 공개 연설 시 경험하는 매우 일반적인 현상이다. 이러한 불안감을 효과적으로 관리하고 극복하기 위한 전략은 여러 가지가 있으며, 이는 스피치의 성공을 좌우할 수 있는 중요한 요소가 된다. 무엇보다 스피치에 앞서 긍정적인 태도를 갖는 것이 중요하다. 이를 위해 스피치 불안감을 자신의 이점으로 활용할 수 있는 방법을 배우고, 불안감을 느끼는 것이 정상임을 인정하면서 이를 스피치의 에너지로 전환할 수 있어야 한다. 예를 들어, 무대에서의 긴장감을 열정으로 변환하여 청중과의 강력한 연결을 만들어낼 수 있다. 또한, 스피치 전 준비 과정에서는 여러 심리적 전략과 실질적인 준비가 필요하다. 명상, 호흡 운동과 같은 이완 기술을 사용하여 마음을 진정시키고 긴장을 완화할 수 있다.

이외에도 스피치 내용을 철저히 준비하고 연습하는 것이 중요하다. 연습은 자신감을 높이는 가장 확실한 방법 중 하나로, 반복적인 연습을 통해 자신의 발표 내용을 내면화하고 스피치 중 발생할 수 있는 예기치 않은 상황에도 유연하게 대응할 수 있게 한다. 스피치 당일에는 불안감을 최소화하기 위해 가벼운 운동이나 산책을 통해 몸과 마음을 이완시키고, 스피치 장소에 일찍 도착하여 환경에 익숙해지는 것도 도움이 된다. 스피치 중 자신감을 발휘하는 것도 중요한 부분이다. 이를 위해 청중과의 눈 맞춤, 몸짓 사용, 명확한 발음과 투명한 커뮤니케이션을 유지해야 한다. 스피치 중 청중의 반응을 관찰하고 긍정적인 피드백에 집중하여 자신감을 유지하는 것이 중요하다. 또한, 스피치 중 자신감 있는 태도를 유지하고 청중에게 자신의 불안을 드러내지 않는 것이 중요하다.

청중은 대체로 발표자를 지지하며 성공을 바라기 때문에, 자신감 있는 모습을 보여주는 것이 청중의 신뢰를 얻기 위해 도움이 된다. 이러한 전략들을 종합적으로 활용하여 스피치 불안감을 극복하고 자신감을 높이면, 스피치를 통해 효과적으로 의사소통을 할 수 있고, 청중과의 긍정적인 상호작용을 이끌어낼 수 있다. 이는 공개 연설뿐만 아니라 일상적인 의사소통에서도 유용하게 적용될 수 있어, 개인의 사회적, 전문적 성공을 위한 중요한 기초가 된다.

김연아 선수의
평창 동계올림픽
유치 연설
영상 시청하기

스피치 사례

김연아 선수의 평창 동계올림픽 유치 연설

김연아는 2011년 7월 6일, 평창 동계올림픽 유치를 위한 홍보대사로 임명되었다. 이는 2018년 평창 동계올림픽을 유치하기 위한 한국의 노력을 강화하기 위한 중요한 측면 중 하나였다. 김연아는 평창 동계올림픽 유치에 대한 노력의 일환으로 여러 차례 홍보 및 프로모션 행사에 참여했다. 그 중 가장 주목할 만한 것은 2011년 7월에 남아프리카공화국 더반에서 열린 동계올림픽 유치 경쟁 연설이었다. 김연아 선수의 평창 동계올림픽 연설은 감동적이었으며, 특별히 어려운 어휘를 사용하지 않고도 본인이 말하고자 하는 내용과 진심을 담아냈으며, 영어가 모국어가 아니지만 훌륭한 전달력과 유창한 영어로 회의장에 있는 많은 사람들을 감동시켰다. 그 결과, 우리는 2018년 평창에서 성공적으로 동계올림픽을 치러냈다. 동계올림픽 경쟁 프레젠테이션에서 주목을 받은 전 평창 동계올림픽 유치위원회 나승연 대변인의 스피치 역시 감동적이었으며, 한번 살펴볼 것을 추천한다.

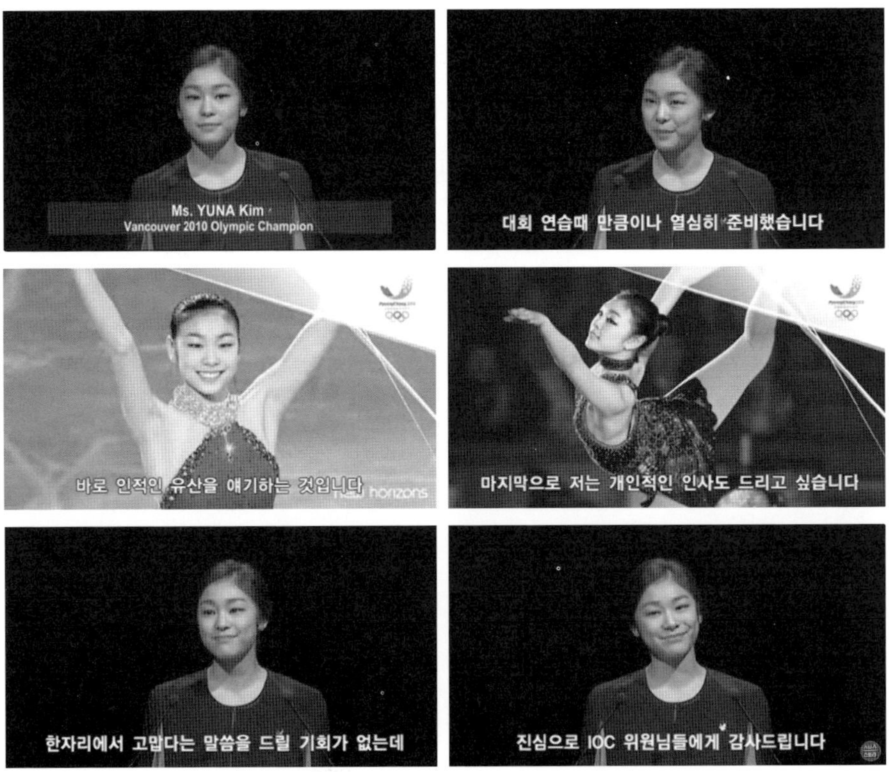

[그림 2-2] 김연아 선수의 평창 동계올림픽 유치 연설

영상 출처: SBS Story (https://www.youtube.com/watch?v=SvjqCA-JK8M)

미국 대학원 수업에서 한 나의 첫 발표

다시 또 나의 이야기다. 미국 워싱턴 주립대학교에서 3학년으로 편입해서 1학기를 마치고 2학기를 다니는 중간에 다시 한국의 대학으로 돌아왔다. 미국 대학에서 1년간의 경험은 내 삶의 변곡점이 되었으며, 내 열정을 깨우는 티핑 포인트(Tipping Point) 역할을 해주었다. 그리고 미국에서 한국으로 돌아오는 비행기 안에서 나름 중요한 결심을 했다. “나에게 주어진 향후 2년 동안, 내 스스로에게 부끄럽지 않은 삶을 살아보자고!” 그렇게 열심히 2년을 살아냈고, 운 좋게 대학교에서 수여하는 해외유학생 장학금을 받아서 다시 미국 워싱톤 주립대 커뮤니케이션 대학원에 입학할 수 있었다. 당시 우리나라는 IMF를 겪고 있었으며, 원 달러 환율 부담으로 많은 유학생들이 귀국하던 시절이었다. 난, 미국 워싱턴 주립대학교에 이번에는 편입생이 아닌 대학원생 신분으로 1998년 8월에 입학했다.

학부에서 ‘독어독문학’을 전공했던 나는 ‘커뮤니케이션’에 대한 기본 지식이 없었기 때문에 학교에서 요구하는 필수과목들(Prerequisite Courses)과 함께 대학원 이론 수업을 들어야 했다. 미국 대학원 수업은 교재도 있었지만, 매번 수업에서 다루는 연구 논문들을 읽어가서 토론에 참여해야 했는데, 통계적 기본 지식이 없던 나로서는 정말 매 수업이 고통이었다고 해도 과언이 아니었다. 어느덧 중간고사가 끝나고 나서 이번에는 내가 수업시간에 연구논문 한 편을 분석해서 발표하는 시간이 다가왔다. 내가 수강한 ‘커뮤니케이션 이론(Communication Theory)’ 수업에는 나 외에도 태국 및 대만 등 아시아에서 온 유학생들이 여럿 있었다. 문제는 아시아 학생들의 발표 수업은 대체로 스크립트를 준비해서 읽고 끝나는 정도로 수업에는 활기도 없고, 미국 학생들의 반응은 차갑기 일수였다.

난 다르게 하고 싶었다. 그래서 수업시간에 발표할 내용을 OHP 필름으로 인쇄해서 준비하고, 학생들의 관심과 참여를 유도하기 위해 중간 중간에 질문들도 넣고, 나름 유머스러운 말들도 생각해냈다. 그리고 발표 전날에는 수업이 열리는 교실에 가서 여러 차례 리허설을 하고, 발표 내용들이 입에서 자연스레 나올 때까지 연습을 했던 기억이 있다. 그렇다면 내 첫 번째 대학원 발표 수업은 어땠을까? 그것은 여러분의 상상에 맡기겠다.

발표할 때 불안함을 느끼는 학생들은 발표하는 장소에 익숙해지고, 발표 내용을 철저히 숙지하며, 반복적인 연습을 통해 자신감을 키워야 한다. 예를 들어, 김연아 선수도 평창 동계올림픽 유치 경쟁 프레젠테이션을 준비할 때, 호텔 방에서 수백 번이나 연습했다고 한다. 처음부터 유창하고 완벽하게 스피치하는 사람은 거의 없다. 물론, 일부 사람들은 타고난 재능을 가질 수 있지만, 대부분의 우리는 연습을 통해 더 나은, 더 멋진 프리젠터가 될 수 있다. 결국, 연습을 이기는 대가(master)는 없다.

CHAPTER

03

말하기와 듣기

의사소통의 두 가지 축

말하기와 듣기, 무엇이 더 중요할까? 말을 통해 상대를 설득하고 공감과 동의를 이끌어 내는 능력은 인생의 '곁쇠'라고 할 수 있다. 그리고 바로 그 곁쇠를 가지기 위한 기본이 듣기다. 스피치 상황에서 말하기와 듣기는 둘 다 비슷한 무게 중심을 가진 중요한 요소라고 할 수 있다. 스피치 커뮤니케이션에서 말하기와 듣기는 자전거의 앞바퀴와 뒷바퀴에 비유할 수 있다. 말하기는 자전거의 앞바퀴와 같다. 앞바퀴는 자전거의 방향을 결정하며 나아가는 데 중요한 역할을 한다. 말하기는 메시지를 전달하여 커뮤니케이션의 방향을 제시한다. 발표자가 자신의 생각을 명확하고 설득력 있게 표현하면 청중은 그 방향을 따라가며 이해할 수 있다. 듣기는 자전거의 뒷바퀴와 같다. 뒷바퀴는 자전거가 균형을 유지하며 매끄럽게 움직일 수 있도록 돕는다. 듣기는 상대방의 말을 주의 깊게 받아들여 소통의 균형을 맞추는 역할을 한다. 결론적으로, 자전거의 앞바퀴와 뒷바퀴가 조화롭게 작동해야 부드럽게 달릴 수 있듯이, 스피치 커뮤니케이션에서도 말하기와 듣기가 함께 작동해야 효과적인 소통이 이루어질 수 있다. 말하기는 커뮤니케이션의 방향을 정하고, 듣기는 그 방향을 따라 균형 있게 소통을 이어가도록 돕는다. 두 가지가 조화롭게 작용할 때, 진정한 의미의 커뮤니케이션이 완성된다.

SPEECH
COMMUNICATION

1. 언어적 의사소통

언어적 의사소통에는 구두적 의사소통(oral communication)과 문서적 의사소통(written communication)이 있다. 구두적 의사소통은 입으로 동료나 친구에게 메시지를 전달하는 것을 의미하며, 이는 직원 회의, 프레젠테이션, 동료나 친구와의 비공식적인 의사소통, 강의 및 인터뷰 중에 사용된다. 구두적 의사소통 기술에는 듣기, 질문하기, 목소리 크게 내기 및 청중을 참여시키는 것이 포함된다. 그리고 문서적 의사소통은 펜을 사용하여 종이에 메시지를 보내거나 이메일과 같은 디지털 형식으로 정보를 전달하는 것을 의미한다.

직장에서의 문서적 메시지 예시로는 메모, 이메일, 보고서, 매뉴얼, 직무 기술서, 계약서, 급여 명세서, 문자 메시지, 뉴스 통보, 팩스, 전보 및 블로그가 있다. 효과적인 문서적 의사소통을 위해서는 기록하는 정보가 정확하고 포괄적이며 이해하기 쉽고 적절하며 오류가 없는지 확인해야 한다. 또한, 글을 쓸 때 더 많은 청중을 참여시키기 위해 능동태를 사용하는 것도 고려해야 한다.

1) 구두적 의사소통 vs. 문서적 의사소통

구두적 의사소통과 문서적 의사소통에는 세 가지, 즉 정형성(formality), 동시성(synchronicity), 그리고 기록(record)이라는 측면에서 차이점이 존재한다. (11장에서 좀더 구체적으로 차이점을 설명하고 있다.)

① 정형성

두 형식 모두 공식적이거나 비공식적인 환경에서 사용할 수 있다. 구두적 의사소통은 동료나 친구들이 점심이나 휴식 시간에 서로 이야기할 때 비공식적인 환경에서 흔히 사용된다. 문서적 의사소통은 이메일, 긴급 공지 또는 월간 보고서와 같이 형식적 접근이 더 적합한 경우에 사용된다.

② 동시성

구두적 의사소통은 두 사람 간에 즉각적이고 실제적인 의사소통을 가능하게 한다. 문서적 의사소통은 즉각적이지 않을 수 있으며 답변을 받기까지 시간이 경과할 수 있다. 구두적 의사소통에서는 응답이 즉각적으로 이루어지는 동시성이라는 특징을 가지고 있다.

③ 기록

문서적 정보는 종이나 디지털로 저장되어 이메일이나 편지 등의 참고 자료로 사용될 수 있다. 구두적 의사소통은 일시적이며, 기록되지 않으면 사라질 수 있다는 단점을 가진다.

2) 구두적 의사소통의 장점

문서적 의사소통과 비교해서 구두적 의사소통의 장점은 무엇일까? 첫째, 구두적 의사소통은 즉각적인 대화(실시간 대화)를 가능하게 한다. 이는 의사소통 상대방의 반응을 실시간으로 파악하고 상호작용할 수 있게 해준다. 이러한 실시간 대화는 문제 해결이나 의견 교환 등의 상황에서 매우 유용하다. 둘째, 말보다는 비언어적인 신호가 훨씬 더 효과적으로 감정이나 의도를 전달할 수 있다. 언어 외의 요소들인 얼굴 표정, 몸짓, 음성 조절 등은 대화 상대방에게 추가적인 정보를 제공할 수 있다. 셋째, 구두적 의사소통은 상대방과의 직접적인 상호작용을 통해 연결을 형성하는 데 도움을 준다. 대화를 나누면서 사람들은 서로를 더 잘 이해하고 친밀감을 형성하며 관계를 더욱 발전시킬 수 있다. 넷째, 대부분의 구두적 대화는 형식에 얽매이지 않고 자연스럽고 비형식적인 톤으로 이루어진다. 이는 의사소통의 장벽을 낮추고 대화 참여자들 간에 보다 편안한 분위기를 조성할 수 있다. 마지막으로, 구두적 의사소통은 효과적인 질문과 토론을 가능하게 한다. 즉, 실시간 대화는 질문을 던지고 의견을 나눌 때 매우 효과적이다. 이를 통해 아이디어를 발전시키고 문제를 해결하는 데 도움을 줄 수 있다. 이러한 장점들은 구두적 의사소통을 통해 더욱 효과적으로 정보를 교환하고 협력하는 데 기여한다고 볼 수 있다.

3) 언어적 의사소통 능력 향상 방법

강력한 언어 소통 기술은 모두가 정복해야 하는 중요한 생존 기술이며, 이것은 개인적으로 또는 전문적으로 매우 가치 있는 일이다. 명확하고 자신 있게 말할 때 다른 사람들의 존경을 얻고 화합을 이룰 가능성이 훨씬 높다. 특히 광고나 마케팅을 본업으로 하는 프로페셔널들에게는 필수적인 기술로 여겨진다. 아래 7가지 방법을 고려해서 연습해 보면 도움이 될 듯하다.

① 말하기 전에 생각하기

사전에 생각을 정리함으로써 말할 때 발생하는 어색한 중단(pause)을 줄일 수 있다. 이것은 또한 정보를 보다 간결하게 전달하는 데 도움이 된다. 생각을 적는 것은 즉흥적인 토론에서 항상 가능한 것은 아니지만 말하기 전에 마음속에서 생각을 정리하는 것은 효과적이다.

② 명확하고 간결하게 말하기

목적을 분명하고 간결하게 전달하는 것은 가장 효과적인 방법이다. 복잡하고 난해한 문장을 사용하지 말고 명확한 언어로 말하는 습관을 길러야 한다. 말하기 전에 "내 주장을 가장 명확하게 전달할 수 있는 방법은 무엇인가?"라고 자신에게 질문해 보는 연습을 하는 것도 도움이 된다.

③ 자신감 있게 말하기

자신감 있게 말하는 것은 신뢰를 쌓고 청중의 존경을 얻는 데 도움이 된다. 주제에 대한 깊은 지식과 이해도, 단어의 선택, 목소리의 톤, 신체언어, 청중과의 직접적인 눈 맞춤 등 여러 요소들이 자신감을 높일 수 있다.

④ 음성 톤을 다양하게 하기

단조로운 음성으로 말하는 것은 청중을 지루하게 만들고 무관심한 것으로 보인다. 대신, 중요한 점을 강조하기 위해 음성 강조를 사용하고 감정을 표현하기 위해 음성 톤을 다양하게 사용해야 한다. 이것은 청중이 발표자의 메시지에 집중하도록 도와준다.

⑤ 적극적인 청취자가 되기

좋은 청취자가 되는 것은 말을 잘하는 것만큼 중요하며, 발표자의 언어 소통의 질을 향상시킬 것이다. 아래 적극적인 듣기(active listening) 과정의 5단계를 기억하길 바란다. (아래 듣기 과정의 5단계에서 다시 상세하게 다룰 예정이다.)

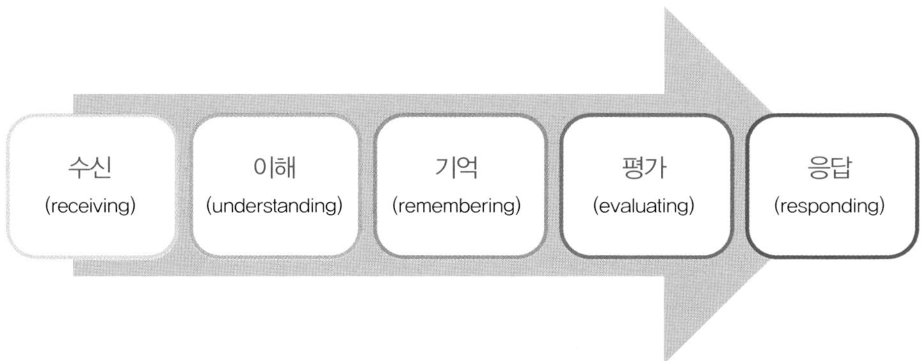

이것은 발표자가 청중들의 생각에 진심으로 관심이 있다는 것을 보여주며 그들의 요구를 이해하는 데 도움이 된다. 청취한 내용을 요약하고 추가 질문을 하는 것도 좋다. 그러면 청중의 신뢰와 화합을 훨씬 더 빠르게 구축할 수 있도록 도와줄 수 있다.

⑥ 비언어적 의사소통 단서에 주의하기

스피치에서 발표자의 몸짓언어는 자신이 말하는 내용과 대화에 대한 태도를 상대방이 어떻게 해석하는지에 상당한 영향을 미친다. 전달하려는 메시지와 일치하는지 확인하기 위해 자신이 하는 제스처, 얼굴 표정, 그리고 몸의 언어에 주의를 기울여야 한다. 청중의 몸짓언어를 읽는 것도 중요하며, 소통할 때 눈을 마주치면서 대화 청중의 주목을 유지하여 망설임이나 참여 부족 등을 포착할 수 있도록 주의를 기울여야 한다.

⑦ 청중의 관점을 고려하기

특정 주제에 대해 뛰어난 지식을 갖고 있다고 해서 청중들도 동일한 수준의 지식을 가지고 있는 것은 결코 아니다. 특히 발표자가 가진 기술적인 지식이 없는 사람들이 어떻게 전달하려는 메시지를 이해할지 고려해야 한다. 가장 좋은 조언은 발표를 단순하게 만드는 것이다.

2. 비언어적 의사소통

비언어적 의사소통은 언어를 사용하지 않고도 정보를 전달하고 이해하는 과정을 의미한다. 이는 언어적 표현을 보완하거나 대체할 수 있으며 때로는 언어보다 훨씬 강력한 메시지를 전달할 수 있다는 장점을 가지고 있다. 첫째, 비언어적 의사소통은 언어로는 표현하기 어려운 감정이나 심리적인 상태를 비언어적으로 표현할 수 있다. 얼굴 표정, 몸짓, 음성조절 등을 통해 감정을 전달하고 이해할 수 있다. 둘째, 비언어적 의사소통은 사람들 사이에 신뢰를 구축하는 데 큰 역할을 한다. 자세나 눈 맞춤 등의 신체언어를 통해 상대방에게 호감이나 신뢰를 불러일으킬 수 있다. 셋째, 비언어적 의사소통은 의사소통의 완성도를 향상시킨다. 언어적 의사소통만으로는 메시지가 전달되지 않을 수 있으므로, 비언어적 의사소통을 통해 메시지의 완성도를 높일 수 있으며 의사소통의 효과를 향상시킬 수 있다. 넷째, 비언어적 의사소통은 언어적인 맥락을 보완하고 이해를 돕는다. 상대방의 신체언어나 표정을 통해 말의 의미를 더욱 명확하게 이해할 수 있다. 그리고 마지막으로, 비언어적 의사소통은 문화 간 이해를 돕는 역할을 한다. 언어는 문화에 따라 의미가 다를 수 있지만, 비언어적 의사소통은 보다 보편적이며 문화 간에도 비교적 이해하기 쉽다. 따라서 비언어적 의사소통은 문화 간 커뮤니케이션에서 중요한 역할을 한다. 이러한 이유로 비언어적 의사소통은 대인관계에서 중요한 역할을 하며, 효과적인 의사소통을 위해 필수적인 요소라고 할 수 있다.

1) 얼굴 표정

스피치에서 얼굴 표정(facial expression)은 매우 중요한 역할을 한다. 얼굴 표정은 말하는 사람의 감정이나 태도를 전달하는 데 사용되며 청중에게 메시지를 더욱 명확하게 전달할 수 있다. 스피치 중에 적절한 얼굴 표정을 사용하면 말하는 사람의 감정을 청중에게 전달할 수 있다. 예를 들어, 웃는 표정은 유머나 즐거움을 나타내고, 눈썹을 찡그리는 표정은 진지함이나 걱정을 나타낼 수 있다. 말하는 사람이 청중에게 관심을 보이고 연결을 형성하기 위해 얼굴 표정을 사용할 수 있으며, 적극적으로 눈을 마주치고 웃는 얼굴로 청중에게 접근할 때, 청중은 더욱 말에 집중하고 연결감을 느낄 수 있다.

감정을 강화하는 표정을 사용하면 청중에게 말하는 내용의 중요성이나 감정의 진정성을 더욱 잘 전달할 수 있으며, 자신감 있는 표정이나 긍정적인 표정은 청중에게 말하는 사람을 믿고 신뢰할 수 있음을 보여준다. 이렇듯 얼굴 표정은 스피치에서 말의 효과를 향상시키고 청중과의 연결을 강화하는 데 매우 중요하다. 따라서 스피치를 준비하고 발표할 때 적절한 얼굴 표정을 사용하는 것이 필수적이다.

2) 제스처

스피치에서 제스처(gesture)는 말하는 사람의 손이나 팔을 사용하여 메시지를 보충하고 강화하는 비언어적 수단이라고 할 수 있다. 제스처는 말의 내용을 강조하거나 명확하게 전달하기 위해 사용되며 청중의 이해를 돕고 관심을 끌기 위한 중요한 도구다. 손의 움직임과 자세는 말하는 사람의 감정을 보여주고, 청중에게 감정적인 연결을 형성할 수 있으며, 활발한 제스처는 스피치를 더 생동감 있게 만들고 청중의 관심을 끌어들일 수 있다. 일부 제스처는 문화마다 다르게 해석될 수 있지만, 일반적으로 손을 사용하는 제스처는 언어를 넘어서 이해되는 경우가 많다. 따라서 스피치를 준비하고 발표할 때 적절한 제스처를 사용하여 말의 효과를 향상시키는 것이 중요하다.

3) 자세

스피치에서 자세(posture)는 말하는 사람의 몸의 위치와 움직임을 의미하며, 올바른 자세는 말의 효과를 향상시키고 청중에게 긍정적인 인상을 전달하고자 할 때 중요하다. 바른 자세는 말하는 사람이 자신감 있고 전문적으로 보이도록 도와주며, 청중과의 연결을 강화할 수 있다. 청중을 향해 직접적으로 서면, 청중과의 눈 맞춤을 유지하고 말하는 사람이 관심을 가지고 있음을 보여준다. 적절한 자세를 유지하면 말하는 사람의 감정을 보다 효과적으로 표현할 수 있다. 예를 들어, 기대감이나 열정을 나타내는 자세는 청중에게 긍정적인 메시지를 전달할 수 있다. 또한, 올바른 자세는 말하는 사람의 편안함과 집중력을 유지할 때 도움을 주며, 편안한 자세를 유지하면 말하는 동안 불필요한 긴장이나 스트레스를 줄일 수 있고 이는 말의 흐름을 유지하고 청중의 관심을 끌 수 있다. 따라서 스피치를 준비하고 발표할 때 올바른 자세를 유지하여 말의 효과를 향상시키고 청중과의 연결을 강화하는 것이 중요하다.

4) 신체언어

보디랭귀지(body language)는 우리말로 신체언어 또는 몸짓언어로 해석되어 표현되고는 한다. 스피치에서 신체언어는 말하는 사람의 자세, 동작, 표정 등을 통해 전달되는 비언어적 신호를 의미하며, 말의 내용을 보완하고 강화하며, 청중과의 연결을 높이고 메시지를 명확하게 전달하는 데 중요한 역할을 한다. 예를 들어, 말하는 사람의 자세는 그들의 자신감과 전문성을 보여주며, 눈 맞춤은 또한 청중과의 연결을 강화하고, 말하는 사람의 신뢰를 증가시킨다.

적절한 제스처와 손의 사용은 말의 내용을 강조하고 명확하게 전달하는 데 도움을 주고, 얼굴 표정은 말하는 사람의 감정을 보여주는 주요한 요소이며, 적절한 거리는 말하는 사람과 청중 간의 관계를 유지하고, 청중에게 편안함과 안전감을 제공한다. 따라서 스피치를 준비하고 발표할 때, 신체언어를 적절하게 활용하여 말의 내용을 보충하고 청중과의 심리적 거리를 좁히는 것이 중요하다.

5) 접촉

스피치에서 접촉(touch)은 상호작용과 감정 전달에 중요한 비언어적 요소로 볼 수 있다. 다른 비언어적 신호와 마찬가지로 적절하게 사용될 때 효과적으로 메시지를 전달하고 청중과의 연결을 강화할 수 있다. 터치는 청중과의 감정적 연결을 형성하고 신뢰를 구축하는 데 사용될 수 있으며, 또는 청중의 주의 집중과 흥미를 유발하기 위해 사용할 수 있다. 하지만, 터치는 문화적 차이를 고려해야 한다. 어떤 문화에서는 터치가 친밀하고 환영받는 제스처로 여겨질 수 있지만, 다른 문화에서는 적절하지 않을 수 있다. 따라서 청중의 문화적 배경을 고려하여 터치를 사용해야 한다.

무분별한 터치는 상대방을 불편하게 만들 수 있으므로, 상황과 상대방의 표현을 주의 깊게 관찰하고 적절하게 대응해야 한다. 따라서 터치는 스피치에서 말의 내용을 강조하고 감정을 전달하는 데 효과적인 도구이지만, 적절하게 사용되어야 한다. 우리나라 정치 유세 현장에서 정당 후보들이 청중들과 적극적으로 악수를 하는 것도 유권자들과의 감정적 연결을 강화하고 신뢰를 구축하기 위한 전략이라고 할 수 있다.

6) 준언어

준언어(paralinguistics) 또는 반언어적 표현은 말을 할 때의 특징적인 성조, 억양, 강세, 리듬, 음장(音長) 또는 음량(音量) 등을 뜻한다. 다시 말해, 목소리의 음조, 말의 속도, 음량 및 단어에 강조를 두는 것을 의미한다. 준언어는 구두적 메시지를 보완하고 추가할 수 있으며 메시지의 일부를 강조할 수 있다. 그러나 이러한 신호는 메시지의 긴급성, 화자의 감정, 사용되는 언어 및 문화적 및 지역적 영향에 따라 다를 수 있다. 특히, 우리나라의 언어는 성조를 가지고 있는 중국어, 태국어와 달리, 그리고 단어에 강세가 있은 영어와 다르기 때문에 자칫 밋밋하고 단조로울 수 있다는 단점이 있다. 그렇기 때문에 스피치를 하면서 적절한 준언어의 사용은 청중의 집중력과 관심을 지속적으로 유지 또는 끌어올리는 데 중요한 역할을 한다.

7) 눈 맞춤

스피치에서 눈 맞춤(eye contact)은 말하는 사람과 청중 간의 중요한 비언어적 신호 중 하나로 적절하게 사용하면 말의 효과를 높이고 청중과의 연결을 강화하는 데 도움이 된다. 눈을 마주치는 것은 말하는 사람이 자신감 있고 신뢰할 만하다는 신호를 청중에게 전달할 수 있으며, 청중이 말하는 사람의 눈을 보며 얼굴을 볼 때, 말하는 사람은 자신감 있고 진실된 메시지를 전달하고 있다는 인상을 줄 수 있다. 눈 맞춤은 청중에게 관심을 보이고 존중하는 한 가지 방법이며, 말하는 사람이 청중의 눈을 보며 말할 때, 청중은 자신의 의견과 감정을 존중받는다고 느낄 수 있다.

51초의 침묵

2011년 1월, 당시 미국 대통령이었던 버락 오바마(Barack Obama)는 애리조나 총기 난사 사건의 희생자들을 추모하는 연설을 하던 중, 돌연 연설을 중단했다. 침묵은 무려 51초간 이어졌으며, 이 51초는 그 어느 때보다 길고 무거운 시간이었다고 이날 미국의 언론들은 일제히 보도했다. 이후 뉴욕타임즈 등 미국의 유력 언론들은 이 오바마의 '51초의 침묵'을 근래 최고의 명연설로 꼽았다.

[그림 3-1] **바락 오바마 대통령의 2011년 스피치**

눈 맞춤은 말하는 사람과 청중 간의 감정적인 연결을 형성할 때 도움을 줄 뿐만 아니라 청중의 집중력을 유지하는 데 도움이 된다. 하지만, 눈 맞춤은 문화적인 차이가 있을 수 있으므로 주의가 필요하다. 어떤 문화에서는 눈을 직접적으로 보는 것이 존중의 표현이지만, 다른 문화에서는 눈을 피하는 것이 존중의 표현으로 여겨질 수 있다. 따라서 청중의 문화적 배경을 고려하여 눈 맞춤을 사용하는 것이 중요하다.

8) 접근성

스피치에서 접근성(proximity)은 의사소통하는 사람과의 거리를 의미한다. 예를 들어, 민감한 정보를 전달할 때는 서로에게 가까이 다가가는 것이 적절하며, 무작위 대화를 나누는 동료 그룹에 있을 때는 어느 정도 떨어져 있을 수 있다. 접근성의 유형은 다음과 같이 나누어 설명할 수 있다.

① 친밀한 거리

친밀한 거리(intimate proximity)는 매우 밀접한 관계나 친밀한 상황에서 사용되는 거리를 의미한다. 일반적으로 이 거리는 약 45센티미터(약 18인치) 이내로 매우 가까운 거리를 나타낸다. 이 거리는 가족 구성원, 파트너, 혹은 매우 친한 친구들 사이에서 자연스럽게 사용된다. 예를 들어, 연인들이 서로의 얼굴에 매우 가까이 서서 대화를 나누거나, 가족들이 서로의 몸에 가까이 있으면서 편안한 대화를 나누는 것이 이에 해당한다.

② 개인적 거리

개인적 거리(personal proximity)는 약 1미터 정도의 거리를 의미한다. 이 거리는 일반적으로 사적인 대화나 개인 간의 상호작용에 사용된다. 일상적인 대화를 나누거나 사람들이 서로에게 편안하게 대면할 수 있는 거리로서, 업무 환경이나 일상적인 상황에서 자주 볼 수 있다. 예를 들어, 두 사람이 간단한 대화를 나누기 위해 서로에게 약 1미터 정도의 거리를 유지하는 것이 이에 해당한다.

③ 사회적 거리

사회적 거리(social proximity)는 대부분의 비즈니스 상황이나 공공적인 환경에서 사용되는 거리로, 약 1미터 이상 3미터 정도의 거리를 포함한다. 이 거리는 업무 회의나 소셜 이벤트와 같은 상황에서 자주 볼 수 있다. 이 거리는 일상적인 상호작용보다는 조금 더 격식을 차린 상황에서 사용되며, 사람들이 서로에게 충분한 공간을 주는 데 중점을 둔다. 예를 들어, 회의실에서 업무 회의를 진행할 때 사람들이 서로에게 약 1미터에서 3미터 정도의 거리를 유지하는 것이 이에 해당한다.

④ 공공적 거리

공공적 거리(public proximity)는 대규모 그룹이나 대중 앞에서 발표할 때 사용되는 거리로, 약 3미터 이상의 거리를 의미한다. 이 거리는 공공 연설이나 대규모 회의와 같은 상황에서 사용된다. 이 거리는 발표자나 연사가 대중 앞에서 자신을 표현하고 말을 전달할 때 사용되며, 대중과의 물리적인 거리를 유지하여 효과적으로 의사소통할 수 있도록 한다.

3. 비언어적 의사소통 능력 향상 방법

비언어적 의사소통, 즉 몸짓, 제스처, 표정, 시선, 음성 톤 등을 통해 자신을 표현하는 방법은 발표자로서 성공하는 데 상당히 큰 영향을 미칠 수 있다. 비언어적 의사소통은 발표자의 감정, 태도, 자신감, 신뢰성을 표현하여, 청중과의 유대감을 전달한다. 또한, 청중이 연사를 어떻게 인식하고 대응하며, 갈등을 해결하고, 동기부여하고, 설득하는 데 있어서도 영향을 미칠 수 있다. 따라서, 비언어적 의사소통 기술을 향상시키는 것은 더 나은 연사로서 성장하는 데 도움이 된다.

1) 비언어적 신호를 인식하라

비언어적 의사소통 기술을 향상시키기 위한 첫 번째 단계는 연사가 보내는 신호와 청중으로부터 받는 신호에 대해 인식하는 것이다. 이를 위해 연사 자신과 청중을 다양한 상황에서 관찰하고, 연사의 비언어적 신호가 상호작용에 어떻게 영향을 미치는지 주의 깊게 살펴보아야 한다. 예를 들어, 청중에게 듣는 동안 눈을 맞추고, 고개를 끄덕이고, 웃으며, 앞으로 몸을 기울이는지, 아니면 눈을 피하고, 이마를 찡그리며, 팔을 꼭 껴안는 등의 행동을 하는지 주의를 기울여 보는 것이 필요하다. 이것이 청중의 참여, 신뢰 및 피드백에 어떻게 영향을 미치는지 주목해야 한다. 또한, 연사의 비언어적 의사소통이 청중에게 어떻게 들릴지에 대한 솔직하고 도움이 되는 피드백을 신뢰할 수 있는 멘토, 동료, 친구 등에게 요청할 수도 있다.

2) 비언어적 메시지와 언어적 메시지를 일치시켜라

비언어적 의사소통 기술을 향상시키기 위한 또 다른 방법은 연사의 비언어적 메시지와 언어적 메시지를 일치시키는 것이다. 이렇게 함으로써 비언어적 그리고 언어적 메시지가 일관되고 일치하도록 해야 한다. 즉, 연사의 몸짓, 제스처, 표정, 눈빛, 음성 톤 등이 말하는 내용과 일치하고 조화되어야 하며, 그렇지 않으면 연사가 전달하려는 메시지를 반박하거나 약화시킬 수 있다.

예를 들어, 누군가에게 긍정적인 피드백을 주고 있는 경우, 연사도 웃으면서, 끄덕이며, 따뜻하고 친근한 음성 톤을 사용해야 한다. 그렇지 않으면 상대방을 혼란스럽게 만들거나 불쾌하게 할 수 있으며, 신뢰를 잃을 수도 있다. 실제 스피치 수업을 하다 보면, 스피치 불안을 느끼거나 발표 시간에 쫓기는 경우에 학생들의 비언어적 메시지와 언어적 메시지와의 불일치를 목격하고는 한다. 발표자가 "다음으로 세 번째 목표는"이라고 말하면서 손가락은 하나를 청중에서 보여주는 경우가 이러한 사례라고 할 수 있다.

3) 상황과 청중에 맞게 비언어적 의사소통을 조절하라

비언어적 의사소통 기술을 향상시키기 위해서 상황과 청중에 맞게 비언어적 의사소통을 조절하는 것이 필요하다. 이것은 의사소통 상황의 목적, 환경, 문화 및 기대치를 고려하고, 연사의 비언어적 신호를 그에 맞게 조절해야 한다는 것을 의미한다. 예를 들어, 대규모이고 공식적인 청중에게 발표할 때는 자신감 있고 권위적인 비언어적 신호를 사용하는 것이 좋다. 반면에 팀원과의 일대일 대화를 할 때는 공감하고 지지하는 비언어적 신호를 더 많이 사용할 수 있다. 이는 예의를 표하고, 더욱 관심을 갖고 있음을 보여줄 수 있다.

4) 비언어적 의사소통을 통해 유대감과 신뢰를 구축하라

비언어적 의사소통을 사용하여 청중과의 유대감과 신뢰를 구축하는 것은 중요하다. 연사는 비언어적 의사소통을 사용하여 청중에 대한 관심, 존중 및 감사의 표시를 보여주고 긍정적이고 확언하는 비언어적 신호를 사용할 수 있다. 예를 들어, 관심을 표현하기 위해 눈빛, 웃음, 끄덕임, 개방적인 제스처, 그리고 (상대방의 몸짓을 미묘하게 따라 하는) 미러링을 사용하여 청중에게 주의를 기울이고 친근하고 참여하는 모습을 보일 수 있다. 또한, 악수, 등 두드리기 또는 포옹과 같은 접촉을 사용하여 따뜻하고 지지하는 신호를 보낼 수도 있다. 그러나 접촉을 과도하게 하거나 오용하는 것은 문화적으로 부적절하다고 인식될 수 있으니 조심해야 한다.

5) 비언어적 의사소통을 사용하여 갈등과 감정을 관리하라

비언어적 의사소통 기술을 향상시키기 위해서 연사로서 발생할 수 있는 갈등과 감정을 관리하기 위해 비언어적 의사소통을 사용하는 것은 필수적이다. 갈등과 감정은 어떤 상황이나 조직에서도 불가피하며, 연사의 의사소통의 품질과 결과에 영향을 미칠 수 있다. 갈등과 감정을 관리하기 위해 발표자 자신과 청중의 감정 상태를 인식하고, 감정을 격려하거나 자극하지 않도록 비언어적 신호를 조절하고, 갈등이나 감정을 진정하거나 해결하기 위해 비언어적 신호를 사용할 수 있다.

예를 들어, 분노나 좌절감을 느낄 때는 안면 근육을 이완시키고, 깊게 숨을 들이마시며, 음성 톤을 낮추고, 공격적이거나 방어적인 제스처를 피해야 한다. 분노나 갈등을 겪는 청중과 상호작용하는 경우, 눈빛을 유지하고, 중립적이거나 공감적인 표정을 사용하고, 끄덕이며, 차분하고 예의 바른 음성 톤을 사용할 수 있다. 강의실에서 수업을 진행하다가 주의가 산만하거나 집중하지 않는 학생을 발견하면, 그 학생을 쳐다보고 말하는 것이 아니라 전체 학생들을 쳐다보면서 강의에 집중할 것을 요구하는 것도 갈등과 감정을 관리하는 방법이다.

6) 비언어적 의사소통 기술을 연습하고 향상시켜라

비언어적 의사소통 기술을 향상시키는 마지막 방법은 정기적으로 연습하고 향상시키는 것이다. 다양한 상황에서 다양한 사람들과 의사소통하는 기회를 찾는 것은 소통 기술을 향상시키고 새로운 관점을 이해하는 데 도움이 된다. 이를 위해서는 다양한 사람들과의 대화를 적극적으로 추구하고, 다양한 상황에서 참여하는 것이 중요하다. 또한, 효과적인 비언어적 의사소통자들로부터 배우고 관찰하는 것도 중요하다. 다른 사람들의 몸짓, 표정, 목소리 등을 주의 깊게 살펴보고 이를 통해 그들이 어떻게 의사소통을 하는지를 파악하는 것 역시 중요하다. 이를 통해 자신도 효과적인 비언어적 의사소통 기술을 향상시킬 수 있다.

또한, 다른 사람들로부터 피드백과 코칭을 받는 것도 중요하다. 자신의 의사소통 스타일과 기술에 대한 다른 사람들의 의견을 듣고, 그들의 조언을 받아들이는 것은 개인의 성장과 발전에 도움이 된다. 피드백을 받은 후에는 깊이 생각하고 반성하여 자신의 성과와 개선할 부분을 파악해야 한다. 이러한 노력들을 통해 연사로서의 능력을 향상시키고, 더 나은 의사소통자가 되는 길에 한 발짝씩 나아갈 수 있을 것이다. 더불어, 온라인 자료를 통해 비언어적 의사소통에 대한 추가 학습을 하고 발표 기술의 적용 방안을 연구해 보길 권장한다. YouTube, 기사, 책, 강의, 팟캐스트 등 다양한 자료를 활용하여 습득해 보자.

4. 듣기 과정의 단계들

듣기는 우리 삶의 모든 측면에서 중요한 기술이다. 개인적인 관계를 유지하고, 업무를 수행하고, 수업에서 필기를 하고, 인터넷 강의를 듣는 등 모든 부분에서 중요하다. 어떤 방식으로 듣는 과정에 참여하더라도, 듣기는 단순히 우리에게 주어진 단어를 듣는 것 그 이상의 의미를 포함한다. 듣기는 우리가 듣는 것을 이해하고 평가하며 대답하는 능동적인 과정으로 해석할 수 있다. 듣기 과정은 '수신, 이해, 평가, 기억, 응답'과 같은 다섯 가지 단계를 포함한다. 효과적인 청취자는 듣게 되는 음성 소리를 인식하며, 그 소리의 메시지를 이해하고, 그 메시지를 비평적으로 평가하거나 평가한 후에, 말한 내용을 기억하고 받은 정보에 대해 어떻게 응답할지 결정할 수 있어야 한다. 모든 다섯 단계의 듣기 과정에 효과적으로 참여함으로써 우리는 우리 주변에서 필요한 정보를 가장 잘 수집할 수 있을 것이다.

1) 적극적인 듣기

적극적인 듣기(active listening)는 청취자가 듣는 것에 대한 피드백을 제공해야 하는 특별한 커뮤니케이션 기술이다. 청취자는 들은 것을 자신의 말로 다시 말하거나 다른 말로 바꾸어 말하는 방식으로 발표자에게 피드백을 제공해야 한다. 이 반복의 목표는 청취자가 들은 것을 확인하고 양측의 이해를 확인하는 것이다. 적극적인 듣기 능력은 진실성을 보여주며, 가정하거나 당연하게 여기는 것이 없음을 보여준다. 적극적인 듣기는 주로 개인적인 관계를 개선하고, 오해와 갈등을 줄이며, 협력을 강화하고, 이해를 촉진하기 위해 사용한다. 특정 발표자와 관련하여 상호작용할 때, 청취자는 발표자와의 의사소통에 따라 여러 가지 수준의 적극적인 듣기를 사용할 수 있다.

(1) 수신 단계

듣기 과정의 첫 번째 단계는 수신 단계(receiving stage)로, 듣기와 집중이 포함된다. 듣기는 소리 파동이 고막에 닿음에 따라 발생하는 생리학적 과정이다. 듣는 것을 통해 효과적으로 정보를 수집하려면 먼저 청취자가 듣는 것을 물리적으로 들어야 한다. 소리가 더욱 선명할수록 듣기 과정이 쉬워진다. 듣기와 함께 집중은 듣기 과정의 수신 단계의 다른 절반이라고 할 수 있다. 집중은 우리가 듣는 특정 소리를 단어로 정확하게 식별하고 해석하는 과정이다. 우리가 듣는 소리는 우리가 그것에 의미를 부여할 때까지는 의미가 없다. 듣기는 말과 비언어적 메시지 모두에서 의미를 구성하는 능동적인 과정으로 해석할 수 있다.

(2) 이해 단계

듣기 과정의 두 번째 단계는 이해 단계(understanding stage)다. 이해는 발표자와 청중이 의미를 공유할 때 발생하며, 듣기 과정의 두 번째 단계를 구성한다. 이는 청중이 듣는 단어의 맥락과 의미를 결정하는 단계로 볼 수 있다. 개별 단어의 맥락과 의미를 결정하고, 언어에서 의미를 할당하는 것이 문장을 이해하는데 필수적이며, 따라서 각각이 발표자의 메시지를 이해하는 데 필수적이다. 청취자가 발표자의 주요 포인트를 이해하면, 그들은 남은 정보를 정리하고 그것이 어디에 속하는지를 결정할 수 있다. 예를 들어, 정치 후보자는 상대방의 주장을 듣고 그 상대방이 어떤 정책 결정을 지지하는지 이해하기 위해서 듣는다.

메시지의 전체 그림을 파악하기 전에는 발표자가 말하는 내용에 집중하기 어려울 수 있다. 강의 수업 중간에 강의실로 들어간다고 생각해보자. 듣는 단어와 문장은 즉시 이해할 수 있지만, 강사가 무엇을 증명하고 있는지 또는 현재 듣고 있는 것이 주된 포인트인지, 혹은 부가정보인지 즉시 이해할 수 없을 것이다.

(3) 평가 단계

듣기 과정의 세 번째 단계는 청취자가 수신한 정보를 질적으로나 양적으로 평가하는 단계(evaluating stage)다. 평가는 청취자가 듣고 이해한 정보에 대한 의견을 형성하고 필요하면 응답하는 것을 허용한다. 평가 단계에서 청취자는 발표자가 전달한 정보가 잘 구성되었는지 또는 무질서하게 되었는지, 편향적인지 비편향적인지, 사실적인지 부정확한지, 중요한지 무의미한지를 결정한다. 또한 발표자가 어떻게 그리고 왜 그들이 전달한 메시지를 고안하고 전달했는지를 파악한다. 이 과정은 발표자의 개인적이거나 전문적인 동기와 목표를 고려할 수 있다. 예를 들어, 정치 후보자의 연설에서 이해한 점을 듣고 이해한 투표자는 그 점이 충분히 설득력이 있는지 판단할 수 있다.

평가 단계는 청취자가 발표자가 무엇을 말하려고 하는지 완전히 이해한 후에 가장 효과적으로 발생한다. 우리는 종종 우리가 완전히 이해하지 않는 정보와 아이디어에 대해 의견을 가질 수 있다. 혹은 심지어 오해할 수도 있다. 하지만 발표자의 메시지를 명확히 이해하는 것은 불명확성에 빠지지 않고 그 메시지를 평가하고, 부수적이거나 필수적이지 않은 포인트를 다루는데 불필요한 시간과 에너지를 소비하지 않고 평가할 수 있게 한다. 이 비판적 분석 단계는 청취자에게 들은 것이 어떻게 그들의 생각, 결정, 행동, 혹은 신념에 영향을 미칠지에 대한 관점에서 중요하다.

(4) 기억 단계

듣기 과정에서 기억 단계(remembering stage)는 청중이 발표자로부터 얻은 정보를 분류하고 보존하여 나중에 접근할 수 있도록 하는 것이다. 결과적으로, 기억은 사람이 사람, 물건 및 사건에 대한 정보를 기록하여 나중에 회상할 수 있게 한다. 이 과정은 발표자의 발표 중이나 후에도 발생한다. 기억은 듣기 과정 전반에 걸쳐 중요하며, 우리는 듣는 동안 빈 칸을 채우고 현재 듣고 있는 것을 우리가 이전에 들었던 것의 맥락에 위치시키는 데 기억을 이용한다.

예를 들어, 누군가의 말을 듣고 나서 즉시 그 내용을 잊어버린다면 발표자가 무엇을 말했는지 이해할 수 없게 되고, 대화는 불가능해진다. 또한, 길을 걷다 강아지를 보고 두려움을 느끼는 친구는 어린 시절 강아지에게 공격당한 경험을 떠올리게 된 것이다. 이처럼 과거의 기억은 현재 상황을 이해하고 대처하는 데 중요하다. 마찬가지로, 학생들은 현재 듣고 있는 내용을 과거의 경험과 연관지을 수 있다. 예를 들어, 우울증 증상에 대한 강의를 들을 때, 학생들은 예전에 읽었던 소설 속 캐릭터의 우울증 경험을 떠올리며 현재의 강의를 더 잘 이해할 수 있다.

정보를 즉시 활용하면 정보 보존이 증가하고, 망각 곡선이나 기억력이 감소하는 속도가 줄어든다. 반면, 무의식적으로 듣고 이해하는데 노력을 들이지 않을 때는 정보 보존이 줄어든다. 모든 사람이 서로 다른 기억을 가지고 있기 때문에 발표자와 듣는 사람은 동일한 발언에 서로 다른 의미를 부여할 수 있다. 이런 의미에서 맥락에 공통된 이해를 확립하는 것은 듣는 사람과 발표자 모두에게 상당히 중요하다.

(5) 반응 단계

반응 단계(responding stage)는 듣기 과정에서 청취자가 단기 또는 장기 기억을 기반으로 한 언어적 또는 비언어적 반응을 제공하는 단계다. 기억 단계를 거친 후에 청취자는 듣는 것에 대해 언어적이거나 비언어적으로 응답할 수 있다. 비언어적 신호에는 끄덕이기, 눈 맞춤 하기, 펜 두드리기, 흥분하여 움직이기, 머리를 긁거나 돌리기, 미소 지으며 웃기, 눈을 굴리기, 얼굴을 찌푸리기 등의 제스처가 포함될 수 있다. 이러한 종류의 반응은 의도적으로나 무의식적으로 표현될 수 있다. 언어적인 반응은 질문하기, 추가 정보를 요청하기, 대화의 방향을 바꾸거나 주의를 돌리기, 발표자의 말을 중단하기, 발표자가 말한 것을 다시 반복하여 받은 메시지가 의도된 메시지와 일치하는지 확인할 수 있다. 끄덕이기나 눈 맞춤과 같은 비언어적 반응은 청취자가 발표자를 방해하지 않으면서 자신의 관심 수준을 전달할 수 있도록 도와준다. 청취자가 듣고 기억한 것에 대해 언어적으로 반응할 때는 적어도 잠시 동안은 발표자와 청취자의 역할이 바뀌게 된다.

[그림 3-2] **듣기 과정의 5단계**

2) 듣기의 유형

듣기에 참여할 때, 우리는 달성하려는 여러 가지 다른 목적이 있다. 청취자로서 목표를 결정할 때 알아야 할 네 가지 다른 유형의 듣기가 있다. 네 가지 듣기의 유형은 감상적 듣기, 공감적 듣기, 포괄적 듣기, 그리고 비판적 듣기다. 이러한 다양한 듣기의 유형을 익히면 듣는 것에 대한 비판적 사고를 강화하고 향상시킬 수 있다.

(1) 감상적 듣기

감상적 듣기(appreciative listening)는 즐거움을 위해 듣는 것이다. 음악을 듣는 것을 생각해 보자. 보통 음악을 듣는 이유는 즐거움 때문이다. 이와 유사하게, 누군가가 말할 때 감상적 청취를 할 수 있다. 예를 들어, 성당이나 교회에서 이루어지는 강론 또는 설교, 존경하는 사람의 동기를 부여하는 말, 혹은 웃음을 주는 스탠드 업 코미디언의 공연이 그 예시라고 할 수 있다.

(2) 공감적 듣기

공감적 듣기(empathic listening)는 상호 관심을 나타내기 위해 듣는 것이다. 이 유형의 듣기에서는 발표자의 상황을 이해하려고 노력한다. 발표자가 논의하는 상황을 이해하기 위해 상대방의 위치에 서려고 노력한다. 보통 이 유형의 듣기에서는 발표자가 말하는 것에 완전히 집중하고 있으며, 발표자의 관점에서 이해하려고 노력한다.

(3) 포괄적 듣기

뉴스를 보거나 강의를 듣거나 누군가로부터 지시를 받을 때, 전달되는 메시지를 이해하거나 완전히 파악하기 위해 듣는 것이 바로 포괄적 듣기(comprehensive listening)이며, 이 과정은 능동적이다. 수업에서는 주로 발표자의 주요 아이디어를 메모하고 있을 수 있다. 포괄적 듣기 단계에서는 스피치의 구조를 확인하고, 제시된 증거를 평가한다. 이것은 집중뿐만 아니라 적극적으로 참여해야 하기 때문에 보다 어려운 듣기 유형 중 하나로 볼 수 있다. 포괄적 이해를 위한 듣기를 연습할수록 더 강력한 청취자가 될 수 있다.

(4) 비판적 듣기

새로운 가전제품, 노트북, 휴대폰 또는 아이패드 등과 같은 비싼 전자제품을 구입할 때를 떠올려 보자. 구매 전, 브랜드를 비교하러 갔을 때 판매원의 말을 주의 깊게 들었을 것이다. 이것이 바로 비판적 듣기(critical listening)의 예다. 비판적 듣기는 메시지의 내용을 평가하기 위해 듣는 것이다. 비판적 청취자로서 메시지의 모든 부분을 듣고, 분석하고, 들은 것을 평가한다. 비판적 듣기에 참여할 때 청취자는 비판적으로 생각하고, 보는 것, 듣는 것, 읽는 것에 기반하여 정신적 판단을 내리게 된다. 청취자의 목표는 전달된 메시지를 평가하고 정보가 유효한지 여부를 스스로 결정하는 것이다.

3) 듣는 사람의 유형

한국리서치 조사결과에 따르면 '나는 남의 이야기를 경청한다'고 응답한 비율이 62퍼센트에 달한 반면 '다른 사람이 내 이야기를 경청한다'고 응답한 비율은 단지 7퍼센트에 그쳤다. 우리나라 사람들의 의사소통이 그만큼 자기중심적으로 이뤄진다는 것을 의미하는 수치라고 할 수 있다. 이러한 의사소통의 갈등으로 인한 사회적 비용은 국내 총생산의 27퍼센트에 이르는 것으로 삼성경제연구소는 추정했다. 2015년 창립된 '경청포럼'은 상대방의 이야기를 듣는 유형을 다음과 같이 5가지의 유형으로 나누어 설명하였다.

① 절벽형: 상대방의 이야기를 들으려 하지 않음
② 건성형: 상대방의 이야기를 듣기는 하지만 건성으로 듣거나 알아듣지 못함
③ 매복형: 상대방의 이야기를 듣고 말꼬리를 잡거나 반박하려 함
④ 직역형: 상대방의 이야기를 곧이곧대로 듣기만 하지 속뜻을 알아채지 못함
⑤ 경청형: 상대방 이야기에 귀 기울이고 이해하려고 노력함

미국 커뮤니케이션 학자인 브라이언 스피치버그와 마이클 헥트의 연구 결과에 따르면 경청이 상대방의 소통 만족도를 좌우하는 가장 결정적인 요인이라는 것이 밝혀졌다. 그리고 소통 능력을 판단하는 기준을 묻는 질문에 미국 대학생들의 62.3퍼센트가 '잘 듣는 사람'이라는 항목을 선택했다. 듣기 능력은 공존을 위한 사회적 기술이며, 남녀의 갈등, 부모와 자식의 갈등, 노사 간의 갈등 등 다양한 사회적 갈등의 해결은 온전한 듣기에서 시작될 수 있다.

5. 효과적인 듣기 기술 향상 방법

현재의 디지털 커뮤니케이션 시대에 소통은 그 어느 때보다 중요해졌지만, 사람들은 서로의 말을 진정으로 듣는 시간이 점점 줄어들고 있다. 진정한 듣기는 관계를 발전시키고 문제를 해결하며, 이해를 돕고, 논쟁을 완화하고, 정확성을 높이는 데 핵심적이다. 직장에서 효과적으로 청취하면 실수를 줄이고 시간을 절약할 수 있으며, 학교에서는 강의와 과제 내용을 정확히 이해하여

더 좋은 성적으로 이어질 수 있다.

또한, 좋은 듣기는 학생들이 자립적으로 성장하고 개인적인 문제를 해결하는 데 도움을 준다. 듣기 능력은 삶의 모든 영역을 풍부하게 만든다. 많은 사람들이 듣기를 당연하게 여기지만, 실제로 이는 매우 중요한 기술이다. 사람들은 종종 말하는 것을 듣긴 하지만, 히어링(hearing)과 리스닝(listening)은 다르다. 리스닝은 다른 사람의 말을 단순히 듣는 것을 넘어서, 이해하고, 소화하며, 분석하는 데 집중하는 것을 의미한다. 영어에서 히어링(hearing)은 노력 없이 들리는 것을 말하고, 리스닝(listening)은 주의 깊게 듣는 것을 의미한다. 예를 들어, 토익(TOEIC) 시험에서 영어 듣기 시험을 'Listening Comprehension'이라고 하는 이유도 이 때문이다.

1) 말하는 사람과 눈을 맞춰라

누군가가 이야기할 때는 창문을 바라보거나 휴대폰으로 문자를 보내거나 개인 노트북 컴퓨터 화면을 바라보는 것을 피해야 한다. 이렇게 하면 불필요한 산만함을 최소화하고 말하는 사람에게 집중할 수 있다. 말하는 사람에게 주의를 기울이고 쳐다보려고 노력하는 것은 말하는 사람이 이야기를 계속하는 데 도움이 되는 비언어적 신호를 제공할 수 있다. 말하는 사람이 바라보지 않더라도, 그들이 소심하거나 불안하거나 그들의 문화가 눈 맞춤을 사용하지 않을 수 있기 때문에 발표자를 계속해서 바라보는 것이 중요하다.

2) 말하는 사람의 내용을 시각화하라

듣고 있는 동안 말하는 사람의 전달하는 내용을 상상하며 정신적인 이미지를 만들어 보자. 이 이미지는 주제와 관련된 구체적인 그림이 될 수도 있고, 관련된 키워드나 구절들로 구성될 수도 있다. 이렇게 시각화하는 것은 발표자의 이야기를 더 잘 이해하고 기억하고자 할 때 도움이 된다. 또한, 다음에 무엇을 말할지 준비하는 데도 도움이 될 것이다. 발표자의 이야기에 집중을 잃는다면, 가능한 빨리 다시 집중하는 데 노력해야 한다.

3) 판단하려고 하지 마라

말하는 사람이 이야기하는 동안, 그들을 비판하거나 부정적인 생각을 가지지 말고 집중해서 들어야 한다. 그들의 메시지가 당신을 불안하게 하거나 경계심을 불러일으키더라도 비판적인 태도를 취하는 것은 피해야 한다. 이렇게 하면 듣는 능력이 저하될 수 있다. 또한, 상대방의 관점을 이해하려고 노력하고 열린 마음으로 들어야 한다. 그들이 이야기하는 동안에는 더 많은 의미를 발견할 수 있고, 듣지 않으면 전체 이야기를 제대로 이해할 수 없을 수도 있다.

4) 방해하지 마라

모든 사람은 말하는 속도와 정보를 처리하는 속도가 서로 다르다. 누군가가 메시지를 느리게 전달한다면, 다음에 말할 내용을 예상하거나 그들이 말을 마치기도 전에 답변하려고 서두르지 말고 인내심을 기르는 것이 중요하다. 방해하는 것은 상대방에게 잘못된 신호를 보낼 수 있다. 이는 여러분이 말하는 것이 더 중요하다는 메시지를 전달할 수도 있고, 상대방의 이야기에 관심이 없다는 신호일 수도 있으며, 대화가 경쟁적인 것처럼 느껴질 수도 있다. 또한, 해결책을 바로 제시하는 것은 삼가야 한다. 대부분의 경우, 사람들은 단순히 들어주길 원한다. 그러나 빛나는 아이디어가 있다면, 해결책을 제시하기 전에 아이디어를 공유할 수 있는지 물어볼 수 있다.

5) 질문을 하기 위해 잠시 기다려라

우리는 때로는 말하는 모든 것을 이해하지 못할 수 있다. 그러므로 만일 여러분이 주제나 문구를 잘못 이해한 경우, 말하는 사람이 잠시 멈출 때까지 기다려 다시 설명하거나 질문할 수 있도록 요청하는 것이 좋다. 이렇게 함으로써 의사소통이 원활하게 이루어질 수 있다.

6) 명확한 질문을 하라

명확한 질문을 하면 대화를 주제에 맞게 유지하는 데 도움이 된다. 말하는 사람의 전달하려는 주요 아이디어와 관련된 질문을 하면, 대화가 더욱 의미 있고 유익해진다. 이러한 질문은 말하는 사람이 무엇을 말하고자 하는지에 대한 이해를 확인하고자 할 때 특히 유용하다. 또한 방해하지 않고 명확한 질문을 하면, 당신이 진지하게 듣고 있으며 논의를 이어나가기를 원한다는 것을 상대방에게 보여줄 수 있다.

7) 발표자와 공감하라

효과적인 경청을 위해서는 공감이 필수적이다. 상대방의 감정을 이해하고 공감하기 위해선 집중력과 에너지가 필요하지만, 이를 통해 열린 의사소통과 더 나은 관계를 형성할 수 있다. 예를 들어, 만약 상대방이 슬픔이나 기쁨을 전달한다면, 당신의 표정과 언어도 그와 일치하도록 해야 한다. 이렇게 함으로써 상대방에게 당신이 그들을 이해하고 공감한다는 신호를 전달할 수 있다.

8) 비언어적 신호에 주의를 기울여라

개인 간의 의사소통은 종종 비언어적으로 이루어진다. 상대방의 신체언어와 목소리 톤을 통해 상당한 정보를 얻을 수 있다. 대화하는 동안 상대방의 눈, 입, 어깨의 위치 등을 통해 그들의 지루함, 열정, 짜증 등을 쉽게 감지할 수 있다. 따라서 듣기 과정에서 비언어적 신호에 주의를 기울이는 것이 중요하다. 이를 통해 상대방이 의사소통할 때 의미하는 바를 추론하는 데 도움이 된다.

9) 발표자에게 피드백을 제공하라

피드백은 언어적으로나 비언어적으로 전달될 수 있다. “그것은 힘들겠군요”나 “알겠습니다”와 같은 말을 사용하여 피드백을 줄 수 있다. 또한 머리를 끄덕이거나 적절한 표정을 사용하여 비언어적 신호를 전달할 수도 있다. 주요 목표는 말하는 사람에게 여러분이 활발하게 듣고 있다는 신호를 보내는 것이다. 또한, 말하는 내용을 메모하는 것도 주의를 기울였음을 나타내는 방법 중 하나다.

10) 듣기를 연습하라

듣기 능력을 향상시키기 위해, 누군가가 여러분에게 이야기할 때 자신의 반응을 관찰하는 것이 도움이 된다. 예를 들어, 대면 상호작용, 즉 대화 후에 들은 내용이나 이해한 것을 적어보는 연습을 할 수 있다. 또한, 텍스트 없이 오디오북이나 팟캐스트를 들으며 연습하는 방법도 효과적이다. 짧은 4분 이내의 클립을 반복해서 듣고, 얼마나 많은 정보를 기억할 수 있는지 확인해 보자. 이러한 연습을 통해 정보 수용 과정을 더 잘 이해하게 되며, 전반적인 의사소통 기술을 향상시킬 수 있다.

요약

언어적 의사소통은 일상의 대화, 회의, 강의에서 발언하는 구두적 의사소통과 이메일, 보고서 작성 등의 문서적 의사소통을 포함한다. 이들 방법은 모두 정보를 명확하고 효과적으로 전달하는 데 중요하며, 발표자가 의도하는 바를 청중에게 정확히 전달하기 위해 필수적이다. 비언어적 의사소통은 이와는 다르게 표정, 몸짓, 음성의 톤과 같은 비언어적 수단을 통해 감정이나 의도를 전달한다. 이는 때로 언어적 메시지보다 더 직접적이고 강력한 영향을 미칠 수 있어, 발표자가 청중과의 관계를 강화하고 메시지의 효과를 극대화할 때 크게 기여한다.

비언어적 의사소통 능력을 향상시키기 위해서는 일상에서 자신의 몸짓이나 표정이 전달하고자 하는 메시지와 일치하는지 지속적으로 관찰하고 조정하는 연습이 필요하다. 또한, 상황에 따라 적절한 신체언어를 사용하여 의사소통의 효과를 높이는 방법을 배우는 것이 중요하다. 예를 들어, 공식적인 발표에서는 자신감을 보여주는 단호한 자세와 목소리를 사용하는 반면, 친근감을 느끼게 하려는 비공식적 상황에서는 더 편안하고 개방적인 몸짓이 필요할 수 있다.

듣기 과정은 정보를 효과적으로 수집하고 이해하는 데 필수적인 다섯 단계로 구성된다. 이 단계들은 수신, 이해, 평가, 기억, 응답을 포함하며, 각 단계는 청취자가 정보를 처리하고 반응하는 방식을 규정한다. 예를 들어, 수신 단계에서는 발화된 단어를 듣고, 이해 단계에서는 그 단어의 맥락과 의미를 해석하며, 평가 단계에서는 그 정보의 진실성이나 유용성을 판단한다. 기억 단계에서는 중요한 정보를 장기 기억에 저장하고, 응답 단계에서는 이 정보를 바탕으로 적절한 행동을 취하거나 반응을 제시한다.

효과적인 듣기 기술은 관계를 발전시키고, 문제를 해결하며, 상호 이해를 증진하는 데 중요한 역할을 한다. 이 기술을 개발하기 위해서는 청취자가 발화자의 말뿐만 아니라 그 의도와 감정까지 포괄적으로 이해하려는 노력이 요구된다. 이러한 노력은 강력한 의사소통 능력을 구축하는 데 기여하며, 이는 다양한 사회적 및 전문적 상황에서의 성공으로 이어질 수 있다.

J. K. 롤링의 하버드 대학교 졸업식 축사 영상 시청하기

스피치 사례

J. K. 롤링의 하버드(Harvard) 대학교 졸업식 축사

해리 포터의 저자인 J. K. 롤링을 모르는 사람은 거의 없을 것이다. 하지만, 그녀가 해리 포터를 출간하기 전까지 상당한 어려움을 겪었다는 사실은 모르는 사람도 많다. 그녀는 청소부로 일하면서 경제적으로 어려움을 겪었고, 이후에는 심각한 우울증과 가난, 그리고 이혼을 겪기도 했다. 롤링은 1990년에 해리 포터의 캐릭터와 이야기를 떠올렸으며, 1997년에 『해리 포터와 마법사의 돌』을 출판하기 위해 최종적으로 원고를 완성했다. 출판사에서 여러 번 거절을 당했고, 결국 영국의 작은 출판사인 블룸스버리(Bloomsbury)에서 출판하게 되었다. 그 뒤로 해리포터는 대세가 되어 전 세계적으로 인기를 얻었다. 그리고 롤링은 2008년 미국 하버드 대학교 졸업식 축사에서 실패와 상상력에 대해 이야기했다. 대학을 졸업하고 사회에 첫발을 내 딛는 학생들에게 '실패'의 중요성을 이야기한 그녀의 용기에 박수를 보낸다.

[그림 3-3] **J. K. 롤링의 하버드 대학교 졸업식 축사**

영상 출처: Harvard University 유튜브 공식 채널
(https://www.youtube.com/watch?v=UibfDUPJAEU)

소소하고 사소한 이야기

말을 잘하는 사람은 누구일까

스피치 수업을 하면서 학생들에게 "우리나라에서 가장 말을 잘하는 사람이 누구일까?"라는 질문을 하고는 한다. 대학교 1학년 학생들의 대답은 그들이 즐겨보는 콘텐츠에 제한되기는 하지만, 가끔은 미국 전 대통령 바락 오바마(Barack Obama)를 비롯해, 국무부장관을 지낸 힐러리 클린턴(Hillary Clinton), 그리고 애플의 창업자 스티브 잡스(Steve Jobs) 등이 거론되기도 한다. 하지만, 가장 빈번하게 나오는 인물이 바로 '유재석'이다.

유재석은 그의 탁월한 언변 능력으로 유명하지만, 듣는 측면에서도 뛰어난 능력을 보여준다. 그는 상대방의 이야기를 잘 듣고, 상황에 따라 적절한 반응을 한다. 또한 이야기를 주의 깊게 듣고 적절한 타이밍에 웃음을 유발하는 데 능숙하다. 이것은 그의 코미디 센스뿐만 아니라 듣기와 이해하는 능력 또한 뛰어나다는 것을 보여준다.

상대의 감정이나 생각을 이해해주는 듣기 방법이 바로 '공감적 듣기'라고 할 수 있다. 아무리 말을 잘하는 달변가라 할지라도 듣는 사람의 의도를 모른 체 자기 말만 하면 진정한 소통은 일어나지 않는다. 요즘 사람들은 말을 잘하는 사람들보다 상대방의 마음을 이해해주는 그런 사람을 원한다. 대표적으로 우리에게 국민 MC로 잘 알려진 유재석이 그렇다. 공감적으로 듣기 때문에 안정감이 있고, 상대방을 이해하고 있다는 것이 충분히 스크린을 통해 잘 전달된다.

내가 즐겨보는 tvN에서 방영하는 '유 퀴즈 온 더 블록'은 유재석의 공감적 듣기 능력과 이해능력, 그리고 그의 순간적 유머 센스를 보여주는 프로그램이 아닐까 싶다. 프로그램에서 보조 MC 역할을 맡고 있는 조세호는 가끔 본인의 큐시트를 보면서 초대 손님의 말을 경청하기보다는 본인의 다음 질문을 생각하고 있는 것이 가끔 눈에 띄었다. 그래서인지 진행에서 불안해 보이는 모습이 노출되기도 했다. 하지만, 지금은 그도 유재석만큼이나 공감적 듣기를 통해 초대 손님과 잘 어우러지는 모습을 보여주고 있다.

나와는 동갑내기인 72년 쥐띠 '유재석'은 인성 또한 훌륭하다고 알려져 있다. 2000년대 초반, 유재석이 본격적으로 인기를 얻고 있을 때 용산에 있는 랜드시네마 영화관 화장실에서 우연히 그를 마주친 적이 있다. 볼 일을 마치고 나가려는데 다리에 깁스를 한 사람이 입구로 들어오는 모습을 보고 자동적으로 문을 열어 주었는데, 바로 뒤 따라오는 분이 고마움을 표시했다. 당시 깁스를 한 사람이 지석진이었고, 고맙다고 인사를 건넨 사람이 바로 유재석이었다. 유재석을 보면 이런 말이 생각난다. 태도가 바로 경쟁력이다.

CHAPTER

04

청중 분석

누구와 말하고 있는가

광고 기획서 작성을 위해 환경 분석, 소비자 분석, 제품 분석, 경쟁 분석을 한다. 이러한 상황분석 외에도 광고 크리에이티브 제작을 위해 필수적으로 하는 것이 바로 '광고 타깃 설정 및 분석'이다. 더 나아가, 목표 소비자 집단의 핵심 소비자를 가상의 인물로 설정하여 그 사람의 인구통계학적, 사회심리학적, 소비자 행동적 특성 등을 서술적으로 기술하여 구체적으로 형상화시키는 '타깃 이미지 프로파일'을 작성하기도 한다. 그만큼 광고의 타깃이 정확이 누구인지를 분석해서 이해하고, 그들의 마음을 움직일 수 있는 광고 콘셉트를 광고주에게 제안하는 것은 성공적인 광고 캠페인을 위해 필수적이다. 스피치에서 청중 분석은 청중을 이해하고 파악하는 과정을 의미한다. 이 과정은 발표자가 자신의 스피치를 청중에게 맞춤화하고 효과적으로 전달할 수 있도록 도와준다. 청중 분석을 위해 청중의 인구통계학적 특성, 관심사 및 우려 사항, 기대와 목표, 환경적인 요소, 이전 경험 및 지식 등을 고려해 스피치를 준비한다. 청중 분석을 통해 청중을 파악하고 이해한다면 보다 효과적으로 스피치를 구성하고 청중과의 유대감을 형성할 수 있다. 지피지기 백전불태(知彼知己 百戰不殆), 즉 '상대를 알고 나를 알면 백 번 싸워도 위태롭지 않다'는 격언은 전쟁에서만 적용되는 것이 아니라 스피치 상황에서도 적용된다.

1. 청중 분석

스피치에서 청중 분석은 발표자가 청중을 식별하고 그들의 특성을 이해하는 과정을 의미한다. 이는 청중의 관심사, 배경지식, 태도, 신념, 그리고 특별한 요구사항 등을 파악하는 것을 포함한다. 청중 분석을 통해 발표자는 청중에게 가장 효과적으로 메시지를 전달하고자 할 때 어떤 접근 방식을 취해야 할지 결정할 수 있다. 청중 분석은 스피치의 성공을 위해 중요한 단계 중 하나로, 스피치의 내용과 스타일을 청중에 맞게 조정하는 데 큰 도움이 된다. 예를 들어, 학교 스피치 수업에서 '플라스틱 재활용'에 대한 주제로 스피치를 한다고 가정해 보자. 청중인 대학생들이 '플라스틱 재활용'에 대한 지식이 어떻게 되는지, 태도가 어떠한지, 배달음식에서 나온 플라스틱을 제대로 재활용하는지 등을 사전에 조사해서 그 결과를 가지고 스피치를 하게 된다면 청중의 관심을 충분히 끄는 것은 물론 청중의 신뢰도 제고 및 효과적인 스피치를 할 수 있다. 청중 분석은 스피치에서 매우 중요한 요소이며, 다음과 같은 혜택을 제공한다.

1) 효과적인 의사소통

효과적인 의사소통은 청중 분석을 통해 발표자가 청중의 관심사, 이해 수준, 태도 및 신념을 깊이 파악할 수 있음을 의미한다. 발표자가 청중을 이해하는 데 성공하면, 그에 맞게 스피치를 준비하고 전달할 수 있으며, 이는 청중과의 효과적인 의사소통을 가능하게 한다.

2) 관심 끌기

관심을 끄는 것은 청중이 연설에 관심을 가지고 있다면 메시지가 훨씬 더 잘 수용될 가능성이 있음을 의미한다. 발표자는 청중의 관심사를 파악하고 해당 주제에 대한 흥미로운 접근 방식을 찾아야 한다. 이는 연설의 성공과 청중과의 긍정적인 상호작용에 중요한 역할을 한다.

3) 이해도 향상

이해도 향상은 청중의 배경 지식과 이해 수준을 고려하여 발표를 준비하는 것을 의미한다. 청중이 주제를 더 잘 이해할 수 있도록 발표자는 청중의 수준에 맞는 적절한 내용과 설명을 제공해야 한다. 이는 메시지의 전달과 이해에 있어서 매우 중요하다.

4) 신뢰 구축

신뢰 구축은 발표자가 청중의 태도와 신념을 이해하고, 그들과의 신뢰를 구축하여 메시지를 더 효과적으로 전달하는 것을 의미한다. 발표자는 청중과의 관계를 통해 신뢰를 형성하고, 이를 바탕으로 청중에게 더욱 가치 있는 메시지를 전달할 수 있다.

5) 효과적인 영향

효과적인 영향은 발표자가 청중 분석을 통해 청중의 관심과 우려사항을 고려하여 메시지를 수정할 수 있음을 의미한다. 이는 청중에게 직접적인 영향을 미치며, 청중의 태도나 행동을 변화시키는 데 도움이 될 수 있다. 이는 발표자가 청중과 긍정적인 상호작용을 통해 영향력을 효과적으로 발휘할 수 있는 것을 말한다.

따라서 청중 분석은 스피치의 효과성과 성공에 매우 중요한 역할을 한다고 볼 수 있다. 청중을 이해하고 고려함으로써 발표자는 청중과의 긍정적인 상호작용을 유도하고 메시지를 효과적으로 전달할 수 있다. 청중 분석을 통해 발표자는 청중 중심적 스피치(audience-centered speech)를 준비하고 실행할 수 있다. 이렇듯 청중 중심적 스피치는 청중과의 긍정적인 상호작용을 유도하고 메시지의 효과성을 극대화하기 위한 중요한 전략이다. 발표자는 청중을 이해하고 고려하여 스피치를 계획하고 전달함으로써 청중의 수용과 이해를 최대화할 수 있다는 것을 잊지 말아야 한다.

2. 청중 분석 요인들

본 장에서는 청중 분석 요인들을 청중의 기대, 주제에 대한 지식 수준, 주제에 대한 태도, 청중의 규모, 그리고 마케팅에서도 주로 사용하는 인구통계학적 요인들(예: 나이, 성별, 학력, 소득 등)과 심리통계학적 요인들(예: 신념, 태도, 필요, 가치 등)로 설명하고 있다. 더 나아가, 스피치 환경, 자발성, 그리고 자기중심성을 청중 분석 요인들로 제시하고 있다.

1) 청중의 기대

사람들은 스피치 상황에서 청중이 되면 행사, 주제 및 발표자에 대한 기대를 한다. 청중의 기대를 저버리면 스피치의 효과에 부정적인 영향을 미칠 수 있다. 지역 정치인이 존경받았던 전 시장의 추도식에서 연설을 요청받았다고 가정해 보자. 청중은 정치인이 전 시장의 업적에 대해 칭찬하는 연설을 할 것으로 기대할 것이다. 하지만, 정치인이 그 기회를 이용하여 입법 내용을 논의하는 경우, 청중은 화를 내고 그 정치인은 신뢰성을 잃을 것이다.

물론, 대중의 기대를 어겼을 때 효과적인 전략이 될 수 있는 상황도 있다. 아카데미 시상식에서 정치적 발언을 하는 경우, 그 메시지가 행사와 불일치하여 선언의 영향력이 증가하는 사례도 있다. 우리나라 영화 시상식에서도 가끔 본인의 개인적인 정치적 소신을 밝혀 개념 있는 유명인으로 소개되기도 한다.

기대위반(Violation of Expectations)

기대위반은 광고나 마케팅 콘텐츠에서 일부러 소비자들의 기대와 다른 것을 제시하는 표현 전략이다. 이 전략은 소비자들의 주의를 끌고 기억에 남도록 만들며, 제품이나 브랜드에 대한 호기심을 유발할 때 사용한다. 예를 들어, 광고에서 기존의 흔히 알려진 상황이나 스토리를 뒤엎는 뜻밖의 해결책이나 결과를 제시할 수 있다. 이는 소비자들에게 새로운 시각을 제공하고, 광고를 더욱 기억에 남도록 만들며, 브랜드에 대한 호기심을 자극할 수 있다.

2) 주제에 대한 지식

청중의 주제에 대한 지식은 경우에 따라 크게 달라질 수 있으므로, 발표자는 청중이 이미 주제에 대해 알고 있는지를 파악해야 한다. 청중의 주제에 대한 지식을 과대평가하지 말아야 한다. 발표자가 유전공학의 기초를 모르는 청중 앞에서 기술적인 토론을 시작하면 청중은 연설을 따라갈 수 없고 빠르게 관심을 잃을 것이다. 반면에, 청중의 지식을 과소평가하는 것은 오만하게 들릴 수 있으며, 청중이 자신들을 무시했다는 평가를 낳을 수 있다. 청중이 이미 주제에 대해 알고 있는지 사전에 조사하는 것은 필수적이다. 중요한 용어 및 개념에 대해 간단하게라도 검토하는 과정을 거쳐야 한다.

예를 들어, 청중 구성원이 기초 유전학에 익숙한 경우라도, 연설의 시작 부분에서 주요 용어 및 개념의 간단한 언급은 청중들에게 결코 오만하지 들리지 않을 것이다. 오히려, 기억을 새롭게 하여 주제에 대한 관심을 끌어 올릴 수 있다. 예전에 가톨릭 대학 교수 신부님이 한 성당에서 미사 중에 강론을 진행했다. 대다수가 60대 이상의 신자들이었는데 강론 내용은 신부님을 양성하는 신학 대학교 4학년 수준의 성경 해석이었다. 스피치는 자신이 알고 있는 내용만을 전달하는 것이 아니라, 청중의 수준에 맞게 내용을 적절하고 쉽게 전달하고자 하는 발표자의 노력이 필요하다.

인지부조화 현상

인지부조화란 여러 경험, 신념, 감정, 태도 사이의 모순으로서, 인간은 다양한 태도, 신념, 감정, 행동 가운데 평형상태를 유지하려는 경향성이 있는데, 인지요소(행동과 신념)가 조화를 이루지 못하면 인지부조화라는 긴장상태를 초래하여 불편한 감정을 느끼면서 자신의 신념이나 행동을 바꾸어 조화 관계를 회복하기 위한 동기가 활성화된다고 보는 이론이다. 인지부조화 이론에서 나온 결과 중 하나는 자신의 태도(나는 따분한 일은 좋아하지 않아)와 일치하지 않는 과제(많은 보수를 받고 무엇인가 따분한 일을 하기)에 참여하면 태도가 행동과 일치하는 방향으로 변한다는 것이다. 이는 불일치에서 생긴 '부조화 압력'(그 과제가 정말로 그렇게 따분하지는 않아) 때문이다.

[그림 4-1] **인지부조화 현상**
출처: 챗GPT를 활용해 만든 이미지.

3) 주제에 대한 태도

청중 구성원의 주제에 대한 태도를 알면 발표자가 스피치 목표를 달성하는 가장 좋은 방법을 결정할 수 있다. 예를 들어, 사람들에게 공원 건설에 대한 당위성을 설득하려는 발표자를 상상해 보자. 발표자는 공원이 지역 사회에 어떻게 이익을 줄 것인지에 대한 설명으로 대부분의 연설 시간을 할애할 것이다. 그러나 대부분의 이웃들이 공원을 좋은 생각이라고 여기지만 안전 문제에 대해 걱정한다는 것을 알게 된다면, 발표자는 시간을 내어 공원 이용자가 현재 거리에서 노는 것보다 공원에서 더 안전할 것임을 보여줄 수 있다. 스피치의 설득력은 이러한 가장 중요한 장애물에 집중된다.

대학교 스피치 수업에서 청중을 대상으로 '기부의 중요성'에 대해서 설득 스피치를 한다고 생각해 보자. 청중은 기부의 중요성을 이해하고 공감할 수 있지만, 실제 기부에 대해서는 인색할 수 있다. 이러한 인지부조화(cognitive dissonance) 현상이 일어나는 것은 태도와 행동은 항상 일치하지 않기 때문이다. 이러한 상황에서는 돈을 기부하는 직접 기부 방식을 강조하기보다 소셜미디어를 통해 '좋아하기', '댓글' 등의 방식으로 하는 간접 기부 방식을 청중들에게 제시하는 것도 금전적인 부담감을 줄여 기부를 이끌 수 있는 좋은 방법일 수 있다.

4) 청중 규모

스피치를 위해 고려해야 하는 요인들은 청중의 규모에 따라 변화한다. 일반적으로, 청중이 클수록 발표는 더 공식적이어야 한다. 10명의 사람들을 대상으로 말할 때는 앉은 자세에서 일반적인 언어를 사용하는 것이 매우 적절하다. 그러나 1,000명의 사람들에게 말하는 경우에는 그러한 스타일의 발표는 적절하지 않거나 효과적이지 않을 수 있다. 대규모 청중의 스피치에서는 종종 마이크를 사용하고, 높은 연단이 있는 곳에서 실행된다. 2011년 6월 6일부터 CBS에서 방영하는 강연 프로그램 〈세상을 바꾸는 시간, 15분〉, 우리에게는 줄임말로 더 잘 알려진 〈세바시〉를 떠올려 보자. 발표자들은 무선 마이크를 사용하여 적극적으로 제스처를 사용하며, 높은 강단에서 청중들을 바라면서 스피치를 진행한다.

5) 인구통계학

청중의 인구통계학적 요소에는 연령, 성별, 종교, 인종적 배경, 성적 성향, 직업, 교육, 그룹 소속 및 기타 무수한 범주가 포함된다. 이러한 범주들은 종종 개인의 정체성과 경험을 구성하며, 현명한 발표자는 이러한 요소들을 스피치 사전 단계에 고려한다. 예를 들어, 정치인들은 보통 선거 캠프에서 인구통계학적 요소에 큰 관심을 기울인다. 노령 인구가 많은 지역구에서는 노인 복지 관련 혜택을 강조할 것이고, 여성 유권자가 많은 곳에서는 '성 평등' 또는 '여권 신장'과 같은 이슈를 부각시킬 것이다. 하지만, 스피치를 준비할 때 인구통계학적 정보를 기반으로 청중을 특정하는 것에 주의해야 한다. 개인은 항상 단순한 정체성 범주보다 훨씬 더 복잡하다. 또한 인구통계학적 기준에 따라 편견을 가지고 청중에게 관심을 기울이지 않도록 해야 한다. 왜냐하면, 노인이라는 같은 정체성을 가지고 있더라도 모두가 같은 비중으로 노인 복지에 관심을 가지고 있지 않을 수 있기 때문이다.

6) 심리통계학

인구통계학적 특성은 청중의 외부, 관측 가능한 사실에 초점을 맞추며, 연령, 성별, 직업, 소득 수준, 교육 수준, 인종 등과 같은 것들을 다룬다. 이러한 특성들은 종종 양적으로 표현되며, 청중의 배경과 인구통계학적 특성에 대한 기본적인 이해를 제공한다. 반면, 심리통계학 특성은 청중의 내적 특성들인 신념, 태도, 필요, 가치관, 관점 등을 포함한다. 이러한 요소들은 쉽게 양적으로 표현되지 않으며, 청중의 심리적인 상황에 대한 깊은 이해를 필요로 한다. 청중 분석에 관련된 주요 심리통계학 특성은 다음과 같다. 이러한 심리통계학 특성들을 고려함으로써 발표자는 청중 구성원들의 동기, 태도, 가치관을 보다 깊게 이해하고, 이를 기반으로 더욱 흥미롭고 효과적인 스피치를 개발할 수 있다.

① 신념

신념(beliefs)이란 '어떤 명제가 사실이라고 믿거나 현실이 그렇다고 인식하는 주관적인 태도'라고 정의 내릴 수 있다. 발표자는 자신의 신념과 청중의 신념 사이의 관계를 고려해야 한다. 청중들이 공유하고 있는 신념을 구별하고, 그것을 기반으로 하여 청중이 자신과는 다른 특정한 신념을 고려하거나 받아들이도록 노력해야 한다. 새로운 아이디어를 제시하기 전에 발표자는 공유된 신념을 바탕으로 청중과 공통된 이해관계를 구축할 수 있다.

② 태도

태도(attitudes)는 개인이 특정한 대상, 사람, 문제, 또는 사건에 대해 가지는 일반적인 평가나 감정을 나타낸다. 이러한 태도는 긍정적인 것부터 부정적인 것까지 다양하며, 개인이 메시지나 설득 시도에 어떻게 반응하는지에 영향을 줄 수 있다. 청중의 태도를 분석함으로써 발표자는 그들의 스피치에 대한 청중의 수용 가능성을 예상하고 그에 맞춰 접근 방식을 조정할 수 있다.

③ 필요

필요(needs)는 개인이 만족이나 웰빙(well-being)을 달성하기 위해 찾는 욕구나 요구사항을 의미한다. 이러한 필요는 신체적, 감정적, 사회적, 또는 심리적인 것일 수 있다. 청중의 필요를 이해하면 스피치를 그들의 특정한 우려사항이나 관심사를 반영하면서 조정할 수 있으며, 이는 메시지가 그들에게 더 관련성 있고 매력적으로 다가갈 수 있도록 한다.

매슬로의 욕구 5단계

생리적 욕구, 안전 욕구, 사회적 욕구, 존경 욕구, 자아실현 욕구로 구성된다. 생리적 욕구는 생존을 위해 필요한 기본적인 욕구로 음식, 물, 공기, 수면 등을 포함하며, 안전 욕구는 신체적, 정신적 안전과 안정성을 원하는 욕구로 주거, 건강, 직업의 안정 등을 포함한다. 사회적 욕구는 소속감과 사랑을 원하는 욕구로 가족, 친구, 연인과의 관계 형성 등을 포함하며, 존경 욕구는 타인으로부터 존경받고 자존감을 느끼고자 하는 욕구로 성취, 인정, 자부심 등을 포함한다. 마지막으로 자아실현 욕구는 자신의 잠재력을 최대한 발휘하고 창의적이고 도덕적으로 성장하려는 욕구로 개인적 성취와 자기계발 등을 포함한다.

④ 가치관

가치관(values)은 개인이 선택과 행동을 안내하는 깊게 내재화된 신념이나 원칙을 나타낸다. 이러한 가치관은 종종 인생에서 중요하거나 바람직하다고 여기는 것들을 반영하며, 개인의 결정에 대한 지침이 될 수 있다. 청중의 가치관을 파악함으로써 발표자는 그들의 핵심 신념과 동기에 맞게 메시지를 조율할 수 있으며, 이는 메시지가 청중과의 공감을 이끌어 내고, 설득에 더욱 도움이 될 수 있다.

⑤ 관점

관점(standpoint)이란 개인이 세계를 보고 해석하고 평가하는 데 사용하는 정신적 위치를 가리킨다. 개인은 자신의 '관점'에 대해 '입장'을 표하게 된다. 관점을 가지고 있다는 것은 독립된 사고, 개인적인 헌신, 그리고 자신의 신념에 따라 행동할 의지를 시사한다. 각 청중 구성원들은 서로 다른 관점에서 스피치를 듣는다. 발표자는 청중 구성원 간의 차이를 인식하고 발표에서 청중에게 관련성 있는 내용을 제공해야 한다. 미국 오바마 대통령의 연설이 보여주는 것처럼, 그들의 다양성을 인정함으로써 청중 구성원들이 공통의 목표를 추구하도록 영감을 줄 수 있다.

7) 환경

발표 환경은 스피치를 할 수 있는 능력 및 청중의 관심 및 참여 능력에 영향을 줄 수 있다. 강의실의 구성(크기 및 청중이 배치된 방법), 시간, 온도, 외부 소음(자동차 소리), 내부 소음(기침 소리), 공간 유형(교회, 교실, 외부) 등과 같은 요인들을 미리 알아두는 것이 발표자가 환경을 적절하게 적응할 수 있도록 도와준다. 무대가 있는지, 강단이나 연단이 있는지, 사용 가능한 기술 보조 수단은 무엇인지, 좌석은 어떻게 배치되어 있는지에 대한 질문은 스피치의 내용과 청중의 구성에 비해 사소해 보일 수 있지만, 이러한 사전 지식들은 발표자의 긴장을 덜어주고, 눈높이를 유지하는 데 도움이 되며, 필요한 경우 적절한 기술을 활용하는 데 도움을 줄 수 있다.

발표 환경이 청중의 주의를 어떻게 끌고 참여를 어떻게 유도할지 사전에 고려하는 것도 중요하다. 사람들은 식사 후 오후에는 졸려 하거나, 하루가 끝나는 시간에는 보통 피곤해 한다. 만약 오후 1시에 스피치가 예정되었다면, 발표자는 애니메이션이나 유머를 통해 스피치를 더 재미있게 만들거나, 더욱 열정적으로 행동하거나, 그렇지 않으면 청중을 참여시켜서 주의를 끌어야 한다. 발표 환경에 익숙해지기 위해서 발표자는 발표 장소에 미리 도착해서 이미 와 있는 청중들과 간단하게 인사를 나누거나, 발표할 내용을 리뷰하거나, 또는 파워포인트를 위한 프로젝터가 잘 작동되는지를 점검하는 것도 발표자의 역할임을 잊지 말아야 한다.

8) 자발성

스피치에서 청중은 참여 목적에 따라 '자발적 청중'과 '의무적 청중'으로 구분된다. 자발적 청중은 스피치를 듣기를 원하고, 자발적으로 참석한 사람들을 의미한다. 이들은 주제에 관심이 있고, 발표자가 전달하는 메시지에 대해 열린 마음을 가지고 있을 가능성이 높다. 이들은 보통 스피치의 목적을 이해하고, 활발하게 참여하며, 발표자와의 상호작용을 즐기는 경향이 있다. 따라서 발표자는 자발적 청중을 대상으로 스피치를 준비할 때 보다 더 관심을 끌고, 상호작용하며, 스피치를 즐겁고 유익하게 만들어야 한다. 예를 들어, 〈세상을 바꾸는 시간, 15분〉이라는 강연 프로그램에 참여하는 청중이 바로 자발적 청중이다. 그들은 프로그램에 청중으로 참여하기 위해 '세바시랜드' 홈페이지에 접속해서 회원 가입 후에 원하는 강연을 선택해서 방청 신청을 한다.

반면, 의무적 청중은 스피치를 듣기 위해 강제로 참석하거나, 본인의 의지와는 상관없이 특정한 이유로 참석한 사람들을 의미한다. 이들은 주제에 대한 관심이 적을 수 있고, 스피치에 대한 기대도 낮을 수 있다. 또한, 의무적으로 참석한 경우에는 상당수의 청중이 스피치에 대해 무관심하거나 거부감을 느낄 수 있다. 따라서 발표자는 의무적 청중을 대상으로 스피치를 준비할 때 보다 목적을 명확히 전달하고, 청중의 관심을 유도하는 데 노력해야 한다. 예를 들어, 졸업 학점을 위해 어쩔 수 없이 전공 필수 과목을 듣는 대학생들이 있다면, 그들이 바로 '의무적 청중'이라고 볼 수 있다.

9) 자기 중심성

자기 중심성은 사람들이 자신의 경험, 관심사 및 가치관을 기반으로 주변 세계를 이해하고 인식하는 경향을 의미한다. 대부분의 청중들은 자기 중심적이며, 자신의 경험과 관련이 있는 주제에 더 큰 관심을 가지게 된다. 효과적인 발표자는 이러한 자기 중심성을 이해하고, 청중이 왜 발표 주제에 관심을 가질 것인지를 명확히 보여주어야 한다. 발표자는 청중의 관점에서 주제를 다루고, 그들이 직면하는 문제나 이슈와 어떻게 연결되는지를 설명해야 한다. 이렇게 하면 청중은 발표에 더 관심을 가지게 되며, 발표자의 메시지에 더욱 집중하게 된다. 또한, 발표자는 자기 중심적인 청중들에게 메시지를 전달하는 방법에 대해서도 고려해야 한다. 청중이 자신들의 관심사와 가치관에 맞게 메시지를 받을 수 있도록 발표 스타일이나 언어를 조정하는 것 역시 중요하다. 이러한 접근 방식은 청중과의 관계를 강화하고, 발표의 효과를 높일 수 있다.

3. 참여 정도에 따른 청중 구분

스피치에서 청중의 참여 정도에 따라 적극적 청중(active audience), 수동적 청중(passive audience), 동기가 없는 청중(unmotivated audience), 그리고 결석 청중(absent audience)으로 구분할 수 있다. 스피치에서 청중의 참여 정도를 고려하면 스피치를 더 효과적으로 전달할 수 있다. 청중의 관심과 참여를 유도하여 스피치가 보다 효과적으로 이해되고 받아들여질 수 있기 때문이다. 청중의 참여를 유도하면 스피치의 내용에 대한 관심이 증가하며, 활발한 참여는 청중이 주제에 더욱 집중하고 정보를 수용하는 데 도움이 된다. 청중의 참여를 촉진하면 인터랙티브한 환경을 조성할 수 있으며, 이는 스피치를 단순한 정보 전달 수단이 아니라 대화와 소통의 장으로 변화시켜 준다. 활발한 참여는 청중의 흥미를 유발하고 스피치를 더욱 흥미롭게 만들며, 결과적으로 흥미로운 스피치는 청중의 기억에 오랫동안 남게 된다.

1) 적극적 청중

적극적 청중은 발표나 강의를 들을 때 활발하게 참여하는 청중을 말한다. 이들은 단순히 발표를 듣는 것을 넘어서 발표자와의 상호작용에 적극적으로 참여하며, 자신의 의견을 표현하고자 노력한다. 예를 들어, 워크숍이나 세미나에서 적극적 청중은 발표자가 제시하는 주제나 내용을 경청하는 동시에 질문을 하거나, 발표 내용에 대한 의견을 나누기 위해 토론에 참여한다. 적극적 청중을 유도하기 위해서는 발표 도중에 발표자가 질문을 유도하고 청중으로부터 직접적인 피드백을 받는 방법이 있다. 이는 청중이 발표 주제에 대해 깊이 생각하고 자신의 의견을 발표자와 공유할 수 있도록 한다. 또한, 발표 후에는 충분한 토론 시간을 마련하여 청중들이 서로 의견을 교환하고 논의할 수 있는 기회를 제공하는 것이 중요하다. 이는 청중들이 발표 내용을 보다 깊이 있게 이해하고, 다양한 관점에서 접근할 수 있도록 돕는다.

2) 수동적 청중

스피치를 듣지만 활발한 참여를 기대하지 않는 청중을 의미한다. 이들은 주로 정보를 수용하는 태도를 가지고 있다. 예를 들어, 학술 컨퍼런스에서 연구발표를 듣는 청중은 연구자의 발표를 듣지만 활발한 질문이나 토론에는 참여하지 않을 수 있다. 수동적 청중을 위해서는 무엇보다 활발한 참여를 유도해야 한다. 즉, 청중이 수동적인 상태에서 벗어나게 하기 위해 그들의 참여를 촉진하는 활동인 질문에 답하도록 요청하거나, 서로 의견을 나눌 수 있는 시간을 제공하는 것도 중요하다. 또한, 수동적인 청중의 주의를 끌기 위해 시각적인 자료를 적극적으로 활용해야 한다. 그림, 차트, 그래프 등을 통해 내용을 시각적으로 표현함으로써 청중의 이해도를 높일 수 있다.

3) 동기가 없는 청중

스피치에 대해 별로 관심이 없거나 동기 부여가 낮은 청중을 의미한다. 이들은 연설 주제나 내용에 관심이 없거나 거부감을 느낄 수 있다. 예를 들어, 회사 내 보안 교육 강의에 직원들이 자발적으로 참석했지만 보안에 대한 관심이 낮은 경우다. 대부분의 직원들은 강의에 대한 동기 부여가 낮고, 관련 정보에 관심이 없을 수 있다. 따라서, 동기가 없는 청중을 위해 스피치를 준비 할 때는 무엇보다 관심을 유발하는 내용을 선택하는 것이 중요하다. 청중이 흥미를 느낄 수 있는 주제를 선택해서, 그들의 관심과 호기심을 자극하는 것이 필수적이다. 또한, 청중과의 상호작용을 촉진하기 위해 질문을 하거나 토론을 유도해야 하며, 이는 청중의 주의를 끄는 데 도움이 된다. 마지막으로, 청중에게 참여하고 행동하기 위한 명확한 목표를 제시하여 그들의 관심을 유도해야 한다.

4) 결석 청중

실제로 발표를 듣지 않는 청중을 의미한다. 이들은 발표에 참석하지 않기 때문에 직접적으로 발표에 영향을 미치지 않는다. 예를 들어, 학교에서 진로 설명회를 개최할 때, 일부 학생들이 결석하여 설명회를 듣지 않는 경우다. 결석한 학생들은 발표 메시지에 직접적으로 반응하지 않는다. 또한, 비대면 온라인 실시간 수업에서 로그인하지 않고 수업에 참여하지 않는 학생들도 결석 청중으로 볼 수 있다. 최근 미디어가 발전함에 따라 결석 청중에 대응하는 다양한 방안들이 소개되고 있다. 결석한 청중을 대비하여 비대면 커뮤니케이션 전략을 도입할 수 있다.

예를 들어, 온라인 플랫폼을 활용하여 웹 캐스트나 비디오를 통해 콘텐츠를 제공하거나 소셜 미디어를 활용하여 메시지를 전달할 수 있다. 결석한 청중에게 콘텐츠를 전달하고 상호작용을 유도하기 위해 소셜 미디어를 활용할 수 있으며, 이를 통해 청중과의 연결성을 유지하고 콘텐츠의 확산을 도모할 수 있다. 결석한 청중이 접근할 수 있는 다양한 채널과 방법을 활용하여 콘텐츠에 접근성을 제공하는 것이 청중과의 관계를 유지하고 콘텐츠의 효과를 극대화하는 데 도움이 된다.

4. 태도 및 관심에 따른 청중 구분

스피치에서 우호적인 청중(friendly audience), 무관심한 청중(apathetic audience), 정보 부족한 청중(uninformed audience), 그리고 적대적인 청중(hostile audience)으로 구분하는 이유는 청중을 구분하여 각각에 맞는 전략을 도입하는 것이 효과적인 스피치를 준비하고 전달하는 데 필수적이기 때문이다. 즉, 청중의 태도를 이해하고 그에 맞는 전략을 채택하면 발표자가 청중과 보다 효과적으로 소통할 수 있다. 각 유형의 청중은 발표자에게 요구되는 대응이 다를 수 있다. 예를 들어, 우호적인 청중에게는 긍정적인 메시지를 강조하고, 무관심한 청중에게는 관심을 유도하는 방법을 사용하여 청중의 참여를 유도할 수 있다. 정보 부족한 청중에게는 주제에 대한 기본적인 정보를 제공하고, 적대적인 청중에게는 이해관계를 공유하고 타협점을 찾아내는 메시지를 전달할 수 있다. 마지막으로, 청중의 유형을 미리 파악하면 발표자는 청중의 반응을 더욱 정확하게 예측할 수 있으며, 이는 발표자가 발표를 더욱 정교하게 계획하고 조절할 수 있게 해준다.

1) 우호적인 청중

우호적인 청중은 발표자나 주제에 대해 긍정적으로 반응하는 청중이다. 발표자의 의견이나 주장을 지지하며, 스피치 내용에 동의하는 경향을 강하게 나타낸다. 예를 들어, 환경 보호에 관한 스피치에서 환경 단체의 회원들이 모인 청중이 있을 경우다. 발표자가 환경 보호의 중요성을 강조하는 스피치를 하면, 청중들은 박수를 치며 지지하는 모습을 보일 것이다.

우호적인 청중 앞에서 발표할 때는 너무 편안해지지 않기 위해서 노력해야 한다. 친근한 청중 앞에서 편안해지기는 쉽다. 너무 편안해지면 중요한 세부사항을 놓칠 가능성이 커지며, 이는 발표 전체에도 부정적인 영향을 미칠 수 있다. 청중이 친근하다고 해서 이미 발표 내용에 동의했다는 것은 아니기 때문이다. 친근한 청중이 발표에 관심을 보일 때, 이를 이용하여 메시지의 중요성을 강조하고, 그들의 주제에 대한 관심을 키워야 한다.

2) 무관심한 청중

무관심한 청중은 발표나 주제에 대해 관심이 없거나 무관심한 청중이다. 발표자의 메시지에 대한 관심이 낮으며, 활발한 참여를 기대하기 어렵다. 예를 들어, 정치 토론에서 정치에 관심 없이 모인 사람들이 바로 무관심한 청중들이다. 발표자가 정치적인 주제를 다루고 있지만, 청중들은 관심을 보이지 않고 무표정한 표정을 유지하고는 한다.

무관심한 청중을 대응하는 첫 번째 단계는 그들이 관심을 갖지 않는 이유를 이해하는 것이다. 발표 자료를 청중과 관련된 사항과 연결하였는지 또는 그들과 관련된 주제에 대해 이야기하고 있는지를 살펴봐야 한다. 두 번째 단계는 청중에게 시간을 주어야 한다는 것을 이해하는 것이다. 발표가 잘 준비되고 상세하더라도, 청중이 발표자가 전달하려는 것에 동의하기까지는 시간이 걸릴 수 있다. 마지막으로 세 번째 단계는 무관심한 청중을 위해 매력적인 시각 자료를 활용해야 한다는 것이다. 강렬한 시각 자료는 무관심한 청중을 사로잡는 효과적인 방법일 수 있다. 이미지, 동영상 및 기타 시각적 요소는 발표를 자극적이고 매력적으로 만드는 데 큰 역할을 할 수 있다.

3) 정보 부족한 청중

발표자의 주제나 발표에 대해 정보가 부족한 청중이 바로 정보 부족한 청중이다. 발표자가 제시하는 정보에 대해 이해가 부족하거나, 관련 지식이 없을 수 있다. 예를 들어, 의학 세미나에서 의료 전문 용어를 사용하는데, 의료 분야에 대한 전문 지식이 없는 청중들이 모인 경우다. 발표자가 전문 용어를 사용하면 청중들은 이해에 어려움을 겪을 수 있다.

정보가 부족한 청중들을 대상으로 스피치를 할 때는 청중에게 필요한 만큼 많은 정보를 제공하는 것이 중요하다. 발표에서 가능한 많은 정보를 다루는 것이 중요하다. 청중이 알고 있는 것에 대해 너무 많은 가정을 하지 않고, 몇몇 사람은 사전 지식이 없을 수 있으며, 다른 사람은 모호하고 간단한 지식만 가지고 있을 수 있다. 정보가 부족한 청중에게 발표를 준비할 때는 더 깊이 들어가기 전에 모두가 같은 내용을 인지하고 공유하고 있다는 것을 보장하기 위해 필요한 만큼 많은 정보를 제공하는 것이 필요하다.

정보 부족한 청중을 위해서는 스피치에 시각 자료를 포함하는 것은 필수적이다. 발표가 너무 길어 보일 때 시각 자료를 사용하는 것이 좋은 방법이다. 이렇게 하면 이야기하는 시간을 절약할 수 있으며, 청중은 오랜 시간 동안 듣거나 읽는 것에서 벗어날 수 있다. 또한, 추가적인 맥락을 위해 일화를 사용하는 것도 추천한다. 발표 주제에 대한 개인적인 경험을 청중과 공유하는 것도 청중과의 연결감을 강화시키고 주제에 대한 관심을 제고시키는 방법이다. 일화는 정보가 실생활에 어떻게 적용될 수 있는지 명확히 해주기 때문에 특히 정보 부족한 청중을 위해서는 바람직한 방법이다.

4) 적대적인 청중

적대적인 청중은 발표자나 주제에 대해 부정적으로 반응하는 청중이다. 그들은 발표자의 주장이나 의견에 반대하거나 비판적인 태도를 보인다. 예를 들어, 화학 공장에서의 화학물질 유출 사고에 대한 토론에서 환경 단체와 화학 공장 측의 대표가 모여 있는 경우다. 발표자가 화학 공장의 안전 절차를 옹호하면, 환경 단체 대표들은 반대 의견을 제시하며 적대적인 분위기가 형성될 수 있다. 적대적인 청중은 논쟁하거나 중단할 수 있으며, 발표자와의 긴장이 쉽게 고조될 수 있다.

적대적인 청중의 태도를 한 번의 발표로 바꿀 수 있다는 생각은 버려야 한다. 아무리 '설득의 신(神)'이라도 청중이 주제에 대해 이미 확고한 적대적인 태도를 가지고 있다면 그들을 위해 할 수 있는 것은 별로 남아 있지 않다. 적대적인 청중에게는 인내심과 적극성이 필요하다. 청중이 자신의 의견과 우려를 표현할 때 귀를 기울이고 존중해야 한다. 즉, 청중을 존중하려는 마음가짐이 가장 중요하다. 적대적인 청중을 대상으로 스피치를 할 때 진실한 정보 제공이 필요하다. 스피치에서 모호성을 없애고 명확한 통계 및 데이터를 사용하여 연구한 사실적인 내용을 제공해서 최대한 객관성을 유지하는 것이 필요하다.

마지막으로, 청중과 갈등에 직면할 때는 피하지 말고 대면하는 것이 중요하다. 갈등이 발생할 때면 적극적으로 대처하고 청중의 우려를 존중해야 한다. 효과적인 의사소통을 위해서라도 자신의 견해를 확고하게 표현하되, 청중의 의견을 경청하고 존중하는 자세를 유지하지는 것도 발표자의 중요한 덕목이다.

5. 청중과의 신뢰성 구축

일부 발표자는 신뢰성을 이미 지니고 있다. 많은 정치인, 교수, 그리고 저널리스트들은 자신의 전문 분야에서 신뢰받는 사람들이다. 신뢰성은 직접적인 것(자신의 경험에서 파생된) 또는 간접적인 것(타인의 증거를 인용한 것)으로 구분된다. 고대 그리스인들은 신뢰성을 "ethos(에토스)"라고 묘사했다. 이는 관습, 습관 또는 성품을 의미하는 그리스어로, 우리의 '도덕'이라는 말과 관련이 있으며, 개인의 공공적인 성격, 즉 개인들이 평소에 어떻게 행동하는 지와 관련이 있다. 에토스, 즉 신뢰성은 연설 상황 이전에도 발생할 수 있으며 연설 중에도 발생할 수 있다.

설득의 3요소

설득의 3요소인 로고스(logos), 에토스(ethos), 파토스(pathos)는 고대 그리스 철학자 아리스토텔레스(Aristotle)가 제안한 개념이다. 아리스토텔레스는 그의 저서 『수사학(Rhetoric)』에서 이러한 요소들이 설득의 핵심이라고 설명하였다. 이 개념은 오늘날에도 여전히 많은 연설 및 커뮤니케이션 이론에서 중요한 역할을 한다. 참고로, 발표자의 호감, 신뢰성(에토스)은 설득의 60퍼센트를 차지하고, 감정소구, 공감, 경청(파토스)은 설득의 30퍼센트를 차지하고, 마지막으로 논리적, 이성적 소구, 메시지 신뢰성(로고스)은 설득의 10퍼센트를 차지한다고 한다. 하지만, 상황과 청중에 따라 로고스, 에토스, 파토스의 상대적 중요성은 달라질 수 있다. 일반적으로 대다수의 상황에서는 모든 세 가지 요소를 조화롭게 사용하는 것이 가장 효과적인 커뮤니케이션 방법이다. (11장 설득 스피치에서 더 자세하게 다룬다.)

① 로고스

로고스(logos)는 논리나 논증을 나타내는 말로, 이는 사실과 데이터, 논리적 추론을 통해 설득하는 것을 의미한다. 로고스는 청중에게 사실과 논리를 제공하여 이성적으로 설득하려는 노력을 나타낸다. 이는 통계, 연구 결과, 논리적으로 구성된 논의와 같은 것들을 통해 구체화될 수 있다.

② 에토스

에토스(ethos)는 연설자의 전문성, 신뢰성, 도덕성에 의존하여 청중을 설득하는 것을 의미한다. 에토스는 발표자가 자신의 경험, 지식, 윤리적인 행동을 강조함으로써 청중의 신뢰를 얻으려고 하는 노력을 의미한다. 에토스는 발표자가 청중에게 자신을 신뢰할 수 있는 사람으로 인식되도록 하는 것이다.

③ 파토스

파토스(pathos)는 감정에 의존하여 청중을 설득하는 것을 의미한다. 파토스는 발표자가 청중의 감정을 감동시키고 공감을 얻으려는 노력을 말한다. 이는 청중의 동정심, 공포, 흥미, 분노와 같은 감정을 자극하여 연설의 효과를 극대화하려는 것이다.

1) 연설 전 신뢰성 구축

① 능력

청중은 발표자가 해당 주제에 대해 자격이 있다고 믿어야 발표자가 말하는 것을 믿을 수 있다. 능력(competence)은 경험을 통해 표현될 수 있으며(특정 분야에서 특별한 경험이 있는 사람은 발언할 권한을 부여받는다) 또는 자격(일반적인 분야를 공부하고 광범위한 지식을 가진 사람은 발언할 자격이 있다)으로 표현될 수 있다. 사회자가 발표자를 "오늘 우리와 함께 하는 분은 해당 분야에서 최고의 전문가입니다"라고 소개하면 신뢰성을 높일 수 있다.

② 평판

발표자들은 평판(reputation)을 가지고 있다. 좋은 것부터 나쁜 것까지 다양하다. 청중의 발표에 대한 반응에 따라 발표자에 대한 사전에 형성된 개념이 결정된다. 예를 들어, 한 정당의 구성원들은 소속만으로 다른 정당의 연설을 사전에 판단하고는 한다. 이전의 성공(또는 실패)은 종종 평판에 영향을 준다.

2) 연설 중 신뢰성 구축

① 지성

발표자는 자신의 지식을 명확하고 탄탄하게 전달하는 것이 중요하다. 청중은 발표자의 높은 사고력과 관련 지식을 신뢰의 지표로 인식한다. 따라서 발표 내용을 탄탄하게 구성하고, 증거와 사실을 바탕으로 한 강력한 주장을 제시하는 것이 중요하다. 또한, 발표의 내용을 명확하고 이해하기 쉽게 전달하여 청중이 발표자의 지성(intelligence)을 인지할 수 있도록 해야 한다.

② 성격

발표자의 도덕적인 특성은 신뢰성을 구축하는 데 중요한 역할을 한다. 청중은 발표자가 신뢰할 만한 도덕적 가치를 지니고 있는지에 주목한다. 따라서 발표자는 정직하고 성실하며 존경받을 만한 품격을 보여줘야 한다. 이는 청중이 발표자를 신뢰하고 발표 내용을 수용하는 데 도움이 된다.

③ 선의

발표자는 청중을 존중하고 그들의 관심과 욕구를 고려하는 것이 중요하다. 발표 중 성별이나 인종에 대한 차별적인 발언을 피하고, 무례하거나 비판적인 태도를 취하지 않아야 한다. 또한, 발표자는 청중의 관점을 존중하고 그들에게 친절하게 대우하여 상호간의 긍정적인 관계를 유지하는 것이 중요하다. 이는 발표자와 청중 간의 신뢰를 높이고, 발표의 효과를 증대시킨다.

6. 청중 대상 설문조사

스피치를 준비할 때, 청중조사 설문 결과는 청중이 어떠한 사람들이고 주제에 대해 무엇을 이미 알고 있으며, 어떠한 태도를 가지고 있는지 알 수 있게 도움을 준다. 따라서, 스피치에서 청중조사 결과를 적절하게 언급하게 되면 청중의 관심을 끄는 것은 물론 발표 내용에 대한 신뢰성을 제고시킬 수 있다. 통계요약(청중 조사 설문지 응답 중 경향성과 비교 사항을 나타내는 정보)과 직접인용(청중 조사 설문지의 개방형 질문에 대해 작성한 답변내용)을 통해 스피치에 청중 조사 결과를 활용할 수 있다.

1) 폐쇄형 질문

폐쇄형 유형의 질문은 일반적으로 단답형이나 다중 선택형으로 구성된다. 대부분의 경우, 답변은 "예" 또는 "아니요", 또는 주어진 옵션 중에서 선택된다. 이러한 질문은 정확하고 구체적인 답변을 제공하고, 데이터를 쉽게 분석하고 비교할 수 있도록 도와준다. 예를 들어, "당신은 현재 회사에서 만족하고 있습니까?(예/아니요)", "당신의 취미는 무엇입니까?(a. 등산 b. 읽기 c. 요리)"라는 질문들이 폐쇄형 질문들이다. 이렇듯 폐쇄형 질문들은 청중의 기본적인 중요한 특성과 정보를 제공한다. 하지만, 폐쇄형 질문들은 청중의 기본 사실들만 밝힐 뿐, 청중의 심층적인 사고나 사건에 대한 원인 또는 동기를 밝히는 데 한계가 있다.

2) 개방형 질문

개방형 유형의 질문은 답변이 자유롭게 제공될 수 있도록 구성된다. 답변은 주관적이며 다양하고 자세할 수 있으며, 이러한 질문은 청중의 의견, 경험, 생각 등을 자세히 이해하는 데 도움이 된다. 예를 들어, "당신이 가장 좋아하는 휴가 여행지는 어디이고, 왜 그곳을 좋아하나요?", "당신이 이 회사에서 개선하고 싶은 부분은 무엇입니까?"라는 질문들이 바로 개방형 질문들이다. 폐쇄형 질문은 특정한 정보나 답변을 얻고자 할 때 유용하며, 데이터를 정량적으로 분석하는 데 도움이 된다. 반면에, 개방형 질문은 보다 심층적인 토론과 청중의 개인적인 의견을 이해하는 데 사용된다. 선택할 질문 유형은 조사의 목적과 대상 청중에 따라 결정되어야 한다.

3) 혼합형 질문

질문 형식의 혼합은 조사나 인터뷰에서 매우 효과적일 수 있다. 각각의 형식이 갖는 장점을 조화시킬 수 있어서 청중으로부터 다양한 유형의 정보를 얻을 수 있다. 폐쇄형 질문은 정확하고 구체적인 답변을 제공하고 데이터 분석을 용이하게 만드는 반면, 개방형 질문은 청중의 의견과 생각을 자세히 이해하는 데 도움이 된다. 폐쇄형 질문은 응답이 제한적일 수 있지만, 개방형 질문은 다양한 응답을 유도하여 다양한 관점을 얻을 수 있다는 장점이 있다.

또한, 폐쇄형 질문은 빠르게 답변할 수 있으므로 대규모 조사나 인터뷰에서 효율적이며, 개방형 질문은 시간이 더 소요되지만 보다 심층적인 정보를 제공한다. 두 가지 질문 유형을 혼합함으로써 답변의 대조를 통해 데이터의 정확성을 높이고, 다양한 응답 유형을 균형 있게 수집할 수 있다.

요약

스피치를 준비할 때 청중 분석은 매우 중요한 단계다. 청중 분석은 발표자가 청중의 인구통계학적 특성, 관심사, 배경지식, 태도 및 특별한 요구사항 등을 파악하는 과정을 의미하며, 이 정보를 바탕으로 가장 효과적인 메시지 전달 방법을 결정한다. 이러한 분석을 통해 발표자는 청중의 이해도를 높이고, 관심을 유도하며, 신뢰를 구축할 수 있다.

청중을 분석할 때 고려하는 요인에는 주제에 대한 기대, 지식 수준, 태도, 청중의 규모, 인구통계학적 및 심리통계학적 특성이 포함된다. 이를 통해 발표자는 청중의 기대를 충족시키거나 예상치 못한 반응을 관리할 수 있다. 청중의 참여 정도에 따라 구분하면, 자발적 청중은 스피치에 적극적으로 참여하며 관심이 높지만, 의무적 청중은 관심이 낮을 수 있으므로 접근 방식을 달리해야 한다.

태도와 관심에 따라 청중을 분석하는 것은 발표자가 청중의 관점을 이해하고 적절히 대응할 수 있게 도와준다. 예를 들어, 우호적인 청중은 발표자의 메시지를 잘 받아들이지만, 적대적인 청중은 보다 논리적이고 객관적인 접근이 필요할 수 있다. 이러한 이해는 청중과의 긍정적인 상호작용을 유도하고 스피치의 효과성을 극대화할 때 중요하다.

또한, 청중과의 신뢰성을 구축하는 것은 발표자가 청중에게 신뢰받는 전문가로 인식되도록 돕는다. 이를 위해 발표자는 청중 대상 설문조사를 활용하여 청중의 기대, 지식 수준 및 태도를 더 깊이 이해하고 이에 맞는 적절한 메시지를 준비할 수 있다. 청중의 응답을 통해 발표 내용을 수정하고 이를 반영하여 청중의 관심을 더욱 끌 수 있다. 이 과정은 스피치 준비의 모든 단계에서 청중 중심의 접근을 가능하게 하며, 발표자와 청중 사이의 유대감을 강화하고 메시지 전달을 최적화한다.

조엘 오스틴의 'The Power of "I am"' 영상 시청하기

스피치 사례

조엘 오스틴(Joel Osteen)의 The Power of "I Am"

'조엘 오스틴'이라는 목사이자 작가이자, 그리고 위대한 소통가를 처음 만난 것은 그의 책 『긍정의 힘』을 통해서였다. 2006년, 우연히 서점에서 집어 든 『긍정의 힘』을 읽으며 지하철을 타고 가다가 내려야 할 정거장을 지나칠 정도로 책에 흠뻑 빠져 있었다. 다시 되돌아와야 하는 번거로움이 있었지만, 그냥 웃음이 났다. 나는 그날 그 책을 다 읽어 버리고 말았다. 그리고 다시 그를 만난 것은 유튜브에서였다. 대학에서 스피치 수업을 준비하면서 우연하게 그의 'The Power of "I am"'이라는 설교를 유튜브에서 찾게 되었다. 조엘 오스틴은 텍사스 휴스턴에 위치한 '레이크우드 교회(Lakewood Church)' 담임 목사다. 메가처치(Mega-Church)로 알려진 '레이크우드 교회'에서 2012년에 그가 한 설교 'The Power of "I am"'은 내 입에서 나오는 말의 중요성을 일깨운다. 말은 마치 자신에게 최면을 거는 것과 같다. 작가로서, 교회 담임목사로서, 그리고 훌륭한 연설자로서의 조엘 오스틴은 사람들에게 긍정적인 생각과 말이 얼마나 큰 힘을 가지고 있는지 보여주었다.

[그림 4-2] **조엘 오스틴의** The Power of "I am" **스피치**

출처: Sermons.love
(https://sermons.love/joel-osteen/3374-joel-osteen-the-power-of-i-am.html)

소소하고 사소한 이야기

박웅현 크리에이티브 디렉터의 광고주 특강: '병원식 vs. 호텔식 서비스'를 생각하며

2000년 4월, 나는 그렇게 삼성그룹의 인하우스 광고대행사인 '제일기획'에 해외 공채로 입사했다. 임원 면접 당시 PR(Public Relations), 더 나아가 MPR(Marketing Public Relations)에 관심이 있다고 했지만, 인사팀의 결정에 따라 광고팀에서 광고 기획자(AE: Account Executive)로 일하게 되었다. 신입사원인 나에게는 선택의 여지가 없어 보였다. 처음에는 '신공항하이웨이'와 '풀무원'이라는 브랜드를 담당했지만, 사수들이 몇 번 바뀐 후에는 줄곧 삼성그룹 광고를 담당했다. 내가 속한 광고팀에는 삼성그룹 광고, 삼성전자 홍보, 삼성라이온즈, 삼성그룹 비서실 등 삼성 관계사 업무가 대부분이었다. 연간 100억 이상의 매체비를 집행하는 광고주를 맡다 보니, 사원이었던 내가 혼자 할 수 있는 프로젝트는 거의 없었다. 삼성그룹 광고는 '삼성공동브랜드광고'라는 이름으로, 각 관계사가 매월 분담금을 내는 방식으로 집행되었는데, 그러한 이유로 삼성 관계사 광고와 홍보 담당자들과의 인연을 쌓을 수 있었다.

삼성그룹 광고 담당 AE로 내가 주도적으로 진행한 프로젝트는 삼성 관계사 광고와 홍보 담당자들을 위한 워크숍이었다. 워크숍은 대체로 휘닉스 파크 또는 코바코 남한강 연수원에서 진행되었던 것으로 기억한다. 워크숍은 삼성 관계사 광고와 홍보 담당자들 간의 네트워크 교류의 장으로써도 역할을 했지만, 소비자 트렌드, 브랜드 및 마케팅 관련 교육도 제일기획 사내 또는 외부 전문강사를 초청해 진행하기도 했다. 그 많은 사내 또는 외부 전문강사들의 특강 중에서 아직도 또렷하게 아로새겨진 듯한 기억이 하나 있다. 바로, 당시 박웅현 크리에이티브 디렉터(CD: Creative Director)의 광고대행사의 업무를 '호텔식 서비스 vs. 병원식 서비스'로 빗댄 특강이 그랬다.

무엇보다 박웅현 크리에이티브 디렉터는 광고주 앞에서도 당당했다. 워낙 광고업계에서는 유명한 분이여서도 그랬겠지만, 그분이 광고주 앞에서 당당하고 자신감 있게 말하는 모양새가 너무 좋았다. 많은 삼성 관계사 광고주 앞에서 박웅현 크리에이티브 디렉터는 광고는 광고주 입맛에 맞게 하고 싶은 대로 기획하고 제작하는 것이 아니라, 문제점을 진단하고 바로 그 문제를 해결할 수 있는 솔루션을 제공하는 것이 광고대행사의 역할이라는 것을 강조했다. 정확한 진단과 처방, 마치 의사가 병원에서 환자에게 하는 것처럼, 광고인도 광고주의 커뮤니케이션 문제를 해결하는 것이 가장 중요한 역할이 아닐까.

제일기획 퇴사 후, 박웅현 크리에이티브 디렉터를 만난 적은 없다. 하지만 그의 저서 『책은 도끼다』 그리고 『다시, 책은 도끼다』를 통해 그의 인문학적 시선에 비친 깊이를 느끼고는 했다. 참고로, '책은 도끼다'는 유대계 독일 작가인 프란츠 카프카(Franz Kafka)가 남긴 말이다. '책이 도끼'라는 말은 책이 독자의 마음속에 깊은 영향을 주고, 종종 마치 도끼처럼 강력하게 작용한다는 것을 의미한다. 얼어붙은 내면을 깨는 도끼가 바로 책이라는 거다. 카프카의 대표적인 단편소설 『변신(Die Verwandlung)』은 짧아서 읽기도 좋으니 한번 읽어 보시기 바란다.

CHAPTER

05

스피치 내용 조사

이해와 설득은 조사로부터 시작

스피치 주제를 결정한 후, 발표자는 주제와 관련된 자료들, 즉 2차 자료를 수집하고 분석하는 과정으로 나아간다. 그러나 2차 자료가 충분하지 않다고 판단된다면, 발표자는 서베이, 인터뷰, 혹은 포커스 그룹 인터뷰와 같은 1차 자료를 직접 수집하고 분석할 수 있어야 한다. 그렇다면 발표에서 어떤 자료를 인용해야 할까? 개인 블로그나 위키피디아와 같은 신뢰성이 낮은 자료보다는 정부기관, 산업전문 출판물, 학술지, 전문서적, 신문기사 등과 같이 객관적이고 신뢰할 수 있는 자료를 참조하는 것이 좋다. 청중들에게 정보를 제공하고 이해를 높이거나 설득을 통해 태도와 행동의 변화를 이끌어내고자 한다면, 발표자는 신뢰할 수 있는 자료를 참고하여 스피치 중에 적극적으로 인용하는 것이 바람직하다. 충분한 조사와 심층적인 분석이 이루어지지 않고 발표자가 자신이 가진 얕은 지식 수준에서 스피치를 진행한다면, 청중들의 소중한 시간을 낭비하는 '시간 도둑'이 될 수 있다. 특히, 즉흥적인 스피치와는 달리 정보 전달과 설득을 목적으로 하는 스피치는 충분한 시간적 여유를 가지고 조사를 하고, 그 내용을 발표자 자신이 이해하고 소화할 수 있는 시점에서 청중에게 더 확신 있게 전달할 수 있다. 완벽한 스피치는 결국 조사로부터 시작된다.

SPEECH
COMMUNICATION

1. 스피치에서 조사의 중요성

스피치는 단순히 말을 하는 행위 그 이상의 것이다. 특히 정보전달 스피치와 설득 스피치에서는 청중의 지식을 확장하거나, 그들의 견해나 행동을 변화시키려는 목적을 가지고 있다. 이러한 목적을 달성하기 위해서는 단순히 매력적으로 말하는 기술을 넘어 철저한 조사가 필요하다. 결론적으로, 조사는 스피치가 신뢰성 있고, 깊이 있으며, 설득력 있고, 모든 청중에게 적절하게 다가갈 수 있도록 만드는 기반이 된다. 따라서 효과적이고 성공적인 스피치를 위해서는 철저한 조사가 필수적이며, 스피치에서 조사가 중요한 이유는 다음과 같다.

첫째, 조사는 스피치의 신뢰성을 높인다.

스피치의 신뢰성을 높이는 것은 매우 중요하다. 청중은 검증되고 근거에 기반한 정보를 제공받을 때 연사에 대한 신뢰를 더욱 높이게 된다. 따라서, 스피치를 준비할 때에는 최신의 데이터, 사실, 통계, 사례 연구와 같은 정확하고 신뢰할 수 있는 정보를 포함시키는 것이 필수다. 예를 들어, 경제 발표를 할 때 최근의 시장 데이터와 이에 대한 신뢰할 수 있는 분석을 제시함으로써, 청중은 제시된 정보가 현재 상황을 정확히 반영하고 있음을 알 수 있다. 이는 스피치가 객관적이며 권위 있는 내용을 담고 있음을 보여주고, 청중이 그 내용을 더 신뢰하게 만드는 결정적인 요소가 된다.

둘째, 철저한 조사는 스피치의 깊이를 더해준다.

스피치에 깊이를 부여하는 것은 청중에게 보다 심도 있는 이해와 통찰을 제공한다. 단순히 일반적인 정보를 넘어서, 다양한 출처에서 얻은 깊이 있는 정보와 분석을 통해 청중이 주제에 대해 폭넓게 이해할 수 있도록 한다. 예를 들어, 환경 문제에 대해 이야기할 때 다양한 과학적 연구와 국제 정책의 변화를 분석하여 제시하면, 청중은 문제의 복잡성과 긴급성을 더 깊이 인식할 수 있다. 이러한 접근은 특히 복잡하거나 논쟁이 많은 주제를 다룰 때 더욱 중요하며, 청중에게 새로운 시각을 제공하고 더 깊은 이해를 가능하게 한다.

셋째, 조사는 설득력을 강화시킨다.

설득력 있는 스피치는 청중의 의견이나 행동을 변화시키려는 목적에서 매우 중요하다. 이를 위해서는 강력한 근거와 논리적인 주장이 필요하며, 이는 깊은 조사와 준비를 필요로 한다. 주제에 대한 심층적인 이해뿐만 아니라, 반대 의견에 대한 충분한 조사를 통해 연사는 반대 의견을 이해하고 이에 대한 유효한 반박을 준비할 수 있다. 이 과정은 스피치를 통해 청중을 설득할 때 결정적인 역할을 하며, 청중이 주장을 받아들일 가능성을 크게 높인다.

넷째, 조사는 스피치의 적절성을 보장한다.

스피치의 적절성을 보장하는 것은 청중에게 존중과 배려를 표현하는 방법이다. 청중의 문화적 배경, 예민할 수 있는 주제들에 대한 이해를 바탕으로 스피치를 준비하면, 청중을 불편하게 하거나 상처를 줄 위험을 최소화할 수 있다. 예를 들어, 다양한 문화적 배경을 가진 청중 앞에서 스피치할 때, 특정 문화에 대한 민감한 이슈를 적절히 다루는 것이 중요하다. 이런 접근은 스피치가 모든 청중에게 적절하고 존중받을 수 있는 방식으로 전달되도록 하며, 청중과의 긍정적인 상호작용을 촉진한다.

2. 스피치 주제 조사 과정

스피치 주제와 관련하여 조사를 하기 위해서는 5가지 단계를 거친다. 광범위한 배경 연구를 시작으로, 집중적인 연구를 진행하고, 출처의 신뢰성을 평가한 후, 지지 자료를 통합하고, 마지막으로 연구 결론에 도달한다. 이러한 5단계 조사 과정을 통해 스피치 주제에 대한 깊이 있는 이해를 바탕으로, 청중에게 설득력 있고 신뢰할 수 있는 스피치를 제공할 수 있다.

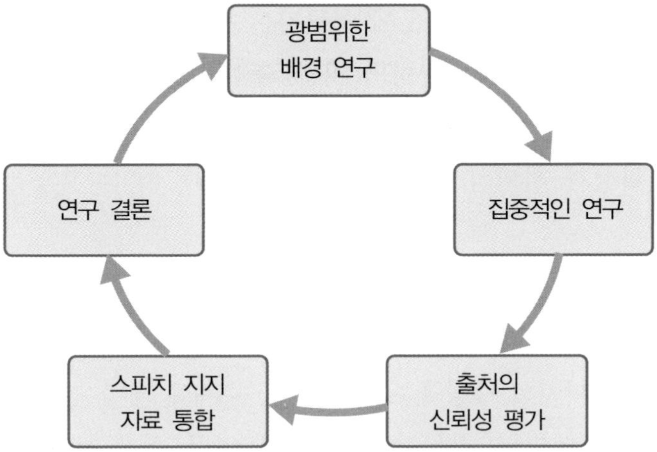

[그림 5-1] **스피치 조사 과정**

① 광범위한 배경 연구

스피치 주제에 대한 광범위한 배경 지식을 쌓는 단계로써, 이 과정에서는 특정한 세부 정보를 찾는 것이 아니라 주제에 대한 넓은 맥락, 역사적 배경, 주요 이슈, 그리고 다양한 관점을 이해하는 것을 목표로 한다. 이를 위해 서적, 학술 논문, 뉴스 보도 등 다양한 일반적인 자료를 참조한다. 이 초기 단계는 스피치에 포함될 주요 주제와 하위 주제를 식별할 때 도움이 된다.

② 집중적인 연구

주제에 대한 일반적인 이해를 바탕으로, 관심 있는 특정 영역으로 연구의 초점을 좁히는 단계로써 스피치의 주요 포인트를 뒷받침할 수 있는 더 상세하고 구체적인 정보를 찾는 과정을 포함한다. 집중적인 연구는 주로 특화된 데이터베이스, 학술 저널, 주제와 관련된 특정 출판물 등을 활용하여 수행한다.

③ 출처의 신뢰성 평가

수집된 정보와 출처의 신뢰성을 평가하는 단계로써, 모든 정보가 동일하게 신뢰할 수 있는 것은 아니기 때문에 연구자는 정보의 출처를 신중하게 검토하고 평가해야 한다. 이를 위해 출처의 저자, 출판 날짜, 출판 기관, 참조된 출처 등을 확인한다. 신뢰할 수 있는 출처에서 얻은 정보만을 스피치에 사용함으로써 내용의 정확성과 신뢰성을 보장할 수 있다.

④ 스피치 지지 자료 통합

연구 과정에서 수집한 정보와 자료를 스피치 내용에 효과적으로 통합하는 단계로써, 이는 스피치의 주장을 뒷받침하고, 주제에 대한 청중의 이해를 높일 때 사용한다. 통계 데이터, 전문가 인용, 사례 연구, 실제 사례 등 다양한 형태의 지지 자료를 활용할 수 있다.

⑤ 연구 결론

마지막으로, 연구 결론은 연구 과정을 마무리하고, 수집된 정보와 지식을 바탕으로 스피치의 주요 메시지와 결론을 도출하는 단계다. 이 단계에서는 연구를 통해 얻은 주요 발견 사항과 청중에게 전달하고자 하는 핵심 메시지를 명확하게 정리한다.

3. 자료의 유형: 1차 자료 대 2차 자료

스피치 주제 연구를 위해 다양한 자료를 활용하는 것은 정보의 폭과 깊이를 더하기 위해 매우 중요하다. 이러한 자료들은 크게 1차 자료(primary source)와 2차 자료(secondary source)로 구분된다. 1차 자료는 사건이나 주제에 직접적으로 연관된 원본 자료라고 할 수 있다. 이는 연구 대상에 대한 직접 얻은 증거나 기록을 의미하며, 사건이나 현상, 개념 등을 가장 직접적으로 경험하거나 관찰한 결과물로서, 예를 들어, 원본 문서, 인터뷰, 실험 데이터, 사진, 비디오, 공식 기록 등이 이에 해당한다. 반면, 2차 자료는 1차 자료에 기반하여 생성된 자료로, 기존 정보의 해석, 분석, 논평을 포함한다. 이는 주로 연구자들이 1차 자료를 통해 얻은 지식을 바탕으로 작성한 학술 논문, 리뷰, 책, 보고서 등이며, 주제에 대한 추가적인 설명이나 해석을 제공한다.

1차 자료는 주제에 대한 원천적인 이해를 제공하며, 직접적인 증거나 사실에 기반한 정보를 포함하기 때문에, 연구 주제의 기초를 다지는 과정에서 매우 중요하다. 이를 통해 연사는 주제에 대한 진실성과 정확성을 확보할 수 있다. 또한, 1차 자료는 연구 주제에 대한 새로운 관점이나 아직 널리 알려지지 않은 정보를 발견할 기회를 제공할 수도 있다. 반면, 2차 자료는 1차 자료에 대한 해석, 분석, 논평을 제공하므로, 연구 주제에 대한 다양한 관점과 깊이 있는 이해를 얻고자 할 때 도움이 된다. 2차 자료를 통해 연구자는 주제에 대한 기존 연구의 경향, 주요 논쟁점, 그리고 학계의 일반적인 합의 또는 의견 차이를 파악할 수 있다. 이는 스피치의 주장을 뒷받침하거나 반박하는 데 유용한 근거를 제공한다.

결론적으로, 스피치를 준비할 때는 1차 자료와 2차 자료 모두를 균형 있게 활용하는 것이 중요하다. 1차 자료는 주제에 대한 직접적인 증거와 정보를 제공하는 반면, 2차 자료는 그 정보를 해석하고 평가하는 과정에 도움을 준다. 연구 과정에서 다양한 유형의 자료를 종합적으로 검토하고 평가함으로써, 연사는 스피치 주제에 대한 포괄적이고 깊이 있는 분석을 제공할 수 있게 된다.

1) 1차 자료 유형들

1차 자료는 연구를 위해 조사자가 직접 수집하거나 작성한 원형 그대로의 자료라고 할 수 있다. 다양한 분야에서 흔히 사용되는 1차 자료에는 설문조사, 인터뷰, 관찰, 데이터 분석, 포커스 그룹 인터뷰 등이 있다. 이러한 1차 자료 수집 방법들은 연구의 기초를 형성하며, 직접적이고 신뢰성 높은 데이터를 제공하는 데 중요한 역할을 한다.

① 설문조사

설문조사는 다양한 방식을 통해 특정 인구 집단으로부터 정보를 수집하는 체계적인 방법이다. 이는 대면, 전화, 우편, 온라인 등 여러 매체를 통해 진행될 수 있으며, 각 방식은 특정 상황과 목적에 따라 유용하다. 예를 들어, 온라인 설문조사는 빠르고 비용 효율적이며 광범위한 참여자에게 도달할 수 있는 장점이 있다. 반면, 대면 설문조사는 응답자의 비언어적 신호를 포착할 수 있어 보다 깊은 데이터를 수집하는 데 유리할 수 있다. 설문조사는 고도로 구조화되어 있어 일관된 데이터 수집이 가능하며, 이를 통해 통계적 분석에 적합한 대규모 데이터 세트를 생성할 수 있다.

② 인터뷰

인터뷰는 구조화된, 반구조화된, 또는 비구조화된 형태로 진행될 수 있으며, 각 형식은 연구 목적에 따라 선택할 수 있다. 구조화된 인터뷰는 사전에 준비된 질문을 사용하여 일관된 정보를 수집할 때 유리하고, 데이터를 정량적으로 분석하기 쉽게 만든다. 반구조화된 인터뷰는 주제에 대한 보다 유연한 탐색을 제공하며, 비구조화된 인터뷰는 응답자가 자신의 경험과 지식을 자유롭게 공유할 수 있도록 하여 깊은 통찰을 얻을 수 있게 한다. 인터뷰는 연구자가 응답자의 감정이나 생각을 보다 직접적으로 이해할 수 있는 기회를 제공하며, 이는 복잡한 사회적 현상이나 섬세한 주제를 다룰 때 특히 중요하다.

③ 관찰

관찰 연구는 참여자의 자연스러운 행동을 실제 환경에서 관찰함으로써 이루어진다. 참여 관찰자는 상황에 직접 참여하여 더 깊이 있는 관찰을 수행하는 반면, 비참여 관찰자는 외부에서 관찰하며 객관적 데이터를 수집한다. 이 방법은 특히 행동 패턴, 사회적 상호작용, 그리고 문화적 관행을 연구할 때 유용하며, 연구 대상의 자연스러운 행동을 보다 정확하게 포착할 수 있다.

④ 데이터 분석

수집된 데이터를 체계적으로 검토하고 해석하는 데이터 분석은 연구에서 중심적인 역할을 한다. 이 과정을 통해 연구자는 숨겨진 패턴과 트렌드를 발견하고, 이를 바탕으로 통찰력을 제공하며 의사결정을 위한 강력한 근거를 마련할 수 있다. 데이터 분석은 양적 및 질적 방법을 포함할 수 있으며, 복잡한 통계 기법과 소프트웨어를 사용하여 데이터의 심층적인 이해를 가능하게 한다.

⑤ 포커스 그룹 인터뷰

포커스 그룹 인터뷰는 특정 주제에 대한 참가자들의 의견과 경험을 심층적으로 탐색할 때 적합한 방법이다. 이 방법은 참가자 간의 상호작용을 통해 새로운 아이디어와 관점이 도출되게 하며, 개별 인터뷰에서는 나타나지 않는 집단의 동적인 관점을 포착할 수 있다. 포커스 그룹은 특히 시장 조사, 사회적 태도의 변화, 정책 개발과 같은 분야에서 유용하게 사용된다. 또한, 다양한 사회적, 문화적 배경을 가진 참가자들을 포함시킴으로써 더 폭넓은 이해와 인사이트를 얻을 수 있다.

2) 2차 자료 유형들

2차 자료는 연구 및 학습의 맥락에서 중요한 역할을 한다. 이러한 자료는 기존의 1차 자료를 기반으로 수정하거나 가공하여 생성되며, 연구자들이 보다 폭넓고 다양한 정보를 활용할 수 있도록 돕는다. 일반적으로, 2차 자료에는 정기 간행물, 보고서 및 백서, 책과 참고자료, 신문기사, 온라인 데이터베이스 등이 있다.

① 정기 간행물

정기 간행물은 일정한 주기로 출판되는 출판물로, 이에는 학술 저널, 잡지, 뉴스레터 등이 포함된다. 이들은 특정 분야의 최신 연구 결과, 트렌드, 이슈 및 전문가 의견을 제공한다. 예를 들어, 학술 저널은 해당 학문 분야의 최신 연구 논문을 게재하여 학계의 발전을 촉진하며, 잡지는 보다 일반적인 독자층을 대상으로 해당 분야의 트렌드와 혁신을 소개한다. 이러한 간행물은 연구자들이 자신의 연구 주제에 관련된 최신 정보를 얻을 수 있는 주요 자원이 된다.

② 보고서 및 백서

보고서와 백서는 연구 기관, 정부 기관, 업계 협회 등에서 발행하며, 특정 주제나 분야에 대한 심도 있는 분석과 데이터를 제공한다. 이러한 문서들은 종종 정책 결정 과정에서 중요한 근거 자료로 활용되며, 연구자들에게 해당 분야의 상세한 통계 데이터, 시장 조사 결과, 예측 추세 등을 제공한다. 보고서와 백서는 복잡한 주제를 이해하거나, 특정 산업 분야의 동향을 파악할 때 특히 유용하다.

③ 책 및 참고 자료

책과 참고 자료는 특정 분야의 전문가에 의해 저술되며, 포괄적인 개요, 이론적 배경, 역사적 맥락을 제공한다. 이들 자료는 해당 분야의 기본 개념과 주요 이론들을 체계적으로 설명하고, 심화된 주제에 대한 깊은 이해를 가능하게 한다. 학술적 연구나 교육 과정에서 기본적인 참고문헌으로 널리 사용되며, 연구자들이 복잡한 이론이나 사상을 체계적으로 학습할 수 있는 기반을 마련해 준다.

④ 신문 기사

신문 기사는 특정 사건이나 현상에 대한 배경 정보, 사회적 맥락, 다양한 관점을 제공한다. 이는 연구자들이 사건의 복잡성을 이해하고, 다양한 의견과 분석을 통해 주제에 대한 균형 잡힌 시각을 개발할 때 도움을 준다. 특히, 현재 진행 중인 사건이나 이슈에 대해 시의성 있는 정보를 제공함으로써, 연구 주제가 현대적인 문제와 관련 있을 경우 유용하게 사용된다.

⑤ 온라인 데이터베이스

온라인 데이터베이스는 학술 도서관, 연구 저장소, 전문화된 플랫폼을 통해 다양한 연구 자료에 쉽고 빠르게 접근할 수 있게 한다. 이러한 데이터베이스는 연구 논문, 학위 논문, 박사학위 논문, 학술회의 자료 등을 포함하여, 연구자들이 필요한 자료를 광범위하게 검색하고 활용할 수 있는 기회를 제공한다. 이렇듯 온라인 데이터베이스는 학술 연구의 범위를 확장하고, 다양한 학문 분야에서의 새로운 통찰과 협력을 촉진하는 중요한 자원이다.

3) 2차 연구 활용의 장점

1차 연구에 비해 2차 연구를 활용하면 연구자의 입장에서는 시간 및 비용적인 면에서 효율적이며, 또한 데이터베이스를 통해 다양한 데이터 접근이 가능하다. 그러한 데이터를 교차로 검증하는 비교 연구 또한 가능하며, 윤리적인 우려를 줄일 수 있다는 점에서 장점이 있다. 이러한 장점들은 2차 연구가 다양한 학문적 및 응용 연구 분야에서 널리 활용되는 이유를 설명해 준다. 연구자는 이러한 방법을 통해 보다 효율적이고 윤리적이며, 포괄적인 연구를 수행할 수 있다.

① 시간 및 비용 효율성

2차 연구는 이미 수집된 데이터를 활용하기 때문에, 연구 시작부터 데이터 수집까지의 시간을 대폭 단축할 수 있다. 이는 특히 시간에 민감한 프로젝트에서 유리하며, 연구자는 긴 기간 동안의 데이터 수집 과정 없이 바로 데이터 분석 단계로 넘어갈 수 있다. 또한, 1차 데이터 수집에 필요한 비용, 예를 들어, 설문지 제작, 인터뷰 진행자 고용, 장비 구매 등의 비용이 절감된다. 이러한 비용과 시간의 절약은 연구자가 더 많은 프로젝트에 집중하거나 더 광범위한 데이터 분석에 자원을 할당할 수 있게 만들어 준다.

② 다양한 데이터 접근

2차 연구를 통해 연구자는 광범위한 데이터베이스, 대규모 설문조사 결과, 국가 통계청 자료 등 다양한 출처의 정보를 활용할 수 있다. 이는 연구자가 한정된 조건이나 자원으로는 접근하기 어려운 다양한 인구 통계적 배경을 가진 데이터를 분석할 기회를 제공한다. 또한, 다양한 지역이나 시간대에 걸쳐 수집된 데이터를 활용함으로써 연구의 범위를 국제적으로 확장할 수 있으며, 이를 통해 보다 포괄적이고 다양한 분석이 가능해진다.

③ 비교 분석

2차 연구는 다른 연구 결과들과의 비교 분석을 용이하게 한다. 연구자는 다양한 소스에서 수집된 데이터를 교차 검증함으로써 연구의 타당성을 강화할 수 있다. 예를 들어, 다른 연구자들이 수행한 유사 주제의 연구 결과와 자신의 분석 결과를 비교함으로써 연구의 일관성과 신뢰성을 검증할 수 있다. 이는 연구 결과에 대한 신뢰도를 높이고, 연구의 오류 가능성을 줄이는 데 기여한다.

④ 윤리적 고려사항

2차 연구는 참가자의 직접적인 참여 없이 수행되므로, 개인정보 보호 및 정보 제공에 대한 동의와 같은 윤리적 문제를 크게 줄일 수 있다. 특히 의료 연구와 같이 민감한 개인 정보가 포함될 수 있는 분야에서, 기존 데이터를 사용함으로써 참가자의 사생활 침해 가능성이 감소하며, 이는 윤리적으로 더 우수한 연구 방법을 제공한다. 또한, 연구자는 데이터를 익명화하거나 비식별화하여 추가적인 윤리적 보호 조치를 취할 수 있다.

4. 대학교 도서관 자료 활용법

대학교 도서관은 정보의 공유와 확산을 통해 미래 가치를 창출하기 위해 교육과 연구 활동을 지원하고 있다. 일반적으로, 대학교 도서관은 국내외 단행본, 연속 간행물, 시청각 자료 등을 소장하고 있으며, 학술지, 전자저널, Web DB 등을 구독하고 있다. 또한, 대학교 도서관은 구성원을 대상으로 종이책, 전자책 이용, 열람실/공동학습실 이용, 연구 · 학습지원 서비스, 이용 교육, 문화행사 등 다양한 서비스를 제공하고 있다. 특히, 대학교 신입생들을 위해서 도서관 이용자 교육을 실시해 적극적으로 도서관 이용을 권장하고 있다. 대학교 도서관 이용은 학생들의 특권이기도 하며, 특히 스피치와 같이 체계적인 연구가 필요한 수업일 경우, 그리고 물리적으로 대학교 도서관 이용이 어려운 경우라도 전자책, 전자저널, 및 Web DB를 통해 연구 주제 관련 자료들을 충분히 찾을 수 있다. 아래는 국내 학술지를 검색할 수 있는 대표 전자저널과 해외 학술지를 검색할 수 있는 전자저널에 대한 설명이며, 향후 학술적인 연구가 필요할 때 적극적으로 활용하기를 바란다.

1) 디비피아(DBpia)

디비피아는 국내 학술지와 학위논문을 검색할 수 있는 학술정보 포털이다. 국내 논문 수 1위 디비피아를 통해 국내 학술 플랫폼에서 서비스되는 학술 콘텐츠를 한번에 검색할 수 있다. 국내 우수 학회가 발행하는 2,300여종의 학술지와 230만여 편의 학술논문 전문(full-text)을 서비스한다. 연구에 필요한 학술논문의 참고문헌을 정리해 주는 기능도 있어 편리하다. 또한, 디비피아는 학술 트렌드를 제공하며, 각 논문의 월별 이용추이 그래프와 표, 80여개 주제 분류별 많이 이용된 논문, 저널, 저자 등을 확인할 수 있다. 휴대폰 앱도 다운받아 사용할 수 있다는 장점이 있다.

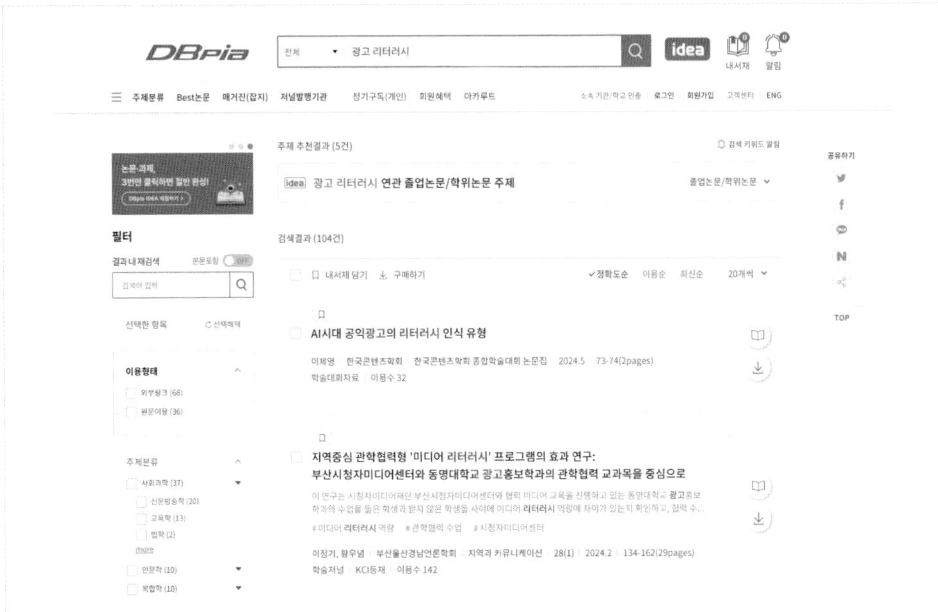

[그림 5–2] **학술논문 검색 서비스 디비피아(DBpia): '광고 리터러시' 주제 검색 결과**

2) 앱스코(EBSCO)

앱스코는 전 세계적으로 널리 사용되는 학술 정보 검색 플랫폼이다. 다양한 주제와 분야에 걸쳐 광범위한 학술 자료를 제공하며, 학술 논문, 저널, 책, 컨퍼런스 자료, 보고서 등 다양한 형태의 학술 정보에 접근할 수 있게 해준다. 앱스코는 대학교, 연구소, 공공 도서관, 기업 등 교육 및 연구 기관에서 주로 사용된다. 앱스코는 사용자가 필요로 하는 정보를 효과적으로 찾을 수 있도록 강력한 검색 기능을 제공하며, 주제별, 저자별, 출판연도별 등 다양한 검색 옵션을 통해 필요한 자료를 정확하고 빠르게 찾을 수 있다.

또한, 개별 저널이나 학술 논문에 대한 액세스뿐만 아니라, 특정 분야의 연구 동향을 파악하거나 학술적 배경 지식을 넓히는 데에도 유용하다. 앱스코는 사용자 경험을 개선하기 위해 인터페이스와 기능을 지속적으로 업데이트하며, 다국어 지원을 통해 전 세계의 연구자들이 자신의 모국어로 서비스를 이용할 수 있도록 하며, 이를 통해 학술 커뮤니티가 글로벌한 지식 네트워크 내에서 보다 활발하게 정보를 교류하고, 연구 성과를 공유할 수 있는 환경을 조성한다. 앱스코는 학술 정보의 질과 양면에서 뛰어난 자원을 제공하는 것으로 인정받고 있으며, 연구자와 학생들에게 필수적인 정보 검색 도구로 알려져 있다.

[그림 5-3] **학술 정보 검색 플랫폼 앱스코(EBSCO): 'Climate Change' 주제 검색 결과**

3) 참고문헌 표기의 중요성

스피치 커뮤니케이션의 핵심 목표 중 하나는 청중에게 설득력 있고 신뢰할 수 있는 정보를 제공하는 것이다. 이를 달성하기 위해서는 참고문헌의 정확한 표기와 인용은 필수적이다. 참고문헌을 통해 발표자는 스피치의 내용을 강화하고, 청중과의 신뢰를 구축하는 동시에, 학문적 무결성(integrity)을 유지할 수 있다. 이러한 과정은 발표자가 자신의 메시지를 보다 효과적으로 전달하고, 청중에게 깊은 인상을 남기는 데 중요한 역할을 한다. 참고문헌 표기의 중요성은 다음의 네 가지 측면에서 설명할 수 있다.

첫째, 스피치에서 참고문헌을 표기하고 인용하는 것은 발표의 신뢰성을 확보하는 기본적인 방법이다. 신뢰할 수 있는 출처에서 얻은 정보를 사용함으로써 발표자는 자신의 주장에 대한 근거를 제시할 수 있으며, 이는 청중이 제공되는 정보를 신뢰하게 만드는 데 중요한 요소가 된다. 청중이 발표자의 메시지를 신뢰할 수 있다고 느낀다면, 그 메시지는 더욱 설득력을 갖게 된다. 이러한 신뢰는 청중의 참여와 반응을 증가시키며, 발표의 효과를 극대화한다.

둘째, 참고문헌을 통한 연구는 발표자가 주제에 대해 보다 깊이 있게 이해하고, 그 지식의 범위를 확장할 수 있게 한다. 이는 발표자가 복잡한 주제를 청중에게 명확하게 전달하고, 다양한 관점을 제시할 수 있게 해준다. 또한, 청중에게도 추가적인 학습 자료와 탐구 경로를 제공함으로써, 스피치 이후에도 주제에 대한 관심과 학습을 이어갈 수 있는 기회를 마련해 준다. 이 과정은 학습과 성찰의 순환을 촉진하며, 스피치의 영향력을 확장한다.

셋째, 참고문헌의 적절한 인용은 다른 연구자의 지적 소유권을 존중하고, 학문적 무결성을 유지하는 데 필수적이다. 타인의 연구 결과나 아이디어를 인용할 때 출처를 명확히 밝히는 것은 저작권법을 준수하고, 학문적 표절을 방지하는 중요한 수단이다. 이는 발표자가 동료 연구자들과 건설적인 학문적 대화를 이어가며, 학문 공동체 내에서의 신뢰와 존경을 구축하는 데 도움을 준다.

넷째, 참고문헌을 통해 제공되는 신뢰할 수 있는 정보는 발표자와 청중 간의 효과적인 소통을 촉진한다. 청중은 발표자가 제시하는 정보의 출처와 근거를 명확히 알게 되면 발표 내용에 대해 더 잘 이해하고, 발표자의 주장에 대한 신뢰를 갖게 된다. 이는 청중이 발표 내용에 더 깊이 몰입하고, 발표에 대한 반응이 더 긍정적이 되도록 한다. 또한, 충분히 근거가 있는 정보를 제공받음으로써 청중은 자신의 의견이나 질문을 제기할 때 더 확신을 갖게 될 수 있다. 이러한 상호작용은 스피치를 통한 학습의 효과를 증대시키고, 발표자와 청중 간의 소통을 더욱 강화시킬 수 있다.

더 나아가, 참고문헌의 표기와 인용은 청중에게 추가적인 학습 자원을 제공하는 역할도 한다. 발표자가 제시한 참고문헌을 통해, 청중은 주제에 대해 더 깊이 탐구하고, 관련 지식을 확장할 기회를 갖게 된다. 이는 청중 개개인의 지식 탐구 욕구를 촉진하고, 스피치가 단순히 일방적인 정보 전달의 수단을 넘어서, 지식 공유와 학습의 플랫폼으로 작용하게 한다. 스피치 커뮤니케이션에서 참고문헌의 표기와 인용은 발표의 신뢰성 확보, 지식의 깊이와 범위 확장,

지적 소유권 존중, 청중과의 소통 향상 등 여러 측면에서 중요하다.

이 과정을 통해 발표자는 청중에게 깊은 인상을 남기고, 자신의 전문성을 드러내며, 학문적 무결성을 유지할 수 있다. 또한, 이는 스피치를 통한 학습과 교류의 기회를 최대화하며, 발표자와 청중 모두에게 보다 풍부하고 의미 있는 경험을 제공한다. 이처럼 참고문헌의 철저한 표기와 적절한 인용은 스피치 커뮤니케이션의 성공을 위한 핵심 요소라고 할 수 있다. 발표자가 이러한 절차를 세심하게 준수함으로써, 스피치는 단순한 정보의 전달을 넘어서 지식의 교류와 확장, 청중과의 긴밀한 소통이라는 더 큰 가치를 실현할 수 있다.

5. 참고문헌 표기 방법

국내에서 참고문헌 표기법은 주로 두 가지 체계, 즉 한국 학술지 인용색인(Korea Citation Index: KCI) 표기법과 APA(American Psychological Association) 표기법을 따른다. 물론, 학문 분야나 출판 기관에 따라서는 MLA(Modern Language Association)나 Chicago Manual of Style과 같은 다른 국제 표준을 따르기도 한다. 아래는 일반적인 한국 학술지 인용색인 표기법과 APA(American Psychological Association) 표기법의 예시를 제시하고 있다.

1) 한국 학술지 인용색인(Korea Citation Index: KCI) 표기법

한국 학술지 인용색인 표기법은 한국의 학술 논문에서 널리 사용되며, 특히 한국어 논문에 적합한 표기법이다. 이 방식은 저자의 성과 이름, 발행연도, 논문 제목, 저널 이름, 권호 및 페이지 번호를 포함하여 참고문헌을 기술한다. 한국어 참고문헌의 경우 저자 이름 뒤에 발행연도를 괄호 안에 표기하고, 논문 제목이나 저서 제목이 그 뒤를 따른다.

① 연구 논문

- 형식: 저자. (발행연도). 논문 제목. 저널 이름, 권(호), 페이지.
- 예시: 김철수. (2020). 연구 방법론의 새로운 접근. 학술연구, 10(1), 20-30.

② 책

- 형식: 저자. (발행연도). 책 제목. 출판사.
- 예시: 이영희. (2019). 현대 사회학의 이해. 학문출판사.

③ 책의 장

- 형식: 저자. (발행연도). 장 제목. In 편집자 (Ed.), 책 제목 (페이지). 출판사.
- 예시: 최현우. (2018). 중세 유럽의 경제 발전. In 김태영 (Ed.), 유럽 역사 속의 경제적 전환점들 (pp. 145-164). 역사학술사.

④ 신문 자료

- 형식: 저자. (발행연도, 발행월일). 기사 제목. 신문사명, 페이지(있을 경우). URL(온라인으로 접근 가능한 경우).
- 예시(오프라인 신문 자료): 홍길동. (2023, 3월 5일). 디지털 교육의 미래. 한국일보, p. A12.
- 예시(온라인 신문 자료): 박서연. (2023, 4월 10일). 지속 가능한 도시 발전 전략. 중앙일보. http://www.joongang.co.kr/sustainable_development

⑤ 보고서

- 형식: 저자. (발행연도). 보고서 제목. 발행 기관.
- 예시: 한국경제연구원. (2022). 2022년 한국 경제 전망. 한국경제연구원.

⑥ 온라인 자료

- 형식: 저자. (발행연도). 문서 제목. 출처 URL.
- 예시: 박지민. (2021). 디지털 시대의 커뮤니케이션. http://www.academic.kr/communication.html

⑦ 학위논문

- 형식: 저자. (발행연도). 논문 제목. [학위 유형], 수여 기관.

- 석사학위논문 예시: 박지민. (2018). 디지털 시대의 교육 변화. [석사학위논문], 서울대학교.
- 박사학위논문 예시: 이현우. (2020). 인공지능 기술의 교육 적용에 관한 연구. [박사학위논문], 고려대학교.

2) APA(American Psychological Association) 표기법

APA 표기법은 사회과학 분야에서 국제적으로 널리 사용되는 표준으로, 한국에서도 사회과학 및 인문학 분야의 학술 논문에 많이 사용된다. APA 방식은 저자의 성과 이름의 이니셜, 발행연도, 논문 제목, 저널 제목, 권호 정보, 페이지 번호 등을 포함한다. 저자의 성 뒤에 쉼표를 사용하고, 발행연도는 저자 이름 바로 뒤 괄호 안에 표기한다.

① 연구논문

- 형식: 저자 성, 이니셜. (발행연도). 논문 제목. 저널이름, 권(호), 페이지 범위. DOI 또는 URL
- 예시: Smith, J. A. (2020). A study on digital education. Journal of Education Technology, 15(3), 100-112. https://doi.org/10.1234/jet.2020.015

② 책

- 형식: 저자 성, 이니셜. (발행연도). 책 제목. 출판사.
- 예시: Brown, L. S. (2019). The future of learning: Digital classrooms. Educational Press.

③ 책의 장

- 형식: 장의 저자 성, 이니셜. (발행연도). 장 제목. In 편집자 성, 이니셜 (Eds.), 책 제목 (페이지 범위). 출판사. DOI(해당되는 경우)
- 예시: Johnson, R. B., & Onwuegbuzie, A. J. (2004). Mixed methods research: A research paradigm whose time has come. In B. G. Rocco &

L. S. Plakhotnik (Eds.), Education research annual review (pp. 112-133). Academic Press.

④ 신문기사

- 형식: 저자 성, 이니셜. (발행연도, 월 일). 기사 제목. 신문명. URL
- 예시: Kim, H. J. (2023, April 5). The rise of sustainable cities. The Korea Times. http://www.koreatimes.co.kr/sustainable-cities

⑤ 온라인 자료

- 형식: 저자 성, 이니셜. (발행연도). 문서 제목. 웹사이트 명. URL
- 예시: Lee, T. K. (2021). The impact of AI on society. AI Today. http://www.aitoday.org/impact-of-ai

⑥ 보고서

- 형식: 저자 성, 이니셜. (발행연도). 보고서 제목 (보고서 번호[해당되는 경우]). 출판기관. URL 또는 DOI
- 예시(개인 저자): Smith, J. A. (2020). Renewable energy sources and their environmental impact (Report No. 1234). Renewable Energy Institute. https://www.renewableenergy.org/reports/1234
- 예시(조직 저자): World Health Organization. (2018). Mental health: Strengthening our response. https://www.who.int/news-room/fact-sheets/detail/mental-health-strengthening-our-response
- 예시(DOI 사용): National Cancer Institute. (2019). Cancer statistics (Report No. 5678). https://doi.org/10.1234/5678

⑦ 학위논문

- 형식: 저자 성, 이니셜. (발행연도). 논문 제목 [학위논문]. 수여 기관. URL 또는 DOI
- 석사학위논문 예시: Park, J. M. (2018). Digital age education changes [Master's thesis]. Seoul National University.

- 박사학위논문 예시(데이터베이스에서 접근): Lee, H. W. (2020). Study on the application of artificial intelligence technology in education [Doctoral dissertation]. Korea University. http://databaseurl.com
- 박사학위논문 예시(웹에서 직접 접근 가능한 경우): Kim, T. H. (2021). The impact of social media on youth [Doctoral dissertation, Yonsei University]. Yonsei University Repository. https://repository.yonsei.ac.kr

ChatGPT 인용법(APA 스타일)

ChatGPT가 생성한 텍스트를 인용할 때는 반드시 출처를 표기해야 하는데, APA 스타일은 'OpenAI'와 사용한 버전의 연도를 함께 기재한다. 참고문헌(Reference) 목록을 작성할 때 저자는 'OpenAI', 제목은 'ChatGPT(이탤릭체)'로 기재한 뒤 괄호 안에 사용한 버전의 날짜를 포함한다. 그 뒤 대괄호 안에 'Large language model'이라는 문구를 기재하고 ChatGPT 서비스의 URL(https://chat.openai.com/)을 마지막으로 추가한다. 일반적으로 저자가 자료를 이용한 페이지의 다이렉트 URL이 다른 사람들에게 동일한 페이지를 제공하지 않는다는 점을 유의해야 한다. APA 스타일은 저자가 ChatGPT를 서론(Introduction)이나 연구 방법(Methods) 부분에서 어떻게 활용하였는지 설명하도록 권고하고 있다. 또한, ChatGPT가 입력한 질문(프롬프트)에 따라 달라지는 답변을 생성하기 때문에 다른 사람들이 동일한 자료를 검색할 수 있도록 생성된 텍스트 뒤에 프롬프트를 함께 제공해야 한다. 답변의 길이가 길 경우, 전체 텍스트는 부록(Appendix)에 포함할 수 있다.

ChatGPT 인용(APA 스타일)

- 형식: OpenAI. (Year). *ChatGPT* (Month Day version) [Large language model]. https://chat.openai.com
- 예시: OpenAI. (2023). *ChatGPT* (May 24 version) [Large language model]. https://chat.openai.com

요약

조사는 스피치에서 중요한 역할을 하며, 청중에게 신뢰할 수 있고 깊이 있는 정보를 제공해 지식을 확장하고 그들의 태도와 행동에 영향을 미치는 기반을 마련한다. 스피치 준비를 위한 조사 과정은 폭넓은 배경 조사에서 시작해 출처의 신뢰성을 평가하고, 집중적인 연구를 수행하며, 지지 자료를 통합하고 연구의 결론을 도출하는 다섯 단계로 이루어진다. 이러한 단계를 거쳐 발표자는 청중에게 설득력 있고 신뢰할 수 있는 정보를 전달할 수 있다. 사용되는 자료에는 직접적인 관련성을 가진 1차 자료와 기존 자료에 대한 추가 분석이나 해석을 포함하는 2차 자료가 포함된다. 1차 자료는 주제에 대한 직접적인 이해를 제공하는 반면, 2차 자료는 보다 폭넓은 해석과 논평을 통해 주제에 깊이를 더해준다.

대학교 도서관은 스피치 준비에 필수적인 자원을 제공하는 중심지로서, 학술 논문, 책, 전자 저널 등 다양한 자료를 통해 조사를 지원한다. 이러한 자원을 효과적으로 활용하는 방법으로는 온라인 데이터베이스 접근, 학술지 검색, 그리고 필요한 학술 자료의 활용이 포함된다. 참고문헌을 명확히 표기하는 것은 스피치의 신뢰도를 높이고, 학문적 무결성을 유지하며, 청중과의 신뢰성 있는 소통을 촉진하는 데 중요하다. 이는 청중이 스피치 내용을 더욱 신뢰하게 하고, 발표자의 전문성을 드러내는 데 크게 기여한다.

스피치 사례

안젤라 리의
스피치 영상
시청하기

안젤라 리(Angela Lee)의 TED 스피치 "True Grit: Can Perseverance be Taught?"

영어 'grit'이라는 단어는 영어를 오랫동안 공부했고, 심지어 토익강사로 잠시 일했던 나였지만 솔직히 정확히 무슨 뜻인지는 잘 몰랐다. 안젤라 리 덕워스(Angela Lee Duckworth)의 TED 스피치를 알기 전까지는 말이다. 안젤라의 책 『Grit: The Power of Passion and Perseverance(끈기: 열정과 인내의 힘)』는 성공의 열쇠가 타고난 재능이 아니라 열정과 인내, 즉 '끈기(grit)'에 있다고 강조하고 있다. 그녀의 광범위한 연구는 장기적인 목표에 대한 지속적인 헌신과 실패에서 회복하는 능력을 지닌 개인이 더 큰 성공을 달성할 가능성이 높다는 것을 시사한다. 이 끈기(grit)라는 개념은 IQ나 자연적 능력과 같은 전통적인 재능 측정보다 성공을 더 잘 예측한다고 한다. 그녀의 연구는 군사학교 생도부터 철자 경연 대회 참가자에 이르기까지 다양한 예시를 포함하여, 더 높은 수준의 끈기(grit)를 지닌 사람들이 더 성공할 가능성이 높다는 것을 보여준다. 책의 내용을 함축한 그녀의 TED 스피치는 성공은 머리가 아닌 끈기에 달려 있다는 메시지를 잘 전달하고 있다.

[그림 5-4] **안젤라 리(Angela Lee)의 "True Grit: Can Perseverance be Taught?" TED 스피치**

출처: TED (https://www.youtube.com/watch?v=H14bBuluwB8&t=57s)

소소하고 사소한 이야기

교수들은 연구 논문 서론을 언제 쓸까

학위에 대한 재미있는 이야기가 있다. 학위는 보통 학사(bachelor), 석사(master), 그리고 박사(Doctor of Philosophy : Ph.D.)로 나뉜다. 각 학위를 받는 시점에 대해 우스갯소리로 표현한 것이 있다. 우선, 학사 학위는 공부를 마치고 나서 "이제 모든 것을 알았다"고 느낄 때 주어진다. 그 다음 단계인 석사 학위는 더 깊이 있는 공부를 했음에도 불구하고 "사실은 아직 잘 모르겠다"고 생각할 때 받게 된다. 마지막으로, 박사 학위는 더욱 심도 있게 연구하고 나서도 여전히 해결책을 찾지 못하고, 심지어는 지도교수나 다른 연구자들도 답을 모를 때 "정말 아무도 모르는구나"라고 인식되는 순간 주어진다고 한다.

이런 시각은 공부를 계속할수록 사실은 더 많은 것을 모른다는 것을 깨닫게 되는 과정을 재치 있게 설명해준다. 간단히 말해서, 이 우스갯소리는 사람이 공부를 계속할수록 사실은 세상에 대해 알게 되는 것보다 모르는 것이 더 많다는 걸 깨닫게 된다는 재미있는 관점을 제공한다. 내가 박사 논문을 준비하면서 알고 지내던 어느 교수님이 들려주었던 실제 이야기다. 그리고 나는 박사논문 마지막 학기에 이 이야기의 그 진정한 의미를 알게 되었다고 할 수 있다.

이전에 언급했듯이, 스피치는 서론, 본론, 결론의 구조로 이루어진다. 발표를 준비하는 사람은 주제를 선정한 후 관련 자료를 수집하고 분석하여 본론에서 다룰 핵심 내용을 결정한다. 이 과정을 거친 후, 발표자는 서론과 결론을 작성하고, 이어서 본론의 핵심 내용을 기술한다. 반면, 연구 논문은 서론, 문헌 리뷰(본론에 해당), 방법론, 연구 결과, 토론 및 결론으로 구성되며, 스피치 작성과는 다른 접근이 요구된다. 먼저, 연구 목적을 명확히 한 후, 연구의 차별점과 이론적, 실무적 기여 가능성을 고려해야 한다. 그런 다음 관련 이론과 연구 결과를 리뷰하고 분석한다.

연구 가설이나 문제 정의가 명확해지면, 연구자는 서론을 작성하기 시작한다. 서론을 마무리하면 연구 방향이 설정되고, 문헌 리뷰 내용 준비와 가설 검증 방법론이 결정된 것처럼 느껴진다. 스피치와 논문 작성 과정에서 공통적인 요소는 충분한 사전 조사와 문헌 리뷰를 통해 내용에 대한 깊이 있는 이해를 바탕으로 청중 또는 독자를 설득하고 이해시키려는 노력일 것이다. 이러한 사전 준비 없이는 효과적인 스피치나 유의미한 연구 논문을 기대하기는 어려울 것이다.

김치는 좋은 맛을 내기 위해 발효라는 숙성의 단계를 거친다. 마찬가지로, 지식도 충분한 숙성의 단계를 거쳐야 그 가치가 완전히 발현되며, 진정한 통찰력을 얻을 수 있다.

CHAPTER

06

스피치 목적과 주제 정하기

무엇을 말할 것인가

'스피치 목적과 주제 정하기'는 기본적이면서도 가장 중요한 단계다. 스피치의 목적은 크게 정보 전달, 설득, 오락 제공으로 나뉘며, 이는 청중에게 무엇을 하게 하거나 느끼게 하고 싶은지에 대한 근본적인 지향점을 설정한다. 목적을 명확히 한 후에는 이를 달성하기 위한 주제를 선정해야 한다. 좋은 주제는 발표자와 청중 모두에게 관심이 가고, 청중의 배경과 관심사에 적합하며, 충분히 연구할 수 있는 범위를 가지고 있어야 한다. 목적과 주제를 정하는 과정은 스피치의 성공을 위한 핵심이다. 이는 스피치가 청중에게 명확한 메시지를 전달하고, 목적을 효과적으로 달성할 수 있도록 하는 방향성과 구조를 제공한다. 잘 정의된 목적과 주제는 청중의 관심을 끌고, 스피치의 내용을 조직화하며, 관련 자료 수집에 도움을 준다. 반면, 이 두 가지가 명확하지 않으면 스피치는 방향을 잃고, 메시지가 흐려질 위험이 있다. 따라서 스피치를 준비할 때는 첫 단계로 목적을 분명히 하고, 이에 부합하는 주제를 선정하는 것이 가장 중요하다. 이 과정을 통해 청중과의 소통이 보다 효과적이고 의미 있는 경험이 될 수 있다. 스피치에서 명확한 목적과 주제는 스피치의 성공을 위한 견고한 기반을 마련해 주는 틀이기 때문에 스피치 준비의 첫 단추를 잘 끼워야 한다.

1. 스피치 목적

스피치는 발표자의 의도와 목적에 따라 다양한 유형으로 나뉜다. 정보 전달 스피치는 주제에 대한 지식을 전달하여 청중의 이해를 돕고, 설득 스피치는 청중의 신념이나 행동을 변화시킨다. 엔터테인먼트 스피치는 주로 즐거움을 주기 위해 유머나 이야기를 포함하며, 시연 스피치는 어떤 과정이나 작업을 단계별로 가르치는 데 초점을 맞춘다. 동기부여 스피치는 청중을 격려하고 영감을 주어 목표 달성을 돕기도 하며, 특별한 경우 스피치는 결혼식이나 졸업식 같은 특정 이벤트에 맞춰진 스피치다. 마지막으로, 토론 스피치는 정해진 형식 내에서 특정 주제에 대한 찬반 양론을 제시한다. 각 스피치 유형은 다른 목적을 가지고 있기 때문에 효과적인 발표를 위해 다양한 기술과 준비가 필요하다.

그렇기 때문에 각 유형의 스피치의 목적을 정확히 이해하고, 목적에 따른 주제를 선정하고, 관련 자료를 찾아 논리를 지지할 수 있도록 구조를 조직화해야 한다. 특히, 정보전달 스피치와 설득 스피치의 목적이 스피치를 준비하면서 흐려지거나 서로 다른 방향성을 가지게 되는 경우도 대학교 스피치 수업에서는 종종 발생한다. 예를 들어, 정보 전달 스피치임에도 불구하고 지속적으로 청중의 태도 및 행동 변화를 요구한다거나, 또는 설득 스피치에서 주제에 대한 관련 자료만 제시하여 이해를 높이는 데 그쳐 설득을 통한 청중의 신념, 또는 태도와 행동 변화를 강조하지 않은 경우가 그렇다. 스피치의 목적을 정확히 이해하는 것이 스피치의 첫 단계라고 할 수 있다.

1) 정보 전달 스피치

정보 전달 스피치는 청중에게 특정 주제에 대한 지식을 제공하고 이해를 돕는 것을 목적으로 한다. 정보 전달 스피치는 복잡한 정보를 분석하고 요약하여 청중이 쉽게 이해할 수 있도록 전달하는 것이 목적이다. 예를 들어, “최신

인공지능 기술의 발전과 사회에 미치는 영향"이라는 주제로 정보 전달 스피치를 한다고 가정해 보자. 스피치에서 발표자는 인공지능 기술이 어떻게 발전해 왔는지, 현재 어떤 분야에서 사용되고 있는지에 대해 설명할 것이다. 또한, 인공지능이 일자리, 교육, 의료 등 다양한 사회적 측면에 어떤 긍정적이거나 부정적인 영향을 미치고 있는지를 다룰 수 있다. 발표자는 최신 연구 결과, 통계, 사례 연구 등을 인용하여 주장을 뒷받침하고, 이 과정에서 발표자는 청중이 인공지능 기술의 현재 상태와 그것이 우리 생활과 사회에 미치는 실질적인 영향에 대해 명확하게 이해할 수 있도록 도울 것이다.

정보 전달 스피치의 핵심은 청중이 주제에 대해 깊이 있고 정확한 지식을 얻을 수 있도록 하는 것이다. 이를 통해 청중은 주제에 대한 통찰력을 얻고, 자신의 의견을 형성하거나 기존의 생각을 재고할 수 있는 기회를 가질 수 있다. 결론적으로, 정보 전달 스피치는 청중에게 중요한 정보를 명확하고 이해하기 쉬운 방식으로 전달하여, 그들의 지식 수준을 향상시키고, 사고의 폭을 넓히는 것을 목적으로 한다.

2) 설득 스피치

설득 스피치는 청중의 생각, 믿음, 행동을 바꾸기 위해 설계된 스피치로 청중을 특정 주제에 대해 설득하여 그들의 관점을 변경하거나, 어떤 행동을 취하도록 동기를 부여하는 것을 목적으로 한다. 예를 들어, "재생 가능 에너지 사용의 중요성"에 관한 설득 스피치를 한다고 가정해 보자. 스피치 발표자는 재생 가능 에너지의 정의와 종류, 그리고 화석 연료와 비교해 환경적, 경제적 이점을 상세히 설명할 수 있다. 발표자는 재생 가능 에너지가 기후 변화와 싸우는 데 어떻게 도움이 되는지, 장기적으로 지속 가능한 발전을 위해 왜 중요한지를 강조할 것이다. 이를 위해 최근 연구 결과, 전문가 의견, 성공적인 재생 에너지 프로젝트 사례 등을 제시하며 자신의 주장을 뒷받침할 수 있다. 또한, 발표자는 재생 가능 에너지 사용을 확대하기 위한 구체적인 조치나 행동 계획을 제안할 수 있다.

예를 들어, 정부의 정책 변경, 기업의 지속 가능한 에너지 솔루션 투자 증가, 개인이 할 수 있는 실천 방안 등을 포함할 수 있다. 이러한 정보와 제안을 통해, 발표자는 청중에게 재생 가능 에너지 사용의 필요성을 이해시키고, 이 주제에 대해 적극적으로 행동할 것을 촉구할 수 있다. 설득 스피치의 성공은 발표자가 제시한 논리와 증거의 강도, 그리고 청중의 감정과 가치관에 얼마나 효과적으로 호소할 수 있는지에 달려 있다. 결국, 설득 스피치는 청중이 새로운 관점을 받아들이고, 변화된 생각을 바탕으로 행동하도록 영감을 주는 것을 목표로 한다.

3) 엔터테인먼트/오락 스피치

엔터테인먼트 스피치는 주로 청중을 즐겁게 하고, 오락을 제공하는 것을 목적으로 한다. 엔터테인먼트 스피치는 정보 전달이나 설득보다는 청중과의 긍정적인 감정적 연결을 만드는 데 중점을 둔다. 예를 들어, "여행을 통해 배운 교훈"이라는 주제로 엔터테인먼트 스피치를 한다고 생각해 보자. 엔터테인먼트 스피치에서 발표자는 자신의 여행 경험을 공유하면서, 그 과정에서 겪은 재미있거나 감동적인 이야기를 들려줄 수 있다. 여행 중 만난 사람들, 문화적 충격, 기대하지 않았던 모험 등을 통해 얻은 교훈을 재미있고 감동적인 방식으로 전달할 수 있다. 이를 통해 청중은 발표자의 경험을 통해 간접적으로 여행의 즐거움과 가치를 체험할 수 있다.

엔터테인먼트 스피치는 청중과의 공감대 형성에 크게 의존하며, 발표자의 개성, 유머 감각, 스토리텔링 능력이 중요한 역할을 한다. 발표자는 청중의 관심을 끌고, 그들을 웃기거나 감동시키기 위해 다양한 언어적, 비언어적 표현 기술을 사용한다. 또한, 엔터테인먼트 스피치는 경조사, 연회, 축제와 같은 특별한 행사에서도 자주 사용되며, 이런 경우 해당 이벤트의 분위기에 맞게 수정하며, 참석자들에게 즐거운 시간을 제공하고 행사의 전반적인 경험을 향상시키는 데 기여한다. 결론적으로, 엔터테인먼트 스피치는 청중에게 즐거움과 오락을 제공하며, 동시에 인간적인 연결과 공감을 통해 긍정적인 분위기를 조성하는 것을 목표로 한다.

4) 시연 스피치

시연 스피치는 청중에게 특정 기술이나 과정을 실제로 보여주며, 어떻게 무언가를 만들거나 수행하는지를 가르치는 것을 목적으로 한다. 시연 스피치는 '어떻게 하다'에 초점을 맞추며, 청중이 스피치를 통해 새로운 능력을 배우거나 기존의 지식을 확장할 수 있도록 돕는다. 예를 들어, "홈메이드 빵 굽기"를 주제로 한 시연 스피치를 한다고 생각해 보자. 이 스피치에서 발표자는 빵을 굽는 전체 과정을 단계별로 설명할 수 있다. 필요한 재료 소개부터 시작하여, 반죽하는 방법, 발효 과정, 오븐에서 굽는 방법에 이르기까지 모든 단계를 청중 앞에서 실제로 보여주거나, 시각적 자료를 활용하여 설명할 수 있다. 발표자는 조언과 자신만의 노하우를 공유하여 청중이 집에서 쉽게 따라 할 수 있도록 돕는다.

시연 스피치의 성공은 청중이 새로운 기술을 이해하고, 스피치가 끝난 후에도 그 기술을 실제로 적용할 수 있도록 하는 데 있다. 따라서 발표자는 명확하고 이해하기 쉬운 지시 사항을 제공해야 하며, 가능한 한 시각적 도움을 제공하는 것이 좋다. 또한, 시연 스피치는 청중의 참여를 유도할 수 있는 좋은 기회를 제공한다. 발표자는 청중에게 질문을 던지거나, 실제로 과정에 참여하도록 초대하여, 학습 경험을 더욱 풍부하게 만들 수 있다. 청중 참여는 학습 효과를 높이고, 스피치에 대한 관심과 기억에 남는 경험을 제공한다. 결국, 시연 스피치는 청중에게 새로운 기술을 가르치고, 실질적인 학습 경험을 제공하는 데 중점을 둔다고 할 수 있다. 발표자는 청중이 배운 내용을 실생활에 적용할 수 있도록 돕는 것을 목표로 한다.

5) 동기 부여 스피치

동기 부여 스피치는 청중에게 영감을 주고, 동기를 부여하여 개인적이거나 집단적인 목표 달성을 위해 행동하도록 격려하는 것을 목적으로 한다. 동기 부여 스피치는 청중의 내면에 호소하여, 그들이 자신의 잠재력을 실현하고, 어려움을 극복하며, 긍정적인 변화를 추구하도록 돕는다. 예를 들어, “극복과 성공: 나의 여정”이라는 주제로 동기 부여 스피치를 한다고 가정해 보자. 이 스피치에서 발표자는 자신의 개인적인 경험을 공유하며, 어려움을 극복하고 성공을 이룬 이야기를 들려줄 수 있다. 발표자는 실패와 시련을 겪으면서도 포기하지 않고, 목표를 향해 계속 나아간 자신의 여정을 상세히 설명한다. 이 과정에서 얻은 교훈, 자기 자신에 대한 믿음, 그리고 도전을 극복하는 데 도움이 된 전략과 마인드셋(mind-set)을 공유할 수 있다.

이렇듯 동기 부여 스피치는 청중에게 감정적인 반응을 유도하고, 자신들의 삶과 연관지어 생각해 볼 수 있는 기회를 제공한다. 발표자는 긍정적인 감정, 희망, 자기 신뢰를 강조하며, 청중이 자신의 장애물을 극복하고, 자신의 꿈을 추구할 수 있는 용기를 얻도록 영감을 준다. 또한, 동기 부여 스피치는 구체적인 행동 계획이나 목표 설정 방법을 제시하여, 청중이 영감을 받은 후 실제로 행동으로 옮길 수 있도록 돕는다. 발표자는 청중이 자신의 목표를 달성하기 위해 취할 수 있는 실질적인 조치를 제안함으로써, 청중이 스피치에서 얻은 동기를 유지하고 실천에 옮길 수 있도록 할 수 있다. 결론적으로, 동기 부여 스피치는 청중에게 영감을 주고, 그들이 자신의 삶에서 긍정적인 변화를 만들어 나갈 수 있도록 동기를 부여한다. 발표자는 개인적인 이야기와 교훈을 통해 청중과 깊은 감정적 연결을 맺으며, 그들이 자신의 잠재력을 실현할 수 있도록 격려한다.

6) 특별한 상황 스피치

특별한 상황 스피치는 특정 이벤트나 상황에 맞춰진 스피치로, 해당 이벤트의 중요성을 강조하고, 참석자들에게 적절한 감정적 메시지를 전달하는 것을 목표로 한다. 이 유형의 스피치는 이벤트의 성격에 따라 다양한 형태와 톤을 가질 수 있으며, 목적에 따라 감동적이거나 유쾌하고, 때로는 공식적이거나 비공식적일 수 있다. 예를 들어, 결혼식 축사는 두 사람이 함께하는 새로운 시작을 축하하고, 사랑과 희망의 메시지를 전달한다. 이 스피치는 주로 개인적인 이야기나 농담, 축복의 말을 포함하여 따뜻하고 감동적인 분위기를 조성한다. 반면, 졸업식 연설은 졸업생들의 성취를 치하하고, 앞으로의 도전에 대한 격려와 조언을 제공한다. 발표자는 졸업생들에게 인생의 다음 단계로 나아가면서 마주칠 기회와 도전에 대해 영감을 주는 메시지를 전달한다.

수상식에서의 수락 연설은 수상자가 자신의 성취를 인정받고, 그 과정에서 도움을 준 사람들에게 감사를 표하는 시간이라고 할 수 있으며, 스피치에는 겸손과 감사의 미덕을 강조하며, 다른 사람들에게도 영감을 주는 메시지를 담는다. 장례식에서의 추도사는 고인의 삶을 기리고, 남겨진 사람들에게 위로와 희망의 메시지를 전달한다. 발표자는 고인의 기억을 존중하고, 유가족과 친구들에게 공감과 지지를 표현한다. 특별한 경우 스피치는 이벤트의 의미와 참석자들의 감정 상태를 고려하여, 적절한 메시지와 톤을 선택하는 데 중점을 둔다. 다양한 특별한 상황 스피치는 14장에서 더욱 상세하게 다룰 예정이다.

특별한 경우 스피치

우리나라 결혼식 문화도 예전과 다르게 주례사 없이 신랑과 신부의 부모가 축사를 하는 경우가 많아졌다. 신랑과 신부를 가장 잘 아는 부모가 결혼식장에서 축사를 하는 것도 의미가 있는 '특별한 경우 스피치'라고 할 수 있다. 그리고 대학생들의 경우, 술자리에서 가끔 '건배사'를 하라고 요청을 받는데, 이럴 때 본인만의 독특하고 크리에이티브한 건배사를 통해 본인을 각인시키는 것도 좋은 기회다.

7) 토론 스피치

토론 스피치는 특정 주제나 이슈에 대한 찬반 양측의 견해를 제시하고, 자신의 입장을 논리적이고 설득력 있게 방어하며 상대방의 주장을 반박하는 것을 목적으로 한다. 토론은 주로 교육적 환경, 공개 포럼, 정치적 토론 등에서 이루어지며, 청중 또는 판정단 앞에서 진행된다. 이 유형의 스피치는 비판적 사고, 논리적 추론, 효과적인 커뮤니케이션 능력을 키우는 데 도움이 된다. 예를 들어, "소셜 미디어는 사회에 더 많은 해를 끼치는가, 도움이 되는가?"라는 주제에 대한 토론을 생각해 볼 수 있다. 찬성 측은 소셜 미디어가 정보 공유, 커뮤니케이션 향상, 사회적 연대감 형성에 기여한다는 점을 강조할 수 있다고 보는 반면, 반대 측은 소셜 미디어가 개인정보 침해, 가짜 뉴스의 확산, 사회적 분열을 조장한다는 점을 지적할 수 있다.

토론수업

토론 수업은 초등학교에서부터 시작되며, 학생들에게 비판적 사고, 공개적인 말하기, 그리고 팀워크 기술을 교육한다. 토론 수업은 학생들이 다양한 주제에 대해 자신의 의견을 형성하고, 그것을 논리적으로 표현하는 방법을 배우도록 돕는다. 또한, 학생들은 다른 사람의 의견을 경청하고 존중하는 법을 배우며, 상대방의 주장에 대해 효과적으로 반박하는 방법도 습득한다.

[그림 6-1] **초등학교 토론 수업 장면**

이미지 출처: 챗GPT를 활용해 만든 이미지

토론 스피치에서는 각자의 주장을 뒷받침할 수 있는 증거와 사례를 제시하는 것이 중요하다. 이를 통해 발표자는 자신의 주장이 타당함을 입증하고, 상대방의 주장에 대한 효과적인 반박을 준비할 수 있다. 또한, 청중의 질문에 대응하고, 상대방의 주장을 경청하며 적절하게 반응하는 능력도 중요하다. 토론 스피치는 발표자에게 깊이 있는 주제 연구, 체계적인 논리 구성, 강력한 설득 전략 개발의 기회를 제공한다. 또한, 다양한 관점을 이해하고, 존중하는 태도를 배울 수 있다. 효과적인 토론 스피치는 청중 또는 판정단을 설득하여 자신의 입장이 더 타당하다고 인정받는 것을 목표로 한다. 결국, 토론 스피치는 참여자들에게 사회적, 정치적, 문화적 다양한 이슈에 대한 폭넓은 이해와 함께 비판적 사고와 설득력 있는 말하기 기술을 발전시키는 데 도움을 준다.

2. 주제 선정 및 결정 방법

1) 주제 선정 방법: 브레인스토밍

브레인스토밍(brainstorming)은 창의적인 아이디어와 해결책을 도출하기 위해 사용되는 집단적 사고 과정으로 정의될 수 있다. 브레인스토밍은 1940년대에 광고 전문가인 알렉스 오스본(Alex Osborn)에 의해 처음 소개되었으며, 개인 또는 그룹이 문제 해결, 아이디어 생성, 프로젝트 또는 주제에 대한 다양한 관점과 접근 방식을 탐색하기 위해 사용한다. 광고대행사에서도 새로운 크리에이티브 아이디어를 도출하기 위해 사용되며, 스피치 커뮤니케이션에서도 브레인스토밍은 효과적인 스피치 주제 선정, 내용 구성, 그리고 발표 방식의 아이디어를 도출하기 위한 중요한 과정이다. 이러한 과정은 창의적 사고를 촉진하고, 다양한 관점에서 문제를 바라볼 수 있도록 도와주며, 결국 청중에게 더 강력하고 설득력 있는 메시지를 전달할 수 있도록 도와준다.

성공적인 브레인스토밍을 위해서는 ① 가능한 한 많은 아이디어를 생각해 내고, ② 마음속에 떠오르는 모든 아이디어들을 적어 보고, ③ 아이디어를 평가하지 말고, 그리고 ④ 될 수 있는 한 창의적으로 생각하고, 상상력을 발휘하는 것이 중요하다. 성공적인 브레인스토밍을 위해서는 이러한 원칙들을 통해 생성된 아이디어들을 적극적으로 활용하고, 후속 단계에서의 평가 및 선별 과정을 통해 실현 가능하고 창의적인 해결책으로 발전시켜 나가는 것이 중요하다. 또한, 참가자들 간의 존중과 개방적인 커뮤니케이션을 유지하는 것이 중요하며, 모든 아이디어가 가치 있게 다뤄지도록 하는 포용적인 환경을 조성하는 것이 성공의 열쇠라고 할 수 있다.

① 가능한 한 많은 아이디어를 생각해 내기

창의성은 양에서 나오는 경우가 많다. 많은 아이디어를 생각해 내면, 그 중에서 몇 가지는 훌륭한 해결책이나 독창적인 접근 방식이 될 수 있다. 시간제한을 두어 빠르게 많은 아이디어를 생산하도록 자극하는 것이 중요하며, 이는 참가자들이 생각을 깊게 하지 않고 빠르게 아이디어를 내놓도록 돕는다.

② 마음속에 떠오르는 모든 아이디어들을 적어 보기

모든 아이디어를 기록하는 것은 생각을 시각화하고, 나중에 평가 및 선별 과정에서 참조할 수 있는 기반을 마련한다. 아이디어를 적을 때는 간결하고 명확하게 표현하여, 나중에 다시 볼 때 쉽게 이해할 수 있도록 한다.

③ 아이디어를 평가하지 않기

초기 단계에서는 비판적 사고를 유보하고 모든 아이디어를 수용해야 한다. 이는 자유로운 사고를 촉진하고 참가자들이 자신의 아이디어를 개방적으로 공유하게 만든다. 아이디어 평가는 브레인스토밍의 후반부에 별도로 진행해야 하며, 이렇게 하면 창의적인 사고에 방해가 되는 요소를 최소화할 수 있다.

④ 창의적으로 생각하고 상상력을 발휘하기

전통적인 사고의 틀을 벗어나려고 노력해야 한다. "만약에…"라는 질문을 던지며 새로운 가능성을 모색해 보는 것이 중요하다. 상상력을 자극하기 위해 다양한 자극(예: 사진, 기사, 물건 등)을 사용하거나, 다른 분야의 아이디어를 빌려오는 것도 좋은 방법이다.

〈표 6-1〉 '지구 온난화' 주제를 통한 브레인스토밍 예시

주제	세부 주제	구체적 세부 주제
지구 온난화	환경	해수면 상승
		열대 우림 파괴
		공기 오염
	정치	교토 의정서(Kyoto Protocol)
		정부의 역할
	인간 요소	세계 건강에 미치는 영향
		화석연료 사용 감소
	경제	농업
		기업들의 역할
	지리	개발도상국
		남극지역

2) 브레인스토밍 방법들

브레인스토밍은 창의적 아이디어를 자극하고 발전시킬 때 사용하는 여러 기법 중 하나다. 브레인스토밍 방법에는 자유 브레인스토밍, 그룹 브레인스토밍, 마인드 맵핑, 스타버스트, 역발상 브레인스토밍 등과 같은 다양한 방식이 포함되며, 각각의 방식은 특정 상황과 목적에 따라 유용하게 사용할 수 있다.

① 자유 브레인스토밍

자유 브레인스토밍은 참가자들이 아무런 제약 없이 아이디어를 자유롭게 발표하는 방식이다. 이 기법은 참가자들이 생각의 제한을 받지 않고 창의적으로 사고할 수 있도록 유도하며, 비판이나 평가 없이 모든 아이디어가 허용되는 환경을 조성한다. 이런 접근은 창의적 사고를 극대화하고, 비전통적이거나 혁신적인 해결책을 찾는 데 도움을 줄 수 있다.

대학의 마케팅 클럽에서 학생들은 새로운 홍보 전략을 개발하기 위해 자유 브레인스토밍 세션을 진행할 수 있다. 이 자리에서 학생들은 기존에 고려하지 않았던 아이디어들, 예를 들어, 가상현실을 활용한 캠퍼스 투어나 소셜 미디어를 통한 인터렉티브 게임 등을 제안할 수 있다. 이 과정에서 나온 다양한 아이디어들은 그룹의 참신하고 창의적인 홍보 방안 도출에 기여한다.

② 그룹 브레인스토밍

그룹 브레인스토밍은 팀 또는 그룹 단위로 아이디어를 공유하고, 서로의 생각을 바탕으로 아이디어를 발전시키는 방식이다. 이 과정은 참가자들 사이의 상호작용을 통해 아이디어를 더욱 풍부하게 하고, 서로 다른 관점을 통합하여 보다 완성도 높은 결과를 도출할 수 있게 한다.

문학 수업의 학생들이 그룹 브레인스토밍을 활용하여 현대 사회를 비판하는 연극 대본을 작성한다고 생각해 보자. 각 학생이 처음에 제시한 아이디어를 다른 학생들이 추가적으로 발전시키고, 결합하면서, 다양한 사회적 이슈를 효과적으로 다루는 극의 초안을 만들 수 있다. 이 과정은 학생들이 서로의 관점을 이해하고 통합하는 데 중요한 역할을 하며, 그 결과로 풍부하고 다차원적인 텍스트가 탄생할 수 있다.

③ 마인드 맵핑

마인드 맵핑(mind mapping)은 중심 아이디어에서 시작해 그와 관련된 아이디어들을 가지처럼 확장해 나가는 시각적 도구를 활용하는 방법이다. 이 기법은 복잡한 아이디어를 구조화하고, 개념 간의 관계를 명확하게 파악하고자 할 때 유용하다. 마인드 맵은 특히 정보의 복잡성을 관리하고, 개념적인 연결을 시각화하는 데 탁월하다.

환경 과학 수업에서 학생들이 지속 가능한 도시 계획에 대해 마인드 맵을 작성한다고 가정해 보자. 중심 아이디어로 '지속 가능한 도시'를 선택한 후, 교통 시스템, 에너지 사용, 공공 공간, 주거 정책 등과 같은 관련 주제들을 둘러싼 마인드 맵을 구성할 수 있다. 이 시각적 도구를 통해 학생들은 각 요소가 어떻게 상호 연결되어 있는지 명확하게 이해할 수 있으며, 통합된 계획안을 개발할 때 도움을 받는다.

④ 스타버스트

스타버스트(starbursting) 방법은 주어진 아이디어나 주제에 대해 가능한 모든 질문을 생성하여 아이디어를 탐색하는 기법이다. 이 방식은 '무엇', '왜', '어디서', '언제', '어떻게', '누가' 등의 질문을 통해 아이디어나 제안의 모든 측면을 철저히 검토하고, 이를 통해 추가적인 정보나 관점을 얻을 수 있다.

경영학 수업에서 학생들은 스타버스트 기법을 활용해 새로운 스타트업 아이디어에 대한 비즈니스 계획을 평가할 수 있다. 학생들은 '이 제품을 누가 사용할 것인가?', '제품의 주요 기능은 무엇인가?', '시장 진입 전략은 어떻게 될 것인가?' 등 다양한 질문을 통해 아이디어를 깊이 있게 탐색한다. 이 과정은 학생들이 제안된 비즈니스 모델의 잠재력과 한계를 파악하는 데 큰 도움이 된다.

⑤ 역발상 브레인스토밍

역발상 브레인스토밍은 전통적인 문제 해결 방식을 뒤집어, 문제를 야기할 수 있는 모든 요소를 찾아내고 그 해결책을 모색하는 방법이다. 이 방법은 문제의 원인을 분석하고, 그 원인을 제거하거나 완화하는 방안을 찾아냄으로써 예상치 못한 해결책을 발견할 수 있게 한다.

심리학 수업에서 학생들은 스트레스 관리 프로그램의 실패 요인을 파악하기 위해 역발상 브레인스토밍을 사용할 수 있다. '어떤 요소가 참가자들의 스트레스를 증가시킬 수 있는가?', '프로그램이 왜 효과적이지 않을 수 있는가?' 등의 질문을 통해 학생들은 스트레스 관리 기법이 실패하는 주된 원인들을 식별하고, 이를 개선하기 위한 방안을 모색할 수 있다.

3. 주제 결정 요인들

스피치 주제를 선택할 때 개인적 관심사와 지식, 청중의 관심사, 목적의 명확성, 시의성, 자료의 접근성, 적절성, 금기시되는 주제의 회피 등과 같은 요인들을 고려하면, 청중과의 소통이 더욱 효과적이고, 스피치의 성공 확률을 높일 수 있다. 청중의 관심과 반응을 끌어낼 수 있는 주제를 신중히 선택하면, 의미 있고 기억에 남는 스피치를 준비할 수 있다.

1) 개인적 관심사와 지식

본인이 관심을 가지고 있는 주제를 선택하면, 스피치 준비 과정이 더욱 수월하고 즐거울 수 있다. 또한, 자신이 이미 잘 알고 있는 주제를 선택하면, 더 자신감 있고 설득력 있는 발표가 가능하다. 만약 발표자가 요리에 대한 열정이 있다면, '세계 각국의 전통 음식'이나 '건강한 식생활을 위한 요리 팁' 같은 주제로 열정적으로 이야기할 수 있고, 또한 청중과 공감대를 형성하기 좋은 주제가 될 수 있다. 개인적인 경험과 지식을 공유하는 것은 스피치를 더 흥미롭고 설득력 있게 만든다. 발표자 자신이 관심이 있고 알고 있는 주제를 선택해야 스피치 준비 과정이 즐겁고, 스피치를 하면서도 열정을 가지고 내용을 청중에게 전달할 수 있다는 것을 잊지 말아야 한다.

2) 청중의 관심사

청중이 관심을 가질 만한 주제를 선택하는 것이 중요하다. 청중의 연령, 성별, 직업, 문화적 배경 등을 고려하여, 그들의 관심사와 필요에 맞는 주제를 선택해야 한다. 만약 대학교에서 스피치를 할 예정이라면, 청중은 주로 대학생일 것이다. 이 경우, 취업 준비, 해외 유학, 스타트업 창업 경험 같은 주제는 대학생들의 관심사에 잘 부합할 수 있다. 그 이유는 대학생들은 자신의 미래와 직접적으로 관련된 정보에 더 관심을 가질 가능성이 높기 때문이다.

발표자는 본인이 선택한 스피치 주제가 아무리 자신의 관심이 높고 지식이 있다고 해도 청중에게 관심이 없는 주제라면 과감하게 다른 주제를 선택해야 한다. 예를 들어, 군대를 갓 제대한 예비역 3학년 대학생이 청중의 90%가 여성인 수업에서 자신의 '군대 경험'을 주제로 스피치를 한다고 가정해 보자. 결론적으로, 청중의 90%를 소외시키는 그런 스피치가 될 것이다.

3) 목적의 명확성

스피치의 목적(정보전달, 설득, 오락 등)을 명확히 정의하고, 이에 부합하는 주제를 선정해야 한다. 목적에 따라 적합한 주제가 달라질 수 있으므로, 스피치의 목적을 먼저 고려해야 한다. 스피치의 목적이 청중을 설득하는 것이라면, 환경 보호의 중요성이나 재생 에너지 사용의 필요성 같은 주제는 강력한 메시지를 전달할 수 있다. 이 경우, 구체적인 사례와 데이터를 사용하여 청중을 설득할 수 있는 주제를 선택해야 한다.

4) 시의성

현재 사회적으로 이슈가 되고 있는 주제나 최근의 사건과 관련된 주제는 청중의 관심을 끌기 쉽다. 시의성 있는 주제를 선택함으로써, 스피치의 관련성과 긴급성을 높일 수 있다. 최근에 큰 사회적 이슈가 된 주제, 예를 들어 '사회적 거리두기 시대의 건강관리 방법'이나 '디지털 시대의 개인 정보 보호' 같은 주제는 청중의 관심을 쉽게 끌 수 있다. 이러한 주제는 현재 상황과 밀접하게 연관되어 있으므로, 청중이 스피치에 더욱 집중할 수 있도록 도와준다.

5) 자료의 접근성

선택한 주제에 대해 충분한 정보와 자료를 쉽게 구할 수 있는지 확인해야 한다. 연구와 준비 과정에서 필요한 자료를 얻기 어려운 주제는 피하는 것이 좋다. '인공 지능의 미래'라는 주제를 선택했다면, 최신 연구 결과, 전문가 인터뷰, 산업 동향 보고서 등 다양한 자료를 참고할 수 있어야 한다. 충분한 자료와 정보가 없다면, 주제에 대한 심도 있는 분석과 토론이 어려워질 수 있다.

6) 적절성

주제가 스피치를 진행할 장소, 행사의 성격, 청중의 예상 반응 등과 적절한지 고려해야 한다. 예를 들어, 공식적인 비즈니스 행사에서는 전문적이고 심도 있는 주제가, 친목 모임에서는 가볍고 오락적인 주제가 더 적합할 수 있다. 회사의 연말 파티에서 스피치를 한다면, '올 한 해의 성과와 내년의 목표' 같은 긍정적이고 희망적인 주제가 적합할 수 있다. 이러한 자리에서는 너무 무거운 주제보다는 청중이 즐길 수 있는 가벼우면서도 의미 있는 내용이 더 좋은 반응을 얻을 수 것이다.

7) 금기시되는 주제의 회피

문화적 민감성, 정치적인 이슈, 종교적 갈등 등 청중을 불편하게 하거나 논란을 일으킬 수 있는 금기시되는 주제는 피하는 것이 좋다. 다양한 종교적 신념을 가진 청중 앞에서 스피치를 할 때는 특정 종교를 비판하거나 하나의 종교를 우월하게 여기는 내용은 피해야 한다. 이는 불필요한 논란을 일으킬 수 있으며, 청중과의 관계를 해칠 수 있기 때문이다.

한국에서 금기시되는 스피치 주제

한국에서 금기시되는 스피치 주제는 대체로 사회적 민감성이 높거나 개인적인 영역을 침범할 수 있는 내용들이다. 정치적 이슈, 종교, 성적 지향과 성 정체성, 역사적 갈등, 지역감정 등에 대해 공개적으로 이야기하는 것은 청중의 불편함이나 논란을 야기할 수 있다. 특히, 대학교에서 해외 유학생들, 특히 일본 및 중국 유학생들이 청중에 있다면 굳이 역사적 갈등을 주제로 해서는 안 되며, 청중을 배려하는 태도가 필요하다.

4. 스피치의 구체적 목적 설정 및 주제문 작성

스피치의 일반적인 목적이 청중에게 정보를 전달하거나 특정 주제에 대한 인식을 높이는 것이라면, 구체적인 목적은 해당 스피치에서 달성하고자 하는 목표를 구체적으로 정의하는 것이라고 할 수 있다. 예를 들어, 스피치의 구체적 목적은 청중을 설득하거나 감동시키는 것, 문제를 해결하거나 인식을 바꾸는 것 등이 될 수 있다. 주제문은 스피치의 핵심 아이디어를 명확하게 제시하는 것이다. 주제문을 작성함으로써 스피치가 어떤 내용을 다루고 있는지를 정확하게 파악할 수 있다. 이는 청중이 스피치를 이해하고 주제에 집중할 수 있도록 도와주는 역할을 한다.

1) 스피치의 일반적인 목적

스피치는 대개 세 가지 범주 중 하나에 속한다. 일반적으로 사람들은 정보를 제공하기 위해 말하며, 이는 사실적이고 객관적인 증거를 사용하여 청중을 교육하려는 시도를 의미한다. 다른 경우, 청중의 신념, 태도, 가치, 또는 행동에 영향을 미치려고 하면서 설득하기 위해 말한다. 마지막으로, 청중을 즐겁게 하거나 웃기기 위해 말할 수도 있다. 요약하자면, 스피치의 일반적인 목적은 정보를 제공하거나, 설득하거나, 또는 즐겁게 하는 것이라고 볼 수 있다.

"일반적 목적과 스피치 주제"라는 〈표 6-2〉에서는 세 가지 일반적인 스피치 목적에 맞는 다양한 주제들을 볼 수 있다. 목록에 나열된 일부 주제들은 발표자가 주제를 접근하는 방식에 따라 다른 일반적 목적 범주에 속할 수도 있으며, 하나 이상의 일반적 목적을 포함할 수도 있다. 예를 들어, 청중을 설득하기 전에 한 가지 주요 포인트에서 청중에게 주제에 대해 정보를 제공해야 할 수도 있고, 정보 전달이나 설득 스피치에 재미있는 요소를 포함시켜 청중에게 콘텐츠를 더 매력적으로 만들 수도 있다. 그러나 정보 전달 스피치에는 설득 요소가 포함되어서는 안 되며, 이는 정보 전달의 일반적 목적을 정의하는 객관적 접근에 반하는 것이다. 어떤 경우에는 일반적 목적 사이에 일부 중복이 있을 수 있지만, 대부분의 스피치는 스피치의 전체 콘텐츠를 기반으로 정보전달, 설득, 또는 엔터테인먼트 스피치 범주 중 하나에 포함된다.

〈표 6-2〉 일반적 목적과 스피치 주제

일반적 목적	정보 전달	설득	엔터테인먼트
주제	3.1 독립운동	개인정보 보호권리	나의 기상천외한 여행
	재생 가능 에너지	플라스틱 재활용	여성 택시 기사와의 대화
	간접광고(PPL)	선거 참여	첫 소개팅

2) 스피치의 구체적 목적

주제를 브레인스토밍을 통해 좁히고 선택한 후에는 구체적 목적문 작성을 시작할 수 있다. 구체적인 목적문은 스피치에서 달성하고자 하는 목표를 포함한 한 문장이다. 스피치를 하는 동안 구체적인 목적을 크게 말하지는 않지만, 주제에 대한 리서치를 하고, 스피치를 조직화하고, 그리고 스피치를 작성하는 데 있어 사용한다. 좋은 구체적 목적문은 청중 중심이며, 일반적 목적과 일치하고, 하나의 주요 아이디어를 다루며, 현실적이어야 한다.

청중 중심의 구체적 목적문은 보통 "나의 청중"이나 "청중"과 같이 청중에 대한 명시적인 참조를 포함한다. 발표자가 자신의 구체적 목적을 효과적으로 달성했는지 확인하고자 할 때 목표는 측정하거나 평가할 수 있는 방식으로 작성되어야 하며, 발표자가 실제로 자신의 스피치 목표를 달성하고자 할 때 구체적 목적도 현실적이어야 한다. 6분에서 9분 정도의 스피치에서 청중에게 외국어를 가르치거나 무신론자를 기독교로 설득할 수는 없다.

예를 들어, "내 스피치가 끝날 때까지 청중은 3.1 독립운동의 영향에 대해 더 잘 알게 될 것입니다."라는 것은 정보 전달 스피치를 위한 좋은 구체적 목적문이라고 할 수 있다. 이 목적문은 "청중이 더 잘 알게 될 것"이라고 명시함으로써 청중 중심이며 일반적 목적과 일치한다. 발표자는 또한 스피치가 끝난 후, 청중에게 3.1 독립운동의 세 가지 영향을 적어달라고 요청함으로써 이 구체적 목적을 테스트할 수 있다.

3) 주제문

주제문은 스피치의 핵심 아이디어를 한 문장으로 요약한 것이며, 발표자는 그것을 자세하게 설명하거나 뒷받침해야 한다. 정보 전달 스피치의 경우, 사실적이고 객관적인 자료에 기반하기 때문에 주제문을 쉽게 풀어 설명해야 한다. 반면, 설득 스피치는 논쟁적인 성격을 지니며 주제문은 특정 이슈에 대한 명확한 입장을 제시해야 하기 때문에 주제문을 적극적으로 주장해야 한다. 주제문이 논쟁적이며 발표자의 입장이 분명하도록 만들기 위해, "나는 믿는다"라는 말로 주제문을 시작하는 것이 유용하다.

주제문은 구체적 목적문과 두 가지 측면에서 다르다. 첫째, 주제문은 내용 중심이고, 구체적 목적문 청중 중심이다. 둘째, 주제문은 스피치에서 말로 표현되는 부분에 포함되는 반면, 구체적 목적문은 발표자의 연구와 스피치 내용 작성을 위한 안내 및 측정할 수 있는 목표로서 기능한다. 좋은 주제문은 선언적이며, 일반적 및 구체적 목적과 일치하고, 주제를 집중시키고 좁히는 역할을 한다. 주제 관련 조사와 스피치 내용을 작성하면서 주제문을 수정하고 다듬게 될 가능성이 높지만, 구체적 목적문 초안 작성 직후 주제문을 작성하는 것이 진행 상황을 안내하는 데 더 유용하다. 구체적 목적문과 마찬가지로 주제문은 주제 관련 조사, 스피치 구조의 조직화, 그리고 스피치 내용 작성에 집중되도록 도와주어 불필요한 자료로 시간을 낭비하지 않도록 도와준다. 구체적 목적문과 주제문을 손쉽게 참조할 수 있도록 작업 개요서의 상단에 초안을 작성하는 것도 좋은 방법이다.

다음 예시들을 통해 일반적 목적, 구체적 목적, 그리고 주제문이 어떻게 주제 영역과 일치하는지를 살펴보면 도움이 될 것이다.

① 정보전달 스피치

- 주제: 재생 가능 에너지
- 일반적 목적: 정보 전달하기
- 구체적 목적: 내 스피치가 끝날 때, 청중은 바이오매스(Biomass)를 연료로 사용하는 기본 원리를 설명할 수 있을 것이다.
- 주제문: 바이오매스(Biomass)는 연료로 사용될 수 있는 가스를 방출하는 재생 가능 자원이다.

[그림 6-2] **재생 가능 에너지 정보 전달 스피치**

출처: 챗GPT를 활용해 만든 이미지.

② 설득 스피치

- 주제: 개인정보 보호 권리
- 일반적 목적: 설득하기
- 구체적 목적: 내 스피치가 끝날 때, 청중은 부모가 청소년 자녀의 활동을 추적하기 위해 추적 장치를 사용해서는 안 된다고 믿게 될 것이다.
- 주제문: 부모가 추적 장치를 사용해 자녀의 활동을 모니터링하는 것은 아동의 개인정보를 침해하는 행위이다.

③ 엔터테인먼트 스피치

- 주제: 나의 기상천외한 여행
- 일반적 목적: 즐겁게 하기
- 구체적 목적: 내 스피치가 끝날 때, 청중은 대학생 때 처음으로 가 본 유럽 배낭여행을 통해 얻은 추억에 공감하며 유쾌한 기분을 느낄 것이다.
- 주제문: 유럽 배낭여행은 젊은 대학생들에게 재미와 흥분의 기회를 많이 제공한다.

[그림 6-3] **개인정보 보호 권리 설득 스피치**
출처: 챗GPT를 활용해 만든 이미지.

[그림 6-4] **유럽 배낭여행 엔터테인먼트 스피치**
출처: 챗GPT를 활용해 만든 이미지.

요약

스피치를 준비할 때 가장 중요한 단계 중 하나는 스피치의 목적을 명확하게 정의하는 것이다. 스피치의 목적은 크게 정보 전달, 설득, 오락 제공 등으로 구분될 수 있으며, 이는 청중에게 어떤 행동을 유도하거나 특정 감정을 불러일으키고자 할 때 설정한다. 목적이 명확해야만 청중에게 전달하고자 하는 메시지의 방향성과 구조를 제대로 설정할 수 있으며, 이는 스피치의 전체적인 성공으로 이어진다.

주제 선정은 스피치 목적을 달성하기 위한 다음 단계로, 발표자와 청중 모두에게 관심이 가는 주제를 선택하는 것이 중요하다. 이 과정에서 고려해야 할 요소로는 청중의 인구통계학적 특성, 기존의 지식 수준, 관심사 등이 있다. 예를 들어, 청중이 기술에 밝은 젊은 직장인이라면 최신 기술 트렌드나 혁신적인 스타트업에 대한 주제가 적합할 수 있다. 반면, 더 폭넓은 연령대의 청중을 대상으로 할 때는 건강, 여행, 일상생활의 팁 등 더 일반적인 주제가 더 넓은 관심을 끌 수 있다.

스피치 주제가 결정되면, 그 주제를 토대로 구체적 목적과 주제문을 작성한다. 구체적 목적은 스피치를 통해 달성하고자 하는 구체적인 결과를 설명하며, 이는 청중이 스피치 후에 어떤 지식을 얻거나, 어떤 행동을 취하게 되는지를 명확하게 한다. 예를 들어, '재생 가능 에너지의 중요성'에 대해 설득하는 스피치를 할 경우, 구체적 목적은 '청중이 재생 가능 에너지 사용의 중요성을 이해하고, 자신의 에너지 소비 습관을 재고하도록 하기'일 수 있다.

또한, 주제문은 스피치의 핵심 메시지를 요약하여 청중에게 명확하게 전달해야 한다. 이 문장은 스피치 내내 강조되어야 하며, 모든 주요 포인트가 이 주제문을 뒷받침하고 강화해야 한다. 청중이 스피치의 주제와 목적을 쉽게 이해할 수 있도록 설계된 잘 작성된 주제문은 스피치의 효과를 크게 높일 수 있다. 이러한 과정은 스피치를 준비하면서 체계적으로 접근해야 하며, 각 단계가 서로 연결되어 청중에게 강력하고 명확한 메시지를 전달할 수 있도록 해야 한다. 목적과 주제가 잘 결합된 스피치는 청중의 관심을 끌고, 메시지를 효과적으로 전달하며, 결국 발표자와 청중 사이에 의미 있는 소통을 이끌어 낼 수 있다.

말랄라 유사프자이의 유엔 스피치 영상 시청하기

스피치 사례

말랄라 유사프자이(Malala Yousafzai)의 UN Youth Assembly Speech

말랄라 유사프자이의 유엔 청소년 총회 연설은 2013년 7월 12일, 그녀의 16번째 생일에 유엔 본부에서 열린 특별 세션에서 이루어졌다. 이 연설은 전 세계의 교육을 받지 못하는 소녀들을 대변하는 중요한 순간이었으며, 말랄라는 교육의 중요성과 모든 아이들, 특히 소녀들이 학교에 다닐 권리를 강조했다. 연설에서 말랄라는 교육을 통해 평화와 번영을 달성할 수 있다고 강조하며, 테러와 싸우고, 무지를 물리치며, 불의에 맞서는 가장 강력한 무기가 교육임을 선언했다. 그녀는 자신의 경험을 바탕으로 연설에서 탈레반의 공격을 받고도 교육을 계속 추구한 이야기를 공유했다. 말랄라의 연설은 전 세계적으로 큰 반향을 일으켰으며, 교육의 중요성과 접근성을 높이기 위한 글로벌 노력을 촉진하는데 중요한 역할을 했다. 이 연설은 그녀가 세계적인 교육 운동가로서의 입지를 확고히 하는 결정적인 순간이었으며, 이후 많은 상을 받게 되는 계기가 되었다.

[그림 6–5] **말랄라 유사프자이(Malala Yousafzai)의 UN Youth Assembly Speech**

영상 출처: United Nations (https://www.youtube.com/watch?v=3rNhZu3ttlU&t=328s)

소소하고 사소한 이야기

제일기획 '조영민' 사원의 풀무원 프레젠테이션에 대한 단상

다시 나의 제일기획 신입사원 시절 이야기다. 2000년 4월 입사 이후, 내가 경험한 첫 번째 프레젠테이션은 바로 그 해 여름이었다. 갑자기 당시 광고 본부장이셨던 김낙회 상무님(현 한국광고단체연합회장)이 내가 속한 팀에 '풀무원' 프레젠테이션을 준비시키셨다. 이게 참 묘한 것이 경쟁 PT도 아니고 그렇다고 수성 PT도 아니었다. 풀무원을 담당하던 광고대행사에 불만족을 느꼈던 광고주가 제일기획에 프레젠테이션 기회를 준 것이다. 그 시절, 사회적 이슈가 된 것이 바로 '유전자 변형'이었고, 콩을 주원료로 하는 두부가 대표 상품인 풀무원으로써는 유전자 변형된 콩을 쓰지 않는다는 사실을 주부들에게 알리고, '바른 먹거리' 기업이라는 이미지 포지셔닝을 강화하고 싶었던 거다.

신입사원인 내가 할 수 있었던 일은 팩트북(Factbook)을 만들어서 기획서의 기초 자료를 제공하는 일이었다. AP(Account Planning)팀과 광고 기획팀이 기획서를 완성하고, 제작은 박웅현(현 TBWA Korea Chief Creative Officer) 크리에이티브 디렉터가 맡았다. 한 달 간의 준비 기간을 거쳐 드디어 광고주 프레젠테이션의 날이 밝았다. 밤새 광고주 발표용 기획서를 제본하고, 프레젠테이션 발표용 스크린과 프로젝터를 준비하고, 작동 점검을 하고…, 그렇게 신입사원은 눈에 띄지 않는 일을 맡는다. 광고주 프레젠테이션은 풀무원 본사가 아닌 신촌에 있는 연세대학교 연구센터에서 진행되었던 것으로 기억한다. 어쩌면 내 기억이 잘못되었을지도 모른다. 20년도 더 된 일이니 이 점은 양해해 주시길 바란다.

광고주 프레젠테이션은 대체로 광고 팀장의 간단한 인사와 함께 광고 상황분석으로 시작된다. 팀장님은 본인의 이름을 가지고 유머스럽게 인사를 건네며 PT를 시작했지만, 밤샘 업무에 지쳐 무거워질 대로 무거워진 내 눈꺼풀은 한없이 아래로 향하고 있었다. 아직도 팀장님께는 죄송하지만, 기획 부문 발표는 하나도 기억나지 않을 만큼 그렇게 비몽사몽이었다. 하지만, 제작 부문 발표가 시작되자마자, 전율이 돋기 시작했다. 크리에이티브 발표는 의외로 담당 제작 팀장인 박웅현 크리에이티브 디렉터가 아닌 당시 KTF "잘 자 내 꿈꿔!" 카피를 쓴 조영민 사원이 맡았다.

누군가의 발표를 듣고 너무 잘해서 팔에 소름이 돋는 경험을 겪어본 것은 처음이자 마지막이었다. 그녀는 조곤조곤한 말씨로 프레젠테이션 현장의 모든 사람을 집중시켰고, 결국 모든 발표가 끝난 후 최종 결정자였던 풀무원 대표님이 '오늘 발표한 그대로 광고를 만들어 달라'고 요청하기에 이르렀다. 광고주의 마음을 읽고, 감동시킬 수 있는 프레젠테이션이야 말로 광고인이 갖추어야 할 역량이 아닐까 싶다. 미국 유학을 마치고 교수가 된 후에 제일기획에 방문했을 적에 우연히 스치듯 한번 만났던 그녀는 한결같이 그곳에서 크리에이티브 디렉터로 일하고 있었다.

CHAPTER

07

스피치 구조

스피치라는 집을 짓기

SPEECH
COMMUNICATION

스피치는 마치 집을 짓는 것과 비슷하다. 집을 짓기 전에는 견고한 기초가 필요하듯이, 스피치에서는 청중을 사로잡을 수 있는 강력한 주제가 그 기초가 된다. 집을 설계할 때 방의 배치나 창문의 위치를 결정하듯, 스피치에서도 서론, 본론, 결론의 순서를 정해야 한다. 서론에서는 청중의 관심을 끌고 스피치의 목적을 명확히 하며, 본론에서는 주제에 대한 근거나 사례를 제시하여 주장을 뒷받침한다. 마지막으로 결론에서는 스피치의 주요 포인트를 요약하고, 청중에게 기억에 남을 메시지를 전달한다. 그리고 마치 집을 짓는 과정에서 벽돌을 하나하나 쌓아 올리듯이, 스피치에서도 각 부분을 이어주는 연결어나 전환사를 사용해야 한다. 이는 청중이 스피치의 흐름을 쉽게 따라갈 수 있도록 도와준다. 또한, 스피치는 감정을 담아 전달하는 것이 중요한데, 이는 마치 집에 따뜻한 색상의 페인트를 칠하거나 인테리어로 개성을 더하는 것과 같다. 마지막으로, 집이 사용자의 요구에 맞게 설계되어야 하듯, 스피치도 청중의 관심사와 수준에 맞추어 제작되어야 한다. 청중이 스피치의 내용을 이해하고, 그 메시지가 그들의 생각이나 행동에 영향을 미칠 수 있도록 하는 것이 중요하다. 탄탄한 기초 위에 세심하게 구조를 짜고, 청중과의 연결고리를 만들어가는 과정은 스피치가 청중에게 깊은 인상을 남기고, 원하는 메시지를 효과적으로 전달할 수 있게 도와준다.

SPEECH
COMMUNICATION

1. 스피치 구조와 조직화

스피치는 청중과의 효과적인 소통을 위한 가장 중요한 수단 중 하나다. 효과적인 스피치를 위해서는 구조화된 접근이 필요하며, 일반적으로 스피치는 서론, 본론, 전환, 결론의 네 부분으로 구성된다. 일반적으로, 스피치를 준비할 때는 본론에 들어갈 내용과 전환사들을 먼저 작성해서 내용적인 구성을 완성한 다음, 서론과 결론을 순차적으로 작성한다. 아래는 이에 대한 간략한 설명이며, 서론과 결론 작성 관련해서는 7장에서 더 자세하게 다룰 예정이다. 효과적인 스피치는 이러한 네 부분을 잘 조직하고 연결하여 청중과의 소통을 극대화하는 것이다.

1) 서론

서론은 스피치의 시작 부분으로, 청중의 관심을 끌고 스피치의 주제와 목적을 소개하는 역할을 한다. 효과적인 서론은 청중이 스피치에 집중하게 만들고, 스피치가 나아갈 방향을 설정한다. 서론에서 할 수 있는 일은 다음과 같다.

① 관심 끌기

스피치의 서론에서 관심 끌기란 청중이 스피치에 즉시 집중하도록 유도하는 방법이다. 이는 청중의 호기심을 자극하고, 스피치의 나머지 부분에 대한 관심을 유지하기 위한 중요한 전략이다. 효과적인 관심 끌기는 청중이 스피치 내용에 감정적으로 연결되도록 만들어, 메시지가 더 잘 기억되고 영향력 있게 전달될 수 있게 한다.

> "고등학교 때, 저는 수학 시험에서 처참하게 실패했습니다. 그날의 실패가 저에게 어떤 중요한 교훈을 주었는지 오늘 여러분과 공유하고자 합니다." 이러한 개인적인 이야기는 청중의 공감을 이끌어내고, 스피치의 메시지에 대한 기대감을 형성한다.

② 주제 소개

스피치에서 주제를 소개하는 것은 청중에게 스피치가 다룰 내용의 범위를 명확하게 알리는 역할을 한다. 이 과정은 청중이 스피치의 내용을 정확하게 이해하고, 스피치의 목적과 연결될 수 있도록 도와준다. 주제를 명확히 소개함으로써 청중은 스피치의 나머지 부분에 대한 적절한 맥락과 기대를 갖게 된다.

> "오늘 제가 여러분과 나누고자 하는 주제는 '지속 가능한 개발의 중요성'입니다. 이 주제를 통해 우리 모두가 지구의 미래에 기여할 수 있는 방법을 탐구해 보겠습니다."

③ 목적 설명

스피치의 목적을 설명하는 것은 청중에게 이 스피치를 통해 얻고자 하는 구체적인 목표나 의도를 알리는 과정이다. 이는 청중이 스피치의 중요성을 인식하고, 메시지에 더 깊이 몰입할 수 있도록 돕는다. 목적이 분명할 때, 청중은 스피치의 내용을 더욱 의미 있게 받아들이고, 스피치에 적극적으로 참여할 가능성이 높아진다.

> "이번 강연을 통해 여러분 모두가 개인적으로 그리고 공동체적으로 지속 가능한 실천을 어떻게 적용할 수 있는지 구체적인 방법을 배우시게 될 것입니다."

④ 로드맵 제공

로드맵을 제공하는 것은 스피치의 구조를 미리 소개하여 청중이 각 주요 포인트 사이의 연결고리를 이해하고, 전체적인 메시지의 흐름을 쉽게 따라갈 수 있도록 돕는 과정이다. 이는 청중이 스피치의 진행 과정을 예측하고, 중요한 내용에 더 집중할 수 있게 만든다.

> "먼저, 지속 가능한 개발의 기본 개념을 살펴본 후, 현재 우리가 직면한 환경적 도전에

대해 이야기하겠습니다. 마지막으로, 각자의 생활에서 지속 가능한 실천을 적용할 수 있는 구체적인 방법들을 제시하겠습니다."

2) 본론

본론은 스피치의 핵심 부분으로, 주제에 대한 상세한 정보, 주장, 증거, 예시 등을 제시한다. 본론은 여러 개의 소주제 또는 포인트로 나뉠 수 있으며, 각각을 명확하게 구분하여 청중이 이해하기 쉽게 전달해야 한다. 본론에서 중요한 것은 다음과 같다.

(1) 구조화

본론의 구조화는 스피치의 내용을 조직적이고 이해하기 쉽게 배열하는 과정이다. 이는 청중이 정보를 논리적으로 수용하고 기억하는 데 도움을 준다. 효과적인 구조는 스피치의 흐름을 개선하고, 중요한 포인트를 강조할 때 중요한 역할을 한다.

① 문제-해결 구조: 이 구조는 먼저 문제를 제시하고, 이어서 그 문제를 해결할 수 있는 하나 이상의 해결책을 제안한다. 이는 청중이 문제의 중요성을 인식하고, 제시된 해결책의 효과를 평가할 수 있도록 돕는다.

② 시간 순서 구조: 이 구조는 사건이나 프로세스를 발생한 순서대로 배열하여 설명한다. 역사적 사건이나 프로젝트의 진행 과정을 설명할 때 유용하다.

③ 중요도 순서 구조: 이 구조는 가장 중요하거나 긴급한 정보에서 시작하여 점차 중요도가 덜한 정보로 내려가는 방식으로 구성된다. 이는 청중의 주의를 가장 중요한 내용에 집중시키는 데 효과적이다.

(2) 지지 정보

주장이나 포인트를 뒷받침하는 정보는 스피치의 설득력을 높이고자 할 때 필수적이다. 지지 정보는 청중이 발표자의 주장을 신뢰하고 받아들이도록 만드는 근거를 제공한다.

① 통계 데이터

통계 데이터는 객관적인 수치와 사실을 통해 주장을 강화한다. 이 데이터는 연구 결과, 공식 보고서, 조사 자료 등에서 얻을 수 있으며, 주장에 객관성과 신뢰성을 더함으로써 청중의 신뢰를 획득할 수 있다. 환경 보호에 관한 스피치에서 발표자는 최근의 기후 변화에 대한 통계를 제시하여 지구 온난화의 심각성을 강조한다. 예를 들어, “지난 50년 동안 지구 평균 기온이 1도 상승했으며, 이로 인해 극단적인 날씨 현상이 30% 증가했다”는 통계는 청중에게 문제의 시급성을 인식시키는 데 도움이 된다.

② 사례 연구

사례 연구는 특정 사례나 사건을 분석하여 주제와 관련된 실제 사례를 제공한다. 이 방법은 이론적인 주장을 실제 상황에 적용하여 청중에게 개념을 보다 구체적이고 이해하기 쉽게 전달할 때 사용한다. 공공 정책 스피치에서 발표자는 싱가포르의 물 관리 정책을 사례로 들어, 효과적인 자원 관리 전략의 중요성을 설명한다. “싱가포르는 제한된 자원을 효율적으로 활용하여 물 부족 문제를 극복했으며, 이는 다른 국가들에게도 모범이 되고 있다”는 사례 연구는 청중에게 정책의 성공적인 적용 예를 보여 줄 수 있다.

③ 전문가 인용

전문가 인용은 해당 분야의 전문가나 저명인사의 견해를 인용하여 주장에 신뢰성을 추가한다. 이는 발표자의 주장이 단순한 의견이 아니라 전문 지식에 기반하고 있음을 강조할 때 도움이 된다.

건강과 영양에 관한 스피치에서 발표자는 세계보건기구(WHO)의 전문가 견해를 인용하여 일일 설탕 섭취 권장량을 설명한다. "WHO는 일일 설탕 섭취량을 성인 기준 총 칼로리의 10% 미만으로 제한할 것을 권장하고 있습니다"라는 인용은 스피치의 내용을 강화하고, 청중에게 권위 있는 출처에서 제공하는 정보임을 보여 준다.

(3) 소통 방식

청중과의 효과적인 소통은 정보가 청중에게 정확하게 전달되고, 청중이 적극적으로 관여하도록 만들 때 중요하다. 소통 방식은 정보를 전달하는 방법과 스타일을 포함하며, 청중의 이해와 관심을 유지하는 데 중점을 둔다.

① 복잡한 개념의 단순화: 전문적이거나 복잡한 주제를 청중이 이해할 수 있도록 간단하고 명확한 언어로 전달한다. 예를 들어, 복잡한 과학적 이론을 일상적인 비유나 간단한 용어로 설명할 수 있다.

② 시각적 자료 사용: 그래프, 차트, 이미지 등을 활용하여 구두 설명을 보완한다. 이는 청중이 시각적으로 정보를 파악하게 하여 이해도 제고에 도움을 준다.

③ 상호작용 증진: 청중과의 질문과 답변 시간을 포함하거나, 청중의 의견을 묻는 등의 방법으로 청중 참여를 유도한다. 이는 청중이 스피치 내용에 더 깊이 관여하게 만든다.

3) 전환

전환사는 스피치의 다른 부분들 사이를 연결하는 문구나 문장이다. 전환은 청중이 스피치의 흐름을 따라갈 수 있도록 도와주며, 주요 포인트 사이의 관계를 명확하게 한다. 전환을 사용하는 몇 가지 방법은 다음과 같다.

① 명확한 신호

이 방법은 스피치 내의 다른 부분으로 넘어갈 때 사용되는 구체적인 단어나 문구를 포함한다. 이러한 전환사는 청중이 스피치의 방향 전환을 즉시 인식하도록 도와준다. 따라서 청중은 각 부분이 시작될 때 주의를 기울여야 할 포인트를 예상할 수 있다. 전환 문구는 스피치의 다음 부분이 시작되기 전에 명확하게 선언되어야 한다. 예를 들어, 주제 변경을 알리기 위해 "다음으로", 문제에 대한 해결책을 소개할 때 "이에 대한 해결책으로", 또는 대조를 보여줄 때 "반면에"와 같은 문구를 사용할 수 있다. 이런 문구들은 청중이 스피치의 다음 부분에 대비하고 정신적으로 준비할 수 있도록 한다.

② 요약 및 예고

이 기법은 스피치의 현재 부분을 간략히 요약하고, 다음 부분의 내용을 미리 알려주어 청중이 스피치의 전체 구조를 이해하고 각 부분 사이의 연결고리를 파악할 수 있도록 돕는다. 스피치의 한 부분을 마친 후, 그 부분의 주요 포인트를 간단히 요약하고, "이제 우리는 이 문제에 대한 해결책을 살펴볼 것입니다"와 같이 다음 부분의 주제를 예고하는 문구를 사용한다. 이런 방식으로 전환을 사용하면, 청중은 스피치의 흐름을 자연스럽게 따라갈 수 있으며, 각 부분의 내용을 더욱 효과적으로 연결시킬 수 있다.

4) 결론

결론은 스피치의 마지막 부분으로, 스피치의 주요 포인트를 요약하고, 청중에게 강력한 인상을 남기기 위한 마지막 기회라고 볼 수 있다. 따라서, 결론에서는 다음과 같은 점을 고려해야 한다.

① 요약

결론에서 요약은 스피치 동안 다룬 주요 포인트를 짧고 간결하게 다시 언급하는 과정이다. 이는 청중이 스피치의 핵심 내용을 기억하는 데 도움을 주며, 스피치 전체의 통일성과 완결성을 보장한다.

"오늘 우리는 지속 가능한 개발의 중요성, 현재 직면한 환경적 도전, 그리고 우리 각자가 취할 수 있는 구체적인 실천 방안들에 대해 살펴보았습니다."

② 강조

스피치의 핵심 메시지나 가장 중요한 포인트를 다시 한 번 강조하는 것은 결론에서 매우 중요하다. 이를 통해 청중의 마음속에 스피치의 중심 아이디어를 깊이 새길 수 있다.

"우리 모두가 지금 바로 행동에 나서야 한다는 것을 잊지 말아야 합니다. 지속 가능한 미래는 선택이 아닌 필수입니다."

③ 행동 촉구

청중에게 특정한 행동을 취하도록 독려하는 것은 결론에서 특히 효과적이다. 이는 스피치가 단순한 정보 전달을 넘어 실질적인 변화를 유도하고자 할 때 도움이 된다.

"그러니, 여러분이 이 자리에서 일어나 우리 커뮤니티와 환경을 보호하기 위한 첫 걸음을 떼시길 바랍니다. 작은 실천이 큰 변화를 가져올 수 있습니다."

④ 마무리 인사

스피치를 마무리하며 청중에게 감사의 말을 전하는 것은 좋은 인상을 남기고, 스피치의 공식적인 종료를 알리는 방법이다.

"오늘 이 자리에 함께 해주신 모든 분들께 진심으로 감사드립니다. 여러분의 관심과 행동이 큰 변화를 만들어낼 것입니다."

2. 스피치 본문의 조직 고려사항

스피치를 조직할 때 명확성, 관련성, 균형, 이 세 가지 요소는 매우 중요하다. 이 세 요소는 청중이 스피치의 내용을 쉽게 이해하고, 주제와 관련하여 중요한 정보를 획득하며, 다양한 관점을 고려할 수 있도록 도와준다. 명확성, 관련성, 그리고 균형은 스피치를 준비하고 조직할 때 반드시 고려해야 하는 핵심 원칙들이며, 스피치가 청중에게 더욱 효과적으로 다가갈 수 있도록 도와주고, 스피치의 목적을 달성하는 데 핵심적인 역할을 한다.

대학교 스피치 수업에서 학생들의 정보전달 또는 설득 스피치를 평가할 때 가끔씩 스피치에서 어떠한 내용을 말고자 하는지 드러나지 않는 경우, 그리고 말하고자 하는 주장과 관련이 없거나 반대되는 내용을 말하는 경우도 있는데 이것이 명확성과 관련성의 이슈로 볼 수 있다. 마지막으로, 본문에서 주로 세 가지 주요 아이디어를 발표할 때 한 아이디어를 다른 아이디어들에 비해 더 집중적으로 서술하는 경우도 있는데 이러한 경우 청중들이 왜곡된 해석을 할 수 있다. 따라서, 균형 잡힌 본문 내용을 조직화하는 것이 필요하다.

1) 명확성

명확성은 스피치의 메시지가 청중에게 분명하고 이해하기 쉽게 전달되어야 한다는 원칙이다. 명확한 스피치는 청중이 발표자의 의도, 주장, 결론을 쉽게 파악할 수 있도록 도와준다. 명확성을 확보하기 위한 방법은 다음과 같다.

① 간결성

간결성은 스피치에서 불필요한 정보를 배제하고 핵심 포인트를 간단하고 명료하게 전달하는 것을 의미한다. 간결성을 유지하면 청중이 중요한 정보를 더 쉽게 파악하고 기억할 수 있다. 또한, 메시지가 불필요하게 복잡해지는 것을 방지하여 청중의 이해도를 높인다. 스피치를 준비할 때 각 포인트를 명확하게 정의하고, 설명을 추가하기 전에 이 포인트가 전체 메시지에 어떤 기여를 하는지 고려한다. 중요하지 않거나 관련성이 낮은 내용은 과감히 제거한다.

② 구조화

스피치를 논리적으로 구성하는 것은 청중이 정보를 체계적으로 이해하고 스피치의 흐름을 쉽게 따라갈 수 있도록 한다. 명확한 전환을 사용하여 각 부분 간의 연결을 강화하고, 청중이 스피치의 주요 포인트를 직관적으로 파악할 수 있도록 돕는다. 각 주제나 소주제를 소개할 때는 명확한 소개와 결론을 포함시키며, 각 부분을 연결하는 전환 문구를 사용하여 청중이 다음 내용을 예상하고 준비할 수 있도록 한다. 예를 들어, "이제 이 문제의 해결책에 대해 이야기해 보겠습니다"와 같은 문구는 청중이 스피치의 다음 부분으로 자연스럽게 넘어갈 수 있게 도와준다.

③ 정의와 설명

스피치에서 전문 용어나 복잡한 개념을 사용할 경우, 이를 청중이 이해할 수 있도록 쉽고 명확하게 정의하고 설명하는 것이 중요하다. 이는 청중이 스피치의 내용을 정확하게 이해하고, 발표자의 의도와 주장을 정확히 파악할 수 있도록 한다. 복잡한 개념이나 용어를 소개할 때는 먼저 일반적인 정의를 제공하고, 이를 일상적인 예시나 비유를 통해 설명한다. 예를 들어, "지속 가능성이란 현재 우리의 필요를 충족시키면서 미래 세대의 필요를 해치지 않는 방식으로 자원을 사용하는 것을 의미합니다"라고 설명할 수 있다. 이렇게 하면 청중은 복잡한 개념을 더 쉽게 이해하고 관련성을 인지할 수 있다.

2) 관련성

관련성은 스피치가 청중의 관심사, 필요, 문제에 얼마나 잘 연결되는지를 나타내는 핵심 요소다. 청중이 스피치 내용을 자신의 생활이나 경험과 연결할 수 있을 때, 그들은 내용에 더 귀 기울이고, 메시지에 더 깊이 공감하며, 스피치의 목적을 이해하고 받아들이게 된다. 관련성을 높이기 위한 방법으로는 다음과 같은 세 가지 주요 전략이 있다.

① 청중 분석

청중 분석은 스피치를 준비하는 과정에서 청중의 특성을 이해하고 이에 맞추어 내용을 조정하는 것이다. 청중의 관심사, 배경 지식, 문화적 배경, 태도 등을 파악하는 것이 포함된다. 이 정보는 스피치가 청중에게 직접적으로 관련되고 영향을 미칠 수 있도록 하는 데 필수적이다. 사전 설문조사, 직접적인 대화, 관련 그룹의 과거 반응 등을 통해 청중의 기본 정보와 관심사를 수집한다. 예를 들어, 청중이 주로 젊은 전문가들로 구성된 경우, 경력 개발이나 워라밸(work-life balance)과 관련된 내용을 포함시킬 수 있다.

② 실제 사례 사용

이론적 설명보다는 실생활의 사례나 이야기를 스피치에 포함시키면, 청중은 스피치의 내용을 자신의 경험과 연결지어 이해하기 쉬워진다. 실제 사례는 이론이 실제로 어떻게 적용될 수 있는지를 보여주며, 청중의 감정적 반응을 이끌어내는 데 효과적이다. 관련된 경험을 공유하거나 뉴스 이벤트, 역사적 사건, 또는 일상에서 발생할 수 있는 일을 예로 들어 설명한다. 예를 들어, 스피치가 환경 보호에 관한 것이라면, 지역 커뮤니티가 성공적으로 폐기물을 줄인 사례를 소개할 수 있다.

③ 현실적인 솔루션 제시

청중의 문제나 필요에 대한 실질적이고 실행 가능한 해결책을 제시하는 것은 청중이 스피치의 내용을 자신의 생활에 적용해 보고자 하는 동기를 부여한다. 이는 스피치가 단순히 정보를 전달하는 것을 넘어, 청중의 행동 변화를 촉진하는 데 중요한 역할을 한다. 청중의 일상적인 문제에 대해 적용 가능한, 간단하고 구체적인 조치들을 제시한다. 예를 들어, 스트레스 관리에 관한 스피치에서는 명상, 적절한 수면 스케줄 설정, 취미 활동 등 구체적인 스트레스 감소 방법을 제안할 수 있다. 이러한 실제적인 조언은 청중이 스피치의 내용을 실제 생활에 통합하는 데 도움을 준다.

3) 균형

균형은 스피치에서 다루는 주제나 이슈에 대해 다양한 관점을 고려하고, 공정하게 다루는 것을 말한다. 이는 청중에게 편향되지 않은 정보를 제공하고, 그들로 하여금 스스로 판단할 수 있는 기회를 제공한다. 균형 잡힌 스피치를 구성하는 방법은 다음과 같다.

① 다양한 관점 제시

스피치에서 하나의 관점만을 강조하는 대신, 주제에 대한 다양한 의견이나 해석을 제시하는 것은 청중에게 폭넓은 이해를 제공한다. 이는 청중이 주제에 대해 더 깊이 있고 포괄적으로 생각할 수 있게 돕는다. 주제에 대한 다양한 전문가의 의견을 조사하고, 각각의 주장이 주제에 어떻게 기여하는지 설명한다. 예를 들어, 기후 변화에 대한 스피치에서 과학자들의 의견, 경제학자의 관점, 그리고 환경 운동가들의 견해를 모두 포함시킬 수 있다. 이러한 다양한 의견은 청중이 주제를 더 넓은 시각에서 바라볼 수 있도록 한다.

② 객관적 자료 사용

스피치에서 객관적이고 신뢰할 수 있는 자료를 사용하는 것은 주관적 의견이나 단편적인 정보에 의존하는 것을 방지한다. 이는 스피치의 신뢰성을 높이고, 청중이 보다 정확한 정보를 바탕으로 의사결정을 할 수 있도록 돕는다. 연구 기관이나 학술 저널, 정부 보고서 등 신뢰할 수 있는 출처에서 데이터를 수집한다. 예를 들어, 경제 정책에 대한 스피치에서는 세계은행이나 국제통화기금(IMF)의 최신 통계를 인용하여 경제 성장과 정책 영향을 설명할 수 있다.

③ 비판적 사고 촉진

청중이 스스로 정보를 분석하고 평가할 수 있도록 도와주는 것은 스피치의 균형을 잡는 데 중요하다. 이는 청중에게 보다 적극적인 역할을 부여하며, 그들로 하여금 여러 관점에 대해 비판적으로 생각해 볼 수 있는 기회를 제공한다. 스피치 중에 청중에게 질문을 던지거나, 토론을 유도하여 그들로 하여금 주제에 대해 깊이 생각하게 한다. 예를 들어, 기술 발전이 사회에 미치는 영향에 대해 이야기할 때, "기술이 인간 관계에 긍정적인 영향만을 미친다고 생각하시나요?"와 같은 질문을 통해 청중이 다양한 관점에서 이 문제를 고민하도록 도울 수 있다.

3. 스피치 조직화 유형

스피치 조직화 유형을 효과적으로 사용하는 것은 매우 중요하다. 스피치 조직화 유형은 청중이 스피치의 내용을 이해하고 기억하는 데 도움을 주며, 발표자가 명확하고 집중된 메시지를 전달할 수 있게 한다. 청중은 잘 구조화된 스피치를 통해 정보를 쉽게 파악하고, 주요 포인트를 이해할 수 있다. 명확한 구조는 청중이 스피치의 흐름을 따라가고, 중요한 메시지를 파악하는 데 도움을 준다. 특정 조직화 유형을 사용함으로써 발표자는 스피치의 핵심 메시지와 목표를 더 명확하게 전달할 수 있으며, 이는 메시지가 더욱 효과적으로 전달되고, 청중에게 영향을 미치는 데 기여한다. 그리고 잘 조직된 스피치는 청중이 정보를 더 쉽게 기억하도록 돕고, 청중은 구조적인 흐름을 따라가며 주요 아이디어와 사실을 더 잘 기억할 수 있다.

또한 설득 스피치의 경우, 문제 해결 유형이나 인과적 유형과 같은 특정 조직화 유형을 사용하면, 청중을 설득하여 특정한 행동을 취하도록 동기를 부여하는 데 매우 효과적이다. 따라서 다양한 스피치 조직화 유형을 이해하고 적용함으로써, 발표자는 주제, 목적, 청중의 특성에 따라 스피치를 맞춤화할 수 있다. 이는 스피치가 각 상황에 더 적합하게 되며, 청중과 더욱 깊이 연결될 수 있게 도와준다. 이러한 이유로, 스피치를 조직화하는 유형을 적절히 선택하고 사용하는 것은 스피치의 성공에 매우 중요한 요소로 작용한다. 이렇듯 스피치 조직화 유형은 청중과의 효과적인 소통을 촉진하고, 스피치의 목적을 달성하는 데 핵심적인 역할을 한다고 볼 수 있다.

아래 각 스피치 조직화 유형을 설명함에 있어 '기후 변화'라는 환경적 이슈를 주제로 예시를 설명하고 있다. 같은 주제지만 각 조직화 유형에 따라 어떻게 스피치가 다르게 조직화되는지 보여준다.

1) 연대기적 유형

연대기적 유형은 스피치를 조직할 때 시간 순서에 따라 정보를 배열하는 방법이다. 이 유형은 사건이 발생한 순서대로 내용을 전달함으로써 청중이 사건의 발전 과정이나 역사적 변화를 쉽게 이해하고 추적할 수 있도록 도와준다. 연대기적 유형은 주로 역사적 사건, 과정의 발전, 어떤 현상이 시간에 따라 어떻게 변화해 왔는지 설명할 때 사용된다. 연대기적 유형의 가장 큰 특징은 정보를 시간 순서대로 제시한다는 것이며, 이는 과거에서 현재로, 또는 사건의 시작점부터 종결점까지의 순서를 따른다. 청중은 시간 순서에 따라 정보가 제시될 때 사건의 발전 과정을 더 쉽게 이해하고 추적할 수 있다. 연대기적 유형은 역사적 사건이나 어떤 과정이 어떻게 발전해 왔는지 설명할 때 특히 유용하다. 또한, 사건이나 변화가 시간에 따라 어떻게 발생했는지 설명함으로써, 특정 사건이 다음 사건에 어떻게 영향을 미쳤는지 원인과 결과의 관계를 명확히 할 수 있다.

연대기적 유형 사용 시 모든 사건이나 정보를 동일하게 다루기보다는, 주제에 가장 중요한 영향을 미친 핵심 사건에 초점을 맞추어야 한다. 시간 순서대로 사건을 나열하는 것이 단조롭게 느껴질 수 있으므로, 사건의 중요성이나 영향을 강조하는 방식으로 청중의 관심을 유지해야 한다. 그리고 청중이 각 사건이 발생한 시대적, 문화적, 사회적 배경을 이해할 수 있도록 충분한 정보를 제공해야 한다. 마지막으로, 연대기적 유형은 청중이 시간의 흐름에 따른 변화와 발전을 명확하게 이해할 수 있게 해주며, 역사적 사건, 과학적 발견의 과정, 인물의 생애와 같은 다양한 주제를 효과적으로 전달할 수 있는 강력한 방법이라고 할 수 있다.

연대기적 유형 예시

- 주제: 기후 변화의 역사
- 개괄적 목적: 정보 전달
- 구체적 목적: 기후 변화가 역사적으로 어떻게 발전해왔는지 청중에게 알리기
- 주제문: "기후 변화는 과거 수십 년 동안 몇 가지 중요한 사건을 통해 진화해왔다."
- 주요 요점
  - 1950년대: 기후 변화 연구의 초기 단계와 온실가스의 영향에 대한 인식이 처음으로 대두되었다.
  - 1988년: 국제연합의 전문 기관인 세계기상기구와 국제연합 환경 계획에 의해 '기후 변화에 관한 정부 간 협의체(IPCC)'가 설립되었다.
  - 1997년: 기후 변화 협약에 따른 온실가스 감축 목표에 관한 '교토 의정서'가 체결되었다.
  - 2015년: 2021년 1월부터 적용될 기후 변화 대응을 담은 '파리 기후 변화 협약'이 체결되었다.

2) 공간적 유형

공간적 유형은 스피치를 조직할 때 공간적 관계나 위치에 기반하여 정보를 배열하는 방법이다. 이 유형은 물리적인 공간의 구조나 어떤 장소의 위치적 특성을 설명할 때 특히 유용하며, 청중이 주제에 대한 명확한 시각적 이미지를 형성할 수 있도록 도와준다. 공간적 유형은 지리적, 물리적 배치 또는 방향성(위에서 아래로, 북에서 남으로 등)에 따라 정보를 조직화한다. 공간적 유형의 특징은 위치, 방향, 물리적 구조 등 공간적 관계를 중심으로 정보를 조직하는데 있다. 또한, 청중이 스피치의 내용을 더 잘 이해하고 기억할 수 있도록 시각적 설명을 제공하는 데 효과적이며, 지리적 특성, 관광 명소의 배치, 건축물의 구조 등 공간적 배열을 설명할 때 적합하다.

공간적 유형 사용 시 청중이 물리적 배치나 공간적 구조를 시각적으로 이해할 수 있도록 명확하고 상세한 설명이 필요하다. 공간적 배열을 따를 때도 논리적이고 체계적인 순서를 유지해야 한다. 예를 들어, 왼쪽에서 오른쪽으로, 상단에서 하단으로 등 공간적 관계에 따른 일관된 방향성을 제공해야 하며, 지도, 도표, 사진 등 시각 자료를 활용하면 공간적 유형의 스피치를 더 효과적으로 전달할 수 있다. 공간적 유형은 다양한 주제에서 활용될 수 있다. 예를 들어, 유럽 대륙의 주요 국가들을 설명할 때, 서부에서 동부로, 또는 북부에서 남부로 각 국가의 위치, 주요 도시, 자연 경관 등을 차례대로 소개하는 방식이 있다. 또는 한 도시 내의 관광 명소를 소개할 때 중심가에서 외곽으로, 또는 역사적 순서에 따라 각 장소를 소개하며 청중이 도시의 구조를 시각적으로 이해할 수 있도록 할 수 있다. 이렇듯 공간적 유형은 청중이 스피치의 내용을 공간적으로 조직화하고 시각적으로 상상할 수 있게 함으로써, 정보의 이해와 기억에 도움을 줄 수 있다.

공간적 유형 예시

- 주제: 세계 각지의 기후 변화 영향
- 개괄적 목적: 정보 전달
- 구체적 목적: 전 세계 다양한 지역에서 기후 변화가 미치는 영향을 설명하기
- 주제문: "기후 변화의 영향은 전 세계적으로 다양하게 나타난다."
- 주요 요점
  - 북극: 해빙 속도가 점차 빨라지고 있다.
  - 아프리카: 가뭄 및 식량 부족 심화가 지속되고 있다.
  - 아시아: 홍수 및 폭염이 증가하고 있다.
  - 남미: 열대 우림 파괴와 생물 다양성이 감소하고 있다.

3) 주제별 유형

주제별 유형은 스피치를 조직할 때, 관련된 여러 하위 주제나 카테고리에 따라 정보를 분류하고 배열하는 방식이다. 이 유형은 주제가 넓고 다양한 측면이나 차원을 포함할 때 특히 유용하며, 발표자가 주제를 더 깊이 있고 체계적으로 탐구할 수 있게 해준다. 주제별 유형을 사용하면 청중이 각각의 하위 주제 간의 관계를 이해하고, 전체적인 주제에 대한 포괄적인 관점을 얻을 수 있다. 주제별 유형의 특징은 전체 주제를 여러 하위 주제나 카테고리로 나누어 각각에 대해 상세히 설명하고, 스피치의 구조를 유연하게 구성할 수 있게 해준다. 발표자는 가장 중요하거나 관심을 끌 것으로 예상되는 하위 주제부터 시작할 수도 있고, 논리적인 순서에 따라 배열할 수도 있다. 또한, 여러 하위 주제를 통해 전체 주제에 대한 포괄적이고 다면적인 이해를 제공할 수 있다.

주제별 유형 사용 시 전체 주제와 긴밀하게 관련된 하위 주제를 선택하고, 이를 청중이 이해하기 쉬운 방식으로 조직해야 하며, 하위 주제를 분류할 때는 일관성 있는 기준을 적용해야 한다. 예를 들어, 시간 순서, 중요도, 주제의 다양한 측면 등 기준에 따라 하위 주제를 배열할 수 있다. 그리고 각 하위 주제에 대해 충분한 정보와 설명을 제공하여 청중이 주제에 대한 깊이 있는 이

해를 할 수 있도록 해야 한다. 주제별 유형은 다양한 분야와 주제에 적용될 수 있다. 예를 들어, “지속 가능한 개발”이라는 주제를 다룬다면, 이를 여러 하위 주제로 나눌 수 있다. 경제적 지속 가능성, 환경적 지속 가능성, 사회적 지속 가능성 등 각 하위 주제에 대해 구체적인 정의, 현재 상태, 도전 과제, 개선 방안 등을 상세히 설명함으로써, 청중이 지속 가능한 개발의 여러 측면을 이해할 수 있도록 도와준다. 이렇듯 주제별 유형은 주제의 복잡성을 체계적으로 분해하고, 청중에게 전체 주제에 대한 균형 잡힌 시각을 제공하는 효과적인 방법이라고 할 수 있다.

주제별 유형 예시

- 주제: 기후 변화의 다양한 영향
- 개괄적 목적: 정보 전달
- 구체적 목적: 기후 변화가 환경, 경제, 사회에 미치는 영향을 분석하기
- 주제문: “기후 변화는 환경, 경제, 사회에 다양한 영향을 미친다.”
- 주요 요점:
  - 환경: 해수면 상승, 기후 체계 변화 등이 일어나고 있다.
  - 경제: 농업 생산성 감소, 손실 비용이 증가하고 있다.
  - 사회: 건강 문제 증가, 이주 문제 등이 발생하고 있다.

4) 서사적 유형

서사적 유형은 스피치를 조직할 때 이야기를 통해 정보를 전달하는 방식이다. 이 유형은 인간의 자연스러운 이야기 듣기 본능에 호소하여, 개인적인 경험, 역사적 사건, 가상의 시나리오 등을 통해 청중의 관심을 끌고 메시지를 효과적으로 전달한다. 서사적 유형은 청중이 정보를 좀 더 깊이 있고 감정적으로 이해할 수 있도록 하며, 메시지에 대한 기억을 강화하는 데 도움이 된다. 서사적 유형의 특징은 전통적인 이야기 구조(서론, 전개, 절정, 결말)를 따르며, 이를 통해 청중이 내용을 쉽게 따라가고 이해할 수 있도록 도와준다. 또한,

개인적인 이야기나 경험을 공유함으로써 청중과의 감정적 연결을 형성하고, 메시지에 대한 공감과 이해를 증진시킨다. 이야기는 사람들이 정보를 기억하는 데 도움이 되는 강력한 메모리 훅(memory hook) 역할을 하며, 사람들은 데이터나 사실보다 이야기를 통해 전달된 메시지를 더 오래 기억하는 경향이 있다.

서사적 유형 사용 시 메시지와 주제에 적합하고, 청중의 관심을 끌 수 있는 이야기를 신중하게 선택하고 구성해야 한다. 그리고 효과적인 이야기는 갈등과 그 해결 과정을 포함해야 하며, 이는 이야기에 긴장감을 추가하고, 청중이 결과를 기대하게 만든다. 또한, 이야기는 스피치의 핵심 메시지와 긴밀하게 연결되어야 하며, 이야기를 통해 전달하고자 하는 주요 포인트를 명확히 해야 한다. 마지막으로, 이야기가 너무 추상적이거나 세부 정보가 부족하면 청중이 이야기에 몰입하기 어려울 수 있다. 반면, 너무 많은 세부 정보는 주요 메시지로부터 주의를 분산시킬 수 있다는 것을 명심해야 한다.

환경 보호에 관한 스피치에서 서사적 유형을 사용할 수 있다. 예를 들어, 한 환경 운동가가 어린 시절 자연과의 깊은 연결을 느끼며 자란 이야기를 시작으로, 이후 환경 파괴의 실제 사례를 목격하고 환경 운동가가 되기로 결심한 경험을 공유할 수 있다. 이런 개인적인 이야기를 통해 환경 보호의 중요성을 강조하고, 청중에게 구체적인 환경 보호 행동을 취할 것을 촉구할 수 있다. 서사적 유형은 스피치에서 청중과 감정적으로 교감하고, 메시지를 더욱 효과적으로 전달할 수 있는 강력한 방법이라고 할 수 있다.

서사적 유형 예시

- 주제: 한 가족의 기후 변화 경험
- 개괄적 목적: 정보 전달
- 구체적 목적: 한 가족이 겪은 기후 변화 영향을 통해 청중에게 감정적으로 다가가기
- 주제문: "한 가족이 겪은 기후 변화의 실제 사례를 통해 우리 모두에게 미치는 영향을 이해할 수 있다."
- 주요 요점:
  - 가족의 거주 지역에서 발생한 이상 기후 현상에 대해 이야기한다.
  - 그로 인한 생활의 변화와 어려움에 대해 이야기한다.
  - 가족이 취한 적응 조치와 해결책을 이야기한다.

5) 인과적 유형

인과적 유형은 스피치를 조직할 때 원인과 결과의 관계를 중심으로 정보를 배열하는 방법이다. 이 유형은 특정 사건이나 현상의 발생 원인을 설명하고, 그로 인해 발생하는 결과나 영향을 분석함으로써 청중이 복잡한 문제나 현상에 대해 더 깊이 이해하도록 돕는다. 인과적 유형은 문제의 근본 원인을 파악하고, 해결책을 모색하는 데 특히 유용하며, 사회적, 경제적, 환경적 문제 등 다양한 주제에 적용될 수 있다. 인과적 유형의 특징은 특정 사건이나 상태의 발생 원인을 체계적으로 탐구하고 설명할 수 있는 것이다. 원인은 하나일 수도 있고, 복합적인 요소가 작용할 수도 있다. 원인으로 인해 발생하는 직접적이거나 간접적인 결과를 상세하게 분석하며, 결과는 예상되는 영향, 변화, 문제 등을 포함할 수 있다. 또한, 원인과 결과 사이의 논리적인 연결을 명확히 하여, 청중이 인과 관계를 쉽게 이해하고 추적할 수 있도록 도와준다.

인과적 유형 사용 시 원인과 결과 사이의 관계를 명확하고 합리적으로 설명해야 한다. 비논리적이거나 근거 없는 연결은 피해야 한다. 대부분의 현상이나 문제는 단일 원인으로 설명되기 어렵기 때문에 다양한 원인이 상호작용하는 방식을 고려해야 한다. 또한, 인과 관계를 설명할 때는 반론이나 예외 상황에

대비하여, 주장의 강도를 높이는 데 도움이 되는 증거나 논리를 제시해야 한다. 예를 들어, "기후 변화의 원인과 영향"이라는 주제로 스피치를 할 때, 인과적 유형을 사용할 수 있다. 이때 화석 연료의 사용 증가, 산업화 과정, 농업 활동, 삼림 파괴 등 기후 변화의 주요 원인들을 설명할 수 있다. 그리고 이어서, 이러한 원인들이 지구 온난화, 극단적인 날씨 현상의 증가, 해수면 상승, 생태계 변화 등과 같은 결과로 이어지는 방식으로 논리를 펼 수 있다. 각 원인이 어떻게 특정 결과를 초래하는지 명확한 연결 고리를 제시하여, 청중이 인과 관계를 이해할 수 있도록 하는 것이 중요하다. 결론적으로, 인과적 유형은 청중이 복잡한 이슈를 더 깊이 이해하고, 문제의 근본 원인을 파악하는 데 도움을 주며, 이를 통해 더 효과적인 해결책을 모색하고, 의미 있는 토론을 촉진할 수 있다.

인과적 유형 예시

- 주제: 기후 변화의 원인과 결과
- 개괄적 목적: 정보 전달
- 구체적 목적: 기후 변화의 주요 원인과 그로 인해 발생하는 결과를 설명하기
- 주제문: "기후 변화의 주요 원인과 그 결과는 서로 긴밀하게 연결되어 있다."
- 주요 요점:
  - 원인: 화석 연료 사용 증가, 산업 활동 등이 있다.
  - 결과: 온실가스 농도 상승, 기온 상승 등이 있다.

6) 문제 해결 유형

문제 해결 유형은 스피치를 조직할 때, 특정 문제를 제시하고 그에 대한 해결책을 모색하는 방식이다. 이 유형은 청중이 문제의 심각성을 인식하게 하고, 문제를 해결하기 위한 구체적이고 실용적인 방안을 제안함으로써, 청중을 행동으로 이끌고자 할 때 특히 유용하다. 문제 해결 유형은 주로 사회적, 경제적, 환경적, 기술적 문제 등 다양한 주제에 적용될 수 있으며, 청중의 관심을 문제

인식에서 해결 방안 모색으로 자연스럽게 전환시키는 데 효과적인 유형이다.

문제 해결 유형의 특징은 스피치의 시작 부분에서는 해당 문제의 배경, 현재 상태, 문제가 초래할 수 있는 영향 등을 상세히 설명하여 청중에게 문제의 심각성을 인식시킨다는 점이다. 그리고 문제의 설명 후, 실현 가능하고 효과적인 해결책을 제시한다. 해결책은 연구, 사례 연구, 전문가 의견, 기존의 성공 사례 등을 기반으로 하여 청중이 신뢰할 수 있도록 하는 것이 중요하다. 그리고 제안된 해결책이 실현될 경우 예상되는 긍정적인 결과와 이점을 강조하여 청중이 해결책의 가치를 인식하게 해야 한다. 또한, 청중에게 문제 해결을 위해 구체적인 행동을 취할 것을 촉구해야 하며, 이는 청원 서명, 생활 습관 변경, 정책 지지 등 다양한 형태가 될 수 있다.

문제 해결 유형 사용 시 문제를 명확하고 간결하게 정의하여 청중이 문제의 본질을 이해할 수 있도록 해야 한다. 제안된 해결책이 실제로 실행 가능하고, 청중이 이를 수행할 수 있도록 실질적인 방안을 제시해야 하며, 해결책의 효과성을 입증하기 위해 충분한 근거와 성공 사례를 제시하여 청중의 신뢰를 얻어야 한다. 마지막으로, 청중이 문제 해결에 직접 참여하도록 적극적으로 독려하고, 구체적인 행동 방안을 제시해야 한다. 결론적으로, 문제 해결 유형은 청중에게 문제의 심각성을 인식시키고, 실현 가능한 해결책을 통해 긍정적인 변화를 이끌어내는 데 매우 효과적인 스피치 조직 방법이라고 할 수 있다.

문제 해결 유형 예시

- 주제: 기후 변화 대응 전략
- 개괄적 목적: 정보 전달
- 구체적 목적: 기후 변화 문제를 해결하기 위한 실질적인 전략과 해결책을 제시하기
- 주제문: “기후 변화에 대응하기 위해 우리는 구체적인 전략과 해결책을 모색해야 한다.”
- 주요 요점:
  - 문제: 기후 변화의 심각성과 그것으로 인한 영향이 심각하다.
  - 해결책: 재생 가능 에너지로의 전환, 탄소 배출 감소 정책 실행 등으로 문제를 해결할 수 있다.

7) 먼로(Monroe)의 동기부여 순서

먼로의 동기부여 순서(Monroe's Motivated Sequence)는 청중을 설득하여 특정 행동을 취하도록 동기를 부여하는 효과적인 스피치 조직 방법이며, 주로 설득 스피치에서 사용할 수 있다. 이 순서는 '주목(attention), 욕구(need), 만족(satisfaction), 시각화(visualization), 그리고 행동(action)' 등과 같이 다섯 단계로 구성되어 있으며, 각 단계는 청중이 메시지를 수용하고 실질적인 행동으로 옮기기까지의 과정을 단계적으로 안내한다. 즉, 먼로의 동기부여 순서는 청중을 설득하여 특정 행동을 취하도록 동기를 부여하는 효과적인 스피치 구조라고 할 수 있다.

먼로의 동기부여 순서 예시

- 주제: 재생 가능 에너지 사용 증가
- 일반 목표: 설득
- 구체적 목표: 청중이 자신의 집과 커뮤니티에서 재생 가능 에너지 소스를 사용하도록 설득하기
- 주제문: "재생 가능 에너지 사용을 증가시키는 것은 우리 모두가 기후 변화에 대응하고 지속 가능한 미래를 만들기 위해 취할 수 있는 핵심적인 조치입니다."
- 주목: "지난 10년 동안 전 세계적으로 화석 연료 사용으로 인해 발생한 탄소 배출량이 역사상 최고치를 기록했습니다. 이로 인한 기후 변화는 이미 우리 생활에 영향을 미치고 있습니다."
- 욕구: "화석 연료의 지속적인 사용은 기후 변화를 가속화하고, 이는 식량 부족, 극심한 날씨 변화, 건강 문제 등을 초래합니다."
- 만족: "태양광과 풍력과 같은 재생 가능 에너지 소스로 전환함으로써 우리는 환경을 보호하고 지속 가능한 미래를 만들 수 있습니다."
- 시각화: "상상해 보세요. 깨끗하고 지속 가능한 에너지원으로 우리 도시가 운영되고, 공기는 더 깨끗해지며, 자연은 보호받습니다. 이는 우리 모두와 미래 세대를 위한 건강하고 풍요로운 생활을 의미합니다."
- 행동: "오늘 집으로 돌아가서 재생 가능 에너지 사용에 대해 더 알아보고, 어떻게 전환할 수 있을지 탐색해 보세요. 우리 모두의 작은 행동이 큰 변화를 만듭니다."

주목 단계에서는 청중의 관심을 끌고, 스피치에 집중하도록 만들며, 욕구 단계에서는 문제를 제시하고 청중이 이 문제에 대해 개인적으로 걱정하게 만든다. 만족 단계에서는 문제의 해결책을 제시하며, 시각화 단계에서는 해결책을 실현했을 때의 긍정적인 결과나 해결책을 채택하지 않았을 때의 부정적인 결과를 청중에게 상상하게 한다. 마지막으로, 행동 단계에서는 청중에게 구체적인 행동을 취할 것을 촉구한다.

4. 스피치 아이디어 연결

스피치는 1장에서도 간략하게 언급했듯이 일방향적인 것이 아닌, 쌍방향적인 특성을 가지고 있다. 즉, 발표자와 청중이 서로 상호작용을 통해 소통이 이루어진다는 것을 의미한다. 일반적인 일생활 대화에서는 흐름의 순서에 상관없이 동시다발적으로 대화가 이루어지고 때로는 주제가 갑작스럽게 바뀌기도 한다. 하지만, 정보전달과 설득 스피치와 같이 발표자가 선택한 주제로 5분에서 7분 정도 스피치를 할 때는 내용을 구조화하고 세부적으로 아이디어를 조직해야 한다. 기업이 제품이나 서비스를 개발할 때 사용자 편의라는 가치를 내세우듯이, 스피치에서도 발표자는 청중 편의, 다른 말로 청중 중심적 사고를 해야 한다.

스피치에서 아이디어를 연결하는 것은 청중이 메시지를 쉽게 이해하고 따라갈 수 있도록 하는 핵심 요소라고 할 수 있다. 서론을 통해 청중의 관심을 제고시켰다면, 자연스러운 전환사 사용을 통해 서론에서 본론으로 이동해야 한다. 그리고 본론에서 다루는 아이디어들을 연결하기 위해서 방향제시, 전환사, 중간예고 그리고 중간요약과 같은 요인들을 적절하게 사용하여 청중의 집중을 유지시키고, 관심을 증가시켜야 한다.

〈표 7-1〉 **전환사 유형**

전환사 유형	단어 혹은 구	예시
순서	첫째, 둘째, 셋째, 다음으로, 그런 다음, 마지막으로	첫째, 광고에서 사용되는 공포소구에 대해서 살펴보겠습니다.
강조	유사하게, 또한, 이와 같이, 게다가	이와 같이 간접광고(PPL)는 드라마에서 자주 사용되고 있습니다.
대조	그러나, 그렇지만, 대조적으로, 반면에, 그렇지 않다면, 그럼에도, 대신에	그렇지만, 가상인간을 모델로 한 광고들이 쏟아져 나오고 있습니다.
시간	~할 때, ~하는 동안에, 현재, 이전에, 후에, 지금, 최근에, 그때, 동안, 후에	최근에 생성형 AI를 활용해 제작한 광고들이 집행되고 있습니다.
인과	그러므로, 그래서, 결론적으로, 따라서, 왜냐하면, 이 이유로	결론적으로, 청소년을 타깃으로 한 '노담 캠페인'은 성공적인 캠페인이라고 할 수 있습니다.
요약/결론	요약하면, 요약해 봅시다, 마지막으로, 다시 되짚어 보면, 앞에서 논의했듯이	요약하면, 기부형 크라우드펀딩 플랫폼들은 기부문화를 활성화시키고 있습니다.

〈표 7-2〉 **연결사의 역할**

연결사	역할
방향제시	요점을 소개하는 '첫째', '다음으로'와 같은 단어, 아이디어들을 연결해 주는 '예를 들면', '그 결과'와 같은 구
전환사	스피치가 어떤 방향으로 흘러와서 어떤 방향으로 나아갈지를 요약해줌
중간예고	어떤 하나의 요점하에서 전개해 나갈 하위 요점들에 대해 간략한 언급
중간요약	스피치 내에서 이미 밝힌 요점에 대한 간략한 요약

1) 방향제시와 전환

① 방향제시

방향제시는 청중이 스피치의 구조를 쉽게 따라갈 수 있도록 도와주는 짧은 문구나 신호다. 청중에게 현재 위치를 알려주거나 다음으로 무엇이 올지 예고하는 역할을 한다. 예를 들어, "첫 번째로…", "다음 주제는…", "마지막으로…"와 같은 문구가 방향제시의 예다. 방향제시는 청중이 스피치의 전체적인 구조를 인식하고 주요 포인트를 예측할 수 있게 도와준다. 비유적으로 설명하자면, 방향제시는 고속도로 표지판과 같은 역할을 한다고 볼 수 있다.

② 전환사

전환사는 스피치의 한 부분에서 다른 부분으로 이동할 때 사용하는 문구나 문장이다. 아이디어 간의 논리적인 연결을 만들어 주고, 스피치의 흐름을 부드럽게 유지하는 데 도움을 준다. 전환사는 청중이 정보를 순차적으로 이해할 수 있도록 하며, 스피치 내용 간의 관계를 명확하게 한다. 예를 들어, "이제 이 문제의 원인을 살펴보겠습니다"와 같은 문장이 전환사에 해당한다.

2) 중간예고와 중간요약

① 중간예고

중간예고는 스피치의 특정 부분 내에서 다룰 내용을 미리 알려주는 기법이다. 청중이 해당 스피치 부분에서 기대할 수 있는 주요 아이디어나 주제에 대해 미리 알 수 있도록 하며, 청중의 관심을 유도하고 이해를 증진시키는 역할을 한다. 중간예고는 주로 스피치의 본론 부분에서 사용되며, 각 주요 포인트의 세부 사항을 간략하게 소개한다. 예를 들어, '건강한 생활 습관의 중요성'이라는 주제로 스피치를 한다고 가정해 보자.

> "이제 저는 건강한 생활 습관의 세 가지 핵심 요소인 균형 잡힌 식단, 규칙적인 운동, 그리고 충분한 수면에 대해 논의할 것입니다."라는 것은 중간예고에 속하며, 청중에게 스피치의 다음 부분에서 다룰 주요 내용들을 알려주며, 청중이 이어지는 내용에 대한 기대를 갖게 한다.

② 중간요약

중간요약은 스피치의 특정 부분에서 다룬 주요 내용을 요약하여 청중에게 다시 상기시키는 기법이다. 복잡한 정보나 긴 설명 후에 청중이 중요한 포인트를 기억할 수 있도록 돕는 역할을 한다. 중간요약은 스피치 중간이나 스피치 부분의 끝에서 사용되며, 청중이 스피치의 주요 메시지를 분명하게 이해하고 기억할 수 있도록 한다. 예를 들어, '재생 가능 에너지의 장점'에 대해 스피치를 한다고 가정해 보자.

> "지금까지 우리는 태양 에너지와 풍력 에너지가 환경에 미치는 긍정적인 영향과 경제적 혜택에 대해 살펴보았습니다. 이 두 재생 가능 에너지 소스는 지속 가능한 미래로 가는 길을 제시합니다."라는 것은 중간요약에 속한다. 이 중간요약은 스피치의 해당 부분에서 논의된 주요 내용을 간략하게 요약하며, 청중이 들은 정보를 정리하고 기억하는 데 도움을 준다.

5. 스피치 개요서 종류 및 작성

스피치 준비 과정에서 여러 유형의 개요(아웃라인)를 작성하는 것은 체계적이고 효과적인 프레젠테이션을 만드는 데 중요하다. 대표적으로 사용되는 세 가지 유형의 스피치 개요서는 작업 개요서(working outline), 전문 개요서(complete sentence outline), 그리고 발표 개요서(presentation outline) 등이 있다. 이 세 가지 유형의 개요서는 스피치 준비 과정에서 서로 다른 목적을 가지고 있으며, 스피치의 효과적인 준비와 성공적인 전달을 위해 함께 사용된다. 즉, 작업 개요서로 시작하여 스피치의 내용과 구조를 개발하고, 완전 문장 개요서를 통해 내용을 세밀하게 다듬으며, 마지막으로 발표 개요서를 사용하여 실제 발표를 원활하게 진행할 수 있다.

1) 작업 개요서

작업 개요서는 스피치의 초기 단계에서 사용되며, 주제를 조직하고 스피치의 기본 구조를 계획하는 데 도움이 된다. 작업 개요서는 스피치의 주요 아이디어, 부주제, 지원하는 증거나 자료를 포함할 수 있다. 작업 개요서는 스피치를 계획하는 과정에서 수정과 조정이 자주 이루어질 수 있으므로 유동적이고 융통성 있는 형태를 취하게 된다. 작업 개요서는 스피치의 내용과 구조를 명확히 이해하고, 연구와 준비 과정을 안내하는 역할을 한다.

2) 전문 개요서

전문 개요서는 스피치의 모든 주요 포인트와 하위 포인트를 완전한 문장으로 표현한 개요라고 할 수 있다. 전문 개요서는 스피치의 주제, 목적, 주요 아이디어, 지원 아이디어, 결론 등을 포함하여 스피치의 전체 내용을 상세하게 설명한다. 전문 개요서는 스피치의 내용을 더 깊이 있게 탐구하고, 각 포인트 간의 연결과 논리적인 흐름을 명확히 하기 위해 사용된다. 전문 개요서는 발표자가 스피치를 구체적으로 준비하고 연습하는 데 중요한 참고 자료가 된다.

3) 발표 개요서

발표 개요서는 실제 스피치나 프레젠테이션 중에 사용하는 간략한 버전의 개요서다. 발표 개요서는 주로 키워드, 짧은 문구, 또는 주요 아이디어의 리스트 형태로 구성되어, 발표자가 스피치를 하는 동안 주요 포인트를 빠르게 참조하고, 흐름을 잃지 않도록 돕는 역할을 한다. 발표 개요서는 발표자가 자신의 말을 자연스럽게 전달하도록 유도하면서도, 스피치의 핵심 구조를 유지할 수 있게 해준다. 발표 개요서는 스피치의 연습 과정에서도 유용하며, 발표자가 스피치의 핵심 포인트와 전환을 숙지하는 데 도움이 된다.

〈표 7-3〉 **개요서 기능 및 특징**

개요서 유형	기능	특징
작업 개요서	최초 주제 개발 및 조직, 기본 구조 계획에 도움	유동적, 융통성, 초기 단계에서 사용, 조사 과정에서 수정 및 조정 가능
전문 개요서	스피치의 상세 내용 설명, 논리적 흐름 명확화	모든 포인트를 완전한 문장으로 표현, 내용 탐구와 준비에 중점
발표 개요서	스피치 중 주요 포인트의 빠른 참조, 흐름 유지	키워드, 짧은 문구 형태, 실제 발표 시 사용

6. 스피치 기본 구조

1) 서론

- 관심을 끄는 시작: 청중의 관심을 끌 수 있는 질문, 통계, 사례 또는 이야기로 시작한다.
- 주요 아이디어: 스피치의 주제나 주요 아이디어를 간단하게 소개한다.
- 구체적 목적: 스피치를 통해 달성하고자 하는 구체적인 목적과 세 개의 주요 포인트를 소개한다.
- 예고: 청중에게 스피치의 주요 내용과 방향을 사전에 설명한다.

2) 본론

- 첫 번째 주요 포인트: 첫 번째 주요 주제를 설명하고 관련된 이야기, 통계, 연구, 참조 자료 등을 제시한다.
  - 세부 정보 A
  - 세부 정보 B
  - 세부 정보 C

(전환사: 첫 번째 포인트에서 두 번째 포인트로 넘어가는 자연스러운 전환을 제공한다.)

- 두 번째 주요 포인트: 두 번째 주요 주제를 설명하고 관련된 이야기, 통계, 연구, 참조 자료 등을 제시한다.
  - 세부 정보 A
  - 세부 정보 B
  - 세부 정보 C

(전환사: 두 번째 포인트에서 세 번째 포인트로 넘어가는 자연스러운 전환을 제공한다.)

- 세 번째 주요 포인트: 세 번째 주요 주제를 설명하고 관련된 이야기, 통계, 연구, 참조 자료 등을 제시한다.
  - 세부 정보 A
  - 세부 정보 B
  - 세부 정보 C

(전환사: 본문의 마지막 부분에서 결론으로 넘어가는 자연스러운 전환을 제공한다.)

3) 결론

- 주요 포인트 리뷰: 스피치의 주요 내용을 간단하고 창의적으로 요약한다.
- 마지막 생각: 청중에게 기억에 남을 의미 있는 메시지로 스피치를 마무리한다.

7. 정보전달 스피치 작업 개요서 예시: 기후 변화와 대응 조치

1) 서론

- 관심을 끄는 시작: "지난 100년 동안 지구의 평균 기온은 약 1도 상승했습니다. 이 작은 숫자가 어떻게 우리의 환경과 생활 방식에 큰 영향을 미칠 수 있는지 알고 계셨나요?"
- 주요 아이디어: 기후 변화의 원인, 영향, 그리고 우리가 취할 수 있는 대응 조치에 대해 설명한다.
- 구체적 목적: 기후 변화에 대한 이해를 높이고, 그 심각성을 인식시키며, 일상 생활에서 실천할 수 있는 구체적인 방안을 제시한다.
- 예고: "지금부터, 기후 변화가 발생하는 원인을 자세히 살펴본 후, 그것이 우리 세계에 미치는 영향과 우리가 할 수 있는 대응 조치에 대해 알아보겠습니다."

2) 본론

- 첫 번째 주요 포인트: 기후 변화의 원인
  - 세부 정보 A: 온실가스 배출의 주요 원인과 그 배경
  - 세부 정보 B: 산업 활동, 농업, 교통 부문에서의 영향
  - 세부 정보 C: 자연과 인간 활동의 상호작용이 기후 변화에 미치는 영향

(전환사: "이제 기후 변화가 우리 세계에 미치는 영향을 살펴보겠습니다.")

- 두 번째 주요 포인트: 기후 변화의 영향
  - 세부 정보 A: 극단적 기상 현상과 그 빈도 증가
  - 세부 정보 B: 해수면 상승과 그에 따른 해안 지역의 영향

- 세부 정보 C: 생태계 및 생물 다양성에 미치는 영향

(전환사: "마지막으로 기후 변화에 대처하기 위해 우리가 취할 수 있는 조치를 살펴보겠습니다.")

- 세 번째 주요 포인트: 대응 조치
  - 세부 정보 A: 재생 가능 에너지로의 전환과 에너지 효율성 향상
  - 세부 정보 B: 지속 가능한 농업 및 식품 소비 패턴
  - 세부 정보 C: 개인, 지역사회, 국가 차원에서의 노력과 국제 협력의 중요성

(전환사: "앞서 본론에서 설명 드렸듯이 기후 변화에 대한 우리의 대응은 단순한 선택이 아닌, 필수적인 책임입니다.")

3) 결론

- 주요 포인트 리뷰: 기후 변화의 원인과 영향, 그리고 대응 조치에 대해 간단히 요약한다.
- 마지막 생각: "우리 모두가 작은 실천을 통해 큰 변화를 만들어낼 수 있습니다. 기후 변화에 대한 대응은 미룰 수 없는 과제입니다. 오늘부터 당신의 선택이 미래를 바꿀 수 있습니다."

요약

스피치의 효과적인 조직과 구조화는 청중과의 명확한 의사소통을 위해 중요하다. 스피치는 일반적으로 서론, 본론, 전환, 결론의 네 부분으로 구성된다. 서론에서는 청중의 관심을 끌고 주제 및 스피치 목적을 소개하며, 본론에서는 주제에 대한 상세한 정보, 주장, 증거를 제시한다. 각 주제 사이의 전환은 청중이 스피치의 흐름을 쉽게 따라갈 수 있도록 도와주는 중요한 역할을 하며, 결론에서는 스피치의 주요 포인트를 요약하고 청중에게 기억에 남을 메시지를 전달한다.

스피치 본문의 조직에서는 명확성, 관련성, 균형이 중요하다. 명확성은 스피치의 메시지가 분명하게 전달되어야 함을 의미하며, 관련성은 내용이 청중의 관심과 직접적으로 연결되어야 한다는 것을 강조한다. 균형은 다양한 관점을 고려하여 정보를 제공해야 함을 의미한다. 스피치의 조직화 유형에는 여러 가지가 있으며, 각 유형은 스피치의 목적과 청중의 특성에 따라 선택된다. 예를 들어 문제–해결 유형, 원인–결과 유형, 시간 순서 유형 등이 있으며, 이러한 조직화 유형은 청중이 스피치 내용을 이해하고 기억하는 데 도움을 준다.

스피치 아이디어의 연결은 방향제시, 전환사, 중간예고 및 중간요약을 통해 이루어지며, 이는 청중이 스피치의 흐름을 따라가는 데 필수적이다. 또한, 스피치 개요서는 스피치의 구조와 주요 포인트를 명확하게 만들고, 발표 준비 과정에서 체계적인 접근을 가능하게 한다. 개요서는 작업 개요서, 전문 개요서, 발표 개요서로 나뉘며, 각각 스피치 준비의 다른 단계에서 사용된다.

그레타 툰베리의 유엔 스피치 영상 시청하기

스피치 사례

환경 운동가 '그레타 툰베리(Greta Thunberg)'의 유엔 스피치

16세의 젊은 환경 운동가 그레타 툰베리는 노벨 평화상 후보로 거론되며 세계의 주목을 받았다. 스웨덴 의회 앞에서 시작한 그녀의 1인 시위는 스웨덴이 파리 기후 변화 협정에 부합하도록 탄소 배출 감소를 촉구하는 강력한 메시지였다. 이 시위는 소셜 미디어를 통해 전 세계에 퍼져나가며, '미래를 위한 금요일'이라는 글로벌 기후 운동 캠페인으로 발전했다. 툰베리의 활동은 기후 및 환경 운동가로서의 그녀의 명성을 높였고, 2019년에는 유엔 기후행동정상회의에서 연설할 기회를 얻었으며, 그녀의 메시지는 전 세계 많은 사람들에게 영감을 주었다. 그녀는 같은 해 '타임'지의 올해의 인물로 선정되었고, 노벨 평화상 후보에도 올랐다. 우리 모두는 기후 위기에 대응하기 위해 온실가스 배출을 줄여야 한다는 것을 알고 있다. 하지만, 툰베리가 강조했듯, 실질적인 일상 속 행동으로 옮기는 것이 중요하다. 이제 행동할 때다.

[그림 7-1] 환경 운동가 '그레타 툰베리'의 유엔 스피치

영상 출처: UNICEF YouTube (https://www.youtube.com/watch?v=u9KxE4Kv9A8)

소소하고 사소한 이야기

TBWA Korea 유병욱 크리에이티브 디렉터 인터뷰

유병욱 크리에이티브 디렉터(Creative Director, 이하 CD)와의 인연은 코로나 이전인 2018년 11월로 거슬러 간다. 홍익대학교 광고홍보학부 전공 학생들 중에서 광고제작에 관심이 있었던 네 명의 학생들과 함께 서울 강남 가로수 길에 있는 TBWA Korea 본사에서 유병욱 CD와 직접 만났다. 1층 로비에서 간단한 인사를 하고, 근처 '자매의 부엌'이라는 식당에서 점심을 함께 하게 되었다. '평소의 발견'과 '생각의 기쁨'이라는 두 책의 저자이기도 한 유병욱 CD는 학생들의 광고와 관련된 이런저런 질문에 성심껏 답해주었다. 그리고 그것이 인연이 되어 2023년 가을에는 홍익대학교 세종캠퍼스까지 방문하여 학생들에게 '창의력을 키우는 습관'이라는 주제로 특강을 진행해서 학생들에게 창의적 사고를 일깨워 주었다. 우연한 기회에 보건복지부의 '금연광고' 경쟁 프리젠테이션에서 유병욱 CD를 다시 만났다. 그의 프리젠테이션은 군더더기 없이 깔끔했고, 차분했으며, 핵심을 찌르는 논리는 충분히 설득력이 있었다. 광고대행사 카피라이터로 커리어를 시작한 유병욱 CD다운 멋진 프리젠테이션으로 기억한다.

Q1 간단한 자기소개를 부탁드립니다.

A1 안녕하세요? TBWA KOREA라는 광고회사에서 일하고 있는 유병욱CD입니다. 카피라이터로 일을 시작해서 지금은 브랜드의 전략 방향성부터 아이디어 발상, 광고주 프리젠테이션, 그리고 영상과 인쇄물 제작까지의 긴 과정을 책임지는 크리에이티브 디렉터로 일하고 있습니다. 틈틈이 글을 써서 몇 권의 책을 낸 작가이기도 하고요.

Q2 광고주 프리젠테이션을 준비 과정에서 가장 많은 시간을 투자하는 부분은 어디인가요?

A2 프리젠테이션의 기술적인 부분보다는 프리젠테이션의 콘텐츠 – 이야깃거리를 많이 쌓아 놓는 일에 시간을 가장 많이 씁니다. 정말 중요한 것은 프리젠테이션을 얼마나 잘 하느냐 보다 다루고 있는 내용이 얼마나 풍부하고 내실 있느냐 라고 생각해요. 재미있게도, 내용에 대한 준비가 잘 되면 자신감이 생겨서 프리젠테이션 자체도 훨씬 매끄러워집니다. 일단 프리젠테이션 준비 과정에 들어가면, 스피치의 구조를 짜는데 시간을 가장 오래 씁니다. 하고 싶은 말을 주욱 적고, 책의 목차를 구성하듯 중요한 단어를 중심으로 말할 순서를 정리합니다. 스피치의 디테일은 맨 마지막에 완성하고요.

Q3 프리젠테이션에서 광고주의 관심을 사로잡는 첫 인상을 만드는 방법은 무엇인가요?

A3 제 나름대로의 노하우가 있는데요. 저는 '너무 잘 하려 하지 말자. 어차피 내가 다룰 내용이 좋으면 내가 말을 잘 못해도 좋은 결과가 있을 것이다.' 라는 최면을 겁니다. (웃음) 그래서 무리한 설정을 하지 않고, 최대한 자연스런 말을 쓰면서 초반에 오늘 할 이야기를 짧게 정리하고 들어갑니다. 프리젠테이션을 듣는 분들도 점수를 매기기 위해 앉아 있는 사람이 아니라 제 이야기를 듣기 위해 앉아 계신 분들이라 생각하고, 사람 대 사람으로 제가 프리젠테이션을 준비하면서 정말로 그렇게 느낀 부분을 전달하려고 합니다.

Q4 광고주를 설득할 때 가장 중요하게 고려하는 요소는 무엇인가요?

A4 갑을 관계가 아니라 최선의 답을 함께 찾는 파트너라고 생각하고 이야기를 이어갑니다. '광고주니까 저쪽

의견에 맞춰야지'라고 접근하면 그 순간은 편하지만 결과물이 마음에 들지 않을 때가 많고, 광고주도 자기 의견이 없는 파트너와는 관계를 오래 유지하는 경우가 드뭅니다. 예의를 지키면서 솔직하게 의견을 드리고, 피드백을 주고받으며 광고주 쪽 의견에서 제가 설득되는 부분은 그 자리에서 바로 반영하면서 의견을 조율합니다.

Q5 광고주의 의견과 반대되는 경우, 어떻게 자신의 아이디어를 유지하면서 광고주를 설득하나요?

A5 먼저 제가 광고주 의견에 반대하는 이유를 최선을 다해서 설명합니다. 어차피 광고주나 저나 좋은 광고를 만들고 싶은 마음은 같아서, 제 경험을 바탕으로 한 판단을 진심을 담아 이야기하면 광고주 쪽에서 의견을 바꾸는 경우가 종종 있습니다. 하지만 일이라는 게 매번 마음대로 되지는 않죠. 그럴 때 제가 일하는 방식이 하나 있는데요. 광고주의 의견을 반영한 아이디어를 완성하고, 그럼에도 불구하고 제가 주장하고 싶은 아이디어를 함께 준비합니다. 그래도 광고주가 의견을 굽히지 않으면 어쩔 수 없죠. 그럴 땐 광고주가 주장한 아이디어를 가장 잘 만들어 보려고 노력합니다. 어차피 제 이름으로 나가는 결과물이 될 테니까요.

Q6 마지막으로, 광고대행사에서 프리젠테이션 역량의 중요성은 어느 정도라고 생각하세요?

A6 광고회사의 어느 파트에서 일하느냐에 따라 프리젠테이션 역량의 중요도도 다를 겁니다. 일반적으로 광고기획(AE) 파트에서 일하는 사람일수록 직접 회사 밖에서 프리젠테이션을 할 일이 많고, 정식 PT 이외에도 광고주에게 자신의 의견을 정리하여 전달할 경우가 많습니다. 그러니 일반적으로 기획 파트에서 프리젠테이션 역량은 더 중요하다고 말씀드릴 수 있죠. 하지만 거시적으로 보면, 광고회사 회의실에서 자신의 아이디어를 파는 일은 전부 일종의 프리젠테이션입니다. 카피라이터나 아트디렉터들도 직급이 올라가면 광고주에게 아이디어를 직접 설명하는 경우가 많고요.

프리젠테이션만 잘하고 생각하는 힘이 약한 사람들은 금방 티가 나고, 그래서 이 일을 오래 잘하기 쉽지 않습니다. 하지만 생각의 좋은 친구가 프리젠테이션 능력까지 좋으면, 그야말로 호랑이에 날개를 다는 격이죠. 좋은 생각을 조리 있게 매력적으로 전달하는 능력의 중요성은 아무리 강조해도 지나치지 않는다고 생각합니다. 흔히 프리젠테이션 능력은 타고난다고 생각하시는데, 그렇지 않아요. 연습을 통해서 정말 많이 좋아집니다.

유병욱 크리에이티브 디렉터 프로필

20년 차 카피라이터. 현재 광고회사 TBWA Korea에서 크리에이티브 디렉터로 일하고 있다. 서울대 인류학과를 졸업하고, 런던 웨스트민스터 대학교에서 마케팅 커뮤니케이션 석사 학위를 받았다. 시디즈 '의자가 인생을 바꾼다', e 편한 세상 '진심이 짓는다', 비타 500 '착한 드링크', ABC마트 '세상의 모든 신발', '겔의 포스가 함께하길' 같은 광고를 만들었고, SBS의 슬로건 '함께 만드는 기쁨'을 썼다. 오직 광고의 마케팅적 효과만으로 평가받는 에피 어워드 코리아(Effie Awards Korea)에서 그랑프리를 받았고, 한국에서 처음으로 페이스북 어워드에서 글로벌 위너상을 수상했다. 지은 책으로 『생각의 기쁨』, 『평소의 발견』, 『없던 오늘』이 있다.

CHAPTER

08

서론과 결론

스피치에서 무엇을 남길 것인가

SPEECH
COMMUNICATION

스피치의 첫 시작인 서론은 여행의 첫걸음을 내딛는 순간과도 같다. 청중을 이끌고 스피치라는 여정으로 안내할 때 청중의 호기심을 자극하는 흥미로운 이야기나 사실을 통해 그들의 관심을 사로잡아야 한다. 서론에서 스피치의 목적지를 간략히 설명하고, 청중이 이 여정에서 무엇을 기대할 수 있는지 알려줘야 한다. 이것은 청중이 함께할 준비가 되었음을 확인시키고, 스피치가 향하는 방향을 명확히 해주는 역할을 한다. 그리고 결론은 여행의 종착점에 도달한 것과 같다. 여기서 발표자는 청중과 함께 지나온 길을 되돌아보며, 스피치의 핵심 메시지를 다시 한번 강조한다. 결론에서 스피치를 통해 청중이 얻은 지식과 감정을 정리하고, 그들에게 무엇인가 행동하게끔 영감을 주는 메시지를 전달해야 한다. 이것은 청중이 스피치 메시지를 실제 생활에 적용하게끔 동기를 부여하고, 스피치가 끝난 후에도 그들의 마음속에 남을 수 있는 강렬한 인상을 남기는 것이다. 이렇듯 서론과 결론은 스피치라는 여정에서 매우 중요한 역할을 한다. 서론이 청중을 이끌어 스피치의 세계로 안내한다면, 결론은 그 여정을 의미 있게 마무리하고, 청중이 가슴속 깊이 메시지를 간직할 수 있도록 해준다. 스피치에서 '무엇을 어떻게 남길 것인가?', 그 질문에 대한 답을 서론과 결론에서 찾아야 한다.

SPEECH
COMMUNICATION

1. 서론 개발

스피치 내용은 서론, 본론, 그리고 결론으로 구성된다. 이 중에서 서론이 가장 중요하다. 그 이유는 서론에서 발표자가 스피치를 어떻게 시작하느냐에 따라 청중은 계속해서 들을지 말지를 결정하기 때문이다. 우선, 서론은 청중의 관심을 끌고, 스피치의 주제와 목적을 소개하는 첫 번째 기회라고 할 수 있다. 이는 청중이 스피치에 집중하게 만들고, 스피치의 전체적인 방향성을 이해할 수 있게 도와준다. 서론에서는 스피치의 주제에 대한 흥미를 유발할 수 있는 질문, 통계, 이야기 등을 포함시켜 청중의 호기심을 자극하고, 그들이 스피치 내용에 대해 더 알고 싶어 하게 만들 수 있다. 결국, 서론은 스피치의 성공적인 시작을 위한 기반이 되며, 청중과의 긍정적인 첫인상을 형성하는 중요한 역할을 한다.

초두효과(Primary Effect)

심리학에서 나온 현상으로서 처음 제시된 정보 또는 인상이 나중에 제시된 정보보다 기억에 더 큰 영향을 끼치는 현상을 말한다. 즉, 스피치 상황에서 청중들은 본문에서 제시한 내용보다 시작부분에서 제시한 내용에 많은 관심을 갖고 기억을 되살릴 가능성이 높다는 현상을 의미한다.

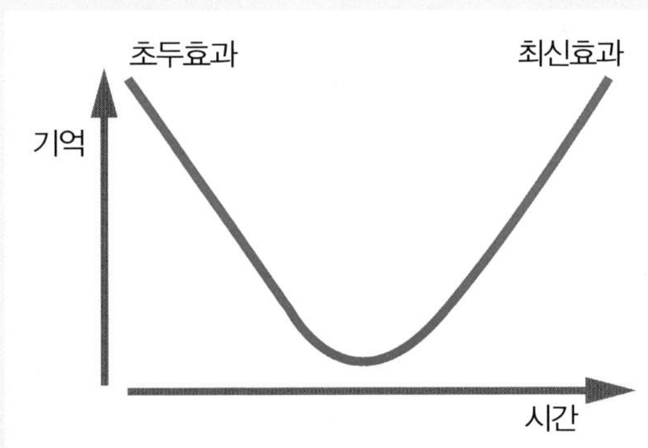

[그림 8-1] **초두효과와 최신효과: 기억과 시간의 상관관계**

1) 서론의 구성

서론에서 발표자의 역할은 첫 째, 청중의 관심 끌기, 둘째, 스피치 목적문과 주제문 제시하기, 셋째, 스피치 주제에 대한 공신력 쌓기, 그리고 마지막으로 스피치 주요 요점을 예고하는 것이다. 이러한 서론의 구성을 통해 청중과 처음부터 끝까지 함께 호흡하고, 지속적으로 연결되어 청중의 집중을 유지시킬 수 있으며, 성공적으로 스피치의 목적(정보전달 스피치, 설득 스피치, 엔터테인먼트 스피치)을 달성할 수 있다.

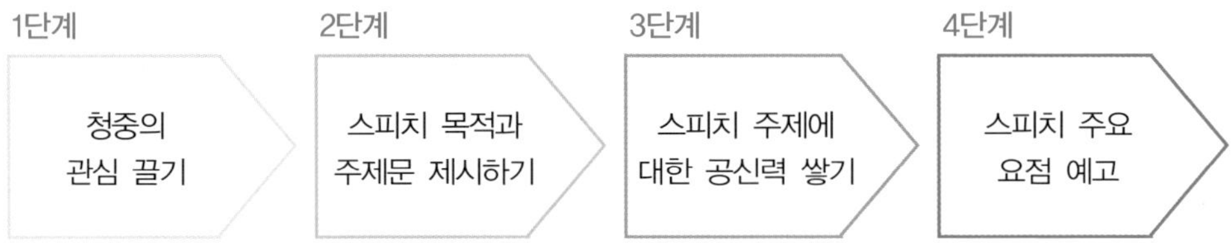

[그림 8-2] **서론의 구성 단계**

2) 청중의 관심 끌기

좋은 서론은 청중의 관심을 사로잡을 수 있으며, 나쁜 서론은 청중이 발표자에게 등을 돌리게 만들 수 있다. 관심을 끄는 장치란 발표자가 스피치 시작 부분에서 청중의 관심을 끌고 스피치 주제에 대해 관심을 갖게 만들기 위해 사용하는 방법이다. 일반적으로, 특정 관심 끌기 장치를 선택할 때 고려해야 할 네 가지 사항이 있다.

① 청중에 대한 적절성 또는 관련성

첫째, 관심 끌기 장치를 선택할 때, 선택한 옵션이 특정 청중에게 실제로 적절하고 관련이 있는지 확인하고 싶을 것이다. 다른 청중들은 다른 배경과 지식을 가지고 있으므로, 특정 청중에게 특정 정보를 사용하는 것이 적절한지 여부를 결정하기 위해 청중 분석을 사용해야 한다. 예를 들어, 65세 이상의 시니어 그룹에게 '가족'에 대한 주제로 스피치를 하는 경우, 스피치를 시작할 때 '가십걸(Gossip Girl)'이라는 미국 TV 드라마 시리즈를 언급하는 것은 최선의 방법이 아닐 수 있다. 왜냐하면 해당 TV 드라마 시리즈가 청중인 시니어 그룹에게는 관심 또는 관련이 없을 수 있기 때문이다.

가십걸(Gossip Girl)

미국의 인기 TV 드라마 시리즈로, 2007년부터 2012년까지 CW 네트워크에서 방영되었으며, 이 시리즈는 세실리 폰 지게자르의 동명 소설 시리즈를 바탕으로 하며, 뉴욕시의 상류층 청소년들의 생활을 다뤘다. "가십걸"은 스타일리시한 촬영 기법과 긴장감 넘치는 스토리 전개로, 많은 팬들에게 사랑받는 문화적 아이콘이 되었다.

② 스피치의 목적

둘째, 스피치의 '기본 목적'을 고려해야 한다. 일반적으로, 스피치의 세 가지 기본 목적은 정보 제공, 설득, 그리고 유흥이다. 관심 끌기 장치를 선택할 때, 기본 목적에 해당하는 것을 선택하고 싶을 것이다. 만약 목표가 청중을 즐겁게 하는 것이라면, 아프리카에서 매일 영양실조로 죽어가는 사람들에 대한 인용으로 스피치를 시작하는 것은 청중의 관심을 끄는 가장 좋은 방법이 아닐 수 있다. 서론의 기본 목표 중 하나는 청중을 스피치에 준비시키는 것이다. 만약 관심 끌기 장치가 스피치의 나머지 부분과 크게 다른 어조를 가진다면, 불일치로 인해 청중이 혼란스러워하거나 전적으로 발표자를 무시하게 만들 수 있다.

③ 스피치 주제

셋째, 관심 끌기 장치를 선택할 때 고려해야 할 세 번째 기본적인 사항은 바로 '스피치 주제'다. 관심 끌기 장치는 스피치와 관련성이 있어야 한다. 경제에 관한 스피치를 시작하면서 연사가 주머니에서 콘돔을 꺼내 "무료 섹스!"라고 외치며 청중에게 콘돔을 던진다고 상상해 보자. (미국 대학교 스피치 커뮤니케이션 수업 중에 실제 일어났던 사례다.) 이것은 분명히 청중의 관심을 끌 수 있지만, 경제에 대한 스피치 듣기를 준비하는 청중을 위한 좋은 방법은 아니다. 모든 관심 끌기 장치가 주어진 주제에 적합한 것은 아니라는 것을 기억해야 한다.

④ 스피치 상황

관심 끌기 장치를 선택할 때 고려해야 할 마지막 고려 사항은 '스피치 상황'이다. 다른 상황은 다른 어조를 필요로 하거나, 특정 스타일이나 말하기 방식이 필요하다. 예를 들어, 죽음과 죽어가는 것에 대한 설득력 있는 스피치는 행복하고 유쾌해선 안 된다. 웃음의 이점에 대한 정보 제공 스피치는 침울하고 우울해선 안 된다. 관심 끌기 장치를 선택할 때, 그것이 스피치의 어조를 설정한다는 것을 명심해야 한다.

3) 밀러(Miller)의 11가지 관심 끌기 장치

밀러의 11가지 관심 끌기 장치는 스피치나 프레젠테이션을 시작할 때 청중의 관심을 끌기 위해 사용할 수 있는 다양한 전략들을 제공한다. 이 장치들은 청중의 호기심을 자극하고, 메시지에 대한 관심을 유지하며, 스피치의 내용을 더욱 몰입감 있게 만들 때 중요한 역할을 한다.

① 주제 언급: 스피치 주제를 직접 언급하여 청중의 관심을 집중시키는 방법

주제 언급은 스피치 시작부터 바로 핵심 주제를 명확히 함으로써 청중이 스피치의 목적과 내용에 신속하게 집중할 수 있도록 하는 전략이다. 이 방식은 청중이 스피치의 방향을 즉시 이해하고, 주제에 대한 중요성을 인식하게 하여 관련성을 느낄 수 있도록 돕는다. 스피치에서 주제를 명확히 제시하는 것은 청중의 기대를 설정하고, 스피치의 흐름을 안내하는 중요한 역할을 한다.

"오늘 제가 여러분에게 말씀드릴 주제는 '지속 가능한 농업과 우리의 미래'입니다. 이

주제는 현재 글로벌 환경 변화와 직결되며, 우리 모두에게 중대한 영향을 미치고 있습니다. 지속 가능한 농법이 왜 필수적인지, 그리고 우리가 어떻게 개입할 수 있는지에 대해 심도 깊게 논의해 보겠습니다."

② 청중 언급: 스피치가 청중의 개인적인 경험, 관심사 또는 필요에 직접적으로 연결되는 방법

청중 언급은 스피치 내용이 청중의 일상적 경험, 가치, 또는 문제와 어떻게 관련되는지를 강조함으로써 그들의 관심을 유도한다. 이 접근법은 청중이 스피치의 내용을 자신의 삶과 연결지어 생각하게 만들어, 보다 높은 참여와 반응을 이끌어낼 수 있다. 청중이 스피치 내용을 개인적으로 중요하게 여기게 함으로써, 그들의 관심과 참여를 높이는 효과적인 방법이다.

"여러분 중에는 자녀를 둔 부모님께서 많으실 겁니다. 자녀의 온라인 안전은 우리 모두에게 중대한 관심사입니다. 오늘 제가 여러분에게 소개할 인터넷 안전 수칙들은 바로 여러분의 가정에 직접적인 도움이 될 것입니다. 이를 통해 우리 아이들이 안전하게 인터넷을 사용할 수 있는 환경을 만들어 줄 수 있습니다."

③ 명언 인용: 스피치에 권위와 신뢰성을 더하는 유명인사의 명언 인용

명언 인용은 스피치에 깊이와 공감대를 형성하는 효과적인 방법으로, 청중에게 영감을 주고 스피치 메시지에 무게감을 추가한다. 유명인사의 견해나 생각을 인용함으로써, 청중이 스피치 내용을 더 신뢰하고 가치 있게 받아들이도록 유도할 수 있다. 인용은 스피치의 주제와 밀접하게 연관되어야 하며, 청중에게 익숙한 인물이어야 한다.

"알버트 아인슈타인은 '위기는 창조력을 활성화시킨다'고 말했습니다. 우리가 현재 직면한 기후 변화의 위기는 실로 엄청납니다. 하지만 이 위기가 바로 우리에게 혁신적인 해

결책을 찾을 수 있는 동기를 제공한다는 점에서, 아인슈타인의 말은 더욱 강력한 메시지를 전달합니다."

④ 시사 이슈 언급: 최근 뉴스나 사회적 이슈를 스피치에 통합

시사 이슈를 언급하는 것은 스피치가 현재 맥락과 관련이 있음을 보여주고, 청중에게 스피치가 시의적절하고 중요하다는 인식을 강화한다. 최신 사건이나 뉴스를 언급함으로써, 청중이 그들의 삶에 바로 적용 가능한 정보나 통찰을 얻고 있음을 느끼게 만들 수 있다. 이는 스피치의 내용이 단순히 학문적인 지식을 넘어 실제 세계의 변화와 직결될 수 있음을 강조한다.

"우리가 오늘 다루고 있는 지속 가능한 농업의 주제는 최근 유럽 연합이 새롭게 도입한 농업 정책과 직접적으로 관련이 있습니다. 이 정책은 환경 보호를 강화하고, 지속 가능한 농업 방식을 촉진하기 위한 것입니다. 이러한 변화는 우리 모두가 식탁에서 선택하는 것에 큰 영향을 미칠 것이며, 농부들에게는 더 큰 책임과 기회를 제공할 것입니다."

⑤ 역사적 언급: 역사적 사건이나 인물을 통해 스피치에 맥락과 깊이 추가

역사적 언급은 스피치에 시간적 깊이와 통찰을 추가하며, 청중이 현재의 주제를 역사적 맥락 속에서 이해할 수 있도록 돕는다. 과거 사건이나 인물을 들어 현재의 주제를 설명함으로써, 청중에게 스피치의 주제가 단지 현재에만 국한된 것이 아니라 시간을 넘나드는 보편적인 가치나 문제임을 보여줄 수 있다.

"오늘 우리가 논의하는 성 평등의 이슈는 새롭지 않습니다. 역사적으로 봐도, 1920년대의 여성 참정권 운동가들은 오늘날 우리가 계속 싸우고 있는 같은 문제들을 대면하고 있었습니다. 그들의 용기 있는 행동이 오늘날 우리 사회의 성 평등을 위한 기초를 마련했으며, 이는 우리가 이 문제에 지속적으로 주목하고 노력해야 하는 이유를 상기시켜 줍니다."

⑥ 일화: 짧고 감동적인 개인적 경험 또는 사례를 공유하여 청중의 감정을 자극

일화 사용은 청중의 감정에 호소하며, 복잡하거나 추상적인 스피치 주제를 더 접근하기 쉽고 이해하기 쉬운 형태로 전달할 수 있다. 일화는 스피치의 주제를 청중의 일상적 경험과 연결짓고, 메시지에 인간적인 요소를 추가하여 청중과의 감정적 연결을 강화한다.

> "저는 얼마 전 지역사회 봉사 활동을 하면서 한 어르신을 만났습니다. 그분께서는 젊은 시절부터 지역사회 발전을 위해 헌신하셨지만, 이제는 거동이 불편해 활동에 참여하기 어렵다고 하셨습니다. 이런 분들을 위해 우리가 할 수 있는 일은 무엇일까요? 이것이 바로 우리가 오늘 토론할 '고령화 사회와 지역사회 서비스'의 중요성입니다. 우리 사회의 모든 구성원이 존중 받고 필요한 서비스를 받을 수 있어야 합니다."

⑦ 놀라운 선언: 청중을 놀라게 할 수 있는 정보나 사실을 강조하여 관심을 집중시키는 방법

놀라운 선언은 청중의 호기심과 관심을 즉각적으로 끌어당기기 위해 사용한다. 이러한 선언은 종종 충격적이거나 예상치 못한 통계나 사실을 포함하여 청중이 스피치에 집중하도록 만든다. 이 방법은 스피치의 중요한 포인트나 메시지를 강조함에 있어 효과적이다.

> "현재 전 세계적으로 매년 약 1억 5천만 톤의 식품이 낭비되고 있습니다. 이는 매일 약 2천만 명의 인구가 섭취할 수 있는 양과 맞먹습니다. 우리가 이 문제에 대해 심각하게 고민해야 하는 이유가 바로 여기에 있습니다. 식품 낭비를 줄이는 것은 단순히 경제적인 문제를 넘어서 환경적, 사회적인 책임의 문제입니다."

⑧ 질문: 청중에게 직접적인 질문을 던져 그들의 생각을 자극하고 참여를 유도

질문을 통한 관심 끌기는 청중에게 직접적으로 생각할 거리를 제공하고, 스

피치 내용에 대해 더 깊이 고민하도록 유도한다. 이 방법은 청중이 스피치 주제나 문제에 대해 개인적인 연관성을 찾아보고, 스피치에 더 적극적으로 참여하도록 만든다.

> "지금 이 순간, 여러분의 스마트폰에 저장된 개인 정보의 양을 정확히 알고 계신가요? 만약 여러분의 그 정보들이 외부에 노출된다면 어떤 일이 벌어질지 상상해 보셨나요? 이것이 바로 오늘 우리가 다룰 '사이버 보안과 개인 정보 보호'의 중요성입니다."

⑨ 유머: 경쾌한 분위기를 조성하고 청중과의 친근감 형성

유머는 스피치의 분위기를 완화하고 청중과의 관계를 강화하고자 할 때 유용하다. 잘 사용된 유머는 청중의 긴장을 풀어주고, 스피치의 내용이 더 기억에 남도록 한다. 유머는 청중의 이목을 집중시키고, 스피치의 흐름에 활력을 불어넣는 효과적인 수단이 될 수 있다.

> "저는 오늘 아침에 제 삶의 큰 실수를 저질렀습니다. 바로, 알람을 끄고 다시 잠이 든 건데요. 결국 중요한 회의에 늦어버렸죠. 여러분, 저만큼은 되지 말아 주세요. 우리 모두가 잘 알듯이, '아침의 알람'은 그저 끄라고 있는 것이 아니라, 일어나라고 있는 겁니다."

⑩ 개인적 언급: 자신의 경험, 생각, 느낌을 공유하여 스피치에 진정성 추가

개인적 언급은 스피치를 더 진솔하고 신뢰할 수 있게 만든다. 연사가 자신의 개인적 경험을 공유함으로써 청중과의 감정적 연결을 강화하고, 스피치 내용에 대한 그들의 관심과 공감을 증진시킬 수 있다.

> "저는 어린 시절부터 공공 도서관에서 많은 시간을 보냈습니다. 그곳의 책들은 제 상상력을 자극하고, 제 삶에 많은 영향을 미쳤습니다. 오늘 저는 여러분과 도서관의 중요성에 대해 이야기하고자 합니다. 저와 같이 많은 사람들이 도서관을 통해 지식을 얻고, 삶의 질을 향상시킬 수 있었습니다."

⑪ 상황 언급: 스피치가 이루어지는 특별한 상황이나 이벤트를 강조

상황 언급은 스피치가 진행되는 특정 상황, 이벤트 또는 중요한 날짜를 언급하여, 그 순간의 중요성을 강조한다. 이는 청중이 스피치의 시기와 목적을 명확히 이해하고, 해당 이벤트나 상황에 대한 스피치의 중요성을 인식시키고자 할 때 도움을 준다.

> "오늘은 세계 환경의 날입니다. 우리가 여기 모인 이유는 지구 환경을 보호하고, 지속 가능한 미래를 위한 구체적인 조치를 논의하기 위함입니다. 이날을 맞이하여 우리 모두가 환경 보호의 중요성을 다시 한번 되새기고, 행동으로 옮길 것을 촉구합니다."

⑫ 그 외 자신만의 창의성 활용하기

밀러가 제시한 11가지 관심끌기 장치 외에도 발표자 자신만의 창의성을 활용해 서론에서 청중의 관심을 끌 수도 있다. 예를 들어, 실제 스피치 커뮤니케이션 수업에서 '세계 3대 뮤지컬 – 캣츠, 레미제라블, 오페라의 유령'이라는 주제로 정보전달 스피치를 할 때 한 여학생은 서론에서 뮤지컬 '캣츠'에 나오는 '메모리(memory)'를 짧게 불러서 청중의 관심 끌기는 물론 본인의 주제 대한 예시를 명확하게 제시하기도 했다.

4) 목적문과 주제문 제시

스피치 서론에서 관심 끌기 이후에는 목적문과 주제문이 뒤따른다. 이 두 요소는 스피치의 서론 부분에서 청중에게 스피치의 방향과 주제에 대한 명확한 이해를 제공한다. 관심을 끄는 장치로 청중의 주의를 사로잡은 후, 목적문과 주제문을 통해 청중이 스피치의 내용을 구체적으로 예상할 수 있도록 하는 것이 중요하다. 이는 청중이 스피치에 더 집중하고, 스피치의 메시지를 더 잘 받아들이도록 돕는 역할을 한다.

① 목적문

목적문은 스피치의 주 목적을 청중에게 명확하게 알리는 짧은 문장이다. 이는 청중이 스피치에서 무엇을 기대할 수 있는지 이해하는 데 도움을 준다. 목적문은 일반적으로 정보를 제공(inform), 설득(persuade), 또는 오락(entertain) 중 어떤 목적으로 스피치를 하고 있는지를 밝힌다.

> "오늘 제 스피치의 목적은 여러분에게 지속 가능한 개발의 중요성에 대해 정보를 제공하고, 우리 모두가 환경 보호를 위해 취할 수 있는 구체적인 조치를 설명하는 것입니다."

② 주제문

주제문은 스피치의 주제와 관련하여 발표자가 전달하고자 하는 핵심 메시지나 주장을 요약한 문장이다. 이는 스피치의 전체 구조와 내용을 안내하는 역할을 하며, 청중이 스피치의 핵심적인 내용을 이해하도록 돕는다. 주제문은 주제에 대한 발표자의 관점을 명확히 밝히며, 청중이 발표자가 스피치를 하는 동안 청중이 기대할 수 있는 주요 논점을 제시한다.

> "지속 가능한 개발은 단순히 환경을 보호하는 것을 넘어서, 경제 성장과 사회적 포용성을 촉진하는 핵심 요소이며, 오늘 제가 여러분에게 소개할 세 가지 주요 전략을 통해 우리 모두가 이러한 발전을 실현할 수 있습니다."

2. 공신력 쌓기

우리는 지금 가짜 뉴스가 넘쳐나는 시대에 살고 있으며, 어떠한 정보를 받아들일 때 그것의 신뢰성에 대해 의심하고, 평가한다. 신뢰성의 핵심은 믿음이다. 신뢰성은 누군가가 하는 말이 사실이라고 믿는 것뿐만 아니라, 그들을 신뢰하는 것을 의미하기도 한다. 스피치에서도 마찬가지다. 스피치를 할 때 발표자는 신뢰성을 가져야 하며, 청중은 발표자를 신뢰할 수 있고 믿을 수 있는 사람으로 봐야 한다. 그렇기 때문에 신뢰성은 양방향이다. 발표자 자신을 신뢰할 수 있는 사람으로 제시할 수 있지만, 청중 역시 발표자의 신뢰성을 믿어야 한다. 스피치에서 공신력 쌓기는 서론에서뿐만 아니라, 본론에서도 제시하는 자료를 인용하는 방법 등으로 이루어진다. 결론에서도 청중의 질문에 답하는 방식으로도 공신력을 쌓을 수 있다.

스피치를 진행할 때 신뢰성을 구축하는 것이 왜 중요한지에 대한 이유를 세 가지, 즉 ① 주의와 참여, ② 행동 촉구, 그리고 ③ 인식된 권위와 미래의 참여로 설명해 보고자 한다.

① 주의와 참여

청중이 발표자를 신뢰할 수 있는 사람으로 보면, 청중은 발표자의 말에 더 몰입해서 듣게 될 가능성이 높다. 설문 조사에 따르면, 지도자를 신뢰하는 사람들이 그렇지 않은 사람들보다 여섯 배 더 많은 참여를 보인다고 한다. 청중들이 발표자에게 더 많은 주의를 기울이게 되면, 발표자는 더 큰 영향력을 발휘할 수 있다.

② 행동 촉구

신뢰성은 청중이 발표자를 진지하게 받아들이게 하고, 발표자가 증명하려는 주장이나 가르치려는 정보를 고려하도록 설득한다. 청중들은 또한 정보에 따라 행동하거나 발표자의 행동 촉구에 응답할 가능성이 더 높다. 또한, 개인화하고 청중의 필요에 직접 말하는 것은 행동 촉구에 대한 청중의 반응을 200% 이상 증가시킬 수 있다.

③ 인식된 권위와 미래의 참여

청중이 발표자를 주제에 대해 신뢰할 수 있고 권위 있는 사람으로 인식하게 되면, 발표자의 행동 요구에 더 많이 참여하고자 할 것이다. 자료에 따르면, 68%의 사람들은 자신의 분야에서 전문성을 가진 사람을 생각 리더로 보며, 이러한 영향력은 발표자가 계속해서 명성과 영향력을 증가시키는 데 도움이 된다고 한다.

1) 서론에서 공신력 쌓기

스피치 서론에서 신뢰성을 확립하는 방법 중 하나는 청중에게 자신에 대해 이야기하고, 발표자의 관심사와 발표 주제에 대한 자격이 있는 이유를 설명하는 것이다. 스피치를 시작할 때 자기소개를 하고, 해당 주제에 대한 권위자인 이유를 제시해야 한다. 스피치하는 주제 분야에서의 과거 성공 사례, 교육 배경, 그리고 해당 주제에 개인적으로 시간을 투자하고 관심을 가진 이유를 제시할 수 있어야 한다. 연구에 따르면 저자나 발표자의 자질 또는 자격을 알고 있는 사람들은 그들을 "더 높은 수준의 전문성을 가지고 있으며 그들의 정보가 더 신뢰할 수 있다"고 인식한다고 한다. 결론적으로, 서론에서 청중에게 발표자 자신이 스피치하고자 하는 주제에 대해 얼마나 자격 또는 자질이 있는지를 보여주는 것이 청중의 신뢰성 획득에 가장 중요한 요소라고 할 수 있다.

> "안녕하세요. 저는 마리아 로드리게스이며, 지난 십 년간 도시 계획과 지속 가능한 개발 분야에서 일해 왔습니다. 하버드 대학교에서 환경 과학 및 정책 관리를 전공하고, 샌프란시스코 시의 지속 가능한 도시 재생 프로젝트에 참여하여 여러 상을 수상한 경험이 있습니다. 이러한 경험을 통해 저는 도시 개발이 지역사회와 환경에 미치는 영향을 깊이 이해하게 되었으며, 오늘 여러분과 이 지식을 공유하고자 합니다."

2) 본론에서 공신력 쌓기

본론에서 발표자의 공신력을 강화시키는 방법은 출처를 인용하고, 데이터를 보여주며 이야기하는 것이다. 어떤 연구 논문, 연구, 혹은 기사에서와 같이, 발표자가 말하는 것을 강화하기 위해 출처를 사용하는 것은 다른 전문가의 신뢰성이 스피치 내용을 뒷받침하기 때문에 발표자에게 신뢰성을 부여한다. 예를 들어, 의료 분야에서 기술의 혜택에 대한 스피치를 할 때, 이미 그 혜택을 입증한 연구를 인용하는 것은 청중이 발표자의 주장을 더 쉽게 믿게 만들어 줄 것이다.

> "오늘 제가 여러분께 소개할 내용은 인공 지능이 의료 진단에서 어떻게 활용되어 질병의 조기 발견과 치료에 기여하고 있는지에 대한 것입니다. 이와 관련하여, 최근에 발표된 하버드 의대의 연구 결과에 따르면, AI 기반 진단 시스템은 피부암의 조기 발견에서 인간 전문가의 정확성을 20% 상회하는 성과를 보였습니다."

3) 결론에서 공신력 쌓기

결론에서 청중의 질문을 듣고 답변하는 것은 청중과의 신뢰성을 더욱 입증할 수 있는 또 다른 기회가 될 수 있다. 질문을 받았다면, 발표자가 말한 내용에 대해 더 자세히 설명하고, 주제와 관련된 더 많은 이야기를 나눌 수 있다. 또한 이 시간은 청중 안에 있는 개인과 더 깊이 연결될 수 있는 좀 더 비공식적인 시간이 될 수 있다.

예를 들어, 발표자가 "소셜 미디어의 영향"에 대해 대학생들을 대상으로 한 스피치를 마친 후 결론에서 청중의 질문을 받는 상황이라고 생각해 보자. 청중 중 한 명이 "소셜 미디어가 대학생들의 학업 성적에 미치는 영향에 대해 더 자세히 설명해 줄 수 있나요?"라고 질문한다고 가정했을 때, 발표자는 다음과 같이 답변할 수 있다.

> "아주 좋은 질문입니다. 소셜 미디어의 사용이 학업 성적에 미치는 영향은 매우 중요한 주제인데요. 최근 연구에 따르면, 소셜 미디어의 과도한 사용은 학생들의 집중력을 분산시키고 학업 성적을 저하시킬 수 있습니다. 예를 들어, 미국의 한 대학에서 실시된 연구

에서는 하루에 소셜 미디어를 3시간 이상 사용하는 학생들이 그렇지 않은 학생들에 비해 평균 GPA가 상당히 낮은 것으로 나타났습니다. 그러나 소셜 미디어는 학습 자료 공유나 학습 그룹 형성과 같이 학업에 긍정적으로 활용될 수 있는 면도 있습니다. 따라서, 우리는 소셜 미디어를 어떻게 사용하느냐에 따라 그 영향이 달라진다는 것을 인지해야 합니다."

〈표 8-1〉 **스피치에서 공신력 쌓기**

단계	방법	공신력에 미치는 영향
서론	자기소개 및 해당 주제에 대한 자격 설명하기: 스피치 주제 분야에서의 과거 성공 사례, 교육 배경, 주제에 대한 개인적 투자 및 관심을 포함	주제에 대한 전문성과 자격을 설명함으로써 발표자를 신뢰할 수 있는 권위자로 설정하여 청중의 신뢰를 증가시키고, 프로페셔널한 시작을 제공한다.
본론	출처 인용 및 데이터 보여주기: 연구 논문, 연구, 기사 등을 인용하여 주장을 강화	다른 전문가의 신뢰성이 스피치 내용을 뒷받침함으로써 정보의 신뢰성을 증가시키고, 발표자의 주장에 더 큰 무게를 실어준다.
결론	청중의 질문에 답변하고, 주제에 관련된 더 많은 설명을 제공하여 심도 있는 연결을 형성	청중과의 질문과 답변을 통해 발표자의 전문성과 반응성을 입증함으로써 공신력을 더욱 강화하고, 청중과의 개인적인 연결을 깊게 한다.

3. 주요 요점 예고

스피치 서론에서 '주요 요점 예고'는 청중에게 스피치 중 다룰 핵심 내용이 무엇인지 미리 알려주는 중요한 단계라고 할 수 있다. 이 과정을 통해 청중은 스피치의 전체적인 구조와 흐름을 이해하고, 어떤 주제나 아이디어에 대해 집중해야 할지를 알 수 있게 된다. 주요 내용 예고는 서론의 끝 부분에서 진행되며, 스피치의 본문으로 넘어가기 전 청중을 준비시키는 역할을 합니다. 청중에게 주요 요점 예고를 효과적으로 제공하기 위해서는 명확성, 조직성, 관련성, 그리고 흥미 유발이라는 요인들을 고려해야 한다.

우선, 청중이 이해할 수 있도록 간결하고 명확하게 주요 포인트를 소개해야 한다. 복잡하거나 전문적인 용어 사용은 최소화하는 것이 좋다. 스피치의 주요 요점들을 논리적인 순서대로 배열하여 청중이 스피치의 구조를 쉽게 파악할 수 있도록 해야 한다. 이는 스피치의 흐름을 따라가기 쉽게 만들어 준다. 주요 요점 예고에서 제시하는 주요 요점들은 스피치의 주제와 밀접하게 연관되어 있어야 하며, 청중에게 왜 이 포인트들이 중요한지를 이해시켜야 한다. 마지막으로, 주요 요점들을 소개하면서 청중의 호기심을 자극하고, 스피치에 대한 청중들의 관심을 끌 수 있어야 한다. 이는 청중이 스피치에 적극적으로 참여하도록 동기를 부여한다. 아래 예시를 참고해 보기 바란다.

> "오늘 저의 스피치에서는 디지털 교육의 중요성에 대해 논의할 것입니다. 첫 번째로, 전통적인 교육 방식과 디지털 교육 방식의 차이점을 살펴볼 것입니다. 다음으로, 디지털 교육이 학생들의 학습 경험에 어떤 긍정적인 영향을 미치는지에 대해 알아볼 것이며, 마지막으로 디지털 교육의 미래 전망에 대해 논의할 것입니다."

4. 결론 개발

스피치에서 결론은 매우 중요한 부분이다. 스피치에서 결론은 주요 요점 요약, 목적 강화, 그리고 결언 제시로 구성된다. 결론에서는 스피치 중 다뤘던 핵심 내용을 간단히 요약하여 청중이 스피치의 중요한 메시지를 기억할 수 있도록 한다. 또한, 결론에서는 스피치의 목적을 다시 한번 명확히 함으로써, 청중이 스피치의 주제에 대한 중요성과 발표자가 전달하고자 한 메시지의 가치를 인식할 수 있도록 한다. 마지막으로, 스피치를 의미 있게 마무리하고 청중에게 만족감을 주며, 스피치에서 논의된 주제에 대한 생각을 계속 이어갈 수 있는 동기를 부여한다. 요약하자면, 결론은 청중이 스피치에서 얻은 지식을 정리하고, 발표자의 메시지에 대해 깊이 생각해볼 수 있는 시간을 제공하여, 스피치가 청중에게 미치는 영향을 최대화하고, 스피치 후에도 발표자의 메시지가 청중의 마음에 남도록 하는 중요한 역할을 한다. 결론이 중요한 또 다른 이유는 최신효과 때문이다. 최신효과에 따르면 스피치에서 청중은 본문에서 발표자가 제시한 내용보다 결론에서 제시한 내용을 더 잘 기억한다.

최신효과(Recency Effect)

최신효과는 심리학 용어로 단어, 사물 등 많은 정보가 주어졌을 때 사람들이 가장 나중에 제시된 것을 제일 잘 기억하는 현상을 의미한다. 즉, 스피치 상황에서 청중은 본문에서 제시한 내용보다 끝에 제시한 내용을 보다 잘 기억하는 현상을 말한다.

1) 주요 요점 요약

주요 요점 요약은 스피치나 발표의 결론 부분에서 매우 중요한 단계다. 발표자는 스피치를 통해 다룬 핵심 아이디어나 논점들을 간략하게 요약하여 청중에게 다시 한 번 상기시킨다. 주요 요점 요약의 목적은 청중이 스피치의 요점을 분명하게 이해하고 기억할 수 있도록 돕는 것이다. 이를 통해 발표자는 스피치의 목적을 효과적으로 전달하고, 청중이 스피치에서 얻은 지식을 쉽게 정리하고 활용할 수 있게 된다.

예시 스피치 주제: 건강한 생활습관의 중요성

"오늘 우리는 건강한 생활습관의 중요성에 대해 이야기했습니다. 첫 번째로, 규칙적인 운동이 우리 몸과 마음에 미치는 긍정적인 영향에 대해 살펴보았습니다. 두 번째로, 영양가 있는 식사가 건강 유지에 얼마나 중요한지를 논의했습니다. 마지막으로, 충분한 수면이 전반적인 웰빙에 필수적임을 강조했습니다."

위 예시에서는 '건강한 생활습관'에 대한 스피치에서 다뤘던 세 가지 주요 요점들(규칙적인 운동, 영양가 있는 식사, 충분한 수면)을 간결하게 요약하고 있다. 이렇게 주요 요점들 요약함으로써, 청중은 스피치의 핵심 내용을 명확하게 이해하고 기억하는 데 도움을 받게 된다.

2) 목적 강화

목적 강화는 스피치나 발표의 결론 부분에서 스피치의 목적을 다시 한 번 분명히 하고 강조하는 과정이다. 이 단계는 청중에게 스피치를 통해 달성하고자 했던 주된 목표를 상기시키며, 스피치의 메시지가 청중에게 어떤 영향을 미치기를 바라는지 명확히 하는 단계다. 목적 강화는 스피치가 정보를 제공하든, 설득하든, 또는 오락을 제공하든, 해당 목적에 부합하는 메시지를 강조함으로써 스피치의 효과를 극대화할 때 중요한 역할을 한다.

아래 제시한 예시는 스피치의 목적을 강화하고, 청중에게 스피치의 핵심 메시지와 가치를 명확히 전달하는 방법을 보여주고 있다. 목적 강화는 청중이 스피치에서 가장 중요하게 여겨야 할 요점에 대해 다시 한 번 생각하게 만들고, 스피치의 내용을 더 깊이 이해하고 기억하는 데 도움을 준다.

예시 정보전달 스피치 주제: "스마트폰의 발전과 그 영향"

"오늘 제 스피치를 통해 여러분에게 스마트폰의 기술적 발전과 우리 생활에 미치는 영향에 대해 정보를 제공하고자 했습니다. 우리는 스마트폰이 어떻게 일상 생활의 필수품이 되었는지, 그리고 이러한 기술이 사회적 상호작용과 정보 접근 방식에 어떤 변화를 가져왔는지를 살펴보았습니다."

예시 설득 스피치 주제: "재생 가능 에너지의 중요성"

"이 스피치를 통해 저는 여러분이 재생 가능 에너지의 중요성을 이해하고, 우리 모두가 환경을 보호하기 위해 재생 가능 에너지 사용을 채택해야 한다는 것을 확신하게 하고자 했습니다. 재생 가능 에너지는 지속 가능한 미래를 위한 필수적인 선택이며, 우리 각자가 이 변화를 위한 움직임에 동참할 때 큰 변화를 만들어낼 수 있습니다."

예시 엔터테인먼트 스피치 주제: "여행을 통한 자기 발견"

"오늘 저는 여러분과 제 개인적인 여행 경험을 공유했습니다. 이 이야기들을 통해, 여행이 어떻게 우리 자신을 더 잘 이해하고 성장하는 데 도움이 될 수 있는지를 보여주고자 했습니다. 여행은 단순한 오락이 아니라, 자기 발견과 영감을 얻을 수 있는 소중한 기회입니다."

3) 결언 제시

스피치에서 결론 부분의 결언은 스피치를 마무리하며 청중에게 강렬하고 지속적인 인상을 남기는 역할을 한다. 결언은 스피치의 끝을 의미 있게 정리하고, 청중이 스피치의 메시지를 기억하며 떠날 수 있도록 하는 중요한 요소라고 할 수 있다. 결언은 스피치의 주요 포인트와 목적을 다시 한 번 강조하여, 청중이 핵심 메시지를 명확히 이해하고 기억할 수 있게 한다. 그리고 결언은 청중에게 완결된 느낌과 만족감을 제공함으로써 스피치를 긍정적으로 기억하게 만든다. 또한, 결언은 스피치가 끝난 후 청중이 취할 수 있는 구체적인 행동을 제안하거나 촉구하는 기회를 제공할 수 있으며, 이를 통해 스피치가 실제적인 변화나 영향을 미치는 데 도움을 준다. 마지막으로, 개인적인 이야기나 감동적인 메시지를 포함하는 결언은 청중과의 감정적 연결을 강화하고, 스피치를 더욱 인상 깊게 만든다. 요약하자면, 결언은 스피치의 성공에 있어 핵심적인 부분이며, 청중이 스피치의 내용을 어떻게 받아들이고 반응하는지에 큰 영향을 미친다고 볼 수 있다. 따라서 스피치를 준비할 때 결언에 충분한 시간과 생각을 투자하는 것이 중요하다.

4) 결언 제시 방법

스피치에서 결언을 제시하는 방법은 청중에게 깊은 인상을 남기고 메시지를 강화하고자 할 때 중요하다. 다양한 결언 제시 방법들은 스피치를 효과적으로 마무리하고, 청중에게 지속적인 영향을 미치는 역할을 한다. 본 장에는 명언으로 마무리하기, 프레젠테이션 미디어 사용하기, 극적인 선언하기, 서론을 언급하기, 후속 사건 언급하기, 연사와 청중 연결 강화하기, 청중에게 감사하기 등과 같은 결언 제시 방법들을 제시하고 있다.

① 명언으로 마무리하기

스피치를 명언으로 마무리하는 것은 청중에게 깊은 인상을 남기고 메시지를 강화하는 강력한 방법이다. 이 방법은 인용된 말이 갖는 권위와 공감대를 활용하여 스피치의 주제를 더욱 명확하고 영감을 주는 방식으로 전달한다. 또한, 인용문은 청중이 스피치를 기억하는 데 도움을 주며, 스피치의 주제에 대해 더 깊이 생각해 볼 수 있는 기회를 제공한다.

> "마틴 루터 킹 주니어는 말했습니다, '우리의 삶이 끝나는 날은 우리가 중요한 것들에 대해 침묵하는 날이 될 것입니다.' 오늘 우리가 논의한 사회적 정의에 대한 이야기는 여기서 멈추지 않습니다. 각자의 위치에서 용기를 내어 변화를 위해 목소리를 내야 합니다. 우리의 침묵이 아닌, 우리의 행동이 역사를 만들어 갈 것입니다."

② 프레젠테이션 미디어 사용하기

현대의 스피치에서는 비디오 클립, 슬라이드쇼, 인포그래픽 등 다양한 미디어 자료를 활용하여 메시지를 효과적으로 전달한다. 이러한 시각 자료는 복잡한 정보를 쉽게 설명하고, 스피치의 주요 포인트를 강조하는 데 유용하다. 또한, 시각적 요소는 청중의 주의를 끌고, 이해를 돕고, 기억에 남는 스피치를 만드는 데 중요한 역할을 한다.

> "저의 말을 마치기 전에, 여러분께 감동적인 비디오 클립을 보여드리겠습니다. 이 클립은 오늘 제가 말씀드린 환경 보호의 중요성을 실감나게 보여줄 것입니다. 스크린에 보이는 이 바다거북은 플라스틱 쓰레기로 인해 고통받고 있습니다. 이 장면을 통해 우리 각자가 환경 보호를 위해 취할 수 있는 조치의 중요성을 다시 한번 생각해 보시기 바랍니다."

③ 극적인 선언하기

극적인 선언을 통해 스피치를 마무리하는 것은 청중에게 강력한 인상을 남기고, 스피치의 메시지를 강조하는 데 효과적이다. 이 방식은 청중에게 강한 감정적 반응을 유도하며, 스피치가 끝난 후에도 메시지가 청중의 마음속에 남도록 한다.

> "우리가 지금 취하는 조치가 아니라면, 우리 자녀들이 물려받을 세계는 우리가 알고 있는 그 세계와 전혀 다를 것입니다. 우리는 선택의 여지가 없습니다. 지금 바로 행동을 시작하지 않는다면, 우리는 우리 자신과 미래 세대에게 돌이킬 수 없는 피해를 입히게 됩니다."

④ 서론을 언급하기

스피치의 서론을 다시 언급하는 것은 청중에게 스피치 전반에 걸쳐 논의된 주제들을 상기시키고, 스피치의 구조적 완성도를 높이는 방법이다. 이는 청중이 스피치의 전체적인 흐름을 이해하고 주요 메시지를 기억하는 데 도움을 준다.

> "오늘 제가 처음 시작할 때 던진 질문, '진정한 행복이란 무엇인가?'를 기억하십니까? 여러분 각자가 생각해 본 행복의 정의는 이번 토론을 통해 더 깊이 있고 다양하게 확장되었기를 바랍니다. 각자의 삶에서 진정한 행복을 찾는 여정이 계속되길 바랍니다."

⑤ 후속 사건 언급하기

스피치를 통해 청중을 다가오는 사건이나 활동에 참여하도록 유도하는 것은 청중의 참여를 높이고, 스피치의 영향력을 실제 행동으로 연결짓는 방법이다. 이는 청중에게 스피치에서 논의된 주제들을 실제 생활에 적용할 기회를 제공한다.

"오늘 저와 함께한 모든 분들께 감사드립니다. 이번 주말에 우리 커뮤니티에서 진행되는 환경 청소 봉사활동에 여러분을 초대합니다. 오늘 우리가 논의한 환경 보호의 중요성을 실천으로 옮길 수 있는 완벽한 기회입니다. 여러분의 참여가 큰 변화를 만들 수 있습니다."

⑥ 연사와 청중 연결 강화하기

개인적인 이야기나 경험을 공유함으로써, 연사는 청중과의 감정적 연결을 강화할 수 있다. 이 방법은 청중이 스피치의 메시지를 보다 개인적이고 진정성 있게 받아들이도록 돕는다.

"저의 개인적인 여정에서, 저는 많은 도전과 실패를 경험했습니다. 하지만 저는 여러분과 같은 지지자들 덕분에 계속해서 나아갈 수 있었습니다. 저희 모두가 서로의 동반자임을 잊지 마십시오. 함께라면 어떤 장애물도 극복할 수 있습니다."

⑦ 청중에게 감사하기

청중에게 감사의 말을 전하는 것은 그들의 시간과 관심에 대한 인정이며, 긍정적인 분위기에서 스피치를 마무리짓는 방법이다. 이는 청중과의 좋은 관계를 유지하고, 향후 활동이나 이벤트에 대한 그들의 참여를 유도하는 데 도움이 된다.

"오늘 여기 계신 모든 분들께 진심으로 감사드립니다. 여러분의 열정과 참여가 오늘 제 스피치를 더욱 특별하게 만들었습니다. 여러분의 지속적인 관심과 지원이 저희 커뮤니티를 더욱 강하게 만듭니다. 다시 한번 감사의 말씀을 전하며, 앞으로도 변함없는 관심 부탁드립니다."

스피치 예시

서론과 결론 (주제: 광고 리터러시 교육 / 목적: 정보전달)

• 스피치 서론

(청중 관심 끌기)

좋은 아침입니다! 여러분, 하루에 대략 몇 개의 광고를 접하시나요? 실제로 우리는 매일 수백 개의 광고와 마주하고 있습니다. 그런데, 여러분께서는 그 광고들이 우리에게 어떤 영향을 미치는지 얼마나 자주 생각해 보셨나요? 한 연구에 따르면, 우리는 평균적으로 하루에 약 5,000개의 광고 메시지를 접한다고 합니다. 이는 우리가 잠을 자는 시간을 제외하면, 매 11초마다 하나의 광고를 보는 셈입니다. 놀랍지 않나요?

(목적문과 주제문 제시)

오늘 제가 여러분에게 광고 리터러시 교육의 중요성에 대해 이야기하고자 하는 이유입니다. 이 교육은 우리가 광고 메시지를 비판적으로 분석하고 이해하는 데 필수적입니다.

(공신력 쌓기)

저는 광고 및 미디어 연구 분야에서 박사 학위를 받았으며, 지난 10년간 이 분야에서 여러 연구를 수행해 왔습니다. 또한, 저는 글로벌 광고 분석 프로그램의 자문위원으로 활동하며, 다양한 연령대의 사람들에게 광고의 영향을 교육하는 프로그램을 설계하고 운영해 왔습니다. 이러한 경험을 통해 저는 광고 리터러시가 얼마나 중요한지 깊이 깨닫게 되었습니다.

(주요 요점 예시)

오늘 제 스피치를 통해, 첫째, 광고 리터러시가 왜 중요한지, 둘째, 광고 리터러시를 향상시키기 위한 방법, 셋째, 광고 리터러시 교육이 개인과 사회에 미치는 긍정적인 영향에 대해 살펴보겠습니다.

• 스피치 결론

(주요 요점 요약)

우리는 오늘 광고 리터러시 교육의 중요성에 대해 깊이 있게 탐구해 보았습니다. 첫째, 이 교육이 현대 사회에서 우리가 매일 접하는 수많은 광고 메시지를 비판적으로 분석하는 데 얼마나 중요한지를 확인했습니다. 둘째, 다양한 방법을 통해 광고 리터러시를 향상시킬 수 있음을 알게 되었고, 셋째, 이러한 교육이 우리 개인뿐만 아니라 사회 전체에 미치는 긍정적인 영향을 살펴보았습니다.

(목적 강화)

저의 '광고 리터러시 교육' 관련 정보전달 스피치를 통해 여러분이 미디어와 광고에 더 깊이 있는 시각을 가지게 되길 바랍니다. 광고 리터러시 교육은 단순히 광고를 비판적으로 분석하는 것을 넘어서, 우리가 미디어 세계에서 보다 정보에 근거한 선택을 하고, 자유롭고 책임감 있는 소비자가 되는 데 도움을 줍니다.

(결언 제시)

오늘 제가 여러분과 공유한 내용이 앞으로 여러분이 광고를 바라보는 방식에 긍정적인 변화를 가져오기를 희망합니다. 광고 리터러시 교육은 우리의 삶을 더 풍요롭고 의미 있게 만들 수 있는 강력한 도구입니다. 감사합니다.

요약

스피치의 서론은 청중의 관심을 끌고, 스피치의 목적과 주제를 명확하게 제시하는 중요한 부분이다. 서론에서는 청중의 호기심을 자극할 수 있는 흥미로운 질문, 충격적인 통계, 관련된 이야기, 놀라운 사실 등을 활용하여 강력한 시작을 할 수 있다. 이러한 요소들은 청중의 주의를 즉각적으로 끌고, 스피치의 나머지 부분에 대한 관심을 유도한다. 또한, 서론 부분에서 발표자는 자신의 전문성과 주제에 대한 깊은 이해를 통해 청중에게 신뢰감을 줄 수 있어야 한다. 이를 통해 발표자의 공신력을 쌓아가며 청중이 제시되는 정보에 더 신뢰를 갖게 한다. 서론에서는 또한 스피치의 주요 요점을 예고하여 청중이 스피치의 흐름을 예측하고 내용을 쉽게 따라갈 수 있도록 돕는다. 이는 청중이 스피치의 주요 목표와 구조를 이해하는 데 중요한 역할을 하며, 청중의 기대를 관리하고 스피치의 주제에 대한 관심을 유지시키는 데 기여한다.

결론은 스피치의 마무리 단계로, 스피치 중 다룬 주요 내용을 요약하고, 스피치의 목적을 강화하는 역할을 한다. 결론에서는 청중에게 행동을 촉구하는 강력한 메시지를 제공하거나, 청중에게 깊은 인상을 남기는 생각을 던져주어 스피치의 영향력을 극대화할 수 있다. 이는 청중이 스피치에서 얻은 지식을 일상 생활에 적용할 수 있도록 동기를 부여하고, 스피치가 끝난 후에도 그 메시지가 청중의 마음에 남도록 한다. 결론은 청중이 스피치의 핵심 메시지를 기억하고 스피치가 종료된 후에도 그 영향을 받도록 하는 중요한 부분으로 작용한다.

노회찬 의원의 당대표 수락 연설 영상 시청하기

스피치 사례

노회찬 의원의 당대표 수락 연설 "6411번 버스라고 있습니다"

살아오면서 정치인들의 연설을 귀담아 들어 본 적은 자주 없었다. 정치에는 관심이 별로 없었지만, 아이러니하게도 미국 유학시절 석사논문은 정치광고 관련 내용이었다. 돌이켜보면, 가장 인상적인 정치인의 연설이라면 대학시절 우연하게 들었던 백기완 선생의 연설로 기억한다.

참고로, 백기완 선생은 대한민국의 시문학가 겸 소설가이고 시민사회운동가, 통일운동가, 정치인이자 작가이기도 하다. 그때의 연설 내용은 자세하게 기억하지 못하지만, 그분의 카리스마 넘치고 유머스러운 화법은 결코 잊혀지지 않는다. 백기완 선생은 각별한 화법으로 대통령 선거의 선거연설 녹화 때도 한번의 중단 없이 주어진 시간을 채워 방송국 관계자들을 경탄시킨 일화가 있다.

백기완 선생 못지않게 연설을 잘하고 토론을 잘하는 사람이 노회찬 의원이 아닐까 싶다. '언어연금술사'로도 불리기도 한 노회찬 의원이 출연했던 손석희의 '100분' 토론을 보면 그의 화법이 빛을 발한다. '비유와 유머'로 본인이 하고자 하는 말을 상대방에 윽박지르지 않고도 전달할 줄 아는 정치인이 아니었나 싶다. 그리고 노회찬 의원의 당대표 수락 연설 '6411번 버스라고 있습니다'를 들으면 힘들게 살아가는 사람들을 향하는 그의 인간적인 모습이 도드라진다.

[그림 8-3] **노회찬 의원의 당대표 수락 연설 "6411번 버스라고 있습니다"**

출처: 한겨레 영상뉴스 (https://www.youtube.com/watch?v=mvmQav1loHs)

소소하고 사소한 이야기

조선일보에 기고한 글을 되짚어 보며

우리나라에도 존경받는 그런 정치인이 있으면 좋겠다. 선거철에만 빨간 점퍼 또는 파란 점퍼 입고 허리 숙여 인사하는 정치인이 아니라, 본인이 속한 정당에만 충성하는 그런 정치인이 아니라, 국가의 미래를 걱정하고, 국민의 행복을 진정으로 걱정하는 정치인이 우리에게는 필요하다. 2010년 여름, 박사자격 시험을 무사히 통과하고 여름방학 기간 동안 한국에 나와 다시 제일기획에서 두 달 동안 일을 했다. 우연한 기회에 정치인들이 토론과 연설하는 장면을 TV를 통해 보게 되었고, 그리고 들었던 생각이 '우리나라 정치인들은 말을 참 못한다'였다. 상대 후보를 깎아 내리는 말, 잘못되고 왜곡된 비유적인 말, 근거 없는 소문을 실어 나르는 정치인들로 인해 국민들은 정치에 대해 혐오를 쌓아간다. 그때 들었던 이런저런 생각들을 정리해서 '유머가 있는 정치로 국민과 소통하라'라는 글을 신문사에 기고한 적이 있다. 우리나라 정치인들에게 소통에서 필요한 덕목인 '유머'의 중요성을 이야기한 이 글이 10년이 더 지난 지금에도 적용되지 않을까 싶다.

[편집자에게] '유머가 있는 정치'로 국민과 소통하라

엄남현 텍사스대 광고학 박사과정
입력 2010.07.01. 23:01

엄남현

미국은 역사적으로 세 번째 여성 대법관 탄생을 눈앞에 두고 있다. 지난 4월 진보성향의 최고령 스티븐스 대법관의 사임에 따라 오바마 대통령은 현 법무부 공판담당 차관인 엘레나 케이건을 새로운 대법관으로 지명했다. 첫 여성 하버드법대 학장을 지냈던 케이건은 지금 인준 청문회라는 관문을 거치고 있다. 상원 법사위원회에서 열린 청문회에서 그녀는 주눅이 들지 않고 본인의 소신을 밝히고 있으며, 무난히 대법관으로 인준될 전망이다. 만약 그녀가 대법관으로 임명되면 유대인으로는 여덟 번째 대법관이 된다.

상원법사위 청문회 자리에서 그램 의원(사우스 캐롤라이나)이 케이건 지명자에게 테러 정책과 관련, 디트로이트에서 폭탄 테러가 있던 크리스마스에 어디에 있었느냐는 질문을 쏟아냈다. 케이건은 "여러분들도 알다시피 많은 유대인들처럼 중국 식당에서 식사하고 있었을 겁니다"라고 받아넘겼다. 재치 있는 케이건의 대답은 경직되고 무거울 수 있는 청문회 분위기를 엎어 놓았고, 그녀의 유연성의 단면을 잘 보여주었다(참고로 유대인들은 예수를 하느님의 아들인 메시아로 여기지 않기 때문에 기독교인들처럼 크리스마스를 기념하지 않는다).

지난 지방선거를 거치면서 우리나라 정치인들의 연설을 들어볼 기회가 잦았다. 그리고 엊그제 세종시 수정안에 대한 국회 연설도 들어봤다. 우리는 정말 말 잘하는 정치인은 드문 듯하다. 하나같이 미리 보좌관들이 적어준 대본을 보고 그냥 읽는 수준이다. 결코 소통을 위한 연설이 아니라 메시지 전달만을 위한 연설로밖에 안 보인다. 물론 그럴 것이 우리의 교육에서는 미국처럼 레토릭(rhetoric·수사학)을 찾아볼 수 없다. 미국에서는 어렸을 때부터 주어진 주제를 가지고 토론 하는 수업과정을 거치면서 말하는 법을 자연스레 배운다. 오바마 대통령도 클린턴 전 대통령도 달변가의 범주에 들어간다. 2008년 시카고에서 있었던 대통령직 수락 연설에서 보여준 오바마 대통령의 연설은 가히 감동적이었다. 클린턴 역시 대통령 선거 캠페인에서 보여준 그의 연설 및 재치는 많은 유권자들의 표를 얻는 데 도움이 되었다는 평가다.

우리 정치에는 없다. 하지만 미국 정치에는 있다. 바로 유머코드다. 국회에서 연설하는 우리의 국회의원들, TV 토론에 참석한 우리 정치인들의 얼굴을 보면 마치 화난 사람처럼 보일 때가 많다. 국민 그리고 동료 의원들과 소통을 하고자 하는 게 아니라 일방적인 내뱉기로 보일 때가 많다. 자칫 무거울 수 있는 분위기를 바꿔 놓으며 유연한 모습을 보여주는 정치인들의 유머. 우리도 국민과 소통을 할 수 있는 그런 재치와 유머가 있는 정치를 기대해 본다.

출처: 조선일보 (https://www.chosun.com/site/data/html_dir/2010/07/01/2010070102172.html)

CHAPTER

09

아이디어 지지

뒷받침 자료 선택하기

스피치에서 주요 아이디어를 효과적으로 전달하고 청중의 이해와 관심을 끌기 위해 지지 자료의 사용은 매우 중요하다. 일반적으로 스피치의 본론은 두 개 또는 세 개의 주요 아이디어로 구성되며, 각 아이디어는 강력하고 설득력 있는지지 자료로 뒷받침되어야 한다. 이러한 지지 자료에는 통계, 실제 사례, 전문가 의견, 명언, 비교, 증거 등이 포함될 수 있다. 이 자료들은 청중에게 스피치의 주장을 더 명확하게 이해시키고, 설득력을 높이며, 청중의 관심을 유지하기 위해서 결정적인 역할을 한다. 따라서 스피치를 준비할 때는 각 주요 아이디어를 효과적으로 뒷받침할 수 있는 충분하고 타당한 지지 자료를 선별하여 사용하는 것이 중요하며, 이를 통해 청중과의 신뢰를 구축하고 메시지의 전달을 극대화할 수 있다. 이러한 과정을 통해 스피치는 단순한 정보 전달을 넘어서 청중의 행동 변화를 유도하거나 그들의 사고방식에 영향을 미칠 수 있다. 구체적인 지지 자료를 사용함으로써, 발표자는 자신의 주장에 대한 근거를 강화하고, 청중이 정보를 실제적으로 적용할 수 있도록 동기를 부여한다. 이를 위해, 스피치 준비 과정에서 청중의 필요와 관심에 맞춘 자료를 신중하게 선택하고, 그 효과를 최대화하기 위한 방법을 고민하는 것이 필수적이다.

SPEECH
COMMUNICATION

1. 스피치 아이디어 지지하기

스피치에서 아이디어를 지지하는 자료의 사용은 청중에게 메시지를 효과적으로 전달하고 설득력을 높이는 데 중요한 역할을 한다. 이 자료들은 스피치의 주장을 구체적이고 신뢰할 수 있는 근거로 뒷받침하여, 청중이 주제에 대해 명확하게 이해하고, 스피치 내용을 신뢰하게 만든다. 또한, 다양한 지지 자료를 통해 스피치의 내용이 더욱 풍부하고 다층적으로 전달될 수 있어, 청중의 관심을 유지하고, 메시지의 영향력을 극대화할 수 있다.

이러한 자료들은 청중과의 상호작용을 촉진하고, 메시지에 대한 이해도를 높이는 데도 기여한다. 본 장에서 제시하고 있는 지지 자료 유형 외에도 발표자가 창의력을 발휘하여, 아이디어를 지지할 수 있는 방법을 찾는 것도 바람직하다. 따라서 성공적인 스피치를 위해서는 상황과 문맥에 맞는 지지 자료 유형을 선택, 사용할 수 있는 능력이 필요하다.

2. 아이디어 지지 자료 유형

본 장에서 아이디어 지지 자료 유형으로 정의(definition), 예시(example), 서사(narrative), 묘사(description), 사실(fact), 통계(statistics), 증언(testimony), 비유(analogy) 외에도 다양한 지지 유형으로 비교와 대조, 인용, 시각자료, 실험 결과 또는 연구 결과, 질문과 대답 등 다양한 방법을 설명하고 있다.

1) 정의

정의는 스피치에서 사용되는 특정 용어나 개념을 명확히 설명할 때 사용한다. 이는 청중이나 독자가 해당 용어를 어떻게 이해해야 하는지 명확히 함으로써, 전달하고자 하는 메시지의 명확성을 높일 때 중요한 역할을 한다. 정의는 단어의 사전적 의미를 제공하는 것에서부터, 그 단어가 특정 문화나 상황에서 어떻게 사용되는지에 대한 설명을 포함할 수 있다. 정확한 정의는 스피치의 효과를 극대화하며, 청중이 스피커의 주장이나 설명을 정확히 이해하도록 돕는다. 예를 들어, 과학적 용어나 전문적인 개념을 설명할 때, 그 정의를 통해 청중은 보다 복잡한 아이디어나 데이터를 쉽게 소화할 수 있다. 또한, 감정적인 용어나 함축적 의미가 포함된 단어를 사용할 때, 그 정의를 통해 청중과의 감정적인 공감대를 형성하고, 메시지의 영향력을 강화할 수 있다.

정의는 크게 명시적 의미(denotative meaning)와 함축적 의미(connotative meaning)로 구분된다. 각 정의 유형을 사용할 때는 청중의 배경 지식, 문화적 맥락, 그리고 스피치의 목적을 고려하여 적절한 정의 유형을 선택하고, 정의가 청중에게 명확하게 전달될 수 있도록 구성해야 한다.

① 명시적 의미

명시적 의미는 단어나 용어가 가진 사전적 또는 보편적인 의미를 설명한다. 이는 해당 용어가 일반적으로 어떻게 이해되고 사용되는지에 초점을 맞춘다는 것을 말한다. 명시적 의미를 제공함으로써, 스피치를 듣는 모든 청중이 같은 기본적인 이해를 갖고, 토론이나 추가 설명을 기반으로 더 깊이 있는 이해를 쌓아갈 수 있도록 해야 한다.

"민주주의"라는 용어를 스피치에서 사용할 때, 명시적 의미로 "정치 권력이 국민 전체에 속하며, 선거를 통해 대표자를 선출하는 정치 체제"라고 설명할 수 있다. 이 정의는 청중에게 민주주의가 무엇인지 명확한 이미지를 제공한다.

② 함축적 의미

함축적 의미는 단어가 갖는 문화적, 감정적 함의를 다룬다. 이는 용어가 특정 사회나 집단 내에서 어떻게 인식되고 감정적으로 어떤 반응을 일으키는지를 설명하는 것을 의미한다. 함축적 의미를 통해 스피치는 보다 깊이 있고 감정적인 연결을 청중과 맺을 수 있다.

"자유"라는 단어를 사용할 때, 함축적 의미로 "개인의 선택과 행동에 대한 제약이 없는 상태, 영혼의 해방" 등으로 설명할 수 있다. 이러한 설명은 자유가 개인에게 어떤 감정적 가치를 지니는지를 청중에게 전달할 수 있다.

2) 예시

스피치에서 예시는 아이디어를 지지하고 청중에게 개념을 더 잘 이해시키기 위해 사용되는 중요한 도구다. 예시를 사용함으로써 연사는 추상적인 아이디어를 구체화하고, 메시지에 생동감을 부여하여 청중의 관심을 끌 수 있다. 예시는 일반적인 예시, 구체적인 예시, 그리고 가정적 예시로 구분된다. 각각의 예시 유형은 스피치에서 다른 목적으로 활용되며, 청중의 이해를 돕고 특정 메시지를 강조하는 데 효과적이다. 예시를 선택할 때는 청중의 배경 지식, 문화, 그리고 관심사를 고려하여 가장 적절하고 영향력 있는 사례를 선택하는 것이 중요하다.

① 일반적인 예시

보통 넓은 범위에 적용되는 사례를 말하며, 청중에게 주제의 일반적인 이해를 돕기 위해 사용한다. 예를 들어, "많은 기업들이 환경 보호를 위해 재활용 프로그램을 도입하고 있다"는 말은 환경 보호의 중요성을 일반적으로 설명할 때 도움을 준다.

② 구체적인 예시

구체적인 예시는 특정 사례나 이벤트를 들어 보다 세밀하게 설명한다. 이러한 예시는 청중이 주제를 더 깊이 있게 이해하는 데 기여하며, 실제로 발생한 사례를 통해 설득력을 더한다. 예를 들어, "2015년 구글은 자사의 데이터 센터에서 전력 사용의 50%를 풍력 에너지로 충당하는 성과를 달성했다"와 같은 구체적 사례를 제시할 수 있다.

③ 가정적 예시

가정적 예시는 실제로 발생하지는 않았지만 가능한 시나리오를 가정하여 사용한다. 이는 청중에게 특정 상황이 발생했을 때의 결과나 영향을 설명하기 위해 활용한다. 예를 들어, "만약 지구 온난화가 계속된다면, 2050년까지 북극의 얼음이 완전히 녹을 수 있다"는 가정을 통해 기후 변화의 심각성을 설명할 수 있다.

3) 서사

서사는 스피치에서 강력한 도구로서, 이야기를 통해 청중의 감정에 호소하고 메시지를 생동감 있게 전달할 수 있다. 서사는 개인적 경험, 역사적 사건, 가상의 이야기 등을 포함할 수 있으며, 이를 통해 청중과의 관계를 깊게 하고 메시지의 영향력을 높인다. 서사를 스피치에 사용할 때는 청중의 감정과 경험을 고려하여 진정성 있고 공감 가능한 이야기를 선택하는 것이 중요하다. 이야기는 청중의 기억에 오래 남으며, 스피치의 핵심 메시지를 강화시킬 때 큰 역할을 한다. 서사는 크게 개인적 경험, 역사적 사건, 그리고 가상의 이야기로 구분할 수 있다.

① 개인적 경험

개인적 경험은 연사가 직접 겪은 사건을 공유함으로써 청중과의 깊은 연결을 구축하고, 청중으로 하여금 연사의 감정을 공감하게 만드는 강력한 방법이다. 이 방식은 청중에게 연사의 인간적인 면모를 보여주고, 메시지의 진정성을 강조하여 스피치의 영향력을 높일 수 있다.

스티브 잡스(Steve Jobs)의 스탠포드 대학 졸업 연설은 이러한 접근의 탁월한 예다. 그의 연설에서 잡스는 애플에서의 해고 경험을 공유했다. 이 사건은 그에게 개인적으로도, 경력적으로도 큰 타격이었지만, 그는 이를 자신의 창의적인 재생과 새로운 기회의 발견으로 전환할 수 있었다. 그는 이 경험을 통해

"가장 무서운 것들이 나에게 최고의 일을 가져다준다"라는 교훈을 청중과 공유함으로써, 실패가 종종 예상치 못한 성공으로 이어질 수 있음을 강조했다.

[그림 9-1] **스티브 잡스 스탠포드 졸업식 연설**

출처: Stanford YouTube

② 역사적 사건

역사적 사건을 스피치에 포함시키는 것은 주제에 깊이와 맥락을 추가하고, 청중에게 해당 주제의 중요성을 더욱 강조할 수 있는 방법이다. 과거의 사건들은 현재의 이슈와의 연결고리를 제공하며, 청중이 스피치의 주제를 보다 폭넓게 이해하도록 돕는다.

버락 오바마 전 대통령은 그의 선거 운동 중에 1960년대의 미국 민권 운동을 자주 언급했다. 특히 그는 자신의 연설에서, 민권 운동이 어떻게 아프리카계 미국인의 법적 권리를 신장시켰는지, 그리고 그 운동이 미국 사회 전반에 어떤 긍정적 변화를 가져왔는지를 강조했다. 오바마는 1963년 마틴 루터 킹 주니어(Martin Luther King Jr.)가 워싱턴에서 한 "나에게는 꿈이 있습니다"라는 연설을 인용하여, 그 꿈이 어떻게 미국의 정치적 풍경을 형성하고, 오늘날의 사회적 정의 운동에 영감을 주었는지를 설명했다. 이 연설은 청중에게 역사적 사건이 현재에 어떤 실질적인 영향을 미치는지를 이해시키는 데 큰 도움이 되었다.

[그림 9-2] **마틴 루터 킹 주니어의 'I Have a Dream' 연설 장면**

출처: NPR.ORG

③ 가상의 이야기

가상의 이야기는 스피치에서 복잡하거나 추상적인 개념을 청중에게 명확하게 전달하기 위한 강력한 도구다. 이 기법은 특정 상황이나 문제를 생생하게 시각화함으로써 청중의 이해를 돕고, 그들이 문제를 자신의 것으로 받아들이게 만든다. 특히, 청중이 직접 경험하지 못한 상황에 대해 감정적으로 연결할 수 있도록 설계된 가상 시나리오는 스피치의 메시지를 효과적으로 전달할 때 중요한 역할을 한다. 환경 보호에 관한 스피치에서 연사가 2050년의 가상 시나리오를 활용하는 방법을 다음과 같이 확장할 수 있다.

> "상상해 보십시오. 2050년, 우리가 사랑하는 해변 도시 '넵튠시티'는 이제 물에 잠길 위기에 처해 있습니다. 해수면 상승으로 인해 도시의 주요 랜드마크와 주거 지역이 수심에 잠기기 시작했습니다. 도시 주민들은 대피를 강요받고 있으며, 그들의 삶과 경제는 불확실한 미래에 직면하고 있습니다. 이 시나리오는 현재 우리가 직면하고 있는 기후 변화의 직접적인 결과입니다. 지금 우리가 취하는 조치가 미래 세대의 생활 방식에 어떤 영향을 미칠지를 생각해야 합니다."

4) 묘사

묘사는 스피치에서 사용되는 중요한 지지 자료로, 청중에게 메시지를 보다 생생하고 풍부하게 전달할 때 사용한다. 묘사는 특정 사물, 사람, 장소 또는 상황의 특징을 세밀하게 그리는 방법으로, 청중이 해당 주제에 대해 더 깊이 있게 이해하고 감정적으로 연결될 수 있도록 돕는다. 예를 들어, 환경 보호에 관한 스피치에서 연사가 열대 우림의 생동감 넘치는 자연과 그곳의 다양한 생물들을 자세히 묘사함으로써 청중이 그 중요성을 느끼고 환경 보호의 필요성에 대해 더 강하게 공감할 수 있다. 연사는 우리가 걸어 들어갈 수 있는 생태계의 눈부신 녹색을 상세히 그려내며, 각종 동식물과 그들의 상호작용을 통해 그 지역의 생명력을 강조할 수 있다.

스피치에서 묘사를 사용할 때는 청중의 경험, 감정, 감각에 호소하며 정확하고 구체적인 언어를 사용하는 것이 중요하다. 이를 통해 메시지가 청중에게 명확하게 전달되며, 스피치의 효과를 극대화할 때 도움이 된다. 스피치에서 묘사를 활용하는 예시로, 환경보호 주제를 다룰 때 다음과 같은 방식으로 설명할 수 있다. 이러한 묘사는 청중이 실제로 그 장소에 있는 것처럼 느끼게 하여, 스피치 메시지에 대한 이해와 감정적 연결을 강화시킨다.

> "여러분, 상상해 보세요. 새벽녘, 아직 안개가 자욱한 열대 우림 속을 걷고 있습니다. 주위는 초록의 싱그러움으로 가득 차 있고, 눈부신 햇빛이 무성한 나뭇잎 사이로 스며들고 있습니다. 고요한 정적을 깨며 다양한 새들의 지저귀는 소리가 울려 퍼지고, 멀리서는 원숭이들의 장난치는 소리가 들려옵니다. 이 모든 것이 우리가 보호해야 할 소중한 자연의 일부입니다."

[그림 9-3] **열대 우림 속 산책하는 사람**

출처: 챗GPT를 활용해 만든 이미지.

5) 사실

스피치에서 '사실'을 활용하는 것은 청중에게 정보의 신뢰성과 객관성을 제공함으로써 메시지를 더욱 설득력 있게 만들 수 있다. 사실은 역사적 사실(historical facts)과 과학적 사실(scientific facts)로 구분할 수 있다.

① 역사적 사실

과거의 중요한 사건, 발생 날짜, 중대한 인물과 그들의 업적 등을 포함한다. 역사적 사실은 스피치에서 강력한 근거로 작용하여, 청중이 시간적 맥락 속에서 주제를 이해하도록 돕는다. 예를 들어, 인권 운동에 대해 말할 때 "마틴 루터 킹 주니어는 1963년에 '나에게는 꿈이 있습니다'라는 연설을 했습니다"라고 언급하여 역사적 배경과 운동의 영향을 설명할 수 있다.

② 과학적 사실

연구 결과, 실험 데이터, 통계 등을 기반으로 한 사실로, 스피치에서 주장의 정확성을 입증할 때 사용한다. 예를 들어, 환경 보호에 대한 스피치에서 "과학자들에 따르면, 지난 50년 동안 지구의 평균 온도는 1도 상승했다"고 언급함으로써 기후 변화의 심각성을 강조할 수 있다.

스피치에서 이러한 사실을 효과적으로 사용하기 위해서는 청중의 지식 수준과 관심사에 맞춰 적절히 선택하고, 사실의 출처를 명확히 밝히는 것이 중요하다. 정확하고 신뢰할 수 있는 사실을 제시함으로써, 청중은 연사를 더 신뢰하고 메시지에 더 깊이 몰입하게 된다.

6) 통계

스피치에서 '통계'를 사용하는 것은 주장을 강화하고 청중에게 설득력 있는 근거를 제공하는 효과적인 방법이다. 통계는 수치로 표현된 데이터로, 특정 현상이나 경향을 객관적으로 보여주는 역할을 한다.

① 통계의 중요성

스피치에서 통계를 사용함으로써 청중에게 복잡한 정보를 명확하고 신속하게 전달할 수 있다. 예를 들어, 공중 보건에 관한 스피치에서 "매년 약 3백만 명이 환경오염으로 인한 질병으로 사망한다"는 통계는 환경 정책의 중요성을 강조할 때 매우 효과적이다.

② 통계 사용 시 고려사항

통계를 스피치에 사용할 때는 데이터의 출처가 신뢰할 수 있고 최신인지 확인해야 한다. 또한, 통계는 청중이 이해하기 쉽도록 간결하게 설명하고, 너무 많은 수치를 나열하기보다는 핵심적인 데이터를 선택하는 것이 중요하다.

에너지 소비와 지속 가능성에 관한 스피치에서 "최근 연구에 따르면, 재생 가능 에너지의 사용이 전 세계적으로 25% 증가했다"는 통계는 재생 에너지의 긍정적인 변화와 추세를 청중에게 효과적으로 전달한다.

통계를 사용함으로써 스피치가 갖는 설득력을 높이고 청중의 이해를 돕는 동시에, 스피치의 주제에 대한 중요성을 강조할 수 있다. 청중은 제시된 통계를 통해 연사의 주장이 객관적이고 실질적인 근거를 바탕으로 한다는 것을 인식하게 된다.

7) 증언

스피치에서 '증언'을 활용하는 것은 아주 효과적인 방법으로, 각종 증언은 청중에게 강력한 신뢰성과 직접적인 관련성을 제공한다. 증언은 전문가 증언, 유명인 증언 그리고 일반인 증언의 세 가지 주요 유형으로 나뉜다.

① 전문가 증언

이 유형의 증언은 해당 분야의 전문가들이 제공한다. 전문가 증언은 그들의 깊은 지식과 전문성을 바탕으로 스피치의 주장을 강화한다. 예를 들어, 공중 보건에 관한 스피치에서 의학 전문가의 증언을 인용할 수 있으며, 이는 청중에게 과학적 근거와 신뢰성을 제공한다.

② 유명인 증언

유명인 증언은 대중적 인지도와 영향력을 가진 인물들의 의견이나 경험을 말한다. 이 유형의 증언은 주로 청중의 관심을 끌고, 스피치의 메시지에 감동이나 영감을 더하기 위해 사용한다. 예를 들어, 환경 보호 캠페인에서 유명 배우가 자신의 경험을 공유함으로써 메시지의 효과를 극대화할 수 있다.

유명인 옹호 광고

기업이나 제품을 홍보하기 위해 유명 인사를 사용하는 광고 전략이다. 이 전략은 유명인의 인기와 신뢰도를 활용하여 소비자의 주목을 끌고, 제품에 대한 긍정적인 이미지를 구축할 수 있다. 유명인은 광고에서 제품을 사용하거나 추천하는 모습을 보여주며, 이는 팬들의 구매 결정에 영향을 줄 수 있다. 이 방식은 특히 팬덤이 크고, 소비자가 해당 유명인과 긍정적인 감정적 연결을 느낄 때 효과적인 전략이다.

③ 일반인 증언

일반인이나 스피치 주제와 직접적인 경험을 가진 사람들의 증언이다. 이는 청중과의 공감대 형성에 매우 효과적이며, 실제 사례를 통해 스피치 주제가 실생활에 어떤 영향을 미치는지 보여준다. 예를 들어, 교육 개혁에 대한 스피치에서 실제 교사나 학부모의 경험을 들려주는 것이 포함될 수 있다.

증언을 스피치에 포함시킬 때는 출처의 신뢰성을 확인하고, 적절한 문맥에서 사용하여 청중이 메시지를 올바르게 이해하고 수용할 수 있도록 하는 것이 중요하다. 또한, 증언이 주장을 뒷받침하는 형태로 사용되어야 하며, 청중에게 진정성을 전달할 수 있도록 해야 한다.

8) 비유

비유는 스피치에서 효과적인 아이디어 지지 자료 유형 중 하나로 복잡하거나 추상적인 개념을 설명할 때 더 잘 알려진 또는 이해하기 쉬운 개념, 사물, 상황과 비교하여 설명하는 의사소통 기법이다. 이 방법은 청중이 낯선 정보를 더 친숙하고 접근하기 쉬운 방식으로 이해할 수 있도록 도와준다. 비유는 복잡한 아이디어를 단순화하고, 메시지에 새로운 시각을 제공하며, 청중의 기억에 깊은 인상을 남기는 데 효과적이다. 비유는 두 가지 유형으로 나뉘며, 각각은 다른 방식으로 스피치의 내용을 강화하고 설명한다.

① 문자적 비유

문자적 비유는 두 개체나 개념이 실질적으로 유사한 특성을 공유할 때 사용한다. 이 유형의 비유는 청중이 이미 알고 있는 정보를 바탕으로 새로운 정보를 이해하게 도와준다. 문자적 비유는 특히 과학적 설명이나 업무 절차 설명, 기술적 내용 전달 등에 유용하게 사용될 수 있다.

전기 회로를 설명할 때, "전기 회로는 물이 흐르는 파이프 시스템과 유사합니다. 전기가 전선을 통해 흐르는 것은 물이 파이프를 통해 흐르는 것과 같아서, 어느 한 지점에서의 막힘이 전체 시스템의 흐름에 영향을 줍니다."라고 설명할 수 있다. 이 비유는 청중이 전기 회로의 작동 원리를 물리적인 물 흐름과 연결지어 쉽게 이해할 수 있도록 돕는다.

② 상징적 비유

상징적 비유는 두 개체나 개념이 글자 그대로의 유사성은 없지만, 추상적 또는 상징적인 의미에서 비슷한 점을 찾아내어 비유한다. 이는 주로 문학적 표현, 정서적 연결, 동기 부여적 메시지 등에 사용되어 감정적 공감이나 깊은 사고를 자극하는 데 유용하다.

리더십에 관한 스피치에서 "위대한 리더는 등대와 같습니다. 폭풍우 치는 바다에서 방향을 잃지 않도록 선원들을 인도하듯, 리더는 조직의 혼란 속에서도 올바른 방향을 제시합니다."라고 말할 수 있다. 이 비유는 리더의 역할을 등대에 비유함으로써, 리더가 조직에 끼치는 영향력과 중요성을 보다 감성적이고 인상적으로 전달한다.

비유를 사용할 때는 다음과 같은 가이드라인을 고려해야 한다.

Ⓐ 비유 대상의 선택

비유를 사용할 때, 그것이 청중에게 익숙하고 이해하기 쉬워야 한다. 대학생 청중을 염두에 둘 때, 그들의 일상 생활, 관심사, 그리고 학습 내용과 관련된 비유를 선택하는 것이 중요하다. 대학생들에게 '시간 관리'의 중요성에 대해 스피치할 때, "시간은 은행 계좌와 같다. 우리는 매일 정해진 시간을 받는데, 이를 어떻게 사용하느냐에 따라 그 가치가 달라진다"라는 비유를 사용할 수 있다. 대부분의 학생들이 금융 관리의 중요성을 이해하고 있기 때문에, 이 비유는 시간을 효과적으로 관리해야 하는 이유를 잘 설명해 준다.

Ⓑ 정확성

비유는 정보를 정확하게 전달하고 오해의 소지가 없어야 한다. 비유가 주제의 본질을 왜곡하지 않고, 청중이 잘못된 결론을 내리지 않도록 해야 한다.

소셜 미디어 사용과 정신 건강 사이의 관계에 대해 설명할 때, "소셜 미디어는 정크 푸드와 같다. 적당히 즐기면 문제가 없지만, 과도하게 섭취하면 건강에 해롭다"라는 비유를 사용할 수 있다. 이 비유는 소셜 미디어 사용의 잠재적인 위험을 간단하고 정확하게 표현하며, 대학생들이 쉽게 이해할 수 있는 비유다.

Ⓒ 적절성

선택한 비유는 스피치의 맥락에 맞아야 하며, 주제를 자연스럽게 보완해야 한다. 비유는 스피치의 흐름을 방해하지 않고, 청중이 메시지를 쉽게 받아들일 수 있도록 해야 한다.

대학생들에게 네트워킹의 중요성을 설명할 때, "네트워킹은 스파이더 웹과 같다. 각 연결 고리가 강할수록, 당신의 네트워크는 더 견고해진다"라는 비유를 사용할 수 있다. 이 비유는 네트워킹이 개인의 경력 개발과 성공에 얼마나 중요한지를 효과적으로 설명하며, 대학생들에게 친숙한 이미지를 사용하여 메시지를 전달한다.

이처럼 비유를 사용하면 복잡한 개념이나 추상적인 주제를 청중에게 보다 명확하고 친숙하게 전달할 수 있으며, 스피치 효과를 극대화할 수 있다.

9) 그 외 다양한 지지 방법들

스피치 아이디어를 지지하는 방법에는 앞에 설명한 7가지 유형들 외에도 비교와 대조, 인용, 시각자료, 실험 결과 또는 연구 결과, 질문과 대답 등 다양한 방법들이 있다. 이러한 기법들은 스피치를 더욱 풍부하고 설득력 있게 만들며, 청중과의 교감을 증진시키는 중요한 역할을 한다. 각 방법을 적절히 활용함으로써 스피치의 목표를 달성할 수 있다.

① 비교와 대조

스피치에서 이 방법은 서로 다른 두 주제나 개념을 명확하게 비교함으로써 청중이 더 깊이 이해할 수 있도록 돕는다. 예를 들어, 현대 교육 시스템과 과거 교육 시스템을 비교하여 현재 교육의 혁신적인 변화를 강조할 수 있다. 이를 통해 청중은 두 시스템 간의 차이점과 그 의미를 명확히 파악할 수 있다.

② 인용

인용은 특정 주장이나 아이디어에 권위를 부여하며, 청중에게 더 신뢰감을 준다. 예를 들어, 기후 변화에 대한 스피치에서 과학자의 연구 결과를 인용하여 기후 변화의 심각성을 강조할 수 있다. 이러한 인용은 논리적 근거를 제공하고, 청중이 메시지를 진지하게 받아들이도록 만든다.

③ 시각 자료

복잡한 통계 또는 개념을 명확하게 전달하기 위해 차트, 그래프, 사진 등을 사용할 수 있다. 예를 들어, 경제 성장률의 변화를 시각적으로 보여주는 그래프는 청중이 정보를 쉽게 이해하고 기억하는 데 도움을 준다. 시각 자료는 스피치의 포인트를 강조하고 청중의 주의를 끌기에 효과적이다.

④ 실험 결과 또는 연구 결과

연구 결과를 공유함으로써 스피치에 실제적인 근거를 제공하고, 청중에게 학문적 또는 과학적 신뢰성을 보여줄 수 있다. 예를 들어, 새로운 약물의 효능에 대해 발표할 때, 해당 약물에 대한 임상 실험 결과를 제시하여 약물의 효과를 입증할 수 있다.

⑤ 질문과 대답

스피치 중 질문을 던지는 것은 청중의 참여를 유도하고 스피치에 상호작용을 더하며, 청중이 주제에 더 깊이 몰입하도록 한다. 예를 들어, 정책 변경에 대한 스피치에서 청중에게 그들의 의견을 묻거나 예상되는 영향에 대해 질문함으로써, 청중이 스피치 주제에 더 적극적으로 참여하도록 할 수 있다.

요약

스피치에서 아이디어를 지지하는 자료의 사용은 메시지를 효과적으로 전달하고 설득력을 높이고자 할 때 중요하다. 이러한 자료는 스피치의 주장을 구체적이고 신뢰할 수 있는 근거로 뒷받침하여 청중이 주제에 대해 명확하게 이해하고 스피치 내용을 신뢰하게 만든다. 또한, 다양한 지지 자료를 통해 스피치의 내용이 풍부하고 다층적으로 전달될 수 있어, 청중의 관심을 유지하고 메시지의 영향력을 극대화할 수 있다.

아이디어를 지지하는 자료의 유형에는 정의, 예시, 서사, 묘사, 사실, 통계, 증언, 비유 등이 있다. 이들 각각의 유형은 스피치의 내용을 다양한 방식으로 강화하며, 스피치를 보다 풍부하고 설득력 있게 만들 때 도움이 된다. 예를 들어, 정의는 특정 용어나 개념을 명확히 설명하여 청중의 이해를 돕고, 통계는 객관적 데이터를 제공하여 주장을 강화한다. 증언은 개인이나 전문가의 경험을 공유하여 실제성을 부여하며, 비유는 복잡한 아이디어를 쉽고 이해하기 쉬운 방식으로 설명하여 청중의 인식을 개선한다. 이러한 다양한 지지 자료를 적절하게 활용하면 스피치의 목적을 효과적으로 달성할 수 있다.

스피치 사례

정진호 전문가의 세바시 강연 영상 시청하기

정진호 전문가의 세바시 강연 '프레젠테이션은 커뮤니케이션이다'

정진호 프레젠테이션 전문가는 그의 세바시 강연 '프레젠테이션은 커뮤니케이션이다'에서 연설과 프레젠테이션의 차이를 설명하고 있다. 미국 오바마 대통령의 연설과 애플 스티브 잡스의 신제품 프레젠테이션을 예를 들어서 두 개념의 차이점을 쉽게 풀어내고 있다. 강연에서 그는 프레젠테이션 할 때 과유불급(연습이 최고), 크게 보여주기, 기호로 말하기, 마법의 키워드, 그래프 다시 그리기, 눈 맞춤과 미소, 잠시 멈추기 등 청중과의 소통방법 팁을 제공하고 있다. 기업에서 프레젠테이션은 필수적인 커뮤니케이션 능력으로 기획서, 신제품 발표 등 때로는 클라이언트에게 또는 소비자들에게 직접 소통하는 툴로서 활용된다. 특히, 스티브 잡스는 그의 프레젠테이션 능력으로 유명하다. 그의 프레젠테이션은 명료하고 간결한 메시지 전달, 강력한 스토리텔링, 혁신적인 제품의 효과적인 시연으로 잘 알려져 있다. 잡스는 청중의 감정을 자극하고 기대감을 고조시키는 데 탁월한 능력을 보여주었다. 그는 자신의 발표를 강렬한 시각적 요소와 함께 구성하여 청중이 쉽게 이해하고 기억할 수 있도록 만들었다. 또한, 스티브 잡스의 프레젠테이션 스타일은 그의 시그니처 복장인 검은색 터틀넥과 깊이 연관되어 있다. 잡스는 간결하고 직관적인 디자인 철학을 제품에 반영했는데, 이는 그의 복장에서도 잘 드러났다.

[그림 9-4] 정진호 전문가의 세바시 강연 '프레젠테이션은 커뮤니케이션이다'
출처: 세바시 강연 (https://www.youtube.com/watch?v=TUi3AOopkLE)

소소하고 사소한 이야기

영국에서의 첫 프레젠테이션을 추억하다

제일기획 신입사원으로 입사한 후 대리가 되었을 때쯤 광고업무가 아닌 삼성그룹 CI (Corporate Identity) 업무도 함께 맡게 되었다. 새롭게 변화한 매체 환경에 맞게 삼성그룹의 CI를 재활성화(revitalization)하는 것을 목표로, 인쇄광고, 전파광고, 온라인광고, 옥외광고 및 간판 등 삼성의 레터마크 및 타원형(오벌) 마크를 적용하는 매뉴얼을 만드는 작업이었다. 디자인에 대해 정말 문외한이었던 나는 프로젝트 초기에는 업무에 대한 이해도가 떨어질 수밖에 없었고, 그래서 프로젝트가 어렵게만 다가왔다. 그리고 몇 년간의 프로젝트 결과, 삼성그룹 관계사들이 적용할 수 있는 CI 매뉴얼 및 디자인 가이드라인이 완성되었다.

재미있는 것은 그 다음부터다. 삼성 CI 매뉴얼 및 디자인 가이드라인이 나오고, 그것들을 단순하게 해외 사업장에 보내는 주는 것으로 그치지 않았다. 삼성전자 해외법인 전략회의에 참석해서 약 1시간 정도 새로 변경된 CI의 적용과 활용에 대한 설명회를 진행해야 했다. 그래서 광고주와 함께 삼성전자 유럽 법인 전략회의가 있던 영국 런던으로 출장을 가게 되었다. 삼성전자 유럽 법인 전략회의에는 유럽 전역에 있는 삼성전자 마케팅 주요 관계자들이 참석하는 회의로 CI 매뉴얼 및 디자인 가이드라인 설명을 영어로 진행해야 했다. 고맙게도 광고주 본인께서 내가 영문으로 작성한 파워포인트로 프레젠테이션을 하겠다고 했는데, 발표 당일 마음이 바뀌어 내가 하게 되었다. 그것이 나의 대행사 입사 후 첫 프레젠테이션이었다.

발표 장소로 가는 택시 안에서 부랴부랴 준비한 영문 파워포인트 자료를 처음부터 끝까지 속으로 읽어보고, 어떻게 Q&A를 이끌어갈지 전략도 짜보고…, 정말 이동하는 30분의 시간이 빠르게 지나갔다. 고맙게도 한국 광고 대행사에서 온 내 부족한 프레젠테이션을 끝까지 잘 들어주고, 질문도 해주고, 나름 큰 문제없이 끝냈던 나의 첫 프레젠테이션이었다. 그것도 영어로 말이다. 그렇게 한 번 하고 나니, 미국, 러시아, 싱가포르 등 다른 해외 전략회의에서 발표할 때는 나름 익숙한 포맷으로 프레젠테이션을 즐겼던 것으로 기억한다. 그리고 영국에서 첫 프레젠테이션을 끝낸 그날 저녁, 런던에서 처음 시작했다고 추천받은 뮤지컬 '맘마 미아'를 보고 너무 행복했다.

첫 프레젠테이션을 그렇게 마치고, 항상 기회는 의도치 않게 찾아올 수 있다는 생각이 들었다. 그러다 보니, 더더욱 누군가의 프레젠테이션을 볼 때는 무언가 배우고자 하는 마음으로 듣게 되었던 것 같다. 그리고 나름 자신만의 스타일로 프레젠테이션하는 선배들을 보면서 나도 나만의 프레젠테이션 스타일을 만들어야겠다는 생각이 들었다. 지금은 교수로서 광고 및 홍보대행사들의 프레젠테이션을 평가자의 입장에서 듣고는 한다. 비슷한 콘텐츠라면, 어떻게 프레젠테이션 하느냐에 따라 순위가 달라지는 것을 경험하게 된다. 그만큼, 프레젠테이션은 부족한 내용을 보완하는 역할을, 훌륭한 아이디어를 더욱 빛나게 하는 힘을 지녔다고 볼 수 있다. 프레젠테이션 능력은 분명 타고난 것도 있겠지만, 그보다 더 중요한 것은 꾸준한 노력이 아닐까 싶다.

CHAPTER

10

스피치 실행

어떻게 말할 것인가

발표자가 주제를 결정하고, 자료를 조사한 후에 서론과 결론을 구성하고, 본론 작성이 완료되면 이제는 어떻게 전달할 것인가를 고민할 차례다. 스피치 유형에는 즉흥 스피치, 개요서 스피치, 원고 스피치, 그리고 암기 스피치가 있으며, 일반적으로 대학교 스피치 커뮤니케이션 수업에서 진행하는 스피치는 간략한 노트를 참조하는 방식의 '개요서 스피치'라고 할 수 있다. 스피치를 전달하면서 발표자는 목소리, 비언어적 커뮤니케이션, 청중과의 상호작용 등 청중을 최대한 고려해야 한다. 발표자는 스피치 개요서에 다양한 버전을 달아서 지속적으로 수정을 하는 것은 물론, 부분적으로 연습하고 그리고 나서 전체를 연습하는 과정을 거쳐야 한다. 스피치 불안감이 높은 발표자일수록 노트 카드 준비와 연습은 필수적이다. 노트 카드는 스피치를 하면서 잠깐씩 참조할 수 있는 자료로써 발표자에게는 심리적 안정감을 줄 수 있다. 성공적인 그리고 효과적인 스피치를 위해서는 본인의 스피치를 동영상으로 녹화해서 보는 것도 좋은 방법이다. 동영상에서 본인도 몰랐던 버릇을 발견할 수도 있다. 또한, 부끄럽더라도 친구 또는 가족들 앞에서 연습을 해서 객관적인 피드백을 받는 것도 좋다. 중요한 스피치일수록 반복적인 연습을 통해 자신감 및 자기 효능감을 높이는 것은 선택이 아닌 필수로 생각해야 한다.

SPEECH
COMMUNICATION

1. 스피치 전달 유형

스피치 전달 유형에는 즉흥 스피치, 개요서 스피치, 원고 스피치, 그리고 암기 스피치가 있다. 즉흥 스피치는 사전에 준비된 내용 없이 순간적으로 이루어지는 발표로, 발표자의 즉각적인 반응과 능숙한 커뮤니케이션 능력을 요구한다. 개요서 스피치는 미리 준비된 개요나 노트를 바탕으로 하되, 발표는 자연스럽게 이루어지며, 이 방식은 발표자가 메시지를 효과적으로 전달하면서도 유연성을 유지할 수 있게 한다. 원고 스피치는 발표자가 미리 작성한 원고를 정확히 읽어 내려가는 형식으로, 메시지의 정확성과 일관성을 보장하는 데에 중점을 둔다. 마지막으로, 암기 스피치는 발표자가 전체 스피치를 머리에 넣고 외워 청중 앞에서 발표하는 방식으로, 이는 매우 정확한 메시지 전달을 가능하게 하지만, 철저한 준비와 암기가 필요하다. 각각의 스피치 전달 유형은 특정 상황이나 발표자의 선호도에 따라 선택되며, 각각의 방식은 독특한 장점과 적용 상황을 가지고 있다.

1) 즉흥 스피치

즉흥 스피치는 사전 준비 없이 짧은 메시지를 발표하는 것을 말한다. 일상생활에서 대화하는 과정에서 자주 경험하게 되는 비공식적인 상황, 예를 들어 그룹 내에서의 자기소개 “안녕하세요, 저는 광고홍보학부 3학년에 재학 중인 이수민입니다.”는 즉흥 스피치의 예가 될 수 있다. 그리고 누군가 영화에 대한 생각을 물었을 때와 같이, 사전에 계획되지 않은 응답 역시 즉흥 스피치의 일종이다. 더욱 까다로운 상황으로는, 예고 없이 회의에 참석했을 때 직장 상사가 프로젝트에 대한 개인적 의견을 말해 달라고 할 수 있는데, 이것 역시 즉흥 스피치라고 할 수 있다. 즉흥 스피치의 장점은 그룹 상황에서 자발적이고 즉각적으로 반응할 수 있다는 것이다. 하지만 단점으로는 말하는 사람이 메시지의 중심 주제를 고민할 시간이 거의 또는 전혀 없다는 데 있다. 결과적으로 즉흥 스피치는 메시지가 조직적이지 않아서 청중이 요점을 이해하기 어려울 수 있다.

따라서, 즉흥 스피치를 위해서는 잠시 시간을 내어 무엇을 말할 것인가에 대해 주요 요점을 계획하는 것이 중요하다. 주요 요점을 간단하게 전달하되, 충분히 설명하고 청중이 따라갈 수 있는 속도로 진행하는 것이 좋다. 또한, 가능하다면 구조화된 방식을 사용하는 것이 좋다. 예를 들어, "두 가지 주요 이유…", "계획의 세 부분…", "이 약의 두 가지 부작용…" 등의 표현을 사용할 수 있다.

말을 마친 후에는 추가적으로 장황하게 말하지 않도록 주의해야 한다. 결론적으로, 즉흥 스피치는 한 가지 요점에 집중하고 간결하게 할 때 가장 성공적이다. 즉흥 스피치 능력은 정기적인 연습을 통해 향상될 수 있으며, 비공식적인 상황에서의 대화 중에도 말을 구조화시켜서 하는 노력을 하는 것이 도움이 된다.

2) 개요서 스피치

개요서 스피치는 신중하게 계획하고 연습한 스피치를 간략한 노트를 사용하는 방식으로 발표하는 것이다. 개요서로 발표하는 것은 몇 가지 장점이 있다. 이 방식은 발표자가 스피치를 잘 알고 있어서 읽지 않고도 발표할 수 있기 때문에 지식이 풍부하고 신뢰할 수 있는 것으로 인식될 가능성이 높다. 또한, 청중은 스피치가 언어적으로뿐만 아니라 비언어적으로도 흥미롭기 때문에 발표자의 메시지에 더 잘 주의를 기울일 가능성이 높다. 전체 원고 대신 노트를 사용함으로써 개요서 스피치를 하는 발표자는 청중과 눈을 맞추고 스피치가 진행됨에 따라 그들이 얼마나 잘 이해하고 있는지 평가할 수 있다. 또한 개요서 스피치는 유연성을 제공한다. 즉, 발표자는 잘 구조화된 개요서를 기반으로 스피치를 진행하지만, 마지막 순간에 무언가를 삭제하거나 추가하거나 하고 싶을 때 청중의 반응에 따라 충분히 그렇게 할 수 있다. 개요서 스피치는 또한 주요 아이디어와 하위 아이디어를 인식하는 데 도움이 된다. 다른 세 가지 유형의 스피치 유형들과 비교했을 때, 개요서 스피치는 청중을 참여시키고 자연스러운 연사처럼 들리게 하는 가장 좋은 방법이다.

일반적으로, 대학교 스피치 수업에 진행하는 정보전달 스피치와 설득 스피치도 개요서 스피치 유형에 속한다. 발표자는 준비한 노트를 참조하면서 스피치를 진행하고, 청중의 상황에 따라 시간적인 부분과 내용적인 부분을 유연하게 수정하면서 발표를 진행할 수 있다. 또한, 한국광고단체연합회가 주관하는 '대한민국 대학생 광고대회(KOSAC)' 공모전을 비롯해 국내 여러 광고대행사에서 주관하는 광고 관련 경쟁 프레젠테이션 역시 대체로 개요서 스피치 형식을 따른다. 이때 중요한 것은 발표를 심사하는 평가 위원들 앞에서 너무 자주 노트를 참조하면 내용에 대한 숙지가 안 되어 있다거나 자신감이 없어 보일 수 있기 때문에 주의해야 한다. 발표하는 7분에서 10분 동안 내용을 암기해서 발표할 수도 있겠지만, 발표 중간에 흐름이 끊기거나 기억이 안 날 경우를 대비해서라도 노트 카드를 사전에 준비하는 것을 추천한다.

3) 원고 스피치

원고 스피치는 발표자가 미리 작성된 메시지를 그대로 읽어 나가는 발표 방식이다. 이 유형의 스피치에서는 발표자가 인쇄된 페이지 또는 전자적으로 작성된 원고에서 눈을 떼지 않고, 발표 보조 자료를 사용하는 경우를 제외하고, 메시지를 단어 별로 정확히 반복해서 읽어 나간다. 원고 스피치의 주요 장점은 원본 메시지의 정확한 반복을 가능하게 한다는 것이다. 이는 법적 책임, 공식적 선언, 또는 심리적으로 감정적 메시지를 전달할 때 특히 중요하다. 예를 들어, 조직의 법적 책임에 대한 성명을 발표할 때나, 공식 행사 또는 장례식에서 정확한 감정 표현이 필요한 스피치를 할 때 원고 스피치가 적합할 수 있다.

그러나 원고 스피치는 몇 가지 단점도 있다. 첫째로, 발표자가 스크립트에 지나치게 의존하게 되면 청중과의 눈 맞춤이 줄어들고, 이로 인해 청중과의 연결이 약해질 수 있다. 둘째로, 원고를 읽는 방식은 발표를 단조롭고 지루하게 만들 수 있으며, 발표자가 원고에만 집중하다 보면 청중의 반응을 적절히 파악하고 조정하기 어려워진다. 원고 스피치는 메시지를 정확하게 전달해야 하는 공식적이고 정중한 상황에 적합한 스피치 전달 유형이다. 그러나 발표자는 청중과의 연결을 유지하기 위해 노력해야 하며, 가능한 한 자연스럽고 생동감 있는 발표를 위해 연습과 준비가 필요하다. 3장에서 제시된 스피치 사례인 J. K. 롤링의 하바드 대학교 졸업식 축사도 원고 스피치 유형에 속하며, 그녀는 본격적인 스피치에 앞서 유머를 통해 청중과의 연결을 시도했다.

4) 암기 스피치

암기 스피치란 발표자가 미리 준비한 메시지를 외워서 청중에게 전달하는 방식을 말한다. 이 방법은 배우가 무대, 텔레비전, 영화에서 대본을 외워 연기하는 과정과 유사하다. 특정 상황에서 발표 내용이 정확해야 하거나, 발표자가 메모지에 구속되고 싶지 않을 때 유용하게 사용된다. 암기 스피치의 가장 큰 장점은 발표자가 발표 동안 청중과 지속적으로 눈 맞춤을 유지할 수 있다는 점이다. 노트 카드에서 자유롭기 때문에 발표자는 무대를 자유롭게 이동하고 손짓과 같은 몸짓을 사용하여 메시지를 효과적으로 전달할 수 있다. 발표 보조 자료를 사용하는 경우, 이러한 자유로움은 발표의 효과를 더욱 증가시킬 수 있다

그러나 암기 스피치에는 몇 가지 주의해야 할 점이 있다. 발표 중에 말을 잃거나 즉석에서 말하기 시작하면, 발표 스타일의 변화로 인해 청중이 문제를 인지할 수 있다. 또한, 발표 중에 완전히 막힌다면, 다시 제자리를 찾아 계속하기가 매우 어려워진다. 일반적으로 암기 스피치를 준비하기 위해서는 상당한 시간과 노력이 필요하며, 암기에 익숙하지 않은 경우 성공적으로 수행하기 어려울 수 있다. 전문 연설가, 배우, 뉴스 앵커, 정치인들은 종종 텔레프롬프터와 같은 자동 큐 장치를 사용한다.

특히 텔레비전에서는 카메라와의 눈 맞춤이 중요하기 때문에 이 장치를 활용한다. 연습을 통해 발표자는 대화하듯이 자연스럽게 말하는 인상을 주며, 암기 스피치를 하면서도 청중과 눈 맞춤을 유지할 수 있다. 암기 스피치는 발표자가 메시지를 효과적으로 전달하고 청중과 강력한 연결을 유지할 수 있게 해주는 유용한 도구라고 할 수 있다. 그러나 성공적인 암기 스피치를 위해서는 철저한 준비와 연습이 필요함을 잊지 말아야 한다.

〈표 10-1〉 **스피치 전달 유형**

전달 유형	정의	장점	단점
즉흥 스피치	사전 준비 없이 짧은 메시지를 발표하는 방식	자발적이고 응답적, 상황에 맞게 유연하게 대응 가능	메시지가 조직적이지 않고, 청중이 따라가기 어려울 수 있음
개요서 스피치	신중하게 계획되고 연습된 스피치를 간략한 노트를 바탕으로 발표하는 방식	정확한 메시지 전달과 동시에 청중과의 눈 맞춤 유지, 자연스러운 발표 가능	신중한 준비와 연습 필요, 유연성 과도하게 의존 시 구조 결여 가능성
원고 스피치	미리 작성된 메시지를 그대로 읽어 나가는 발표 방식	메시지의 정확한 반복 보장, 공식적 상황에서 적합	청중과의 눈 맞춤과 연결 감소, 발표가 단조롭게 될 수 있음
암기 스피치	발표자가 미리 작성된 메시지를 외워서 하는 발표	청중과 지속적으로 눈 맞춤 유지, 자유로운 몸짓과 이동 가능	말을 잃었을 때 회복이 어렵고, 높은 암기 능력 요구

2. 발표에 영향을 주는 요인들

스피치 전달에 영향을 미치는 요소는 발표자마다 고유하며, 이러한 요인들은 발표자의 개성, 경험, 준비 상태 등에 따라 달라진다. 특별히, 발표자의 목소리 특성, 비언어적 커뮤니케이션, 개인적 경험과 지식, 청중과의 상호작용, 그리고 준비와 연습과 같은 요인들은 발표에 직접적인 영향을 준다. 이러한 요인들은 각 발표자가 자신의 스타일을 개발하고 청중에게 효과적으로 메시지를 전달할 때 도움을 준다.

1) 발표자의 목소리 특성

발표자의 목소리는 스피치 전달에 큰 영향을 미친다. 목소리의 톤, 피치, 속도, 그리고 억양은 메시지의 감정과 의미를 전달할 때 중요한 역할을 한다. 예를 들어, 목소리가 낮고 차분한 발표자는 진지하고 심오한 주제를 논할 때 청중에게 신뢰감을 줄 수 있으며, 반대로 높은 피치와 빠른 속도의 목소리는 열정적이고 동기 부여적인 스피치에 적합할 수 있다.

2) 비언어적 커뮤니케이션

연사의 몸짓, 제스처, 표정, 그리고 눈 맞춤은 스피치의 메시지를 강화하고 청중과의 연결을 형성하기 위한 중요한 요소들이다. 예를 들어, 열정적으로 손짓하는 것은 연사의 열정과 스피치에 대한 관심을 강조할 수 있으며, 눈 맞춤은 청중과의 개인적인 연결을 만든다.

3) 개인적 경험과 지식

연사의 경험과 전문 지식은 스피치의 내용과 전달 방식에 영향을 미친다. 전문가로서의 신뢰성을 구축하고 청중에게 가치 있는 정보를 제공하는 것이 중요하다. 예를 들어, 여행 작가가 자신의 여행 경험을 공유하며, 청중에게 여행 팁과 문화적 통찰을 제공하는 경우, 그의 전문 지식과 경험은 스피치에 신뢰성과 흥미를 더할 수 있다.

4) 청중과의 상호작용

연사가 청중의 반응을 얼마나 잘 관찰하고 그에 따라 스피치를 조정하는지는 스피치의 성공에 중요한 요소다. 청중의 관심을 유지하고, 참여를 촉진하기 위해 상호작용하는 능력이 중요하다. 예를 들어, 청중의 질문에 적극적으로 응답하고, 토론을 장려하는 연사는 청중의 관심을 끌고 스피치의 영향력을 높일 수 있다.

5) 준비와 연습

성공적인 스피치는 철저한 준비와 연습에서 비롯된다. 발표 내용을 숙지하고, 스피치를 여러 번 연습함으로써, 발표자는 자신감을 갖고 효과적으로 메시지를 전달할 수 있다. 예를 들어, 발표자가 스피치를 여러 번 연습함으로써 단어를 더듬거나 중요한 포인트를 놓치는 것을 방지하고, 스피치 중 자연스럽고 유연하게 대응할 수 있다.

3. 스피치 중 목소리 관리

목소리 관리는 스피치의 성공에 결정적인 역할을 한다. 이는 청중과의 효과적인 소통을 가능하게 하며, 메시지의 명확성과 설득력을 높인다. 효과적인 목소리 관리를 위해서는 충분한 크기로 말하기, 속도와 높낮이 및 볼륨의 변화를 주기, 목소리 휴지를 피하고, 단어를 명확하고 정확하게 발음하는 것이 중요하다. 이러한 방법들은 발표자가 청중과 더 깊은 연결을 형성하고, 전달하고자 하는 메시지를 강조할 수 있게 도와준다. 특히, 복잡한 의학 용어나 외래어 사용 시에는 발표 전 해당 단어들의 발음 연습과 함께 청중에게 단어의 의미를 설명하는 것도 고려해야 한다. 철저한 준비와 연습을 통해 목소리 관리 능력을 개발하면, 스피치의 전달력과 청중의 이해도를 크게 향상시킬 수 있다.

1) 충분한 크기로 말하기

발표자는 자신의 목소리가 모든 청중에게 도달할 수 있도록 적절한 볼륨으로 말해야 한다. 적절한 볼륨은 청중이 메시지를 명확하게 듣고 이해할 수 있도록 하며, 너무 크거나 작은 목소리는 청중의 주의를 산만하게 할 수 있다. 이는 발표 장소의 크기, 청중의 수, 그리고 장소의 음향 특성을 고려하여 결정해야 한다. 목소리가 너무 크면 공격적으로 느껴질 수 있고, 너무 작으면 메시지가 전달되지 않을 위험이 있다.

대규모 컨퍼런스에서 발표할 때, 연사는 뒷줄에 앉은 청중도 명확하게 들을 수 있도록 마이크와 공간의 음향 시설을 적절히 활용해야 한다. 예를 들어, 연사가 에너지 정책에 대해 발표하며 중요한 통계를 공유할 때, 목소리를 끌어올려 청중의 주의를 집중시키고 메시지의 중요성을 강조할 수 있다.

2) 속도, 높낮이, 볼륨 변화 주기

목소리의 속도, 높낮이, 그리고 볼륨을 적절히 변화시키면 스피치가 더 생동감 있고 흥미롭게 느껴진다. 이는 청중의 관심을 유지하고 메시지의 중요한 부분을 강조할 때 도움이 된다. 단조로운 발표는 청중을 쉽게 지루하게 만들 수 있다. 발표자는 스피치 중 목소리의 속도, 높낮이, 그리고 볼륨을 변화시켜 청중의 관심을 유지하고 메시지의 중요한 부분을 강조할 수 있다.

스토리텔링을 할 때, 스토리의 감정적인 부분에서는 목소리를 부드럽게 하고, 중요한 포인트에서는 볼륨을 조금 높이고 속도를 늦춰 강조할 수 있다. 그리고 대학 세미나에서 발표하는 학생이 청중의 관심을 유지하기 위해 이야기의 중요한 전환점에서는 속도를 늦추고 볼륨을 높일 수 있다. 예를 들어, 경제 위기의 영향을 설명할 때, 핵심적인 경제 지표의 변화를 강조하기 위해 목소리의 높낮이와 볼륨을 조절한다.

3) 목소리 휴지 피하기

"음", "아", "어"와 같은 목소리 휴지는 스피치의 흐름을 방해하고 전문성을 저하시킬 수 있다. 이러한 휴지는 발표자가 준비가 부족하거나 자신감이 없어 보일 수 있기 때문에, 스피치 연습을 통해 이를 줄이는 것이 중요하다.

대화 연습 중 발표자가 자주 "음"과 "아"를 사용한다면, 스피치를 할 때는 이를 의식적으로 피하고, 대신 짧은 침묵을 이용해 다음 말을 준비할 수 있다. 예를 들어, 경제 발표에서 복잡한 그래프를 설명할 때, 각각의 주요 포인트 사이에 짧은 침묵을 두어 청중이 정보를 소화할 시간을 제공할 수 있다.

4) 명확하게 발음하고 정확하게 발음하기

모든 단어를 명확하게 발음하는 것은 청중이 스피치의 모든 부분을 이해하기 위해서는 필수적이다. 복잡하거나 생소한 용어는 특히 주의 깊게 발음해야 하며, 필요한 경우 그 의미를 설명해야 한다. 특히 전문 용어나 어려운 단어를 사용할 때는 더욱 주의가 필요하다.

복잡한 의학 용어나 외래어를 사용해야 하는 경우, 발표 전에 해당 단어들의 발음을 연습하고, 필요하다면 청중에게 단어의 의미를 간단히 설명하는 것도 고려해야 한다. 예를 들어, 국제 관계 수업에서 교수가 'détente'(데탕트: 긴장 완화)와 같은 전문 용어를 사용할 때, 그 단어를 천천히 분명하게 발음하고 "긴장 완화는 국가 간 긴장을 줄이는 외교적 노력을 의미합니다"라고 설명할 수 있다. 이렇게 하면 학생들이 용어의 의미를 명확하게 이해하고, 관련된 토론에 더 적극적으로 참여할 수 있다.

데탕트(détente)

데탕트(détente)는 '긴장완화', '휴식'을 의미하는 프랑스어로 드골(Charles André Joseph de Gaulle) 대통령이 재임 중에 소련·동유럽 국가와의 관계 개선을 추진할 때 활발하게 사용되었다. 그 후 1970년대에 들어 미국의 닉슨 정권하에서 키신저(Henry Alfred Kissinger) 대통령보좌관(후에 국무장관)이 소련과의 정치대결을 회피하고 대화와 군비관리의 틀을 구축하기 위한 정책을 추진하였는데 이 정책을 '대소 데탕트 정책'이라고 하게 된 이래 데탕트 개념은 상태로서의 긴장완화와 정책으로서의 긴장완화 정책이라는 양면성을 갖는 용어로서 사용되었다.

4. 스피치 중 신체 관리

스피치를 할 때 목소리만큼이나 중요한 것이 바로 신체언어다. 청중과의 소통에 있어 신체언어는 스피치의 메시지를 강화하고, 발표자의 신뢰도를 높이는 역할을 한다. 스피치 중 신체언어의 관리는 발표자가 청중과 강력한 소통을 구축하기 위해서는 필수적이다. 상황에 맞는 복장, 청중과의 눈 맞춤, 적절한 표정, 좋은 자세, 의미 있는 움직임, 그리고 신체적 장애물의 제거는 모두 청중의 참여와 반응을 높이는 데 기여한다. 스피치의 준비 과정에서 이러한 측면들을 고려함으로써, 발표자는 자신의 메시지를 더욱 효과적으로 전달하고, 청중과의 긍정적인 상호작용을 이끌어낼 수 있다. 발표자가 이러한 측면을 의식하고 준비하면, 청중과의 소통을 극대화하고 스피치의 전반적인 효과를 높일 수 있다.

1) 상황에 맞는 복장 선택

복장은 청중에게 전달하고자 하는 메시지의 일부라고 간주할 수 있다. 발표자의 복장은 상황, 청중의 기대, 그리고 발표의 주제에 적합해야 한다. 공식적인 행사에서는 보다 정장을, 친근한 분위기에서는 캐주얼한 복장을 선택하는 것이 좋다. 옷차림은 발표자의 전문성과 자신감을 청중에게 전달하는 중요한 수단이다. 예를 들어, 비즈니스 프레젠테이션에서는 정장을 착용하여 전문적인 이미지를 유지해야 한다. 대학교 스피치 수업에서도 발표할 때는 어느 정도의 복장을 갖추는 것이 좋다. 반바지에 티셔츠, 그리고 슬리퍼를 신고 스피치를 할 때 청중들은 발표자에게서 전문성과 신뢰성을 찾기 힘들 것이다.

2) 청중을 향하고 눈 맞춤 하기

발표 중 청중과 눈을 맞추는 것은 커뮤니케이션에서 가장 강력한 수단 중 하나라고 할 수 있다. 눈 맞춤을 통해 발표자는 청중에게 관심과 존중을 보여주며, 청중의 참여와 집중을 유도할 수 있다. 발표 중에 청중의 다양한 구역을 바라보며 눈 맞춤을 하는 것은 모든 청중이 발표에 포함되어 있다고 느끼게 한다.

3) 적절한 표정 사용

표정은 발표자의 감정과 태도를 전달하는 중요한 도구다. 발표의 내용과 분위기에 맞는 표정을 사용함으로써, 발표자는 메시지의 의미를 강화하고 청중과의 감정적 연결을 형성할 수 있다. 예를 들어, 긍정적인 내용을 발표할 때 미소를 지으면 청중도 긍정적인 반응을 보일 가능성이 높아진다.

4) 좋은 자세 유지

바른 자세는 발표자의 자신감과 전문성을 청중에게 전달하는 수단이 된다. 등을 곧게 펴고, 어깨를 살짝 뒤로 당기며, 발을 어깨 너비로 벌리고 서는 것은 자신감 있는 모습을 연출한다. 좋은 자세는 발표자가 더 크고 명확하게 목소리를 낼 수 있게 도와주기도 한다. 가끔 대학교 스피치 수업에서 정보전달 스피치 또는 설득 스피치를 평가할 때, 발표자들이 짝다리를 짚거나, 발을 지속적으로 떠는 현상을 발견하고는 한다. 자신도 모르게 드러내는 이러한 잘못된 자세는 본인의 스피치를 동영상으로 녹화해서 보게 되면 쉽게 관찰할 수 있으며, 향후 충분한 노력을 통해 수정할 수 있다.

5) 목적과 자연스러움을 가지고 움직이기

발표 중 움직임은 청중의 주의를 끌고, 발표의 흐름에 생동감을 더할 수 있다. 중요한 포인트를 강조할 때 한 걸음 앞으로 나아가거나, 스토리를 들려줄 때 몸을 움직여 청중의 상상력을 자극하는 것이 좋다. 움직임은 목적이 있고 자연스러워야 한다. 특별한 의도한 목적 없이 부자연스럽게 계속 움직이면서 하는 발표는 오히려 청중의 집중을 방해할 수 있다.

6) 신체적 장애물 피하기

물리적 장애물은 발표자와 청중 사이의 연결을 방해한다. 가능한 한, 강단이나 테이블과 같은 장애물 없이 청중과 직접적인 시각적 연결을 유지하는 것이 좋다. 청중과의 물리적 거리를 최소화함으로써 발표자는 청중과 더 강한 소통을 할 수 있다. 가끔씩 발표자들이 스피치 불안감을 이겨내지 못하고 강단 뒤에서 처음부터 끝까지 스피치를 진행하는 경우가 있다. 스피치는 단순히 일방향적으로 청중에게 정보를 전달하는 것이 아닌 쌍방향적인 소통이라는 것을 고려한다면, 발표자는 열린 공간에서 청중과 마주해야 한다.

5. 스피치 중 청중 관리

스피치를 하면서 청중과의 상호작용은 성공적인 커뮤니케이션을 위해 필수적인 요소다. 효과적인 상호작용을 통해, 발표자는 메시지를 더욱 명확하고 강력하게 전달할 수 있으며, 청중의 관심과 참여를 유지할 수 있다. 청중을 존중하고 그들의 필요와 기대에 부응하는 것은 발표자로서의 전문성을 드러내는 방법이다. 청중 관리 기술을 개발하고 실천함으로써, 모든 청중 구성원에게 긍정적인 스피치 경험을 제공할 수 있다.

1) 필요에 따라 발표 공간 조정하기

발표 공간은 청중과의 상호작용에 큰 영향을 미친다. 발표자는 공간을 최적화하여 청중과의 거리를 줄이고, 더 개인적인 커뮤니케이션을 가능하게 해야 한다. 공간의 조정은 청중이 발표자와 메시지에 더 집중할 수 있도록 도와준다. 예를 들어, 대규모 강연에서는 무대 중앙에 서서 가능한 많은 청중과 눈을 마주칠 수 있도록 하고, 소규모 세미나에서는 원형 또는 U자형 배열을 고려해 보는 것도 좋다.

2) 청중을 참여시키기

청중의 참여는 스피치를 더욱 생동감 있고 기억에 남는 경험으로 만든다. 발표자는 청중에게 질문을 하거나, 의견을 요청하고, 상호작용을 유도하는 방법을 찾아야 한다. 예를 들어, 스피치를 하는 중에 청중에게 관련된 경험을 공유하도록 요청하거나, 발표 중간에 실시간 투표를 진행해 보는 것도 좋은 방법이다.

3) 청중의 시간 존중하기

청중의 시간은 소중하며, 발표자는 스피치의 길이와 구성을 신중하게 계획하여 청중의 관심을 유지하고 지루함을 최소화해야 한다. 발표 시간을 엄수하는 것은 전문성을 보여주는 행동이다. 스피치의 주요 요점들을 명확하게 하고, 예정된 시간 내에 발표를 마치도록 해야 한다.

4) 장애가 있는 청중 구성원 고려하기

모든 청중이 스피치에 참여하고 이해할 수 있도록 하는 것은 발표자의 책임이다. 이는 접근성을 고려하고, 장애가 있는 청중 구성원을 지원하는 것을 포함한다. 예를 들어, 청각 장애인을 위해 수화 통역을 제공하거나, 시각 장애인을 위해 발표 자료를 오디오 형식으로 제공하도록 해야 한다.

5) 무례하거나 적대적인 청중 구성원에게 침착하게 대응하기

스피치 중 예상치 못한 도전이나 질문에 직면할 수 있다. 발표자는 침착함을 유지하고, 전문적으로 대응하여 상황을 관리해야 한다. 예를 들어, 도발적인 질문에는 "그런 관점을 제시해 주셔서 감사합니다. 제 생각에는…"과 같이 답변하여 상황을 진정시키는 노력이 필요하다.

6) 질의응답 시간을 위한 준비

청중의 질문에 대비하는 것은 발표자가 주제에 대한 깊은 이해를 가지고 있음을 보여준다. 효과적인 질의응답 시간은 스피치의 가치를 높이고 청중과의 연결을 강화할 수 있다. 발표에 관련된 가능한 질문을 미리 생각해 보고, 간결하고 명확한 답변을 준비하는 것도 발표자의 좋은 자세라고 할 수 있다.

6. 스피치 전달 연습의 중요성과 전략

스피치 전달의 성공은 깊이 있는 준비와 체계적인 연습에서 비롯된다. 스피치를 준비하고 연습하는 과정은 발표자가 자신의 메시지를 명확하고 자신감 있게 전달할 수 있도록 돕는다. 스피치 전달 연습은 발표의 질을 높이고, 청중 앞에서의 자신감을 증진시키는 데 필수적이다. 스피치의 다양한 스타일을 제공하고, 단계별로 준비하며, 스피치 시간을 철저히 조절하는 것은 모두 효과적인 스피치를 위한 중요한 요소다. 이러한 전략을 실천함으로써, 발표자는 청중에게 강력하고 기억에 남는 메시지를 전달할 수 있다.

1) 스피치 버전 제공하기

스피치의 다양한 버전을 연습하는 것은 발표자에게 다양한 표현 방식과 전달 방법을 탐색할 기회를 제공한다. 이는 특히 강조하고 싶은 메시지의 파트를 다양한 톤과 강도로 실험해 볼 수 있게 하며, 발표자가 가장 자신 있고 자연스러운 스타일을 찾아내는 데 도움이 된다.

실천 방법 연습 과정에서는 목소리의 높낮이, 속도, 그리고 몸짓을 조정하며 같은 내용을 여러 번 반복해 보자. 또한, 친구나 동료 앞에서 연습하거나 자신의 연습을 녹화하여 나중에 시청함으로써 자신의 발표 스타일을 객관적으로 평가할 수 있다.

2) 단계별로 스피치 준비하기

스피치를 단계별로 준비하고 연습하는 것은 발표의 구조를 명확하게 이해하고, 각 부분에서 전달하고자 하는 주요 메시지와 세부 사항을 충분히 다룰 수 있도록 한다. 초기 단계에서는 개별 부분의 연습을 통해 각 부분에 대한 깊은 이해를 구축하고, 후반 단계에서는 전체 스피치의 흐름과 연결을 매끄럽게 연습한다.

실천 방법 개별 부분을 분리하여 각각을 집중적으로 연습한 후, 전체 스피치를 통합하여 연습하면서 전환 부분에서의 자연스러운 이동과 전반적인 흐름을 확인하라. 이 과정에서 발표자는 스피치의 전체적인 구조와 흐름에 익숙해질 수 있다.

3) 스피치 시간 조절하기

스피치의 시간을 정확하게 조절하는 것은 발표자가 청중의 관심을 유지하고, 주어진 시간 내에 모든 주요 메시지를 효과적으로 전달할 수 있도록 해야 한다. 시간 관리는 발표자가 청중과의 상호작용에 충분한 시간을 할애하고, 질의응답 시간을 포함할 수 있도록 하는 데 중요하다.

실천 방법 연습하는 동안 휴대폰의 스톱워치나 타이머 기능을 사용하여 스피치의 각 부분과 전체 소요 시간을 측정하라. 이를 통해 발표자는 스피치를 조정하여 목표 시간에 맞출 수 있으며, 필요한 경우에는 내용을 축소, 확장할 수 있다.

[그림 10-1] **스피치 전달 전략 구성**

출처: 챗GPT를 활용해 만든 이미지.

〈표 10-2〉 **스피치 실행 전략 및 실천방법**

단계별 전략	내용	실천방법
스피치의 버전 제공하기	다양한 표현 방식과 전달 방법을 탐색하여 발표자가 가장 자신 있고 자연스러운 스타일을 찾도록 함	목소리의 높낮이, 속도, 그리고 몸짓을 조정하며 반복 연습. 친구나 동료 앞에서 연습하거나 연습을 녹화하여 나중에 시청
단계별로 스피치 준비하기	발표의 구조를 명확하게 이해하고 각 부분에서 전달하고자 하는 메시지와 세부 사항을 충분히 다룸	개별 부분을 분리하여 집중적으로 연습한 후, 전체 스피치를 통합하여 연습하며 전환 부분과 전반적인 흐름 확인
스피치 시간 조절하기	청중의 관심을 유지하고, 주어진 시간 내에 모든 주요 메시지를 효과적으로 전달하기 위한 시간 관리	연습하는 동안 스톱워치나 타이머를 사용하여 스피치의 각 부분과 전체 소요 시간을 측정하고, 필요에 따라 내용 조정

7. 디지털 기술을 통한 스피치 전달

디지털 기술을 통한 스피치 전달은 인터넷, 비디오, 소셜 미디어 플랫폼 등과 같은 디지털 매체를 사용하여 정보를 전달하는 과정을 말한다. 이는 전통적인 대면 스피치와 달리, 발표자와 청중이 물리적으로 같은 공간에 있지 않아도 커뮤니케이션을 가능하게 해준다. 디지털 기술을 통한 스피치는 전 세계 어디서나 청중과 연결할 수 있는 가능성을 제공함으로써, 정보의 도달 범위와 영향력을 크게 확장하고 있다. 특히, 지난 코로나 팬데믹 기간 동안 온라인을 통한 교육, 회의, 학술 컨퍼런스 등 다양한 비대면 커뮤니케이션이 일상화되었다.

1) 가상 환경에서의 스피치를 위한 가이드라인

아래 가이드라인은 가상 환경에서 스피치를 통해 효과적으로 커뮤니케이션할 수 있는 방안을 제시하고 있다. 디지털 매체를 통한 스피치는 전통적인 방식과는 다른 도전과 기회를 제공하므로, 이러한 가이드라인을 따르는 것은 발표자가 성공적으로 메시지를 전달할 때 중요한 역할을 한다.

① 다양한 청중에게 맞춤화된 스피치 준비하기

가상 환경에서는 다양한 배경과 관심사를 가진 글로벌 청중을 대상으로 할 수 있다. 발표자는 이러한 다양성을 인식하고 스피치 내용을 청중의 다양한 요구와 문화적 배경에 맞게 조정해야 한다. 청중 분석을 통해 그들의 관심사, 예상 질문, 그리고 문화적 차이를 파악하고, 이에 따라 스피치 내용을 조정해야 한다.

② 의도치 않은 청중을 고려하여 스피치 수정하기

디지털 플랫폼을 통한 스피치는 예상치 못한 청중에게도 도달할 수 있다. 발표자는 이러한 가능성을 고려하여 내용을 신중하게 선택하고, 민감한 정보의 공개를 피해야 한다. 따라서 보안 설정을 점검하고, 공개적으로 공유하기에 적절한 내용만 포함시키는 것이 중요하다.

③ 발표 보조자료 신중하게 선택하기

가상 스피치에서 보조자료는 청중의 이해를 돕고, 메시지를 강화하는 중요한 역할을 한다. 발표자는 기술적 제약을 고려하여 자료를 신중하게 선택해야 한다. 또한, 시각적으로 명확하고, 접근성이 높은 자료를 선택하며, 사용할 기술과 호환되는지 확인해야 한다.

④ 기술에 능숙해지기

가상 환경에서 스피치를 성공적으로 전달하기 위해서는 해당 기술을 숙달하는 것이 필수적이다. 이는 기술적 문제에 능동적으로 대처할 수 있게 하며, 스피치의 효과를 극대화할 수 있다. 사용할 플랫폼과 도구에 대한 사전 연습을 통해 스피치 도중 발생할 수 있는 기술적 문제에 대비해야 한다.

⑤ 효과적인 공개 스피치의 기본 원칙 적용하기

가상 환경에서의 스피치라 하더라도, 효과적인 커뮤니케이션의 기본 원칙은 변하지 않는다. 명확한 메시지 전달, 청중과의 상호작용, 그리고 자신감 있는 발표 방식은 여전히 중요하다. 청중과의 눈 맞춤(카메라를 바라보기), 분명한 발음, 그리고 명확한 메시지 구조를 유지하며 스피치를 준비해야 한다.

8. 스피치 연습과 노트 카드 준비

스피치 커뮤니케이션의 성공은 철저한 준비와 연습에서 비롯된다. 효과적인 연습과 스피치 노트의 작성 및 활용은 필수적인 준비 과정이다. 이 두 가지 주요 요소는 스피치를 질적으로 크게 향상시킬 수 있다. 이러한 준비 과정을 통해 발표자는 메시지를 명확하고 자신감 있게 전달할 수 있으며, 청중과의 강력한 연결을 구축할 수 있다.

1) 연습

연습은 발표자가 스피치의 내용을 숙지하고, 발표 스타일을 개선하며, 발표 도중 발생할 수 있는 예상치 못한 상황에 대비하도록 돕는다. 연습은 스피치를 자연스럽고 유창하게 만든다. 연습을 통해 발표자는 메시지를 효과적으로 전달하는 방법을 발견하고, 스피치 중에 발생할 수 있는 긴장을 줄일 수 있다.

실천 방법 스피치를 여러 번 연습하되, 다양한 환경(조용한 방에서부터 소규모 그룹 앞에서까지)에서 연습을 해보자. 또한, 자신의 발표를 녹화하여 재생함으로써 몸짓, 목소리 톤 및 속도 등을 평가하고 개선할 수 있다.

2) 스피치 노트

스피치 노트는 발표자가 스피치 도중 주요 포인트와 세부 정보를 기억하는 데 도움을 주는 도구라고 할 수 있다. 노트는 발표 내용의 흐름을 유지하고, 필요한 세부 정보를 적시에 참조할 수 있게 해준다. 스피치 노트는 발표자가 스피치의 구조를 명확하게 이해하고, 중요한 내용을 빠뜨리지 않도록 돕는다. 또한, 긴장을 줄이고 발표 중 자신감을 유지하는 데에도 도움이 된다.

실천 방법 스피치 노트를 준비할 때는 간결하고 명확하게 작성해 보자. 주요 요점, 통계, 인용문 등 중요한 정보를 포함시키고, 노트를 쉽게 참조할 수 있도록 구성하는 것이 중요하다. 노트는 발표자가 스피치 도중 청중과의 눈맞춤을 유지할 수 있도록 도와야 한다.

9. 프레젠테이션 보조자료 활용하기

효과적인 스피치 전달에서 보조자료는 중요한 역할을 한다. 보조자료를 올바르게 활용하면, 메시지의 이해도를 높이고 청중의 관심을 유지할 수 있다. 아래 보조자료를 활용할 때 고려해야 할 주요 고려 사항들을 참조하면 성공적인 스피치에 도움이 된다. 제시한 고려 사항들을 사용하면 스피치의 효과를 극대화하는 동시에, 청중과의 긴밀한 소통을 유지하고자 할 때 도움을 준다. 보조자료는 청중의 이해와 관심을 높일 때 유용한 도구이지만 이를 적절하게 사용하는 것이 중요하다. 발표자는 보조자료를 청중과의 연결 고리로 활용하면서도, 청중과의 직접적인 소통을 가장 중요시해야 한다. 결코 보조자료가 스피치의 주가 되어 발표자의 주요 요점 전달에 방해가 되어서는 안 된다.

1) 보조자료 사용 시기를 신중하게 계획하기

스피치 중 보조자료를 사용하는 시점은 청중의 관심을 유도하고 스피치의 메시지를 강화할 때 결정적인 역할을 한다. 적절한 시점에 보조자료를 사용함으로써 청중의 이해를 높이고, 스피치의 중요한 부분을 강조할 수 있다.

실천 방법 스피치를 구조화할 때, 각 주요 포인트에 어떤 보조자료를 사용할지 사전에 계획하라. 예를 들어, 복잡한 데이터나 개념을 설명할 때 그래프, 차트 또는 비디오 클립을 사용하여 시각적으로 정보를 제공할 계획을 세워야 한다. 스피치를 연습하면서 보조자료를 통합하는 타이밍을 조정하여, 청중이 정보를 자연스럽게 받아들일 수 있도록 하는 것이 중요하다.

2) 청중의 필요를 신중하게 고려하기

보조자료는 청중이 스피치 내용을 쉽고 명확하게 이해할 수 있도록 설계되어야 한다. 청중의 연령, 전문성, 관심사를 고려하여 적절한 형식과 내용의 보조자료를 선택하는 것이 중요하다.

실천 방법 청중의 특성을 분석하고 이에 맞춰 보조자료를 준비하라. 예를 들어, 기술에 익숙한 젊은 청중을 대상으로 할 때는 인터랙티브한 디지털 프레젠테이션 또는 앱을 활용할 수 있다. 청중의 배경지식이 제한적이라면, 기초적인 개념을 설명하는 간단하고 명확한 다이어그램을 사용하면 좋다.

3) 스피치 시작 전 보조자료 및 장비 위치 조정하기

보조자료와 장비는 스피치를 시작하기 전에 올바르게 설정되어 있어야 한다. 장비의 위치와 설정이 적절하지 않으면 스피치 중에 기술적 문제가 발생할 수 있으며, 이는 전체적인 발표에 부정적인 영향을 미칠 수 있다.

실천 방법 스피치 장소에 일찍 도착하여 프로젝터, 컴퓨터, 스피커 등 모든 장비의 작동을 확인하고, 필요한 조정을 실시하라. 보조자료를 표시할 스크린의 위치가 청중 모두가 볼 수 있는지 확인하고, 필요에 따라 조명이나 좌석 배열을 조정하길 바란다.

4) 해당 내용을 말할 때만 보조자료 공개하기

보조자료는 특정 내용을 설명할 때만 공개해야 한다. 불필요한 시점에 보조자료를 공개하는 것은 청중의 주의를 분산시킬 수 있으며, 스피치의 흐름을 방해할 수 있다. 적절한 시점에만 보조자료를 사용하여 청중의 집중을 유도하고 메시지의 효과를 강화하는 것이 중요다.

실천 방법 스피치를 구성할 때, 각 보조자료가 사용될 정확한 시점을 계획하라. 예를 들어, 스토리텔링의 중요한 전환점이나 복잡한 데이터를 설명할 때 그래프나 이미지를 공개하면 좋다. 발표 슬라이드를 사용할 때는 다음 슬라이드로 넘어가기 전까지 현재 슬라이드에 집중하도록 하고, 스크린을 꺼두거나 다른 이미지를 가림으로써 청중의 주의가 분산되는 것을 방지해야 한다.

5) 보조자료를 모든 청중이 볼 수 있도록 전시하기

모든 청중이 보조자료를 명확하게 볼 수 있도록 하는 것은 정보의 전달을 극대화하고 스피치의 효과를 높이고자 할 때 필수적이다. 이를 위해서는 보조자료의 위치, 크기, 그리고 방향이 중요하다.

실천 방법 장소의 레이아웃을 고려하여 보조자료를 전시하라. 대형 스크린이나 모니터를 사용할 경우, 청중의 뒷줄에 앉은 사람들도 쉽게 볼 수 있도록 확대하여 표시해야 한다. 작은 물체나 문서를 보여줄 때는 확대 카메라나 프로젝터를 사용하여 청중 모두가 세부사항을 볼 수 있도록 해야 하며, 또한, 필요하면 청중에게 보조자료를 더 가까이에서 볼 기회를 제공하기 위해 회전식 또는 이동식 전시 방법을 고려하면 좋다.

6) 스피치 중 보조자료를 참조하기

스피치 중 보조자료를 참조하는 것은 청중이 스피치의 내용을 보다 명확하게 이해하는 데 도움을 준다. 이는 스피치가 보조자료와 긴밀하게 통합되어 있음을 보여주며, 청중의 신뢰를 얻기 위해서도 효과적이다.

실천 방법 보조자료에 나타난 정보나 이미지를 구체적으로 언급하며 스피치를 진행하라. 예를 들어, 데이터 차트를 보여주는 동안, "여러분이 이 차트에서 볼 수 있듯이, 지난 5년 동안의 매출 증가율이 상당히 높습니다"와 같이 설명할 수 있다. 이렇게 하면 청중은 스피치의 내용과 보조자료 사이의 연관성을 보다 명확하게 인지할 수 있다.

7) 보조자료에 말하지 않고 청중에게 말하기

발표자는 보조자료에 의존하지 않고 청중과 직접적인 소통을 유지해야 한다. 보조자료는 발표의 도움을 주는 도구이지만, 발표자가 보조자료에만 집중하게 되면 청중과의 눈 맞춤과 감정적 연결이 떨어질 수 있다. 청중과의 관계를 강화하고, 메시지의 전달력을 높이기 위해 보조자료는 적절히 사용해야 한다.

실천 방법 보조자료를 사용할 때는 항상 청중을 바라보고 소통하도록 노력하라. 예를 들어, 슬라이드를 넘기면서 중요한 내용을 설명할 때는 슬라이드를 가리키기보다는 청중과 눈을 마주치면서 설명해야 한다. 이렇게 함으로써 청중은 발표자가 자신들에게 직접 이야기하고 있음을 느낄 수 있으며, 이는 청중의 관심과 참여를 증가시킨다.

8) 청중 사이에 물건을 돌리는 것을 피하기

스피치 중 청중 사이에 물건을 돌리는 행위는 청중의 주의를 분산시킬 수 있다. 이러한 활동은 스피치의 흐름을 방해하고, 청중이 발표자의 메시지에 집중하는 것을 어렵게 만들 수 있다.

실천 방법 필요한 경우, 보조자료를 청중에게 보여주고 싶다면, 스피치의 끝나는 시점에 관련 물품이나 자료를 보여주거나 배포하는 것을 고려하라. 또한, 대형 스크린을 사용하여 보조자료의 이미지나 동영상을 보여주는 것도 효과적인 방법이다. 이는 청중이 스피치 내용에 지속적으로 집중할 수 있도록 돕고, 스피치의 전달력을 유지하는 데 도움이 된다.

이러한 원칙들을 적절히 활용하면, 보조자료가 스피치를 보조하는 도구로서 기능을 발휘할 수 있으며, 청중과의 소통을 향상시키고 스피치의 효과를 극대화할 수 있다. 청중과의 직접적인 연결을 유지하면서 보조자료를 효과적으로 활용하는 방법을 마스터하는 것이 중요하다.

요약

스피치 전달 유형에는 여러 가지가 있다. 즉흥 스피치는 사전 준비 없이 현장에서 직접 생각을 말로 표현하는 형태이고, 개요서 스피치는 주요 포인트들을 개요로 작성하여 그에 따라 발표하는 방식이다. 원고 스피치는 전체 스크립트를 미리 작성해 읽으면서 발표하는 형태이며, 암기 스피치는 전체 내용을 외워서 발표하는 것을 말한다. 각 전달 유형은 발표자의 선호, 상황의 공식성, 주제의 복잡성 등에 따라 선택될 수 있다.

스피치의 효과성에는 여러 요인이 영향을 미친다. 이 중에서도 발표자의 목소리는 중요한 요소로, 적절한 볼륨, 명확한 발음, 다양한 톤과 속도를 사용하여 청중의 주의를 유지하고 메시지를 효과적으로 전달해야 한다. 비언어적 커뮤니케이션도 스피치에 큰 영향을 미친다. 적절한 몸짓, 눈 맞춤, 표정은 발표 내용을 강화하고 청중과의 연결을 도모한다. 또한, 발표자의 개인적 경험과 지식은 스피치의 내용을 풍부하게 하며 청중과의 신뢰를 구축하는 데 기여한다.

스피치 중 청중 관리는 발표의 성공을 좌우하는 중요한 요소다. 발표자는 청중의 반응을 실시간으로 관찰하고, 필요에 따라 스피치의 방향을 조절하여 관심을 유지하고 참여를 촉진해야 한다. 스피치 연습은 이러한 능력을 개발할 때 중요하며, 충분한 연습은 발표자가 자신감을 갖고 더욱 효과적으로 청중을 관리할 수 있게 한다.

디지털 기술을 통한 스피치 전달은 청중과의 지리적 장벽을 제거하고 더 넓은 청중에게 도달할 수 있는 기회를 제공한다. 온라인 플랫폼과 멀티미디어 자원의 활용은 스피치의 도달 범위를 확장하고, 다양한 시청각 자료를 통해 메시지를 보다 효과적으로 전달할 수 있다. 스피치 연습과 노트 카드 준비는 발표자가 스피치의 주요 포인트를 숙지하고 흐름을 관리하는 데 도움을 된다. 또한, 프레젠테이션 보조자료의 사용은 청중의 이해를 돕고, 스피치 내용을 보다 생동감 있게 전달할 때 중요한 역할을 한다. 이 모든 요소가 결합되어 스피치를 준비하고 실행하는 과정에서 체계적이고 전문적인 접근을 가능하게 한다.

박은빈 배우의 백상예술대상 수상소감 영상 시청하기

스피치 사례

박은빈 배우의 2023년 59회 백상예술대상 수상소감

2022년, 대한민국은 '우영우 앓이'를 했다고 해도 과언이 아니다. 〈이상한 변호사 우영우〉는 2022년 방영된 ENA 수목드라마로 천재적인 두뇌와 자폐스펙트럼을 동시에 가진 신입 변호사 우영우의 대형 로펌 생존기를 그린 웰메이드 작품이다. 주인공 우영우역을 맡았던 박은빈 배우는 이 작품으로 제59회 백상예술대상에서 TV부문 대상을 수상했다. 그녀의 수상 소감에는 진정성 있는 한 배우로서 그리고 한 인간으로서의 고뇌가 고스란히 베어 있었다. 아역 배우로 시작해 지금까지 배우로서 필모그라피(filmography)를 쌓고 있는 박은빈 배우를 나는 2005년에 집행된 삼성생명 TV 광고 캠페인 Bravo Your Life! 〈딸의 인생은 길다 편〉에서 처음 만났다. 광고에서 사춘기 청소년 딸의 모습을 연기한 박은빈 배우의 모습이 잊혀지지 않는다. 한 자리에 멈추지 않고, 계속 성장하는 배우로 대중에게 기억되길 바란다.

[그림 10-2] **박은빈 배우의 2023년 59회 백상예술대상 수상소감**

출처: 백상예술대상 (https://www.youtube.com/watch?v=3aRtJHfsN4g)

소소하고 사소한 이야기

브라운백 스피치 - 진정성 한 꼬집 넣은 은수저 이야기

스피치 커뮤니케이션 수업을 미국 대학에서 5년, 그리고 한국 대학에서 10년을 가르치면서 다양한 학생들을 만났고, 그것은 정말 행운이라고 생각한다. 항상 주위 사람들에게 '스피치 커뮤니케이션'은 나의 최애(最愛) 수업이라고 할 정도로 아직도 큰 애정을 가지고 있다. 첫 수업에서 학생들은 자기소개, 그리고 몇 주 지나서 '브라운백 스피치'와 '즉흥 스피치'를 한다. 그리고 중간고사가 끝나면 본격적인 리서치를 기반으로 '정보전달 스피치'와 '설득 스피치'를 통해 한 학기 동안 배운 모든 것을 쏟아붓고는 한다.

교수로서 가장 흥미 있는 스피치는 무엇보다도 '브라운백 스피치'다. 브라운백 스피치는 본인을 가장 잘 말해줄 수 있는 의미 있는 물건 세 개를 백에 넣어 가져와서 하나씩 꺼내면서 왜 그 물건이 본인에게 소중한지 또는 왜 그 물건이 본인을 가장 잘 말해줄 수 있는 물건인지를 주어진 시간 3분에서 5분 동안 설명하는 그런 스피치다. 벌써부터 와인을 좋아한다는 학생은 집에서 와인병을 가져오기도 하고, 축구를 좋아하는 어느 남학생은 씻지 않고 넣어둔 땀 냄새가 밴 바르셀로나 FC 유니폼을 가져오기도 했다.

지금도 가장 기억에 남는 '브라운백 스피치'는 어느 4학년 여학생의 '은수저'로 시작한 스피치였다. 일반적으로 내가 가르치는 스피치 커뮤니케이션 수업은 1학년 또는 2학년 학생들이 대다수였지만, 가끔씩 졸업을 앞둔 4학년 학생들이 수강을 하고는 했다. 그 여학생은 학교 근처에서 자취를 하고 있으며, 부모님과는 떨어져 살고 있다고 스피치 서론에서 밝혔다.

학생의 첫 번째 물건은 알루미늄 호일로 감싼 '은수저'였다. 태어나서부터 지금까지 그녀는 사업을 하는 아버지 덕분에 은수저로서 풍족한 삶을 살았다고 고백했다. 그래서 두 번째 물건은 '택배상자'였으며, 그녀는 1일 1택배를 받을 정도로 쇼핑을 좋아했노라 이야기했다. 그러던 어느 날, 어머니에게서 아버지 사업이 부도가 나서 힘든 경제 상황을 전해 들었고, 더 이상 재정적인 도움을 줄 수 없다는 이야기를 들었다고 했다. 마지막인 그녀의 세 번째 물건은 바로 '크리스피 크림 도넛 종이 모자'였다. 크리스피 크림 도넛 매장에서 주는 브랜드 로고가 박혀 있는 종이 모자를 쓰면서 "그래서 저는 이제부터 제 용돈은 제가 벌어서 쓸려고 크리스피 크림 도넛 매장에서 처음으로 아르바이트를 시작했어요"라고 환하게 웃으면서 스피치를 이어갔다. 어쩌면 말하기 힘든 개인사를 그 학생이 진솔하게 이야기하는 것을 보고 내심 고마운 마음이 들었다.

스피치 수업에서 학생들이 '브라운백 스피치'를 할 때면, 아직도 크리스피 크림 도넛 종이 모자를 쓰고 환하게 웃어 주던 그 여학생이 생각나고는 한다. 진정성 한 꼬집 넣은 그 여학생의 '은수저' 이야기는 말에 진심을 담아 이야기할 때, 그 울림은 클 수밖에 없다는 사실을 말해주는 것은 아닐까. 그 학생이 지금은 어디에서 무엇을 하면서 제 밥벌이를 하고 있는지 모르겠지만, 마음속으로 응원을 보낸다. 브라보 유어 라이프.

CHAPTER

11

스피치를 위한 효과적인 언어 선택

청중 중심의 언어 사용하기

SPEECH COMMUNICATION

스피치를 위해 효과적인 언어 선택은 발표의 성공에 중대한 영향을 미친다. 청중 중심의 언어 사용은 특히 중요한 요소 중 하나라고 할 수 있다. 청중 중심의 언어란 청중의 관심과 이해를 최우선으로 고려하여 발표자가 언어를 선택하는 것을 의미한다. 이것은 발표자가 청중의 수준, 관심사, 문화적 배경 등을 고려하여 발표 내용을 구성하고 언어를 선택하는 것을 말한다. 스피치에서 효과적인 언어 선택은 청중의 이해와 공감을 얻기 위해 필수적이며, 발표자가 청중의 수준에 맞는 용어와 표현을 사용하면 청중들이 발표 내용을 쉽게 이해하고 공감할 수 있다. 또한, 청중 중심의 언어 사용은 청중들과의 긍정적인 상호작용을 유도하고 발표의 효과를 높일 수 있다. 따라서 발표자는 발표를 준비할 때 청중의 관심과 수준을 고려하여 언어를 선택하고 발표를 진행해야 한다. 결국, 본 장에서 말하고자 하는 핵심은 스피치를 위한 효과적인 언어 선택의 기준은 청중 중심의 언어를 사용해야 한다는 것이다.

SPEECH
COMMUNICATION

1. 언어의 의미와 특징

언어는 사람들이 의사소통을 위해 사용하는 기호 체계라고 정의할 수 있다. 이 기호들은 소리, 문자, 몸짓 등을 포함할 수 있으며, 특정한 의미를 전달하기 위해 조직된 규칙을 따른다. 언어는 인간 사회의 복잡한 의사소통 필요성을 충족시키는 중요한 도구로, 개인의 생각, 감정, 아이디어를 표현하고, 사회적 상호작용과 문화 전달의 매개체 역할을 한다.

1) 언어의 의미

언어에서 중요한 개념 중 하나는 '명시적 의미(denotative meaning)'와 '함축적 의미(connotative meaning)'다. 명시적 의미와 함축적 의미를 모두 이해하는 것은 언어를 통한 효과적인 의사소통에 매우 중요하다. 특히 문학, 광고, 대중매체에서는 함축적 의미가 강조되어 감정적 반응을 유도하거나 특정 이미지를 조성할 때 사용한다. 언어의 이러한 이중적 성격을 이해함으로써 우리는 더욱 풍부하고 다층적인 의사소통을 할 수 있다. 이미 9장에서 '명시적 의미'와 '함축적 의미'를 설명했지만, 본 장에서 다시 그 개념을 간략하게 설명하고자 한다.

① 명시적 의미

명시적 의미는 단어나 표현이 가진 사전적 또는 기본적인 의미를 의미한다. 이는 대부분의 사람들에게 공통적으로 받아들여지는 객관적인 의미로, 특정 단어가 지시하는 구체적인 대상이나 개념을 직접적으로 설명한다. 예를 들어, '사과'라는 단어의 명시적 의미는 "달콤하고 다양한 색을 가진 과일"이다.

② 함축적 의미

함축적 의미는 단어가 갖는 보다 개인적이거나 감정적인 색채와 관련이 있다. 이는 문화적, 개인적 경험에 따라 다르게 해석될 수 있으며, 동일한 단어가 서로 다른 사람들에게 다른 감정이나 반응을 일으킬 수 있다. 예를 들어, '사과'라는 단어는 어떤 사람에게는 가을, 건강, 또는 어린 시절의 추억을 불러일으킬 수 있다. 또한, 문학적이나 비유적 맥락에서 '사과'는 '사과를 통한 화해'라는 의미로도 사용될 수 있다.

2) 언어의 특징

본 장에서는 언어의 특징을 9가지로 설명하고자 한다. 언어의 특징을 이해하는 것은 스피치에서 매우 중요하다. 우선, 언어가 임의적이라는 사실을 인식하면, 발표자는 선택한 단어나 표현이 청중에게 어떻게 받아들여질지 고려하여 메시지를 보다 효과적으로 수정할 수 있다. 언어의 모호성을 이해하면, 발표자는 의미가 명확하고 오해의 소지가 적은 커뮤니케이션을 위해 노력하게 된다.

언어가 추상적이라는 점을 아는 것은 발표자가 구체적 예시나 설명을 사용하여 청중이 개념을 더 쉽게 이해할 수 있도록 할 것이다. 또한, 언어의 활동적, 상호작용적, 규범적 특성은 스피치를 통해 청중과 적극적으로 소통하고 관계를 형성하는 방법을 제시한다. 언어의 동적인 특성은 발표자가 시대의 변화와 문화적 흐름에 맞춰 언어를 적절히 수정하며 발전시켜 나가야 함을 의미한다. 상징적이고 적응적인 성격은 언어를 통해 복잡한 아이디어나 감정을 표현하고, 다양한 커뮤니케이션 환경에 맞게 수정할 수 있음을 보여준다. 이러한 특징들을 이해하고 활용함으로써, 발표자는 메시지를 명확하고 효과적으로 전달하고, 청중과의 깊은 연결을 구축하여 스피치의 영향력을 극대화할 수 있다. 결국, 언어의 특성을 이해하는 것은 스피치의 성공을 좌우하는 중요한 요소가 될 것이다.

① 임의성

언어의 임의성(language is arbitrary)은 언어의 상징과 그 의미 사이에 자연적인 연결이 없다는 것을 의미한다. 언어 기호는 사회적 합의에 의해 의미가 부여된다. 즉, 단어들이 가지는 의미는 사람들 간의 약속에 의해 정해지며, 이는 언어마다 다를 수 있다. 영어에서 "dog"라는 단어는 특정한 네 발 달린 동물을 가리킨다. 그러나 다른 언어에서는 전혀 다른 소리나 문자가 이 동물을 지칭할 수 있다. 예를 들어, 스페인어에서는 "perro", 한국어에서는 "개"라고 한다. 이러한 차이는 언어 각각에서 동일한 객체에 대해 서로 다른 기호를 사용하여 임의적으로 의미를 부여한 결과라고 할 수 있다.

② 모호성

언어의 모호성(language is ambiguous)은 언어가 다양한 해석을 허용한다는 특성을 말한다. 같은 단어나 문장이 다른 맥락에서 다른 의미로 해석될 수 있다. "밝은 방"이라는 표현은 문자 그대로 빛이 잘 드는 방을 의미할 수도 있고, 희망적이고 긍정적인 분위기의 방을 의미할 수도 있다. 이처럼 언어는 사용된 맥락에 따라 다양한 해석이 가능하므로, 커뮤니케이션에서는 맥락을 명확히 하는 것이 중요하다.

③ 추상성

언어의 추상성(language is abstract)은 언어가 구체적인 현실의 사물이나 사건을 직접적으로 표현하지 않고, 개념이나 속성을 통해 간접적으로 나타낸다는 특성이다. "자유"라는 단어는 직접 보거나 만질 수 있는 구체적인 대상이 아니다. 이는 누구나 동일하게 인식할 수 있는 물리적 객체가 아니라, 개인과 문화에 따라 다르게 해석될 수 있는 추상적인 개념이다. 따라서, 스피치나 글에서 "자유"를 언급할 때는 그 의미를 구체적으로 설명하거나 예를 들어 설명하는 것이 도움이 된다.

④ 활동성

언어의 활동성(language is active)은 언어가 동적인 환경에서 사용자들에 의해 계속해서 생성되고 변화한다는 것을 의미한다. 사용자들은 새로운 상황에 맞추어 언어를 창조적으로 사용하고 변형한다. 인터넷과 SNS의 확산으로 새로운 속어나 줄임말이 끊임없이 생성된다. 예를 들어, 'LOL'은 'Laughing Out Loud'의 줄임말로, 온라인상에서 웃음을 표현하는데 널리 사용된다. 이와 같이 언어는 사용자들의 창의적인 활용을 통해 지속적으로 발전하고 변화한다.

⑤ 상호작용성

언어의 상호작용성(language is interactive)은 언어가 의사소통의 수단으로서 사람들 사이의 상호작용에 사용된다는 특성이다. 이는 언어가 단순한 정보 전달의 도구가 아니라, 대화나 논쟁, 협상 등 인간 관계를 형성하고 유지할 때 필수적인 역할을 한다는 것을 의미한다. 회의에서 팀원들이 프로젝트 계획을 논의할 때, 그들은 언어를 사용하여 아이디어를 제안하고, 의견을 교환하며, 합의에 도달한다. 이 과정에서 언어는 팀원들 사이의 협력과 의사결정을 촉진하는 중요한 도구로 작용한다.

⑥ 규범성

언어의 규범성(language is normative)은 언어 사용이 특정한 사회적 규범과 관습에 의해 규제된다는 것을 의미한다. 이는 언어가 그 사용되는 사회 내에서 수립된 규칙과 기대에 따라 형성되고 변화한다는 것을 나타낸다. 비즈니스 커뮤니케이션에서는 일반적으로 공식적이고 정중한 언어를 사용한다. 이는 상호 존중과 전문성을 유지하기 위한 규범의 일부다. 반면, 친구들 사이의 대화에서는 비속어나 속어를 사용하는 것이 허용될 수 있으며, 이는 더 편안하고 친근한 관계를 반영하는 규범을 따르는 것이다.

⑦ 역동성

언어의 역동성(language is dynamic)은 언어가 시간이 지남에 따라 계속해서 발전하고 변화한다는 특성을 말한다. 새로운 단어, 표현, 의미가 계속해서 생성되며, 언어는 그 사용자들의 경험과 문화적 변화에 적응한다. "구글"이라는 단어는 원래 특정한 검색 엔진을 지칭하는 명사였지만, 현재는 "검색하다"라는 동사로도 널리 사용된다. 이처럼 신기술과 그에 따른 문화적 변화는 언어의 발전에 직접적인 영향을 미치며 언어를 역동적으로 만든다.

⑧ 상징성

언어의 상징성(language is symbolic)은 언어가 구체적인 사물이나 행동을 대표하는 상징으로 기능한다는 특성이다. 언어는 보이지 않는 개념이나 관념을 나타낼 때 사용된다. "평화"라는 단어는 특정한 행동이나 물체를 직접적으로 나타내지 않는다. 대신, 이 단어는 전쟁이 없는 상태, 마음의 안정 등을 상징적으로 표현한다. 이러한 추상적 개념을 설명할 때 언어는 필수적인 도구로 작용한다.

⑨ 적응성

언어의 적응성(language is adaptive)은 언어가 사회적, 문화적, 기술적 변화에 능동적으로 반응하며 조정된다는 특성이다. 언어는 새로운 커뮤니케이션 수단과 매체의 등장에 따라 발전하고 변화한다. 소셜 미디어와 문자 메시징의 대중화로 인해 "LOL"이나 "OMG" 같은 줄임말이 일상 언어로 통합되었다. 이러한 변화는 통신 기술의 발전에 따른 언어의 적응을 보여주는 예라고 할 수 있다. 이와 같이 언어는 시대의 요구에 따라 지속적으로 적응하고 변화하여 사용자들의 커뮤니케이션 방식을 반영한다.

언어의 활동적 특성과 동적 특성

언어의 '활동적' 특성과 '동적' 특성은 서로 연관성이 있고 비슷하게 들릴 수 있다. 두 특성 모두 언어가 지속적으로 변화하고 발전한다는 점을 강조한다. 하지만, 두 특성을 구분하여 이해하는 것이 중요하여, 아래 다시 좀더 세부적으로 설명하고자 한다.

- **활동적(Active)**: 이 특성은 언어가 현재 활발하게 사용되며, 실시간으로 상호작용과 커뮤니케이션에 적극적으로 참여하고 있다는 점을 강조한다. 언어는 사용자들 사이의 대화, 의사소통, 정보 전달 등에 직접적으로 활용되면서 사회적 상호작용의 도구로서 활동적으로 기능한다.
- **역동적(Dynamic)**: 언어의 역동적 특성은 시간이 지남에 따라 언어 자체의 구조가 변화하고 새로운 단어, 의미, 문법이 발생하며 기존의 사용 방식이 변한다는 점을 의미한다. 이는 언어가 문화, 기술, 사회적 변화에 반응하여 진화하는 과정을 강조한다.

즉, '활동적'은 언어의 사용과 관련된 적극적인 참여와 실행을, '역동적'은 언어 자체의 변화와 발전을 나타낸다. 두 특성은 각각 언어의 사용과 변화라는 다른 측면을 강조하며, 함께 언어의 복잡성과 유동성을 잘 설명해 준다.

2. 언어와 문화

언어와 문화는 밀접하게 연결되어 있으며, 이 두 요소는 서로를 형성하고 반영하는 관계에 있다. 언어는 단순히 의사소통의 수단을 넘어서 문화적 정체성과 가치를 전달하고, 구성원들 간의 공동체성을 강화하는 역할을 한다. 반면, 문화는 언어의 사용 방식, 발전, 그리고 다양성을 형성하는데 결정적인 역할을 한다. 언어와 문화의 상호작용을 이해하고 스피치에서 적절히 활용하는 것은 청중과의 효과적인 소통, 관계 구축, 그리고 설득력 있는 메시지 전달을 위한 필수 요소이며, 궁극적으로 발표자와 청중 사이의 긍정적인 상호작용과 이해를 촉진시킨다.

1) 언어와 문화의 상호작용

언어와 문화의 상호작용을 이해하는 것은 스피치에서 중요하다. 첫째, 언어를 통한 문화의 전달과 반영을 이해함으로써 스피치가 문화적 가치와 신념을 적절히 표현할 수 있게 있다. 둘째, 문화적 맥락에서의 언어 사용을 이해함으로써 상황에 맞는 언어 선택을 통해 청중과의 효과적인 소통을 할 수 있다. 셋째, 언어의 변화와 문화적 다양성을 인식하면 스피치가 현대적이고 포괄적인 관점을 반영할 수 있으며, 이는 청중과의 광범위한 연결을 촉진시킨다.

① 언어를 통한 문화의 전달과 반영

언어는 문화적 가치, 신념, 관습을 전달하는 주요 수단이다. 예를 들어, 일본어에는 상대방을 존중하는 표현이 매우 다양하며, 이는 일본 문화에서 존경과 예의가 중시되는 가치를 반영한다. 언어는 특정 문화에서 중요하게 여기는 행동이나 사물에 대해 다양하고 특화된 어휘를 개발한다. 호주 원주민 언어들은 종종 그 지역의 특정 동식물이나 자연 현상을 나타내는 독특한 단어를 가지고 있다.

② 문화적 맥락에서의 언어 사용

문화에 따라 언어 사용의 맥락이 달라지며, 언어 선택은 상황의 공식성, 감정의 표현, 그리고 대화의 의도를 반영한다. 예를 들어, 한국에서는 연령이나 사회적 지위에 따라 사용하는 언어가 달라지며, 이는 상호 존중과 사회적 계층을 유지하는 데 기여한다. 또한, 문화는 비언어적 커뮤니케이션 방식에도 영향을 미친다. 중동과 일부 아시아 문화에서는 직접적인 눈 맞춤을 피하는 것이 존중을 표현하는 방식일 수 있다.

③ 언어의 변화와 문화적 다양성

이민과 글로벌화는 언어에 새로운 단어나 표현을 도입하며, 이는 종종 문화적 융합을 반영한다. 영어는 전 세계적으로 다양한 문화의 영향을 받아 계속 해서 변화하고 발전하고 있다.

2) 스피치에서 언어와 문화의 중요성

스피치에서 언어와 문화에 대한 이해는 필수적이다. 이는 청중과의 관계를 강화하고 더 깊은 연결을 만들 때 도움을 주며, 메시지를 명확하고 효과적으로 전달할 수 있게 한다. 또한, 문화적 민감성을 유지하고 가능한 갈등을 예방하기 위해 중요한 역할을 하여, 스피치의 전반적인 성공을 위해 중요한 역할을 한다.

① 청중과의 관계 형성

스피치에서 언어와 문화적 지식을 활용하는 것은 청중과의 신뢰와 연결을 구축할 때 필수적이다. 이는 청중의 문화적 배경과 가치를 이해하고 존중하는 언어를 사용함으로써 달성할 수 있다. 예를 들어, 미국에서는 개인의 성취와 독립성을 강조하는 스피치가 긍정적인 반응을 얻을 수 있으나, 공동체와 조화를 중시하는 한국과 같은 문화에서는 팀워크와 협력을 강조하는 내용이 더욱 효과적일 수 있다.

② 효과적인 메시지 전달

문화적 맥락을 고려한 언어 선택은 메시지의 명확성과 설득력을 높인다. 간접적이고 겸손한 표현이 중요한 문화에서는 너무 직설적이거나 자기 중심적인 스피치가 부정적으로 받아들여질 수 있다.

③ 문화적 민감성과 갈등 방지

문화적 민감성을 갖춘 스피치는 문화적 오해를 방지하고 갈등을 줄이고자 할 때 중요하다. 이는 특히 다문화 청중 앞에서 스피치할 때 중요하며, 언어의 선택과 주제의 처리 방식이 중요하다.

개인주의와 집단주의(Individualism vs. Collectivism) 비교

개인과 집단의 이익 중 어느 것을 중시하는가에 대한 정도와 개인의 자유와 집단에 대한 동조를 강조하는 정도에 따라 개인주의 또는 집단주의로 구분한다. 개인주의는 집단의 정체성보다 개인의 정체성, 집단의 권리보다 개인의 권리, 집단의 욕구보다 개인 욕구의 중요성을 강조하는 문화의 가치 지향성을 일컫는다. 이와 대조적으로 집단주의는 '나'라는 정체성보다 '우리'라는 정체성, 개인의 권리보다 집단의 의무 그리고 개인적 필요와 소망보다 집단 지향적 욕구와 중요성을 강조하는 문화의 가치 지향성을 일컫는다. 일반적으로, 미국과 캐나다와 같은 국가들은 개인주의 국가들에 속하며, 반면 한국, 일본, 중국과 같은 국가들은 집단주의 국가에 포함된다.

3) 언어의 다양한 형태

언어의 다양한 형태는 의사소통을 풍부하게 하고, 특히 우리나라의 경우도 각각의 언어 형태가 문화적 맥락과 밀접하게 연결되어 있다. 속어(slang), 전문용어(jargon), 관용어(idiom), 완곡어(euphemism), 그리고 상투어(cliché)는 모두 특정 상황에서 유용하게 사용될 수 있으며, 스피치에서의 적절한 활용은 청중과의 공감대 형성에 크게 기여할 수 있다. 아래와 같이, 각 언어 형태는 스피치에서 특정 효과를 내기 위해 사용될 수 있으며, 상황에 따라 적절하게 선택하고 조절하는 것이 중요하다. 이러한 언어 형태들을 잘 활용하면 스피치의 품질을 높이고 청중과의 소통을 강화할 수 있다.

① 속어

속어는 주로 젊은 세대 사이에서 자연스럽게 발생하며, 특정 집단만이 사용하는 비공식적인 언어다. 우리나라에서 "짱"이나 "쩐다"와 같은 표현이 좋다는 의미로 사용되며, 이러한 속어는 친근감과 소속감을 표현할 때 효과적이다. 그러나 이러한 언어는 때에 따라 부적절하게 여겨질 수 있기 때문에, 스피치에서는 청중의 연령과 문화적 배경을 고려하여 사용해야 한다. 공식적인 상황이나 연령대가 다양한 청중 앞에서는 속어를 피하는 것이 바람직하며, 대신 공식적이고 표준적인 언어를 사용하는 것이 더 적절하다.

② 전문용어

전문용어는 특정 직업군이나 전문 분야에서 사용되는 용어로, 해당 분야의 전문가들에게는 익숙하지만 일반인에게는 낯설 수 있다. 예를 들어, 의료 분야에서는 "뇌졸중"이라는 용어 대신 "뇌혈관 사고"라고 표현할 수 있으며, IT 분야에서는 "클라우드 컴퓨팅"이라는 용어가 흔히 사용된다. 이러한 전문용어를 스피치에서 사용할 때는 청중이 해당 용어를 이해할 수 있는지 사전에 파악해야 하며, 필요한 경우 용어의 의미를 설명해 주어야 한다. 전문용어를 적절히 사용하면 전문성을 표현하고 청중에게 신뢰감을 줄 수 있다.

③ 관용어

관용어는 문자 그대로 해석할 수 없으며, 그 의미를 이해하기 위해서는 해당 문화에 대한 배경 지식이 필요하다. 우리나라에서 흔히 사용되는 관용어로는 "가시방석에 앉다"가 있으며, 이는 매우 불편하고 초조한 상황을 의미한다. 관용어를 스피치에서 사용하면 청중과의 공감대를 형성할 수 있으나, 청중이 다문화 배경에서 온 경우에는 이러한 표현이 이해되지 않을 수 있어 설명이 필요할 때가 있다. 따라서, 청중의 문화적 배경을 고려하여 관용어를 선택하고 사용하는 것이 중요하다.

예전에 미군부대에서 카투사(KATUSA)로 근무할 때, 같은 방을 쓰던 미군에게 "I am as poor as a church mouse(나는 매우 가난하다)"라는 책에서 배운 영어 관용어 표현을 쓴 적이 있다. 룸메이트였던 그 미군은 깔깔 웃으면서, 더 이상 그런 표현은 잘 쓰지 않는다고 설명해줬다. 관용어도 시간이 지남에 따라 현재에 맞지 않거나 사라지기도 한다. 교회에 사는 쥐가 더 이상 배고플 일이 없는 세상이다.

④ 완곡어

완곡어는 민감하거나 불쾌할 수 있는 주제를 부드럽게 표현하기 위해 사용됩니다. 예를 들어, "죽었다" 대신 "돌아가셨다"라고 표현할 수 있다. "죽었다"는 직접적이고 거친 표현일 수 있는 반면, "돌아가셨다"는 사망을 보다 부드럽고 예의 있게 표현한다. 이렇게 표현을 변경하면 듣는 사람에게 더 예의 바르고 감정을 고려한 커뮤니케이션을 할 수 있다. 스피치나 대화에서 이와 같은 완곡어 사용은 청중의 감정을 보호하고, 상황을 더욱 품위 있게 다룰 수 있게 도와줄 수 있다. 스피치에서 완곡어를 사용하면 청중의 감정을 고려하고, 불필요한 충격이나 불쾌감을 줄일 수 있다. 그러나 너무 많은 완곡어 사용은 메시지를 모호하게 만들 수 있으므로, 적절한 균형을 유지하는 것이 중요하다.

⑤ 상투어

상투어는 너무 자주 사용되어 본래의 효과를 잃은 표현이다. 예를 들어, "시간은 금이다"라는 상투어는 시간의 소중함을 강조하지만, 너무 흔해서 더 이상 큰 영향력이 없을 수 있다. 스피치에서 상투어를 사용할 때는 이러한 표현이 청중에게 식상하게 느껴지지 않도록 주의해야 한다. 상투어 대신 창의적이고 독창적인 표현을 사용하면 청중의 관심을 더 잘 끌고 메시지를 더 효과적으로 전달할 수 있다.

3. 구어와 문어

구어와 문어는 여러 측면에서 상당한 차이를 보인다. 이러한 차이를 이해하는 것은 특히 스피치와 같은 상황에서 언어를 효과적으로 사용할 때 매우 중요하다. 구어와 문어의 차이점들을 이해하고 적절하게 활용하는 것은 효과적인 의사소통과 정보 전달, 감정 표현 등 다양한 목적에 맞게 언어를 사용하기 위해서 중요하다. 각각의 커뮤니케이션 방식이 가진 장단점을 고려하여 상황에 맞는 선택을 하는 것이 중요하다. 구어와 문어의 차이는 이미 3장에서 간략하게 설명한 바 있다. 하지만, 본 장에서는 좀 더 구체적으로 그 차이점을 설명하고자 한다.

1) 역동성 vs. 정적

구어는 상황과 대화의 흐름에 따라 변화하고 적응하는 역동적인 특성을 가진다. 대화 중 상대방의 반응을 즉시 관찰하고, 그에 따라 자신의 말을 조정하거나 변경할 수 있다. 이러한 직접적인 상호작용은 구어가 실시간으로 진행되는 대화에서 매우 중요하며, 이는 의사소통을 유연하고 적응력 있게 만든다.

문어는 일단 작성되고 나면 그 형태가 고정되며, 의사소통의 과정에서 수정하기 어렵다. 문서나 책, 이메일 등은 일반적으로 독자에게 전달된 후 수정이 어려우며, 그 내용은 문맥이나 시간이 지나도 일관성을 유지한다. 이러한 정적인 특성 때문에 문어는 정보를 장기간 동안 안정적으로 보존하고자 할 때 적합하다.

2) 즉시성 vs. 거리감

구어는 대화가 진행되는 동안 의미의 전달과 해석이 즉각적으로 일어난다. 대화 참여자는 상대방의 말을 듣고 바로 반응을 보이며, 이 과정에서 의사소통은 끊임없이 진화한다. 이 즉시성은 의사소통을 더 직접적이고 개인적으로 만들어, 참여자 간의 빠른 이해와 감정의 공유를 가능하게 한다.

문어는 시간적, 공간적 거리 때문에 즉시성이 떨어진다. 작성자와 독자 사이에는 때때로 시간적 지연이 존재하며, 독자는 작성자가 의도한 바를 완전히 이해하기 위해 자신의 해석을 추가해야 할 수도 있다. 이 거리감은 독자가 복잡하거나 다층적인 정보를 천천히 분석하고 소화할 수 있게 할 때는 유리할 수 있지만, 즉각적인 피드백이나 수정을 어렵게 만든다.

3) 비공식적 vs. 공식적

구어는 자연스럽고 편안한 대화 스타일을 특징으로 하며, 종종 비공식적인 상황에서 사용한다. 구어적 표현에는 속어, 줄임말, 대화체가 포함될 수 있으며, 이는 의사소통을 더 친근하고 접근하기 쉽게 만든다. 또한, 구어는 문법적 엄격성보다는 의사소통의 효율성과 감정적 표현에 더 큰 가치를 둔다.

문어는 더 공식적이고 조직적인 커뮤니케이션을 목표로 하며, 종종 엄격한 문법 규칙과 정교한 어휘를 사용한다. 공식 보고서, 학술 논문, 법적 문서 등에서 사용되며, 이러한 문서는 정보의 정확성과 신뢰성을 보장하기 위해 체계적으로 구성된다. 문어는 또한 더 넓은 청중을 대상으로 하기 때문에, 표준화되고 객관적인 언어 사용을 강조한다.

4) 되돌릴 수 없는 vs. 되돌릴 수 있는

구어는 한번 발화하면 그 말을 취소하거나 수정할 수 없다. 말은 순간적으로 발생하며, 한번 나온 말은 청중에게 들려지고 해석된다. 이러한 특성 때문에 구어는 감정이나 반응을 즉각적으로 반영하는 경향이 있지만, 오해의 소지가 있거나 실수를 범했을 때 쉽게 수정하기 어렵다.

반면 문어는 텍스트 형태로 존재하기 때문에 발행 전에 수정하거나 개선할 기회가 많다. 작성자는 초안을 여러 번 검토하고, 필요에 따라 내용을 추가하거나 삭제할 수 있다. 이는 문서의 정확성을 높이고, 오류를 최소화할 때 도움이 된다. 또한, 문서가 디지털 형태로 존재하는 경우, 출판 후에도 수정이 가능하다는 장점이 있다.

5) 서술적 vs. 사실적

구어는 종종 이야기를 통해 정보를 전달하고 감정을 공유할 때 사용한다. 서사적 요소가 강하며, 개인적 경험, 의견, 느낌을 자유롭게 표현할 때 적합하다. 구어는 청중과의 감정적 연결을 촉진하고, 메시지에 생동감을 부여한다. 구어는 또한 사건이나 경험을 순차적으로 전달할 때 자주 사용되며, 청중의 관심을 유지하고 정보의 소화를 돕는다.

문어는 사실과 데이터를 중심으로 구성되며, 객관성과 정확성을 요구한다. 학술 논문, 과학 보고서, 통계 자료 등에서 볼 수 있듯이, 문어는 정보를 정제하고 체계화하는 데 중점을 둔다. 이는 독자가 정보를 객관적으로 평가하고, 필요한 결론을 도출할 수 있도록 하려 할 때 유리하다.

〈표 11-1〉 **구어와 문어의 차이 비교**

구분	구어	문어
역동성 vs 정적	역동적: 상황에 따라 즉시 반응하고 조정 가능	정적: 내용이 고정되어 시간과 장소에 관계 없이 일관성 유지
즉시성 vs 거리감	즉시성: 대화가 진행되는 동안 의미 전달과 반응이 실시간으로 이루어짐	거리감: 작성과 독서 사이의 시간적, 공간적 간격 존재
비공식적 vs 공식적	비공식적: 대화체, 속어 사용, 문법적 엄격성보다 의사소통의 효율성 강조	공식적: 엄격한 문법 규칙, 고급 어휘 사용, 체계적 정보 전달 목표
되돌릴 수 없는 vs 되돌릴 수 있는	되돌릴 수 없는: 말 한 번 나오면 되돌릴 수 없음, 실시간 피드백	되돌릴 수 있는: 텍스트 수정 가능, 발행 전 여러 번의 검토와 수정이 이루어짐
서술적 vs 사실적	서술적: 이야기나 경험을 통한 감정 공유, 청중과의 감정적 연결 촉진	사실적: 정보의 정확성과 객관성 강조, 데이터와 사실 기반의 내용 구성

4. 스피치에서 언어 사용 가이드라인

본 장에서 제시하는 12개의 언어 사용 가이드라인은 스피치에서 매우 중요한 역할을 한다. 첫째, 맥락에 맞는 언어 선택과 개인화는 청중과의 관계를 형성하고 강화한다. 둘째, 포용성 있는 언어 사용은 모든 청중을 포용하고 존중함을 나타내며, 청중들이 발표에 참여하고 자신을 일치시킬 수 있는 환경을 조성한다. 셋째, 시각적 언어 사용과 상상력 자극은 메시지를 더 생생하게 전달하고 청중의 이해와 기억을 촉진한다. 또한, 구어체 사용과 의미 있는 언어 선택은 발표의 자연스러움과 효과성을 높인다. 명확성과 모호함의 균형, 간결성, 비모독적 언어 사용은 청중과의 의사소통을 원활하게 만들고, 중복성 포함과 말에 과도한 집착을 피함으로써 메시지 전달의 효과를 높인다. 이러한 가이드라인들은 발표자가 청중과의 긍정적인 상호작용을 유도하고, 메시지를 명확하게 전달하며, 발표의 효과를 극대화하기 위한 필수적인 도구라고 할 수 있다.

1) 맥락에 맞는 언어를 사용하라

발표하는 상황과 청중의 특성에 따라 언어를 선택하는 것은 매우 중요하다. 비즈니스 회의에서는 전문적이고 공식적인 언어를 사용할 수 있지만, 친구들과의 대화에서는 더 비공식적인 언어를 사용할 수 있다. 이러한 선택은 청중과의 관계 형성과 메시지의 효과에 영향을 미친다. 따라서 발표를 준비할 때는 대상 청중을 고려하여 적절한 언어를 선택해야 한다. 예를 들어, 비즈니스 회의에서는 전문적인 용어와 비즈니스 관련 용어를 사용하여 발표를 진행한다. 이는 회의 참석자들이 해당 분야의 전문 용어를 이해하고, 토론에 적극적으로 참여할 수 있도록 돕는다. 반면에, 학생들과의 대화에서는 더 비공식적이고 일상적인 용어를 사용하여 친근감을 형성하고 학생들의 이해를 돕는 것이 중요하다.

2) 언어를 개인화하라

청중과의 관계를 강화하기 위해 발표에서는 언어를 개인화해야 한다. 이는 발표자의 개인적인 경험, 감정, 의견을 청중과 공유하는 것을 의미한다. 예를 들어, 발표자가 자신의 경험을 이야기하거나 개인적인 이야기를 통해 청중과 공감대를 형성할 수 있다. 개인화된 언어는 청중의 관심을 유발하고 발표의 효과를 증진시킨다. 예를 들어, 발표자가 자신의 성공과 실패에 관한 이야기를 들려주면 청중들은 발표자와 공감하고 더욱 관심을 가질 것이다. 이는 발표자의 신뢰성을 높이고 청중들과의 감정적 연결을 형성할 때 도움이 된다.

3) 포용적 언어를 사용하라

발표에서는 모든 청중을 포용하는 언어를 사용해야 한다. 이는 다양한 인종, 성별, 종교, 성적 지향 등의 다양성을 고려하여 언어를 선택하고 사용함을 의미한다. 포용적인 언어는 모든 청중이 발표에 참여하고 자신을 인정받는다는 느낌을 주며, 발표의 효과를 증진시킨다. 발표에서 “우리 모두”나 “모든 사람”과 같은 포용적인 표현을 사용하면 청중들이 발표에 참여하고 자신을 인정받는 느낌을 받을 수 있다. 예를 들어, “우리 모두가 함께 노력하면 성공할 수 있습니다”라는 문장은 청중들에게 긍정적인 메시지를 전달하면서 함께하는 느낌을 줄 수 있다.

4) 시각적 언어를 사용하라

발표에서는 단순한 언어뿐만 아니라 시각적인 요소도 활용하여 청중의 이해를 돕는 것이 중요하다. 이는 그림, 차트, 그래픽, 비디오 등의 시각적 자료를 활용하여 발표의 내용을 시각적으로 보여주는 것을 의미한다. 시각적 언어는 발표의 메시지를 강조하고 청중의 이해를 돕는다. 예를 들어, 데이터 분석 결과를 그래프로 표현하여 청중들이 더 쉽게 이해하고 기억할 수 있도록 도와줄 수 있다.

5) 상상력을 자극하라

발표에서는 청중의 상상력을 자극하여 더욱 생생한 경험을 만들어야 한다. 감각적인 표현, 비유, 이야기 등을 통해 청중의 상상력을 자극하고 흥미를 유발할 수 있다. 상상력을 자극하는 언어는 발표를 더욱 생동감 있고 매력적으로 만들며, 청중의 참여와 이해를 촉진한다. 예를 들어, "어떤 세계를 상상하십니까? 우리는 함께 그 세계를 만들어 갈 것입니다"라는 문장은 청중들의 창의력을 자극하고 흥미를 유발할 수 있다.

6) 구어체를 사용한다

발표에서는 구어체를 사용하여 청중과의 소통을 원활하게 할 수 있다. 구어체는 일상적이고 자연스러운 언어로, 대화의 분위기를 조성하고 청중과의 친밀감을 높일 수 있다. 발표자가 친근하고 접근 가능한 이미지를 유지하면서도 전문적인 내용을 효과적으로 전달할 수 있다. 따라서 발표를 준비할 때는 청중의 이해를 돕고 관심을 유도하기 위해 구어체를 적극적으로 활용해야 한다. 예를 들어, "이 문제는 정말 복잡하죠? 하지만 걱정 마세요, 함께 해결할 수 있어요"와 같이 비공식적인 표현을 사용하여 청중과의 친근감을 형성할 수 있다.

7) 의미 있는 언어를 선택하라

발표에서는 간결하면서도 의미 있는 언어를 선택해야 한다. 단어를 신중하게 선택하고 명확하고 간결하면서도 효과적인 표현을 사용하여 청중에게 명확하게 메시지를 전달해야 한다. 의미 있는 언어는 발표의 효과를 높이고 청중의 이해와 기억에 도움을 줄 수 있다. 예를 들어, "우리는 노력하여 목표를 달성할 것입니다"보다는 "우리는 열심히 노력하여 목표를 달성할 것입니다"라는 문장이 더 의미 있는 언어를 사용한 것이다. "열심히"라는 단어는 노력의 정도를 강조하여 발표의 의도를 명확하게 전달한다.

8) 명확성과 모호함의 균형을 맞춰라

발표에서는 명확성과 모호함 사이의 균형을 유지해야 한다. 너무 명확하게 말하면 청중의 호기심을 자극하지 못하고, 너무 모호하게 말하면 청중의 이해를 방해할 수 있다. 따라서 발표자는 적절한 수준의 명확성과 모호함을 유지하여 청중의 관심을 유지하고 정보를 전달해야 한다. 예를 들어, "이 프로젝트의 성공을 위해 우리는 모두 함께 노력해야 합니다. 이 문제에 대한 해결책은 우리의 모든 노력과 협력에 달려 있습니다." 이 문장은 목표를 명확하게 제시하면서도 발표자가 완전한 해결책을 제시하지 않고 청중의 참여를 유도하고 있다. 명확성과 모호함의 균형을 맞춘 이러한 접근은 청중들의 호기심을 자극하고 발표의 효과를 높일 수 있다.

9) 간결하게 하라

발표에서는 간결성이 매우 중요하다. 불필요한 언어나 내용을 제거하여 핵심 메시지를 명확하게 전달해야 한다. 간결한 언어와 구조는 청중의 이해를 돕고 발표의 효과를 높일 수 있다. 따라서 발표를 준비할 때는 필요한 정보만을 선택하고 불필요한 내용을 배제하여 간결하게 발표해야 한다. 예를 들어, "우리는 목표를 달성하기 위해 최선을 다하겠습니다." 이 문장은 필요한 내용만을 간결하게 전달하여 청중의 이해를 돕는다. 불필요한 어구나 복잡한 표현을 제거하고, 핵심 메시지에 집중함으로써 청중들의 이해를 높일 수 있다.

10) 모욕적이고 공격적인 언어를 피하라

발표에서는 모욕적이고 공격적인 언어를 사용하지 않아야 한다. 예의를 갖추고 상대방을 존중하는 언어를 사용하여 청중과의 긍정적인 상호작용을 유도해야 한다. 모욕적이고 공격적인 언어는 청중과의 관계를 손상시키고 발표의 효과를 감소시킬 수 있다. 예를 들어, "우리는 서로의 의견을 존중하고 함께 협력하여 문제를 해결하고자 합니다." 이 문장은 다른 사람을 모욕하거나 공격하는 언어를 사용하지 않으면서도, 모든 참여자를 존중하고 긍정적인 상호작용을 유도할 때 도움이 된다.

11) 중복성을 포함하라

발표에서는 중복성을 포함하여 청중이 핵심 메시지를 더 잘 이해하고 기억하도록 할 수 있다. 중복된 내용을 여러 번 반복하거나 다양한 방법으로 제시하여 청중이 메시지를 이해하고 기억하기 쉽게 만들어야 한다. 중복성은 발표의 효과를 증진시키고 청중의 이해를 돕는 데 중요한 역할을 한다. 예를 들어, "우리의 목표는 A를 달성하는 것입니다. 이 목표를 달성하기 위해 우리는 모든 노력을 기울이고, 함께 협력하여 이루어 나가겠습니다." 이 문장은 중요한 메시지를 강조하기 위해 중복성을 활용한다. "목표는 A를 달성하는 것"이라는 핵심 메시지를 여러 번 반복하여 청중들의 이해와 기억을 돕는다. 또한, 본 장 스피치 사례로 든 버락 오바마의 "Yes We Can" 스피치에서도 오바마는 "Yes We Can"이라는 강력한 의지를 담은 메시지를 유권자를 향해서 반복적으로 말하고 있다. 오바마의 대선에서 "Yes We Can"은 마치 캠페인 슬로건처럼 사용되기도 하였다.

12) 너무 말에 집착하지 말라

발표에서는 너무 말에 집착하지 않아야 한다. 발표를 준비하면서 사용한 말들에 과도하게 집착하면 발표의 유연성이 제한되고 자유로운 대화가 어려워질 수 있다. 대신, 청중의 피드백과 상황에 따라 적절히 대처하여 발표를 조절해야 한다. 따라서 발표자는 자신의 말에 대해 유연하게 대처하고, 발표의 흐름을 유연하게 조절할 수 있어야 한다.

예를 들어, 발표 도중 예상치 못한 질문이나 상황이 발생했을 때, 발표자는 미리 준비한 스크립트에 너무 많이 집착하지 않고 유연하게 대처할 수 있어야 한다. 발표자는 청중의 피드백을 받아들이고, 필요한 경우 발표 내용을 수정하거나 추가 설명을 제공함으로써 발표의 유연성을 유지할 수 있다. 이는 발표자가 자신의 말에 과도하게 집착하지 않고 청중과의 상호작용을 통해 발표를 조절할 수 있는 능력을 갖추는 데 도움이 된다.

요약

언어는 사람들이 의사소통을 위해 사용하는 복잡한 기호 체계로, 소리, 문자, 몸짓 등을 포함한다. 이 기호들은 명시적인 사전적 의미와 문화적이거나 개인적인 암시적 의미를 전달할 때 사용한다. 언어는 임의적이고, 모호하며, 추상적인 특성을 가지고 있어, 문화와 깊이 연결되어 문화적 정체성과 가치를 형성하고 전달하는 중요한 수단으로 작용한다. 언어와 문화의 관계는 상호적으로, 언어는 문화를 반영하고 형성하는 동시에 문화적 맥락에 따라 언어 사용이 달라지며 이는 스피치에서 매우 중요한 역할을 한다. 예를 들어, 다양한 문화에서는 같은 단어가 서로 다른 감정이나 반응을 일으킬 수 있다. 이러한 이유로, 스피치에서는 청중의 문화적 배경을 고려하여 적절한 언어를 선택하는 것이 중요하다.

구어와 문어 사이에도 명확한 차이가 있다. 구어는 상황과 대화의 흐름에 따라 자연스럽게 변화하고 적응하는 반면, 문어는 보다 정형화되고 오래 지속되는 정보 전달에 적합하다. 이러한 차이를 이해하고 적절히 활용하는 것은 효과적인 의사소통을 위해 필수적이다. 스피치에서의 언어 사용 가이드라인은 맥락에 맞는 언어 선택, 개인화된 언어 사용, 포용적 언어 사용 등을 포함하여 청중과의 긍정적인 상호작용을 촉진하고 메시지를 명확하게 전달할 때 도움을 준다. 이 가이드라인들은 발표자가 청중의 관심과 수준을 고려하여 언어를 선택하고 사용할 때 고려해야 할 중요한 요소들이다.

버락 오바마의 "Yes, We Can" 스피치 영상 시청하기

스피치 사례

버락 오바마(Barack Obama)의 "Yes, We Can" 선거 연설

버락 오바마 전 미국 대통령의 "Yes We Can" 연설은 그의 가장 기념비적이고 영향력 있는 연설 중 하나로 평가받는다. 이 연설은 2008년 뉴햄프셔 프라이머리 이후에 행해졌으며, 그의 대선 캠페인의 핵심 메시지로써 미국 국민에게 희망과 변화의 비전을 제시했다. 오바마는 가능성과 긍정적인 변화에 대한 신념을 "Yes We Can"이라는 구호를 통해 반복적으로 강조하며, 청중에게 영감을 주는 희망의 메시지를 전달했다. 오바마는 자신의 개인적인 이야기와 미국의 역사적 순간들을 연결짓는 방식으로 스피치를 구성하여, 청중과의 감정적 연결을 강화했으며, 이는 청중이 그의 메시지를 더 깊이 이해하고 공감하게 만드는 효과를 낳았다. "Yes We Can"이라는 구호는 연설 내내 반복되어 청중의 기억에 강하게 남았으며, 이 구호는 나중에 그의 대통령 선거 캠페인의 핵심 구호로 자리 잡으며 큰 힘을 발휘했다. 오바마는 복잡하거나 어려운 언어를 사용하기보다는 간결하고 이해하기 쉬운 언어를 사용하여, 모든 연령과 배경을 가진 청중들이 그의 메시지를 쉽게 이해할 수 있게 했다. 결론적으로, 이 연설은 오바마가 미국 내외적으로 카리스마 있는 리더이자 탁월한 연설가로 인식되는 결정적인 역할을 했으며, 많은 사람들에게 영감을 주어 정치적 참여와 시민 참여를 촉진시켰다.

[그림 11-1] 버락 오바마(Barack Obama)의 'Yes, We Can' 연설

출처: BarackObama.com (https://www.youtube.com/watch?v=Fe751kMBwms&t=244s)

소소하고 사소한 이야기

제일기획 면접 이야기 - 한 번의 실패와 두 번의 성공

지금 생각해 보니 '난 참 운이 좋았다'라는 생각이 든다. 1998년 8월에 시작했던 미국 대학원 석사 과정을 1년 반 만에 무사히 마치고, 1999년 12월 중순에 한국으로 돌아왔다. 계획했던 일정보다 졸업 논문을 한 학기 일찍 마친 탓에 취업준비를 할 수 없었고, 일단 한국에 돌아가서 직업을 찾아 볼 계획이었다. 1997년 한국 경제를 휩쓴 IMF 외환위기가 조금씩 회복되고 있었고, 취업 시장도 다행히 좋아지고 있었다. 유학까지 다녀왔는데 급한 마음에 뭐라도 시작해야겠다는 생각에 '숙명여대'와 '코래드'라는 광고대행사에 바로 지원했다. 1차 서류전형, 필기시험도 치르고, 면접날짜가 잡혔는데 공교롭게도 같은 날 같은 시간이었다. 선택의 순간이 온 것이다.

숙명여대는 국제교류를 담당하는 업무였고, 코래드는 광고기획(AE) 업무였다. 석사 과정에서 커뮤니케이션을 공부했고, 광고업무에 더 관심이 느껴져 코래드 면접에 참여하기로 결정했다. 대표님과 임원들이 면접관으로 여러 질문을 했는데, 내 대답은 신통치 않았다. 아직도 기억나는 질문이 '골프 선수 김미현과 컵라면과의 공통점 10개를 말해 보라'는 거였는데, 난 당시 김미현이 누구인지도 몰랐다. "아, 망했구나"라고 생각하고 나오던 순간, 숙명여대 인사팀에서 연락이 왔다. 총장님의 최종 면접이 지연되어 늦지 않았으니, 아직 생각이 있으면 면접에 참여하라는 전화였다.

당시 코래드가 있었던 선릉 포스코빌딩 앞에서 바로 택시를 타고, 면접장에 도착했더니 내 앞 번호 지원자가 면접 중이었다. 그렇게 이경숙 당시 숙명여대 총장님과의 면접을 무사히 마치고, 난 그렇게 2000년 1월부터 숙명여대 국제교류팀에서 직원으로 근무를 시작했다. 해외대학들과 자매결연을 맺고, 해외에서 유학 온 학생들을 관리하는 업무가 주어졌다. 일은 재미있고 보람도 있었지만 광고회사에 대한 미련이 남아 있던 탓에 제일기획 해외공채에 지원했다. 1차 서류전형과 필기시험을 치르고, 마지막 관문인 최종 임원 면접을 보게 되었다. 세 명씩 한 조로 면접에 들어가야 하는데, 내 앞, 그리고 뒤 지원자가 오지 않아서 그냥 뻘쭘하게 10명이 넘는 임원들 앞에 혼자 앉게 되었다.

혼자라서 더 긴장되기는 했지만, 그래도 혼자라서 더 나을 수도 있다는 생각이 들었다. 임원들의 질문에 하나씩 대답을 이어 가다가, 어느 임원이 뜬금없이 "제일기획에 지원하기 전에 다른 광고대행사에 지원해 본 적이 있나요?"라고 질문했다. 솔직하게 '코래드'에 지원했다가 탈락했다고 말했고, 그 임원은 황당해 하면서 "어떻게 코래드에서 떨어진 사람이 제일기획에 합격할 수 있겠어요"라면서 압박(?)을 가해왔다. 순간 그런 말에 기분은 나빴지만, 실제 내 경험을 바탕으로 "제 친구 중에는 전문대도 떨어졌지만, 재수해서 다음해에 서울대에 간 친구도 있습니다. 코래드에 떨어졌다고 해서 제일기획에 합격하지 말라는 법은 없을 것 같습니다"라고 받아쳤다. 어쩌면 이 질문과 이 대답이 내가 최종적으로 제일기획에 합격한 신의 한 수가 되었으리라.

주눅 들지 않고 당당했던 모습이 임원들에게 어필하지 않았을까 싶다. 아직도, 그 질문을 해준 임원이 너무 감사하다. 2000년 내가 본 세 번의 면접에서 한 번의 실패와 두 번의 성공이 있었다. 그리고 제일기획이라는 하나의 점이 연결되어, 지금은 홍익대학교 광고홍보학부에서 학생들을 가르치고 있다. 돌이켜보면, 스티브 잡스가 스탠포드 대학교 졸업식 축사에서도 이야기했듯이, 과거의 한 점이 현재의 한 점과 연결된다. 아직도 제일기획이라는 광고대행사에서 만났던 많은 인연들에 감사하다.

CHAPTER

12

정보전달 스피치

정보를 통해 이해를

일상적인 삶 속에서 우리는 자신도 모르는 사이 '정보전달 스피치'를 하고 있다. 정보전달 스피치는 단순히 지식이나 정보를 공유하는 것을 넘어서, 우리가 속한 커뮤니티와 세계를 이해하고, 서로 연결되며, 변화를 촉진하는 핵심적인 역할을 한다. 일상에서 우리는 계속해서 정보를 주고받으며 살아간다. 예를 들어, 학교에서의 강의, 직장에서의 프레젠테이션, 심지어는 친구와의 대화에서도 정보전달 스피치는 중요한 역할을 한다. 효과적인 정보전달을 통해 우리는 새로운 지식을 배우고, 서로의 경험을 공유하며, 더 나은 의사결정을 내릴 수 있다. 정보전달 스피치는 의사소통 능력을 향상시키며, 명확하고 이해하기 쉬운 방식으로 정보를 전달하는 능력은 개인과 집단 간의 효율적인 소통을 가능하게 한다. 정보전달 스피치는 개인의 성장과 발전에도 기여한다. 스피치를 준비하고 발표하는 과정에서 연구, 조직, 발표 기술뿐만 아니라 자신감과 공공 발표에 대한 두려움을 극복하는 능력을 개발할 수 있다. 결론적으로, 정보전달 스피치는 일상 생활의 다양한 측면에서 중요한 역할을 한다. 효과적인 정보전달 스피치는 우리가 서로를 이해하고, 함께 성장하며, 변화를 만들어가는 필수적인 요소임을 잊지 말아야 한다.

SPEECH
COMMUNICATION

1. 정보전달 스피치 개념

정보전달 스피치는 청중에게 특정 주제에 대한 지식을 제공하고, 이해를 증진시키며, 인식을 확장하기 위한 목적을 가진 스피치다. 이 유형의 스피치는 사실, 데이터, 통계 등 객관적 정보를 중심으로 구성되며, 청중이 주제에 대해 더 많이 배우고, 이해하며, 관심을 가질 수 있도록 구성한다. 정보전달 스피치의 주요 목적은 교육적이기 때문에 청중이 새로운 정보를 얻고, 주제에 대한 이해를 깊게 하도록 돕는다. 정보전달 스피치 발표자는 주제에 대한 객관적이고 신뢰할 수 있는 정보를 제공해야 하며, 개인적 의견이나 설득은 최소화해야 한다. 정보전달 스피치는 역사, 과학, 기술, 문화 등 다양한 주제를 다룰 수 있다.

정보전달 스피치는 주로 교육적이고 청중에게 새로운 정보나 지식을 제공에 초점을 맞추는 반면, 설득 스피치는 청중의 태도나 행동을 변경하거나 강화하는 것을 목표로 한다. 그리고 정보전달 스피치는 객관적인 사실과 정보를 중심으로 구성되는 반면, 설득 스피치는 논리적 논증, 감정적 호소, 윤리적 고려 등을 통해 청중을 설득하기 위한 내용을 포함한다. 마지막으로, 정보전달 스피치에서는 청중이 제공된 정보를 이해하고 배우는 것에 중점을 둔다면, 설득 스피치에서는 청중이 발표자의 관점을 수용하고 필요한 경우 행동을 취하도록 동기를 부여한다.

2. 정보전달 스피치 사전 준비 단계

정보전달 스피치에서 발표자의 목표는 청중에게 그들이 잘 알지 못하는 주제에 대한 정보를 제공하거나 이미 잘 알고 있는 주제에 대해 더 많은 정보를 제공하는 것이다. 이 구분은 성공적인 정보제공 스피치의 열쇠이며, 청중이 해당 주제에 대해 이미 얼마나 많이 알고 있는지를 이해하는 것이기 때문에 중요하다. 정보전달 스피치에서 효과적인 커뮤니케이션을 위해 청중을 그들이 가진 주제에 대한 지식의 정도에 따라 분류하는 것은 발표자가 각각의 청중에 맞춤형 메시지를 전달할 수 있게 한다. 따라서 주제에 대한 청중의 지식수준을 분석하여 1) 주제에 대해 거의 아는 것이 없는 청중, 2) 주제에 대해 일부 노출된 청중, 3) 잘못된 정보에 노출된 청중, 4) 주제에 대해 잘 아는 청중 등으로 구분하여, 각각의 이해 수준에 맞는 정보전달 스피치 전략을 준비해야 한다.

1) 주제에 대해 거의 아는 것이 없는 청중

이러한 청중은 주제에 대한 사전 지식이 거의 또는 전혀 없으며, 기본 용어나 개념에 익숙하지 않을 수 있다. 이 경우, 청중이 쉽게 이해할 수 있도록 정보를 단순화하고 기본적인 용어와 개념부터 차근차근 설명해야 한다. 정보의 제공은 청중이 새로운 정보를 기존의 지식 체계에 통합할 수 있도록 순차적이고 논리적인 순서를 따라야 한다. 시각적 자료나 생생한 예시를 사용하여 추상적인 개념을 구체화하고, 청중의 이해를 돕는 것이 중요하다. 또한, 질문과 대화를 통해 청중의 참여를 유도하며, 학습 과정을 더욱 흥미롭고 상호작용적으로 만들 수 있다.

2) 주제에 대해 일부 노출된 청중

이 청중은 주제에 대해 약간의 지식을 가지고 있으나, 그 지식이 부분적이거나 깊이가 없을 수 있다. 이들에게는 기존의 지식을 확장하고 심화시킬 수 있는 추가 정보를 제공하는 것이 중요하다. 이를 위해 발표자는 청중이 이미 알고 있는 정보를 인정하고, 그 위에 새로운 사실, 연구 결과, 통찰을 추가하여 청중의 지식 범위를 넓히는 방식을 선택해야 한다. 이 과정에서는 청중의 초기 이해 수준을 기반으로 하여 점차적으로 더 복잡한 개념으로 안내하는 것이 중요하며, 이는 청중이 새로운 정보를 자신들의 기존 지식 체계에 효과적으로 통합할 수 있게 해야 한다.

3) 잘못된 정보에 노출된 청중

이 유형의 청중은 주제에 대해 잘못된 정보나 편견을 가지고 있을 수 있으며, 이러한 잘못된 정보는 그들의 태도와 이해에 부정적인 영향을 미칠 수 있다. 발표자는 먼저 잘못된 정보를 식별하고, 그것을 바로잡기 위한 명확하고 정확한 정보를 제공해야 한다. 이 과정에서는 논리적 근거와 신뢰할 수 있는 출처를 사용하여 주장을 뒷받침하는 것이 중요하다. 또한, 청중의 믿음과 가치를 존중하면서, 새로운 관점을 제시해야 한다. 이러한 접근 방식은 청중이 자신의 잘못된 믿음을 재고하고, 새로운 정보를 수용할 수 있는 열린 태도를 갖게 할 때 도움이 될 수 있다.

4) 주제에 대해 잘 아는 청중

이 청중은 주제에 대해 이미 상당한 지식을 가지고 있으며, 복잡한 개념과 전문 용어에 익숙하다. 이러한 청중에게는 새로운 시각, 최신 연구 결과, 또는 주제에 대한 고급 분석을 제공하여 그들의 지식을 더욱 확장시키는 것이 중요하다. 발표자는 이 청중을 위해 더 도전적이고, 생각을 자극하는 내용을 준비해야 하며, 청중의 전문 지식을 인정하고 그들의 관점을 풍부하게 할 수 있는 깊이 있는 토론을 유도해야 한다. 이를 위해 발표자는 주제에 대한 철저한 이해와 함께, 청중과의 상호작용을 통해 지식의 교환을 촉진할 수 있는 기술을 갖추어야 한다.

3. 정보전달 스피치 특성

정보전달 스피치는 청중에게 지식을 전달하고, 이해를 증진시키며, 관심을 끄는 것을 목적으로 한다. 이 과정에서 정보전달 스피치는 의미성(meaningfulness), 정확성(accuracy), 명확성(clarity), 흥미성(interestingness)이라는 네 가지 핵심 특징을 갖추어야 한다. 이 네 가지 특징은 청중이 제공된 정보를 쉽게 이해하고, 기억하며, 더 알고 싶어 하는 기반을 마련해 준다. 결론적으로, 이 네 가지 특징을 갖춘 스피치는 청중의 지식을 향상시키고, 이해를 돕고, 주제에 대한 관심을 촉진함으로써, 교육적이고 영감을 주는 경험을 제공할 수 있다.

1) 의미성

'의미성'은 정보전달 스피치에서 스피치의 내용이 청중의 삶에 긍정적인 변화를 가져올 수 있는 깊이와 가치를 갖추어야 함을 의미한다. 이는 스피치가 단순히 정보를 전달하는 것을 넘어, 청중이 그 정보를 자신의 삶에 적용하여 보다 풍요로운 이해나 행동 변화를 이끌어낼 수 있도록 하는 데 중점을 둔다는 것을 뜻한다. 의미 있는 스피치는 청중에게 새로운 시각을 제공하거나, 사회적 이슈에 대한 인식을 높이거나, 개인적 성찰을 촉진할 수 있다. 즉, 의미 있는 스피치는 청중이 현재 직면하고 있는 문제나 상황, 그리고 그들의 가치관과 밀접하게 연결되어야 하며, 이를 통해 스피치는 청중에게 개인적으로 중요하고 관련성이 높은 메시지로 다가갈 수 있다.

2) 정확성

'정확성'은 정보전달 스피치에서 가장 중요한 요소 중 하나다. 이는 발표자가 제공하는 정보가 사실에 기반해야 하며, 최신의 연구 결과나 데이터를 반영해야 함을 의미한다. 정확한 정보를 제공함으로써, 발표자는 청중의 신뢰를 얻고, 잘못된 정보로 인한 혼란이나 오해를 방지할 수 있다. 이를 위해 발표자는 신뢰할 수 있는 출처에서 얻은 정보를 사용해야 하며, 필요한 경우 출처를 명시하여 청중이 정보의 신뢰성을 평가할 수 있도록 해야 한다.

3) 명확성

'명확성'은 정보전달 스피치가 청중에게 쉽게 이해될 수 있도록 구성되어야 함을 의미한다. 발표자는 복잡한 개념이나 데이터를 단순화하고, 명확하게 표현해야 한다. 이는 청중이 새로운 정보를 빠르게 이해하고, 연결할 수 있도록 돕는다. 명확한 스피치를 위해서는 조직적인 구성, 쉽게 이해할 수 있는 언어 사용, 중요한 포인트를 강조하는 기술이 필요하다. 또한, 시각적 자료나 예시를 활용하여 추상적인 개념을 구체화하는 것도 효과적이다.

4) 흥미성

'흥미성'은 청중이 스피치에 관심을 가지고 집중할 수 있도록 하는 요소다. 발표자는 주제를 흥미롭게 만들기 위해 스토리텔링, 유머, 실생활 예시 등을 활용할 수 있다. 청중의 관심사와 연결되는 주제를 선택하고, 청중이 공감할 수 있는 방식으로 정보를 제공함으로써, 청중의 호기심을 자극하고 학습 동기를 부여할 수 있다. 흥미로운 스피치는 청중이 주제에 더 깊이 몰입하게 하며, 스피치가 끝난 후에도 청중이 정보를 기억하고 더 알아보고자 하는 욕구를 촉진한다.

4. 정보전달 스피치 주제 유형

정보전달 스피치는 청중에게 중요한 정보를 제공하고, 지식을 확장하는 목적을 가진다. 이러한 스피치는 다양한 유형으로 분류될 수 있으며, 각 유형은 특정한 주제나 관점을 다룬다. 정보전달 스피치는 1) 물건과 장소에 대한 스피치, 2) 사람과 다른 생명체에 대한 스피치, 3) 과정에 대한 스피치, 4) 사건에 대한 스피치, 그리고 5) 아이디어와 개념에 대한 스피치 유형으로 구분할 수 있다. 각 유형의 정보전달 스피치는 청중에게 특정 주제에 대한 깊이 있는 이해를 제공하고, 지식의 범위를 확장하는 데 기여한다. 발표자는 주제 선택부터 구성, 전달에 이르기까지 청중의 관심과 이해를 극대화하기 위한 전략을 신중하게 고려해야 한다.

1) 물건과 장소에 대한 스피치

물건과 장소에 대한 스피치는 정보전달 스피치 중 가장 흔히 접할 수 있는 유형 중 하나로, 청중에게 특정 물건이나 장소에 대한 깊이 있는 정보를 제공하는 것을 목적으로 한다. 이 유형의 스피치는 물건이나 장소의 역사, 구조, 사용법, 사회적 또는 문화적 의미 등 다양한 측면을 탐구하며, 청중에게 해당 대상에 대한 새로운 지식이나 통찰을 제공한다. 우선, 물건에 대한 스피치는 일반적으로 그 물건이 만들어진 배경, 그것을 만들 때 사용된 재료, 물건의 설계와 기능, 그리고 그 물건이 일상 생활이나 사회에 미치는 영향 등을 다룰 수 있다. 예를 들어, 스마트폰에 대한 스피치를 할 때 발표자는 스마트폰의 역사를 소개하고, 스마트폰이 어떻게 급속도로 발전하여 현대 사회에서 중요한 통신 도구가 되었는지 설명할 수 있다. 또한, 스마트폰 기술의 최신 발전 상황, 스마트폰 사용이 인간의 생활 방식에 어떤 변화를 가져왔는지 등을 포함할 수 있다.

그리고 장소에 대한 스피치는 그 장소의 지리적 특성, 역사적 배경, 문화적 중요성, 장소를 방문해야 하는 이유 등을 포함할 수 있다. 예를 들어, 파리에 대한 스피치를 할 때 발표자는 파리의 유명한 명소, 예술과 문화의 중심지로서의 역할, 역사적 사건, 그리고 관광객들이 경험할 수 있는 독특한 활동이나 음식 등을 소개할 수 있다. 이러한 스피치는 청중이 해당 장소에 대한 지식을 넓히고, 그 장소의 아름다움이나 중요성을 새롭게 인식하도록 돕는다. 물건과 장소에 대한 스피치는 청중이 특정 대상에 대해 배우고, 그 대상을 새로운 시각에서 바라보게 만드는 중요한 역할을 한다. 이러한 스피치를 통해 발표자는 청중의 지식을 확장시키고, 때로는 그 대상에 대한 새로운 관심이나 존경의 감정을 불러일으킬 수 있다. 이 과정에서 사용되는 구체적인 사례, 흥미로운 사실, 시각적 자료 등은 스피치를 더욱 풍부하고 설득력 있게 만들어, 청중에게 깊은 인상을 남길 수 있다.

2) 사람과 다른 생명체에 대한 스피치

사람과 다른 생명체에 대한 스피치는 개인, 그룹, 혹은 다양한 생명체에 초점을 맞추며, 그들의 생애, 업적, 영향력, 생태학적 중요성 등을 탐구하는 정보전달 스피치의 한 유형이다. 이러한 스피치는 특정 인물이나 동물, 식물, 미생물과 같은 다른 생명체에 대한 흥미로운 사실, 역사적 배경, 과학적 발견, 문화적 의미를 제공함으로써 청중의 지식을 확장하고, 때로는 이해와 공감을 불러일으키는 것에 목적을 둔다. 우선, 사람에 대한 스피치는 특정 인물의 생애, 업적, 이 인물이 자신의 분야나 사회에 미친 영향 등을 다룬다. 이 유형의 스피치는 전기적 성격을 띠며, 발표자는 인물의 개인적 배경, 중요한 생애 이벤트, 그리고 그들의 업적이 현대에 어떤 의미를 가지는지 탐구할 수 있다. 예를 들어, 마리 퀴리에 대한 스피치에서 발표자는 그녀의 초기 생애, 과학 연구에 대한 기여, 라듐과 폴로늄의 발견, 그리고 여성 과학자로서 겪은 도전과 성취에 대해 설명할 수 있다. 또한, 마리 퀴리의 발견이 의학, 특히 암 치료 분야에서 어떻게 응용되고 있는지에 대한 정보를 제공함으로써 청중의 이해를 돕고, 과학 연구의 중요성을 강조할 수 있다.

반면, 다른 생명체에 대한 스피치는 동물, 식물, 미생물 등 비인간 생명체에 대한 깊이 있는 정보를 다룬다. 이러한 스피치는 특정 종의 생태학적 중요성, 생물학적 특성, 보존 노력 등을 탐구하며, 때로는 인간과 자연의 상호작용에 대한 통찰을 제공한다. 예를 들어, 꿀벌에 대한 스피치에서 발표자는 꿀벌의 생물학적 특성, 꽃가루 받이의 역할, 그리고 꿀벌의 감소가 생태계에 미치는 영향에 대해 설명할 수 있다. 발표자는 꿀벌의 중요성을 강조하며, 청중에게 꿀벌 보호와 생물 다양성 유지의 중요성을 전달할 수 있다. 이렇듯 사람과 다른 생명체에 대한 스피치는 청중에게 인물이나 다른 생명체에 대한 새로운 지식을 제공하고, 그들에 대한 이해와 존중의 감정을 불러일으킬 수 있다. 이러한 스피치를 통해 발표자는 청중이 인간과 자연 세계와의 깊은 연결을 인식하도록 도울 수 있다.

3) 과정에 대한 스피치

과정에 대한 스피치는 특정 과정이나 절차가 어떻게 진행되는지를 설명하는 것을 목적으로 한다. 즉, 과정에 대한 스피치의 주된 목적은 청중이 특정 과정을 이해하고, 필요한 경우 그 과정을 따라 할 수 있도록 하는 것이다. 이러한 스피치는 청중에게 새로운 기술이나 지식을 전달하며, 때로는 복잡해 보이는 과정을 단순화하여 그 원리나 메커니즘을 명확히 이해할 수 있게 한다. 이 유형의 스피치는 청중에게 어떤 일이 이루어지는 방식을 단계별로 분해하여 보여주며, 복잡한 과정을 이해하기 쉽게 만들고자 할 때 도움을 준다. 과정에 대한 스피치는 제조 방법, 실험 절차, 역사적 사건의 발전 과정, 일상 생활의 활동 절차 등 다양한 주제를 다룰 수 있다.

예를 들어, 커피 추출 방법에 대한 과정 스피치를 한다고 가정해 보자. 커피 추출 방법에 대한 스피치는 커피를 만드는 다양한 기술과 절차를 설명할 수 있다. 발표자는 드립 방식, 프렌치 프레스, 에스프레소 머신 사용법 등 다양한 방법을 소개하며, 각 방법이 커피 맛과 질감에 어떤 영향을 미치는지 설명할 수 있다. 이 과정에서 발표자는 커피 추출에 필요한 재료(커피 원두, 물의 온도 등), 각 방법별 장단점, 커피를 더욱 맛있게 만드는 팁 등을 제공하여 청중이 집에서도 전문가처럼 커피를 즐길 수 있도록 정보를 제공할 수 있다. 이렇듯 과정에 대한 스피치는 청중이 새로운 지식을 적극적으로 배우고, 실생활에 적용할 수 있도록 동기를 부여한다. 이러한 스피치는 청중이 복잡한 과정을 이해하고, 자신감을 가지고 새로운 기술을 시도해 볼 수 있도록 격려하는 중요한 역할을 한다.

4) 사건에 대한 스피치

사건에 대한 스피치는 과거나 현재의 특정 사건에 초점을 맞추고 그 사건의 배경, 발생 과정, 결과, 그리고 사회적, 역사적, 문화적 또는 과학적 중요성을 탐구한다. 이 유형의 스피치는 청중에게 사건에 대한 깊이 있는 이해를 제공하고, 그 사건이 개인이나 사회에 미친 영향을 분석하여, 청중이 사건의 의미와 중요성을 인식하도록 도울 수 있다. 예를 들어, '베를린 장벽의 붕괴'라는 사건에 대한 스피치는 이 사건의 역사적 중요성을 다룰 수 있다. 발표자는 장벽이 처음 세워진 배경, 냉전 시대 동안 장벽이 동서독 사람들의 삶에 미친 영향, 장벽이 무너진 날의 사건과 그 순간의 감정, 그리고 장벽 붕괴가 독일 통일과 세계 정치에 미친 영향 등을 설명할 수 있다. 이 스피치는 청중에게 베를린 장벽이 단순한 물리적 장벽이 아니라 냉전 시대의 분단과 대립의 상징이었음을 이해시키고, 그 붕괴가 가져온 역사적 변화의 중요성을 강조할 수 있다. 이렇듯 사건에 대한 스피치는 청중에게 특정 사건을 통해 역사적 순간을 체험하게 하고, 그 사건이 오늘날 우리에게 가지는 의미와 교훈을 되새기게 한다. 이러한 스피치는 청중이 과거를 이해함으로써 현재와 미래에 대한 새로운 통찰을 얻을 수 있도록 돕는다.

5) 아이디어와 개념에 대한 스피치

아이디어와 개념에 대한 스피치는 추상적인 아이디어나 개념, 이론을 중심으로 하여 청중에게 특정 주제에 대한 깊은 이해를 제공하는 정보전달 스피치의 유형이다. 이 유형의 스피치는 복잡한 개념이나 사상, 철학적 이론, 과학적 원리 등을 명확하고 이해하기 쉬운 방식으로 전달함으로써, 청중이 주제에 대한 새로운 지식을 얻고, 사고의 폭을 넓히도록 돕는다. 아이디어와 개념에 대한 스피치의 목적은 청중이 특정 아이디어나 개념을 정확하게 이해하고, 그것이 현실 세계와 어떻게 연결되는지를 인식하도록 하는 것이다. 이러한 스피치는 청중이 복잡한 주제를 논리적으로 사고하고, 다양한 관점에서 주제를 바라볼 수 있게 하며, 때로는 주제에 대한 새로운 통찰이나 영감을 제공할 수 있다.

예를 들어, '지속 가능성'이라는 개념에 대한 스피치는 이 개념의 정의부터 시작하여, 지속 가능한 발전의 세 가지 주요 축(환경 보호, 경제 성장, 사회적 평등)을 설명할 수 있다. 발표자는 지속 가능성이 현대 사회에 왜 중요한지, 개인과 기업, 정부가 지속 가능한 미래를 위해 어떤 노력을 할 수 있는지 구체적인 사례와 함께 설명할 수 있다. 이 스피치는 청중이 지속 가능성이라는 개념을 이해하고, 자신의 일상 생활과 직업적 선택에서 지속 가능한 실천을 적용하는 방법에 대해 생각해 보도록 자극을 줄 수 있다. 이렇듯 아이디어와 개념에 대한 스피치는 청중에게 복잡한 아이디어나 개념을 명확하게 이해하기 위한 필수적인 정보를 제공하며, 그들이 보다 깊이 있는 사고를 할 수 있도록 돕는다. 이러한 스피치를 통해 청중은 주제에 대한 새로운 시각을 개발하고, 자신의 생각과 행동에 변화를 가져올 수 있는 영감을 얻을 수 있다.

〈표 12-1〉 **정보전달 스피치 주제 유형 및 특징**

스피치 주제 유형	특징
물건과 장소에 대한 스피치	– 특정 물건이나 장소의 역사, 구조, 중요성 등을 다룸 – 청중에게 해당 대상의 상세 정보와 흥미로운 사실을 제공
사람과 다른 생명체에 대한 스피치	– 유명 인사, 역사적 인물, 특정 동식물 또는 생태계에 대해 설명 – 그들의 생애, 업적, 생물학적 특성 및 생태적 중요성에 초점
과정에 대한 스피치	– 어떤 과정이나 절차가 어떻게 이루어지는지 단계별로 설명 – 교육적 목적에 적합하며, 청중이 특정 기술이나 방법론을 이해하도록 돕는 데 사용
사건에 대한 스피치	– 중요한 역사적, 현재의 사건이나 현상에 대한 설명 – 사건의 배경, 발생 과정, 결과 및 영향에 대해 집중적으로 다룸
아이디어와 개념에 대한 스피치	– 추상적인 아이디어나 개념, 이론을 중심으로 정보 제공 – 청중의 이해를 돕기 위해 구체적인 예시나 적용 사례를 포함할 수 있음

5. 정보전달 스피치 구성 유형

정보전달 스피치는 청중에게 특정 주제에 대한 지식을 전달하고 이해를 증진시키는 스피치라고 할 수 있다. 스피치를 구성하는 방식에 따라 다양한 유형으로 나눌 수 있으며, 각 유형은 특정한 목적과 청중의 이해를 극대화하는 데 도움이 된다. 일반적으로, 정보전달 스피치는 시간 유형(chronological pattern), 공간 유형(spatial pattern), 주제 유형(topical pattern), 이야기 유형(narrative pattern), 그리고 원인과 결과 유형(cause & effect pattern)으로 구분하여 설명할 수 있다. 각 스피치 유형은 특정 주제를 전달하는 데 있어 고유한 방식과 장점을 가지며, 발표자는 청중의 이해와 관심을 극대화하기 위해 적절한 유형을 선택할 수 있다.

1) 시간 유형

시간 유형의 스피치는 시간의 흐름에 따라 정보를 배열하고 전달하는 방식이다. 이 유형은 사건이 발생한 순서, 역사적 발전 과정, 또는 어떤 과정의 단계별 진행을 설명할 때 주로 사용한다. 청중은 시간 순서에 따른 설명을 통해 변화와 발전의 과정을 자연스럽게 이해하며, 원인과 결과의 연결고리를 명확하게 파악할 수 있다. 시간 유형은 과거에서 현재, 때로는 미래를 예측하는 방식으로 정보를 구성하여, 청중이 주제의 전체적인 역사적 맥락을 파악할 수 있도록 돕는다.

- 주제: 커피의 역사
- 일반목표: 정보전달
- 특별한 목표: 청중이 커피가 사회와 문화에 미친 다양한 영향을 인식하기
- 주제문: 커피는 그 기원부터 오늘날에 이르기까지 전 세계적으로 중요한 사회적, 경제적 영향을 미쳤다.
- 요점
  1. 커피의 기원과 초기 사용
  2. 커피가 유럽으로 전파되는 과정
  3. 커피 하우스의 등장과 사회적 역할
  4. 커피의 현대적 의미와 소비 패턴의 변화

[그림 12-1] **'커피 역사' 정보전달 스피치**

출처: 챗GPT를 활용해 만든 이미지.

2) 공간 유형

공간 유형의 스피치는 공간적 배열이나 지리적 위치에 기반하여 정보를 구성하는 방식이다. 이 유형은 특정 장소나 지역, 건축물의 구조 설명, 또는 물리적 공간 내의 객체 배치를 설명할 때 적합하다. 청중은 공간적 관계와 구조를 통해 주제를 시각적으로 이해할 수 있으며, 이 방식은 특히 지도, 다이어그램, 사진 등 시각적 자료와 함께 사용했을 때 효과적이다. 공간 유형은 물리적 공간의 구성을 따라가며, 청중에게 공간적 인식을 통한 이해를 제공한다.

- 주제: 세계의 주요 대(大)사막
- 일반목표: 정보전달
- 특별한 목표: 청중이 각 대(大)사막의 지리적 위치와 특징을 이해하기
- 주제문: 세계의 대(大)사막은 각기 독특한 생태계와 아름다움을 지니고 있으며, 지구상에서 중요한 자연의 일부이다.
- 요점:
  1. 사하라 사막의 규모와 기후
  2. 고비 사막의 독특한 생태계
  3. 남극 사막의 추운 환경
  4. 호주의 심슨 사막과 그 특성

[그림 12-2] **'세계의 주요 대(大)사막' 정보전달 스피치**

출처: 챗GPT를 활용해 만든 이미지.

3) 주제 유형

주제 유형의 스피치는 주제를 여러 개의 하위 주제나 카테고리로 나누어 각각을 별도로 다루는 방식이다. 이 구성 방식은 주제가 다양한 측면이나 차원을 포함하고 있을 때 유용하며, 각 하위 주제를 통해 주제의 복잡성을 체계적으로 해석할 수 있다. 주제 유형은 청중이 주제의 다양한 측면을 종합적으로 이해할 수 있도록 돕고, 연관성 있는 하위 주제들 사이의 관계를 명확하게 제시한다. 이렇듯 주제 유형은 청중에게 깊이 있는 분석과 폭넓은 이해를 제공한다.

- 주제: 지속 가능한 생활 방식
- 일반목표: 정보전달
- 특별한 목표: 청중이 지속 가능한 생활 방식이 왜 중요한지 이해하기
- 주제문: 지속 가능한 생활 방식은 환경 보호와 자원 보존에 필수적이며, 각 개인이 실천할 수 있는 다양한 방법이 있다.
- 요점:
  1. 지속 가능한 식습관의 채택
  2. 에너지 효율적인 가전제품 사용
  3. 대중교통과 자전거 이용 증가
  4. 재활용과 쓰레기 감소 노력

[그림 12-3] **'지속 가능한 생활 방식' 정보전달 스피치**

출처: 챗GPT를 활용해 만든 이미지.

4) 이야기 유형

이야기 유형의 스피치는 이야기나 서사를 통해 정보를 전달하는 방식이다. 이 유형은 인간의 경험, 역사적 사건, 개인적 또는 사회적 이야기를 중심으로 구성되며, 청중에게 감정적 연결을 제공하고 메시지를 보다 생동감 있게 전달할 수 있다. 이야기 유형은 청중이 주제에 대해 보다 깊은 공감과 이해를 형성할 수 있도록 돕고, 이야기 속 등장인물의 관점을 통해 주제를 탐색한다. 이 방식은 청중의 흥미를 유발하고 메시지를 기억에 오래 남도록 한다.

- 주제: 앨런 튜링의 생애
- 일반목표: 정보전달
- 특별한 목표: 청중이 앨런 튜링의 기여를 이해하기
- 주제문: 앨런 튜링은 컴퓨터 과학의 아버지로서, 그의 이론과 발명이 현대 기술과 사회에 지대한 영향을 미쳤다.
- 요점:
  1. 튜링의 초기 생애와 교육
  2. 제2차 세계대전 중 암호 해독에 대한 기여
  3. 튜링 기계와 컴퓨터 과학으로의 기여
  4. 튜링의 유산과 현대 기술에 미친 영향

[그림 12-4] '앨런 튜링의 생애' 정보전달 스피치

출처: 챗GPT를 활용해 만든 이미지.

앨런 튜링

앨런 튜링은 영국의 수학자이며, 컴퓨터 과학자다. 케임브리지 대학교의 킹스 칼리지를 졸업하고 같은 대학의 교수직을 맡았다. 컴퓨터 과학의 아버지이자 현대 컴퓨터 과학을 정립한 인물로 평가되며 제2차 세계 대전이 발발하자 정부의 요청에 따라 나치 독일군의 에니그마 암호 해독을 맡아 연합군 승리에 기여했다. 영화 '이미테이션 게임'은 실존 인물 앨런 튜링의 실화를 바탕으로 나치 독일의 암호기 에니그마를 해독하는 과정을 그린 영화다. 영화에서 베네딕트 컴버배치가 앨런 튜링의 역을 맡았다.

5) 원인과 결과 유형

원인과 결과 유형의 스피치는 특정 사건이나 현상의 원인을 분석하고, 그로 인해 발생하는 결과를 설명하는 방식이다. 이 구성 방식은 사건이나 현상의 근본적인 원인을 이해하고, 그 영향을 분석할 때 사용한다. 청중은 원인과 결과의 관계를 통해 주제의 중요성과 영향을 보다 명확하게 이해할 수 있으며, 이 방식은 복잡한 사건이나 현상의 이해를 돕고 문제 해결의 기반을 제공한다. 원인과 결과 유형은 청중에게 논리적 사고와 분석적 접근을 촉진한다.

- 주제: 기후 변화의 영향
- 일반목표: 정보전달
- 특별한 목표: 청중이 기후 변화의 심각성을 이해하기
- 주제문: 기후 변화는 전 세계적으로 심각한 환경적, 경제적, 사회적 영향을 미치며, 적극적인 대응이 필요하다.
- 요점:
  1. 기후 변화의 주요 원인
  2. 해수면 상승과 극단적 기상 현상의 증가
  3. 생물 다양성 감소와 생태계 변화
  4. 인간 건강, 경제, 이주에 미치는 영향

[그림 12-5] **'기후 변화의 영향' 정보전달 스피치**

출처: 챗GPT를 활용해 만든 이미지.

〈표 12-2〉 **정보전달 스피치 구성 유형 및 특징**

스피치 구성 유형	특징
시간 유형	– 사건이나 과정을 시간 순서대로 설명 – 역사적 사건, 발전 과정 등 시간에 따라 변화하는 주제에 적합 – 원인과 결과의 연결고리를 명확히 파악 가능
공간 유형	– 지리적 또는 물리적 공간에 따라 정보 조직 – 특정 장소나 지역, 건축물의 구조 설명에 유용 – 공간적 관계와 구조를 통해 주제 시각적으로 이해 가능
주제 유형	– 주제를 여러 하위 주제로 나누어 각각 별도로 다룸 – 복잡한 주제의 다양한 측면을 종합적으로 이해 가능 – 청중에게 깊이 있는 분석과 폭넓은 이해 제공
이야기 유형	– 이야기나 서사를 통해 정보 전달 – 인간의 경험, 역사적 사건, 개인/사회적 이야기 중심 – 청중과 감정적 연결 제공, 메시지 생동감 있게 전달
원인과 결과 유형	– 사건이나 현상의 원인 분석 및 결과 설명 – 사건이나 현상의 근본적 원인 이해 및 영향 분석에 적합 – 청중에게 논리적 사고와 분석적 접근 촉진

6. 효과적인 정보전달 스피치 가이드라인

효과적인 정보전달 스피치를 위해서 발표자가 고려해야 할 사항들을 아래 가이드라인으로 정리하였다. 가이드라인은 청중에게 명확하고 이해하기 쉬우며, 동시에 흥미롭고 의미 있는 정보를 전달하는 데 중점을 맞췄다. 이러한 가이드라인은 정보전달 스피치를 준비하고 발표하는 데 있어 기본적으로 고려해야 할 요소들이다. 효과적인 정보전달 스피치는 청중에게 깊은 인상을 남기고, 그들의 지식과 인식을 확장하는 데 중요한 역할을 해야 한다.

1) 청중 분석하기

청중의 관심사와 지식 수준을 파악해야 한다. 스피치를 준비하기 전에 청중이 누구인지, 그들의 관심사가 무엇인지, 그리고 주제에 대해 얼마나 알고 있는지를 사전에 분석해야 한다. 이 정보는 스피치의 내용을 청중에게 맞춤화하는 과정에 도움이 된다.

2) 명확한 목표 설정

일반목표와 구체적 목표를 정의해야 한다. 우선, 스피치를 통해 달성하고자 하는 목표를 명확히 해야 한다. 일반목표는 스피치의 전반적인 목적을, 구체적 목표는 스피치를 통해 청중에게 어떤 구체적인 정보나 이해를 제공하고자 하는지를 정의하는 것이다.

3) 조직적인 내용 구성

논리적인 구조를 개발해야 한다. 스피치의 내용을 논리적으로 배열하여, 청중이 정보를 쉽게 따라갈 수 있도록 한다. 서론, 본론, 결론의 구조를 사용하며, 본론에서는 주제를 몇 가지 중요한 요점으로 나누어 다룬다.

4) 명확하고 정확한 정보 제공

검증된 정보를 사용해야 한다. 스피치의 내용이 정확하고 신뢰할 수 있도록, 신뢰할 수 있는 출처에서 얻은 정보만을 사용해야 한다. 필요한 경우, 정보의 출처를 명시하여 청중이 정보의 신뢰성을 평가할 수 있도록 한다.

5) 흥미로움 유발

스토리텔링과 예시를 적극 활용해야 한다. 스피치에 이야기나 생생한 예시를 포함시켜 청중의 흥미를 끌고 메시지를 더 기억에 남게 해야 한다. 관련 사례나 개인적 경험을 공유하는 것은 정보에 생동감을 더하고 청중과의 연결을 강화시킬 수 있다.

6) 의미 있는 메시지 전달

청중에게 가치 있는 내용을 강조해야 한다. 스피치가 청중의 삶에 긍정적인 영향을 미칠 수 있도록, 청중에게 의미 있고 적용 가능한 메시지를 전달해야 한다. 스피치의 내용이 청중에게 어떤 가치를 제공하는지 명확히 하고, 그들이 스피치에서 얻은 지식을 실생활에 어떻게 적용할 수 있는지를 제시하는 것이 좋다.

7) 명료한 전달과 연습

분명하고 자신감 있는 발표에 힘써야 한다. 스피치를 명료하게 전달하기 위해, 뚜렷한 발음과 적절한 속도로 말하며, 청중과 눈을 맞추고 자신감 있는 태도를 유지해야 한다. 스피치를 여러 번 연습하여, 내용을 숙지하고 자연스럽게 전달할 수 있도록 하는 것이 중요하다.

정보전달 스피치 전문 개요서 예시

기후 변화와 대응 조치

1) 서론

(관심을 끄는 시작)

"여러분이 마지막으로 숨을 깊게 들이쉬었을 때, 공기가 어떻게 느껴졌나요? 신선하고 깨끗했나요, 아니면 미세먼지로 가득 찼나요? 전 세계적으로 기후 변화는 우리가 숨 쉬는 공기의 질뿐만 아니라, 우리 생활의 모든 측면에 영향을 미치고 있습니다. 최근 WHO의 연구에 따르면, 대기오염은 매년 수백만 명의 조기 사망을 초래한다고 합니다(WHO, 2022). 이런 상황을 생각해 보면, 기후 변화는 단순히 환경 문제로만 국한되지 않습니다. 이는 우리의 건강, 생계, 그리고 미래 세대의 삶에 깊은 영향을 미치는 심각한 위기입니다."

(구체적 목적)

"오늘 제가 여러분과 공유하고자 하는 것은 기후 변화의 현실, 그것이 우리에게 미치는 영향, 그리고 우리 모두가 지구를 보호하기 위해 취할 수 있는 구체적인 조치들입니다. 이 주제를 통해 여러분이 기후 변화에 대해 더 깊이 이해하고, 이를 해결하기 위한 행동에 동참하시기를 바랍니다."

(예고)

"먼저, 기후 변화의 주요 원인을 살펴보고, 그 다음으로 이로 인해 발생하는 다양한 영향에 대해 알아볼 것입니다. 마지막으로, 각자가 실천할 수 있는 대응 조치들을 탐색해 보겠습니다."

2) 본론

(주요 포인트 1: 기후 변화의 원인)

"우선, 기후 변화의 원인에 대해서 살펴보도록 하겠습니다. 여러분, 우리가 매일 사용하는 자동차와 공장에서 발생하는 연기가 어디로 갈까요? 이 모든 것이 대기 중으로 방출되어 온실가스를 형성하고, 이는 지구의 기온을 상승시키는 주범입니다. 이산화탄소, 메탄, 이산화질소 등과 같은 온실가스는 지구의 대기층에 열을 가두어 온난화를 가속화합니다. Smith(2023)의 최근 연구에 따르면, 인류의 산업 활동과 자동차 사용 등이 일산화탄소와 같은 온실가스를 발생시켜 지구 온난화를 가속화시키고 있습니다. 예를 들어, 국제 에너지 기구(IEA)의 보고서에 따르면, 석탄과 석유의 연소가 지구 온난화의 주요 원인 중 하나로 작용하고 있으며, 이는 글로벌 온난화 현상을 초래합니다(IEA, 2022).

과학자들은 이를 기후 변화의 주요 원인으로 지목하고 있습니다. 더욱이, 우리의 생활 방식, 예를 들어 과도한 소비와 폐기물의 증가는 기후 변화를 가속화하고 있습니다. 일회용 플라스틱의 사용, 에너지 낭비적인 생활 습관, 그리고 무분별한 자원 채취 등도 이 문제를 악화시키고 있습니다. 이처럼, 우리의 일상생활과 밀접하게 연결된 활동들이 기후 변화를 유발하고 있는 것입니다."

(전환사)

"이제, 이러한 활동들이 우리의 지구, 우리의 삶에 어떤 영향을 미치고 있는지 깊이 들여다보겠습니다."

(주요 포인트 2: 기후 변화의 영향)

"기후 변화는 단순히 더운 날씨를 의미하는 것이 아닙니다. 실제로, 우리는 극단적인 기상 현상의 증가를 목격하고 있습니다. 폭염, 가뭄, 홍수와 같은 현상이 전 세계적으로 더 빈번하고 강력해지고 있습니다. NASA의 연구에 따르면, 특히 폭염과 강수량의 불규칙성이 더욱 심해지고 있으며, 이는 농업과 생태계에 심각한 영향을 미치고 있습니다(NASA, 2023). 예를 들어, 최근 몇 년간 발생한 대규모 산불은 수많은 생명을 위협하고, 생태계를 파괴했습니다. 미국 캘리포니아 주, 호주, 아마존 열대 우림에서 발생한 산불은 수십억 마리의 동물을 죽였고, 수백만 헥타르의 숲을 소멸시켰습니다. 또한, 해수면 상승은 저지대 지역의 침수 위험을 증가시키며, 이는 결국 생활 터전을 잃은 사람들의 이주를 강요하고 있습니다. 방글라데시나 몰디브와 같은 국가들은 해수면 상승으로 인해 국토가 잠길 위험에 처해 있습니다. 이처럼, 기후 변화는 인류뿐만 아니라 지구상의 모든 생명체에게 심각한 위협이 되고 있습니다."

(전환사)

"그렇다면, 우리는 이러한 위기 상황에 어떻게 대응해야 할까요? 앞으로 우리가 취할 수 있는 실질적인 대응 조치들을 살펴보겠습니다."

(주요 포인트 3: 대응 조치)

"첫째, 재생 가능 에너지의 사용을 늘려야 합니다. 태양광, 풍력 등의 청정 에너지로 전환함으로써 화석 연료의 사용을 줄일 수 있습니다. REN21의 Global Status Report(2023)에 따르면, 우리는 재생 가능 에너지의 사용을 증가시키고, 친환경적인 생활 방식을 채택함으로써 기후 변화에 대응할 수 있으며, 태양광 발전과 풍력 발전소의 확대는 온실가스 배출을 줄이고 지구 환경을 보호하는 데 기여할 수 있다고 합니다. 재생 가능 에너지는 탄소 배출을 최소화하고, 지속 가능한 에너지 공급을 가능하게 합니다. 예를 들어, 독일은 이미 전체 에너지의 약 40%를 재생 가능 에너지로 충당하고 있습니다. 둘째, 지속 가능한 생활 습관을 채택해야 합니다. 예를 들어, 대중 교통을 이용하거나, 재활용을 실천하고, 과소비를 줄이는 것입니다. 매일 사용하는 플라스틱을 줄이고, 에너지 효율적인 가전제품을 사용하는 것만으로도 큰 변화를 만들 수 있습니다. 셋째, 기후 변화에 대한 인식을 높이고, 정책 변화를 위해 목소리를 내야 합니다. 기후 변화에 대한 교육을 통해 사람들의 인식을 제고하고, 정부와 기업이 지속 가능한 정책을 채택하도록 촉구해야 합니다. 우리 각자가 사회적, 정치적으로 책임감 있는 행동을 취함으로써, 보다 지속 가능한 미래를 향한 변화를 만들어갈 수 있습니다. 이는 단순히 개인의 노력만으로는 부족하며, 사회 전체의 협력이 필요합니다."

3) 결론

(주요 포인트 요약)

"오늘 우리는 기후 변화의 원인, 그 영향, 그리고 우리가 취할 수 있는 대응 조치들에 대해 알아보았습니다. 이 모든 것은 단순한 정보가 아니라, 우리가 지금 당장 행동해야 하는 이유입니다. 기후 변화는 우리의 미래를 위협하는 긴급한 문제입니다."

(강력한 마무리)

"기후 변화는 먼 미래의 문제가 아닙니다. 그것은 지금, 여기에 있으며 우리 모두에게 영향을 미치고 있습니다. 작은 변화가 모여 큰 차이를 만듭니다. 지금이 바로 행동할 때입니다. 기후 변화에 대한 우리의 대응이 바로 지구의 미래를 결정짓습니다. 여러분 한 사람 한 사람이 취하는 작은 행동들이 모여 큰 변화를 만들 수 있습니다. 오늘 제가 여러분과 공유한 내용이 앞으로 여러분이 기후 변화 문제를 바라보고, 이를 해결하기 위해 행동하는 데 긍정적인 영향을 미치기를 바랍니다. 감사합니다."

4) 참고문헌

International Energy Agency (IEA). (2022). Fossil Fuels and Global Warming: A Comprehensive Analysis. Retrieved from https://www.iea.org/reports/fossil-fuels-and-global-warming.

National Aeronautics and Space Administration (NASA). (2023). Extreme Weather

Patterns in the Era of Climate Change. Retrieved from https://climate.nasa.gov/extreme-weather.

Renewable Energy Policy Network for the 21st Century (REN21). (2023). Renewable Energy Trends. Retrieved from https://www.ren21.net/reports/REN21-2023-Global-Status-Report.

Smith, J. (2023). The Impact of Industrial Activities on Climate Change. *Journal of Environmental Science*, 45(2), 123-135.

World Health Organization (WHO). (2022). Air Pollution and Premature Deaths: Global Statistics. Retrieved from https://www.who.int/news-room/fact-sheets/detail/ambient-(outdoor)-air-quality-and-health.

정보전달 스피치 발표 개요서 예시

기후 변화와 대응 조치

1) 서론

(관심을 끄는 시작)

- 숨 쉬는 공기 질
- WHO: 대기오염과 조기 사망(2022)
- 건강, 생계, 미래 세대 위기

(구체적 목적)

- 기후 변화의 현실 공유
- 영향과 대응 조치 논의
- 행동 촉구

(예고)

- 원인 분석
- 영향 설명
- 대응 조치 제안

2) 본론

(주요 포인트 1: 기후 변화의 원인)

- 온실가스: 이산화탄소, 메탄, 이산화질소
- 자동차, 공장 배출
- 과도한 소비, 폐기물
- 연구 사례: Smith(2023), IEA(2022)

(전환사: "이제, 기후 변화가 우리 삶에 어떤 영향을 미치는지 알아보겠습니다.")

(주요 포인트 2: 기후 변화의 영향)

- 극단적인 기상 현상: 폭염, 가뭄, 홍수
- 연구 사례: NASA(2023)
- 대규모 산불: 캘리포니아, 호주, 아마존
- 해수면 상승: 방글라데시, 몰디브

(전환사: "그렇다면, 이러한 위기에 어떻게 대응할 수 있을까요?")

(주요 포인트 3: 대응 조치)

- 재생 가능 에너지: 태양광, 풍력
- 사례: 독일(40% 재생 에너지)
- 지속 가능한 생활 습관: 대중 교통, 재활용, 에너지 절약
- 인식 제고, 정책 변화 촉구
- 연구 사례: REN21(2023)

3) 결론

(주요 포인트 요약)

- 원인, 영향, 대응 조치 요약
- 행동의 필요성 강조

(강력한 마무리)

- 기후 변화는 현재의 문제
- 작은 변화의 중요성
- 지금 행동할 때
- 긍정적인 영향 기대

요약

정보전달 스피치는 주로 청중에게 구체적인 주제에 관한 지식을 제공하고 이해를 돕기 위해 설계된 스피치 유형이다. 이 스피치의 핵심 목적은 교육적이며, 청중이 새로운 정보를 습득하고 기존의 지식을 확장하도록 하는 것이다. 사전 준비 단계에서는 발표자가 청중의 현재 지식 수준과 필요를 평가하여 스피치의 내용을 결정하고, 청중이 이미 알고 있는 내용을 기반으로 추가 정보를 제공하거나 오해를 해소할 수 있는 전략을 개발한다.

정보전달 스피치의 특성으로는 정확성, 명확성, 의미성, 그리고 흥미성이 있으며, 이러한 특성들은 청중이 스피치의 내용을 쉽게 이해하고 기억하는 데 도움을 준다. 이를 위해 스피치는 구체적이고 검증 가능한 정보를 바탕으로 구성되어야 하며, 청중의 관심을 유지할 수 있도록 설계되어야 한다. 주제 유형은 다양하며, 물건, 사람, 과정, 사건, 아이디어 등을 포함할 수 있다. 각각의 주제 유형은 청중에게 상세하고 풍부한 정보를 제공하고 그들의 이해를 돕기 위한 목적을 가지고 있다.

스피치의 구성 유형에는 시간 순서, 공간, 주제, 이야기, 원인과 결과 등이 포함된다. 이러한 구성 유형들은 정보를 체계적이고 조직적으로 배열하여 청중이 스피치의 내용을 논리적으로 따라갈 수 있도록 한다. 또한, 효과적인 정보전달 스피치를 위한 가이드라인으로는 철저한 청중 분석, 명확한 목표 설정, 조직적인 내용 구성, 정확하고 명확한 정보의 제공, 청중의 흥미를 유발할 수 있는 내용 선택, 의미 있고 영향력 있는 메시지 전달이 중요하다. 이러한 가이드라인을 따름으로써 발표자는 청중에게 깊은 인상을 남기고, 그들의 지식과 인식을 확장하는 데 크게 기여할 수 있다.

조용민 구글 매니저의 세바시 강연 영상 시청하기

스피치 사례

조용민 구글 매니저의 세바시 강연 '상대가 내 이야기에 집중하게 하는 방법'

스피치 수업 준비 과정에서 다양한 강연 사례들을 접하는 것은 풍부한 학습 기회를 제공한다. 특히 '세바시 강연' 시리즈는 내가 가르치는 '스피치 커뮤니케이션' 수업에서 반드시 다루는 중요한 자료 중 하나다. 한 학기 동안 최소 한 번 이상, 이 강연들을 학생들에게 보여주며 내용과 형식을 깊이 분석하고 토론을 펼치고는 한다. '세바시 강연' 중에서도 구글의 조용민 매니저가 진행한 '상대가 내 이야기에 집중하게 하는 방법' 강연은 마케팅과 광고홍보 전공 학생들에게 특히 가치 있는 사례로 손꼽힌다. 조용민 매니저는 기억에 남는 마케팅을 위해 고객과의 진정성 있는 소통이 얼마나 중요한지를 강조하며, 소비자의 관점에서 생각하는 것의 중요성을 자신의 첫 극장 데이트 경험을 통해 들려준다. 이러한 접근은 나에게도 깊은 인상을 남겼다. 생각해 보니, 실제로 내가 아내에게 준 생일 선물 중에서 가장 좋아했던 선물은 CNBLUE의 사인이 담긴 CD였다. 이 경험은 고객에 대한 깊은 이해와 공감이 마케팅의 첫 단추임을 상기시켜 준다. 고객이 누구이고, 무엇을 좋아하고, 무슨 생각을 하는지에 대한 진정성 있는 고민이 마케팅의 시작이다.

[그림 12-6] 조용민 구글 매니저의 세바시 강연 '상대가 내 이야기에 집중하게 하는 방법'

출처: 세바시 강연 (https://www.youtube.com/watch?v=T0T4d-Yr60U)

조용민 언바운드랩 대표 인터뷰

전 구글 조용민 상무는 세바시 전속 파트너 강연자 였으며, "4차 산업혁명의 시대, 자기를 혁신하는 방법"(세바시 831회), "상대가 내 이야기에 집중하게 하는 방법"(세바시 1043회), "이타적인 인재만 성공하는 이유"(세바시 1302회), 그리고 "항상 새롭게 바라보면 안 풀리던 문제가 풀립니다"(세바시 1395회) 등 네 번 세바시에서 강연을 진행했다. 그리고 그는 『언바운드 UNBOUND 게임의 룰을 바꾸는 사람들의 성장 법칙』이라는 책을 저술한 작가이기도 하다. 사례를 통해 세계 최고의 성공 신화를 만들어가고 있는 구글러들의 '문제를 해결하는 생각법', '지속가능한 성장을 위한 공부법', '목표를 이루게 하는 습관' 등을 책에 가감 없이 담아냈다. 지금은 구글을 떠나 '언바운드랩' 투자총괄 대표를 맡고 있다.

Q1 간단한 자기소개를 부탁드립니다.

A1 스타트업 투자는 빙하기를 겪고 있습니다. 최고의 실력을 갖춘 팀도 투자유치에 어려움을 겪는 모습을 보면서 8년의 구글 생활을 마무리하고 양질의 투자 구조와 코칭을 하는 액셀러레이터로 도움 드리고자 투자 펀드를 만들었습니다. 탑 탤런트 분들의 좋은 파트너가 되고자 열심인 조용민입니다.

Q2 세바시 강연에 출연하게 된 특별한 동기가 있는지 궁금합니다.

A2 강연이나 발표를 가장 어려워하고 안 좋아하는 사람입니다만, 당시 세바시라는 강연 프로그램에 참석하고 싶어하는 까다로웠던 파트너사 클라이언트를 위해서 출연하게 되었고, 출연자들에게 주어지는 참석 티켓을 선물하고, 클라이언트에게 전달하고 싶었던 "왜 디지털 트랜스포메이션을 해야 하는가"에 대한 내용을 직접적으로 드러나지 않게 녹여서 눈치는 챌 수 있는 정도로 전달했던 기억이 있습니다.

Q3 세바시에서 다양한 강연을 하셨는데요. 그 중에서 가장 기억에 남는 강연은 무엇인가요? 그리고 그 이유는 무엇일까요?

A3 모든 강연이 소중합니다만, 현장의 분위기는 대동소이했고 오히려 후행지표가 좋은 것이 기억에 남는 것 같습니다. 부정 댓글, 논의 댓글, 긍정 댓글 등 모든 종류의 댓글이 많은 것들이 의미 있다고 생각하고 일반적이지 않은 이야기로 논의를 자극했다고 생각합니다. 그리고 댓글이 추가되면서 그것들을 확인하기 위해 자꾸 영상을 찾아보게 만들어서 기억에 남을 수밖에 없는 듯합니다.

Q4 세바시 강연과 실제 클라이언트 프리젠테이션과는 어떻게 다르고, 준비는 어떻게 하시나요?

A4 위에 정리된 내용처럼, 클라이언트 PT는 정보에 대해 잘 아는 분들께 상대적으로 많은 더 발전된 논리와 정보를 랜딩시켜야 하고, 머릿속에 각인 및 행동(계약 등)을 유발시켜야만 하기에 상당히 유기적인 흐름이 중요하고 무엇보다 애널로지를 최적의 위치에 아주 간결하게만 활용하는 등의 방법을 활용하게 됩니다. 랜딩되어야 하는 메시지 중 일부에 실패했거나, 비즈니스 행동유발이 미뤄지거나 현실화되지 않았을 경우가 PT의 Output Matrix여서 실패와 성공이 명확하게 드러나게 됩니다.

세바시 강연은 랜딩 메시지가 아주 평이하게 그러나 일반적이지 않은 것으로 세팅하는 데 시간을 많이 사용하고, 여러 가지가 아닌 한두 가지 의미만 각인될 수 있도록 디자인합니다. 세바시냐 클라이언트 PT냐의 형식보다는 청자에게 랜딩되어야 할 메시지에 따라 딜리버리 방식이 유사하기도, 매우 다르기도 해야 각 세팅에서 전에 없던 방식으로 본인의 목표를 관철할 수 있는 듯합니다.

소소하고 사소한 이야기

Q5 세바시 강연과 같이 많은 청중이 있는 경우, 청중과의 소통을 위해 가장 신경 쓰는 것은 무엇인가요?

A5 두 가지 지표를 강연 중에 계속 챙깁니다. 전체 모수 중에 몇 명이 나와 호흡을 같이 하고 있는가? 그중에 얼마나 내가 의도한 깊이의 내용으로 메시지가 랜딩되고 있는가? 이를 위해 아무리 보수적인 집단의 청중에게도 인터렉티브하게 질의를 끌어가 봅니다.

Q6 말을 잘하는 사람, 즉 대중과의 소통을 잘하기 위해서 대학생들이 준비해야 할 것이 무엇이 있을까요?

A6 다양한 경험이 중요한 것은 물론이고 저도 경주하는 부분이긴 합니다만, 역설적이게도 무엇보다 소통을 위해서는 딜리버리 방식에 대한 고민할 시간에 깊이 있는 내용, 결국 자기 콘텐츠 경쟁력을 키우는 게 중요합니다. 일반적인 이야기를 대단히 새로운 이야기처럼 하게 될 때, 그리고 그것이 자기의 좁은 경험에서 발로된 귀납적인 접근일 때 설득력을 크게 잃기에 자신만의 스토리와 전체 대중의 이해도와 흐름을 밸런스 있게 가져가려면 특정 주제에 대한 아주 깊은 고찰이 있어야 한다고 생각하고 저도 이 부분에 대해 열심히 노력을 경주하고 있습니다.

누구나 할 수 있는 이야기를 멋지게 전달하는 것은 아나운서 시험에 더 적합한 사람이고, 아무나 할 수 없는 이야기를 서툴더라도 전달할 수 있다면 최고의 스토리텔러가 되는 것과 같은 이치인 듯합니다. 이 역시 일반론이지만 강의와 강연에 참관해 보면 프로페셔널의 세계에서도 대부분 이러한 고민이 결여되어 있는 것을 많이 봅니다. 저 자신에게도 공포감으로 다가오는 이유도 그렇습니다.

자신만의 이야기를 할 수 있는 날을 만들기 위해서 다양한 직간접 경험과 보상받지 못하는 시간을 충분히 가져가 보시기 바랍니다. 소통 자체는 목적이 아니기에, 이야기 전달의 목적을 반복적으로 상기하면서 사용자 친화적인 스토리텔러가 되는 것은 그러한 이야기 자체의 힘을 갖추는 것보다 우선할 수 없다고 생각하고 이를 위한 노력의 시간을 보내기를 바랍니다.

놀랍게도 강연 자체가 꿈인 학생들을 가끔 봅니다. 한 분야의 깊이 있는 얘기 없이 강연에서 집중도를 끌어낸 사례가 있는지 역질문을 해봅니다. 분야에 대한 지식은 본인이 잘 확보할 테니 딜리버리를 노하우를 재차 질문하는 경우를 또 봅니다. 그 부분을 확보하는 것에 집중해 달라고, 그리고 머릿속에 그 지식과 지혜가 정리가 되면 딜리버리는 저절로 따라오게 된다고 답변해 주고 있습니다.

조용민 대표 프로필

현재 언바운드랩 투자총괄 대표로 있으며, 연세대학교 전자공학과를 졸업하고, 스탠포드 경영대학원에서 조직행동론으로 석사학위를 받았다. Accenture 전략컨설팅 그룹, IBM 마케팅팀, 삼성전자 미래전략실에서 근무했으며, 구글에서 임원을 지냈다. 집필한 저서로는 『언바운드』가 있다.

CHAPTER

13

설득 스피치

설득을 통해 변화를

설득은 우리 일상 생활에서 매우 중요한 역할을 하며, 사람들 간의 의사소통, 의견 교환, 그리고 다양한 관점과 아이디어를 공유하는 과정에서 근본적인 툴로 작용한다. 일상 생활에서의 설득은 개인적인 관계의 발전, 직장에서의 성공, 그리고 사회적인 참여와 영향력을 키우는 필수적인 요소다. 예를 들어, 친구를 설득하여 함께 영화를 보러 가거나, 직장에서 새로운 프로젝트 제안을 상사에게 설득하는 것 등 다양한 상황에서 설득이 필요하다. 설득 스피치는 이러한 일상적인 설득의 개념을 확장하여, 보다 체계적이고 효과적인 방법으로 타인을 설득하는 기술을 개발하는 첫 단계라고 할 수 있다. 설득 스피치를 통해 강력한 논증을 구성하고, 유의미한 메시지를 전달하는 방법을 배울 수 있다. 또한, 청중의 관심을 끌고, 반박을 예상하고 대응하는 방법, 그리고 논리적 오류를 피하는 전략도 설득 스피치를 통해 배우는 내용이다. 설득 스피치의 목적은 청중의 믿음, 태도, 가치, 또는 행동에 영향을 주고, 결국 변화를 꾀한다는 점에서 정보전달 스피치와 차별화된다. 설득은 마치 날실과 씨실을 엮어 내듯이 논리적 구조 안에 로고스, 에토스, 그리고 파토스를 균형 있게 조화시켜야 하는 섬세한 과정이다.

SPEECH
COMMUNICATION

1. 설득 스피치 개념

설득 스피치는 청중의 믿음, 태도, 가치, 또는 행동에 영향을 주기 위해 하는 스피치라고 정의할 수 있다. 그리고 설득이란 언어, 이미지, 커뮤니케이션 등을 통해 다른 사람의 신념, 태도, 가치 행동에 영향을 주는 것이다. 따라서, 설득력 있는 논증을 구성하기 위해서는 청중의 호응을 얻을 수 있는 효과적인 방법을 사용해야 한다. 논증을 구성하는 과정에서 핵심적으로 고려해야 할 세 가지 요소는 주장, 증거, 그리고 근거다. 이 구성 요소들은 설득력 있는 커뮤니케이션을 위한 기본적인 틀을 제공한다.

1) 주장

주장은 논증의 기반을 이루는 진술로, 발표자가 청중을 설득하고자 하는 핵심 메시지나 입장을 나타낸다. 주장은 발표자의 주요 주제나 아이디어를 간결하게 요약하며, 청중에게 전달하고자 하는 바를 명확히 한다. 주장은 구체적이고 명확하며, 논증이 가능해야 한다. 예를 들어, "우리 사회는 재생 가능 에너지 사용을 증가시켜야 한다"는 주장은 특정한 행동 변화를 촉구하는 명확한 메시지를 담고 있다.

2) 증거

증거는 주장을 뒷받침하는 근거로 사용되는 정보나 데이터를 말한다. 증거는 통계 데이터, 연구 결과, 전문가의 의견, 역사적 사실, 실제 사례 등 다양한 형태가 될 수 있으며, 주장의 신뢰성과 설득력을 강화할 때 도움이 된다. 증거의 선택과 제시 방식은 청중의 믿음과 설득 과정에 큰 영향을 미친다. 강력한 증거는 청중이 주장을 신뢰하고 받아들이도록 만드는 중요한 역할을 한다. 예를 들어, "국제 에너지 기구(IEA)에 따르면, 재생 가능 에너지의 글로벌 사용 증가는 온실가스 배출량 감소에 기여하고 있으며, 2020년에는 이산화탄소 배출량이 전년 대비 5% 감소했다고 합니다"라는 증거를 제시할 수 있다. 이러한 증거는 "재생 가능 에너지 사용을 증가시켜야 한다"는 주장을 강력하게 뒷받침하며, 청중이 이 주장을 신뢰하고 수용하도록 만드는 데 도움을 준다.

3) 근거

근거는 주장과 증거 사이의 논리적 연결고리로 작용하며, 증거가 왜 주장을 지지하는지를 설명한다. 근거는 때로는 명시적으로 제시되지 않지만, 논증의 타당성을 평가할 때 결정적인 역할을 한다. 근거는 청중이 주장과 증거 사이의 관계를 이해하고, 발표자의 주장을 받아들일 수 있는 충분한 이유를 제공해야 한다. 예를 들어, "재생 가능 에너지는 환경에 더 적은 영향을 미친다"는 근거는 "재생 가능 에너지 사용 증가"라는 주장을 지지하는 데 사용될 수 있는 증거와 연결된다.

논증 구성의 예시

(주장)

대학교 식당에서는 채식 옵션을 늘려야 한다.

(증거)

최근 대학 내 실시된 설문조사에서 학생 및 교직원의 60%가 채식 옵션의 확대를 원한다고 응답했다. 또한, 채식이 건강과 환경에 미치는 긍정적인 영향에 대한 연구들이 점점 더 많아지고 있다.

(근거)

대다수의 학생과 교직원이 채식 옵션의 확대를 원하며, 채식이 건강과 환경에 미치는 긍정적인 영향은 잘 알려져 있다. 따라서, 대학교 식당에서 채식 옵션을 늘리는 것은 학교 구성원의 요구를 충족시키고, 지속 가능한 식생활을 장려하는 데 기여할 것이다.

이처럼 주장, 증거, 그리고 근거를 체계적으로 구성하고 제시하는 것은 청중을 효과적으로 설득하는 데 필수적이다. 설득 스피치에서는 청중이 발표자의 논리적 구성을 따라가며 제시된 주장을 신뢰하고 수용할 수 있도록 만드는 것이 중요하다.

2. 설득의 기초: 에토스, 파토스, 로고스

설득 스피치는 청중이 발표자의 관점을 받아들이거나 원하는 행동을 하도록 설득하는 것을 목표로 하는 스피치 유형이다. 설득 스피치는 세 가지 수사학적 형태, 즉 에토스(ethos), 파토스(pathos), 그리고 로고스(logos)를 사용하여 청중의 설득을 이끌어 낸다. 다시 말해, 에토스, 파토스, 그리고 로고스는 설득 스피치에서 발표자의 설득력을 강화시키는 요인으로 활용된다. 그리고 효과적인 설득은 에토스, 파토스, 로고스를 균형 있게 조합하여 사용함으로써 이루어진다. 발표자는 자신의 신뢰성(에토스)을 강조하고, 청중의 감정(파토스)에 호소하며, 논리적인 근거(로고스)를 제시하여 청중을 설득해야 한다. 이러한 접근 방식은 청중이 연설자의 메시지를 신뢰하고, 감정적으로 반응하며, 이성적으로 수용할 수 있도록 만든다.

1) 에토스: 신뢰성과 윤리성

에토스는 연설자의 신뢰성, 권위, 도덕성을 바탕으로 청중을 설득하는 기법이다. 발표자가 자신의 신뢰성을 강조함으로써 청중의 신뢰를 얻고, 자신의 주장에 무게를 실을 수 있다. 에토스는 청중이 발표자의 말에 귀 기울이게 만드는 요소로, 발표자의 전문성, 경험, 성실성이 중요한 역할을 한다.

- 의사가 건강에 관한 스피치를 할 때, 자신의 의학적 지식과 경험을 강조하여 청중에게 영양 섭취의 중요성을 설득하는 경우.

2) 파토스: 감정의 호소

파토스는 청중의 감정에 호소하여 설득하는 기법이다. 이는 청중의 감정, 특히 동정심, 두려움, 행복과 같은 강력한 감정을 자극하여 청중이 발표자의 주장에 더 깊이 공감하도록 만든다. 파토스는 청중의 관심을 끌고, 메시지에 대한 감정적 반응을 유도할 때 효과적이다.

- 환경 운동가가 멸종 위기에 처한 동물의 사진을 보여주며 생태계 보호의 중요성을 호소하는 경우.

3) 로고스: 논리와 이성

로고스는 논리적인 근거와 이성적인 주장을 통해 청중을 설득하는 기법이다. 사실, 통계, 논리적 추론 등을 사용하여 청중이 주장을 이성적으로 받아들이도록 한다. 로고스는 청중이 발표자의 주장을 합리적으로 평가하고, 주장의 타당성을 이해하도록 돕는다.

- 경제학자가 경제 성장을 촉진하기 위한 정책의 효과를 통계 자료와 함께 설명하는 경우.

3. 설득 스피치 유형

설득 스피치는 청중을 특정한 행동을 하도록 동기를 부여하거나, 특정한 관점이나 믿음을 받아들이도록 설득하는 목적으로 사용한다. 설득 스피치는 청중의 태도, 믿음, 가치, 행동을 변화시키려는 의도에서 출발하며, 이러한 스피치는 청중이 정보를 받아들이고, 그에 대해 생각하며, 필요한 경우 행동을 취하도록 유도한다. 설득 스피치는 사실적 설득 스피치, 가치 설득 스피치, 그리고 정책 설득 스피치 유형으로 구분된다.

1) 사실적 설득 스피치

사실적 설득 스피치는 구체적인 증거에 의해 뒷받침되는 특정한 믿음이나 진술을 기반으로 하는 스피치 유형이다. 즉, 사실적 설득 스피치는 특정 사실의 참, 거짓 여부를 논하는 스피치라고 할 수 있다. 검증 가능한 정보, 증거, 데이터를 사용하여 청중에게 정보를 제공하고 설득한다. 사실적 설득 스피치는 때로 정보 제공 스피치와 유사하지만, 이 스피치 유형의 상황은 사실에 대한 질문에서 한쪽 편을 든다는 점에서 다르다. 일부 사실적 주장 "조 바이든(Joe Biden)은 미국의 대통령입니다", "토마스 에디슨이 전구를 발명했습니다", "로버트 워드로우(Robert Wadlow: 272cm)는 세계에서 가장 큰 키의 남자입니다"와 같이 답하기 쉽다. 그러나 일부 사실이나 주장은 그 주제에 대한 답변이 아직 없기 때문에 참과 거짓을 판별하기 어렵거나 답변하기 어려울 수 있다. 예를 들어, '내년에는 주식이 20% 상승할 것이다'라는 주장은 사실적 근거를 가지고 뒷받침하기 어렵다.

사실적 설득 스피치 예시

- 주제: 기후 변화의 현실성
- 일반목표: 설득
- 구체적 목표: 청중이 기후 변화에 대한 과학적 증거를 인지하고, 이 문제에 적극적으로 대응할 필요성을 느끼게 하는 것
- 주제문: "기후 변화는 단순한 예측이나 가설이 아니라, 과학적 연구와 증거에 기반한 현실이며, 우리 모두가 적극적인 대응을 요구받고 있습니다."
- 요점:

1. 과학적 증거: 최근 수십 년간의 지구 평균 온도 상승, 해수면 상승, 그리고 극단적 기상 이변의 증가 등 기후 변화의 과학적 증거를 제시한다.
2. 영향의 심각성: 기후 변화가 자연 생태계, 인간의 건강, 경제, 그리고 전 세계적인 안보에

미치는 심각한 영향을 강조한다.
3. 인간 활동의 역할: 인간 활동, 특히 화석 연료의 사용이 기후 변화를 가속화하는 주요 원인임을 설명한다.
4. 대응의 필요성: 개인, 지역사회, 국가, 그리고 국제사회 차원에서 기후 변화 대응을 위한 구체적인 조치들과 정책의 필요성을 강조한다.

[그림 13-1] **'기후 변화의 현실성' 사실적 설득 스피치**
출처: 챗GPT를 활용해 만든 이미지.

2) 가치 설득 스피치

가치 설득 스피치는 주제에 대한 의견이나 태도를 변화시키기 위해 청중의 윤리, 도덕, 가치 감각에 호소한다. 주제를 정의하면서 증거, 증명, 그리고 이유를 제공한다. 가치 설득 스피치의 목표는 청중을 감정적으로 관여시키고 특정한 관점에서 사물을 바라보거나 특정한 행동을 취하도록 설득하는 것이다. 이는 청중의 가치에 기반한 연결을 만드는 것을 목표로 한다. 더 단순하게 말하자면, 가치 설득 스피치는 사람들의 마음과 가치관에 호소하여 특정한 문제에 대해 강렬하게 느끼게 만드는 것을 목표로 한다.

가치 설득 스피치 예시

- 주제: 재활용의 중요성
- 일반목표: 설득
- 구체적 목표: 청중이 재활용이 환경에 미치는 긍정적인 영향을 이해하고, 개인적으로 재활용에 적극 참여하도록 동기를 부여받는 것
- 주제문: "재활용은 단순한 선택이 아닌, 지속 가능한 미래를 위해 우리 모두가 취해야 할 필수적인 행동입니다."
- 요점:

1. 환경적 영향 감소: 재활용이 폐기물 감소와 자원의 효율적 사용을 통해 환경 오염을 줄이는 방법임을 설명한다.
2. 에너지 절약: 재활용 과정이 새로운 제품을 생산하는 것에 비해 더 적은 에너지를 소비한다는 사실을 강조한다.
3. 경제적 이점: 재활용 산업이 일자리 창출과 경제 발전에 기여하는 방식을 소개한다.
4. 개인의 역할 중요성: 각 개인이 재활용에 적극적으로 참여함으로써 환경 보호에 기여할 수 있는 큰 힘을 가지고 있음을 강조한다.
5. 행동 변화 촉구: 재활용에 참여하는 간단한 방법들을 제시하고, 청중이 일상 생활에서 재활용을 실천할 수 있는 구체적인 조치를 취하도록 독려한다.

[그림 13-2] **'재활용의 중요성' 가치 설득 스피치**

출처: 챗GPT를 활용해 만든 이미지.

3) 정책 설득 스피치

정책 설득 스피치는 특정한 행동, 정책, 또는 법률, 규정, 절차의 변경을 주장하여 특정 문제나 문제점을 해결하고자 한다. 실질적인 해결책을 제안하고 청중을 특정한 행동의 지지로 설득하는 데 초점을 맞춘다. 정책 설득 스피치는 두 가지 설득 목표를 가지고 있다. 정책 주장의 첫 번째 설득 목표는 청중으로부터 수동적 동의를 얻는 것이다. 이는 청중이 제안된 정책을 수용하고 동의하도록 설득하는 것을 의미하며, 반드시 즉각적인 행동을 취할 필요는 없다. 목표는 그들의 사고방식을 변화시키고, 그들의 믿음을 조정하며, 지지하는 정책에 대한 지지 의식을 만드는 것이다. 수동적 동의를 얻기 위해, 제안된 정책의 혜택과 실행 가능성을 보여주기 위해 증거, 논리적 추론, 그리고 설득적 호소를 사용한다. 발표자는 잘 구성된 논증을 통해 청중이 수동적으로 정책을 지지하고 후원하도록 설득한다.

정책 설득 스피치의 두 번째 목표는 청중으로부터 즉각적인 행동을 이끌어 내는 것이다. 이는 청중을 원하는 정책 변화를 일으키기 위한 구체적인 행동이나 조치를 취하도록 동기를 부여하는 것을 의미한다. 목표는 청중이 정책을 옹호하는 데 참여하고 결정권자에게 구현을 영향을 미치도록 영감을 주는 것이다. 이를 달성하기 위해, 감정적 호소, 행동 촉구 문구, 청중이 취할 수 있는 실질적인 조치와 같은 설득적 호소를 사용할 수 있다. 긴급성과 개인적인 이해에 호소함으로써, 발표자는 청중을 동기 부여하여 옹호하는 정책의 실행을 향해 적극적으로 나아가도록 해야 한다.

정책 설득 스피치 예시

- 주제: 전자담배 규제 강화
- 일반목표: 설득
- 구체적 목표: 청중이 전자담배 사용에 대한 규제 강화를 지지하고, 이를 위한 정책 변경을 요구하는 데 적극적으로 참여하도록 동기를 부여하는 것
- 주제문: "전자담배 규제 강화는 공중 보건을 보호하고 청소년을 유해한 니코틴 중독으로부터 지키기 위한 필수적인 조치입니다."
- 요점:
  1. 공중 보건 위험: 전자담배가 건강에 미치는 잠재적인 위험과 관련된 최신 연구 결과를 제시한다.
  2. 청소년의 증가하는 사용률: 전자담배 사용이 특히 청소년 사이에서 급증하고 있으며, 이로 인한 건강 문제와 니코틴 중독의 위험을 강조한다.
  3. 현행 규제의 미비점: 현재 전자담배에 대한 규제가 충분하지 않아 이를 사용하는 인구가 증가하고 있다는 문제를 지적한다.
  4. 규제 강화의 필요성: 전자담배 광고 금지, 판매 연령 제한 강화, 사용 장소 제한 등 구체적인 규제 강화 조치를 제안한다.
  5. 행동 촉구: 청중에게 지역사회 및 정책 입안자에게 이러한 정책 변화를 요구하는 행동을 취할 것을 독려한다.

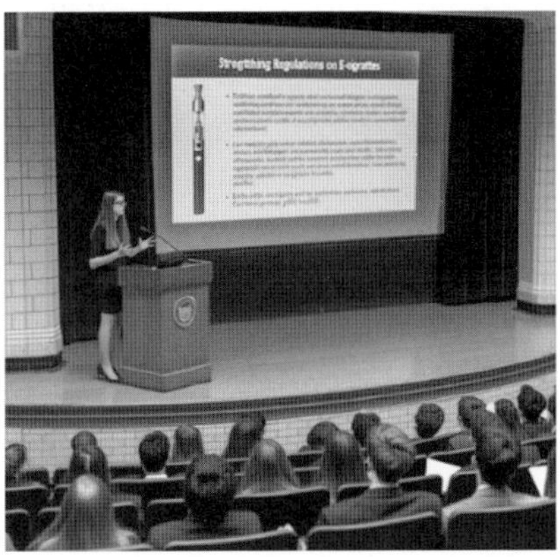

[그림 13-3] **'전자담배 규제 강화' 정책 설득 스피치**

출처: 챗GPT를 활용해 만든 이미지.

〈표 13-1〉 **설득 스피치 유형과 특징**

설득 스피치 유형	개념	특징
사실적 설득 스피치	특정 사실의 참, 거짓 여부를 논하는 스피치	검증 가능한 증거와 데이터에 기반함
가치 설득 스피치	특정 가치, 신념, 도덕적 판단에 호소하는 스피치	청중의 감정과 가치관에 호소함
정책 설득 스피치	특정 행동, 정책 변경을 촉구하는 스피치	실질적인 행동이나 정책 변화를 목표로 함

4) 먼로의 동기화 순서

먼로(Monroe)의 동기부여 순서는 6장 스피치 구조 〈스피치 조직화 유형〉에서 간략하게 설명하였으며, 주로 설득 스피치에서 사용한다. 먼로(Monroe)의 동기부여 순서는 설득 스피치에서 효과적인 변화를 촉진하기 위해 고안된, 단계적 접근 방법이다. 이 구조는 청중의 관심을 끌고, 문제의 필요성을 인식시킨 후, 해결책을 제시하고, 그 해결책이 가져올 긍정적인 결과를 상상하게 하며, 마지막으로 행동을 취하도록 독려하는 과정을 포함한다. 결국, 먼로의 동기부여 순서를 따르는 설득 스피치는 청중을 적극적으로 변화시키는 과정에 참여하게 만들며, 메시지가 실질적인 행동으로 이어지도록 한다는 특성을 가지고 있다.

① 주목

청중의 관심을 끌기 위해 흥미로운 사실, 질문, 이야기, 놀라운 통계 등을 사용한다.

- "매년 수백만 톤의 플라스틱 쓰레기가 우리의 바다를 오염시키고 있습니다."

② 욕구

문제의 심각성을 강조하고, 청중이 이 문제를 개인적으로 중요하게 여기도록 만든다.

- "이러한 바다 오염은 해양 생태계를 파괴하고, 결국 우리의 식량 안보에도 위협이 됩니다."

③ 만족

문제를 해결할 수 있는 해결책을 제시합니다. 구체적이고 실현 가능한 해결책이어야 한다.

- "재활용 프로그램의 강화와 일회용 플라스틱 사용의 금지가 해결책이 될 수 있습니다."

④ 시각화

제시된 해결책이 실현될 경우의 긍정적인 결과를 청중에게 상상하게 한다.

- "해양 생태계가 회복되어 다시 풍부한 해산물 자원을 제공하고, 깨끗한 바다에서의 여가 활동이 가능해질 것입니다."

⑤ 행동

청중에게 구체적인 행동을 취하도록 독려합니다. 이는 청중이 실질적으로 문제 해결에 기여할 수 있는 방법을 제시한다.

- "오늘부터 플라스틱 사용을 줄이기 위한 개인적인 노력을 시작합시다. 재활용이 가능한 제품을 선택하고, 지역사회의 환경 보호 활동에 참여합시다."

먼로의 동기화 순서 스피치 예시

- 주제: 플라스틱 재활용의 중요성
- 일반목표: 설득
- 구체적 목표: 청중이 플라스틱 사용을 줄이고, 재활용에 적극 참여하며, 지역사회의 관련 정책과 프로그램을 지지하도록 동기를 부여하는 것
- 주제문: "플라스틱 재활용은 우리 지구를 보호하고 건강한 환경을 후손에게 물려주기 위한 필수적인 행동입니다."
- 요점:
  1. 주목: "우리는 매일 사용하는 플라스틱이 어떤 경로를 거쳐 바다와 토양을 오염시키는지 잘 알고 있습니까?"
  2. 욕구: "플라스틱 오염은 해양 생물을 위협하고, 우리의 식수를 오염시키며, 결국 인간의 건강까지 위협합니다. 우리는 이제 행동을 취해야 합니다."
  3. 만족: "플라스틱 사용을 줄이고, 모든 플라스틱 제품을 적극적으로 재활용함으로써, 우리는 이 문제를 해결할 수 있습니다. 지역사회 차원에서 재활용 프로그램을 강화하고, 일회용 플라스틱 제품의 사용을 줄일 수 있는 정책을 지지해야 합니다."
  4. 시각화: "상상해 보십시오. 재활용의 증가로 인해 깨끗해진 바다와 토양, 그리고 건강하게 자란 해양 생물들. 우리의 작은 행동이 큰 변화를 만들 수 있습니다."
  5. 행동: "오늘부터 재활용이 가능한 제품만 구매하기로 결정합시다. 또한, 지역사회의 플라스틱 재활용 프로그램에 참여하고, 지속 가능한 소비에 대한 인식을 널리 퍼뜨리기 위해 노력합시다."

[그림 13-4] '플라스틱 재활용의 중요성' 설득 스피치

출처: 챗GPT를 활용해 만든 이미지.

4. 청중 유형과 설득 전략

설득 스피치에서 청중을 이해하고 그들에게 맞춤형 메시지를 전달하는 것은 중요한 과제라고 할 수 있다. 청중은 그들의 태도, 지식 수준, 관심도에 따라 부정적(또는 적대적) 청중, 긍정적 청중, 분열된 청중, 무지한 청중, 무관심한 청중으로 구분된다. 각 유형의 청중에 맞는 설득 전략을 사용함으로써, 발표자는 메시지의 효과를 극대화하고, 청중을 성공적으로 설득할 수 있다.

1) 부정적 또는 적대적 청중

부정적인 청중은 발표자의 메시지나 주장에 대해 스스로의 이유로 반대하는 경향이 있다. 이들은 발표자의 주장에 대한 충분한 근거와 논리적인 설명을 요구하며, 종종 강한 반박을 준비하고 있다. 이 유형의 청중에게는 강력한 논리와 증거를 기반으로 한 설득이 필요하다. 예를 들어, 공공장소에서의 금연 정책에 반대하는 청중에게, 이 정책이 공중 보건을 개선하고 의료비용을 절감했다는 연구 결과와 통계를 제시할 수 있다. 청중의 반대 의견을 존중하며, 이를 합리적으로 반박하고, 공통된 가치나 이익을 찾아 강조하는 것이 중요하다.

2) 긍정적 청중

긍정적 청중은 이미 발표자의 주장이나 메시지를 지지하며, 발표자에게 우호적이다. 이들은 스피치 메시지를 쉽게 수용하고, 행동을 취할 가능성이 높다. 긍정적 청중을 대할 때는 그들의 지지를 강화하고, 구체적인 행동을 취하도록 동기를 부여하는 것을 목표로 한다. 예를 들어, 환경 보호 운동을 지지하는 청중에게, 지역 커뮤니티의 환경 보호 활동에 참여하거나, 지속 가능한 제품을 선택하는 등의 구체적인 행동을 제안할 수 있다. 청중의 기존의 지지를 인정하고, 그들의 행동이 얼마나 중요한지를 강조하는 것이 좋다.

3) 분열된 청중

분열된 청중은 의견이 나뉘어 있는 상태로, 일부는 지지하고 다른 일부는 반대하는 경우다. 이러한 청중 앞에서는 중립적이고 균형 잡힌 접근이 필요하다. 예를 들어, 기후 변화에 대한 스피치에서는 과학적 증거를 균형 있게 제시하고, 기후 변화의 영향을 다양한 관점에서 설명할 수 있다. 이를 통해 양쪽 의견을 모두 존중하면서도 공통의 관심사나 가치를 찾아 강조해야 한다. 청중 간의 대화와 토론을 장려하며, 상호 이해의 중요성을 강조할 수 있다.

4) 무지한 청중

무지한 청중은 주제에 대한 사전 지식이 부족하다. 이들은 정보를 얻고자 하는 의지는 있지만, 복잡한 내용을 이해하기 어려워할 수 있다. 청중의 지식 수준을 고려하여, 기본적인 정보와 개념을 명확하고 간단하게 설명해야 한다. 예를 들어, 신재생 에너지에 대한 스피치에서는 다양한 에너지원의 개념을 설명하고, 이들이 환경에 미치는 영향에 대해 기초적인 정보를 제공할 수 있다. 복잡한 주제를 쉽게 설명하고, 청중이 쉽게 이해할 수 있도록 돕는 것이 중요하다.

5) 무관심한 청중

무관심한 청중은 주제에 대해 특별한 관심이나 관련성을 느끼지 못한다. 이들의 관심을 끌고 메시지의 중요성을 전달하기 위해서는 추가적인 노력이 필요하다. 강력한 시작, 관련성 있는 이야기나 예시, 흥미로운 사실이나 통계를 사용하여 청중의 관심을 유도할 수 있다. 예를 들어, 건강한 식습관의 중요성에 대한 스피치에서는 무관심한 청중에게 건강한 식습관이 개인의 삶의 질과 직접적으로 연결되어 있다는 점을 강조할 수 있다. 청중이 주제와 개인적인 연관성을 느낄 수 있도록 만들고, 그들에게 직접적인 이익이나 해결책을 제시하는 것이 바람직하다.

〈표 13-2〉 **청중 유형과 설득 전략**

청중 유형	개념	설득 전략
부정적(또는 적대적) 청중	연설자의 메시지에 반대하거나 회의적인 청중	강력한 논리와 증거 제시, 공통의 가치 강조
긍정적 청중	연설자의 메시지에 동의하고 지지하는 청중	지지 강화, 구체적 행동 촉구
분열된 청중	의견이 갈리는 청중	중립적 접근, 공통점 찾기
무지한 청중	주제에 대한 사전 지식이 부족한 청중	기초적 정보 설명, 복잡한 개념 단순화
무관심한 청중	주제에 대해 관심이 없는 청중	흥미로운 시작, 관련성 강조

5. 설득 스피치 윤리

설득 스피치를 진행할 때, 발표자는 청중에게 영향을 미치고 그들의 생각이나 행동을 변화시키려고 한다. 이 과정에서 윤리적으로 고려해야 할 중요한 사항들이 있으며, 이는 청중과의 신뢰를 구축하고 효과적인 커뮤니케이션을 가능하게 한다.

1) 진실성과 검증 가능한 정보의 사용

발표자는 자신의 메시지와 주장에 있어 항상 진실성을 유지해야 한다. 이는 제공하는 정보가 사실에 근거해야 하며, 오해의 소지가 없어야 함을 의미한다. 또한, 주장을 뒷받침하는 근거는 정확하고 검증 가능해야 한다. 발표자가 사용하는 데이터, 사례, 인용문 등은 신뢰할 수 있는 출처에서 가져와야 하며, 필요한 경우 청중이 이를 확인할 수 있도록 출처를 제공해야 한다. 이러한 접근은 청중이 연설자의 메시지를 신뢰하고 받아들일 가능성을 높이며, 잘못된 정보로 인한 오해나 논란을 방지할 수 있다.

2) 청중에 대한 존중 및 균형 잡힌 시각 제공

발표자는 청중을 존중하는 태도를 유지해야 한다. 이는 청중의 다양한 배경, 의견, 감정을 인정하고 이에 대해 공정하게 접근함을 의미한다. 발표자는 자신의 주장을 펼치면서도, 다른 관점을 소개하고 고려하여, 균형 잡힌 시각을 제공해야 한다. 이는 청중이 보다 폭넓은 이해를 갖도록 도우며, 단일 시각에 치우치지 않는 논의를 장려한다. 청중의 다양성을 존중하고 포용하는 접근은 커뮤니케이션의 질을 향상시키고, 청중과의 긍정적인 관계를 구축하는 데 기여할 수 있다.

3) 부당한 감정적 조작이나 수사학적 전략의 회피

발표자는 자신의 메시지를 전달하기 위해 부당한 감정적 조작이나 오해의 소지가 있는 수사학적 전략을 사용하지 말아야 한다. 이는 청중의 감정에 의존하여, 논리적인 근거보다는 감정적인 반응을 유발하려는 시도를 포함한다. 발표자는 논리적인 근거와 합리적인 논증을 통해 청중을 설득해야 하며, 감정을 자극하는 방식도 책임감 있게 사용해야 한다. 부당한 방법이나 오해를 불러일으킬 수 있는 전략은 피하면서, 청중에게 정직하고 명확한 정보를 제공해야 한다. 이는 청중이 정보를 기반으로 의사 결정을 내릴 수 있도록 돕고, 윤리적인 커뮤니케이션을 보장한다.

6. 오류의 유형

오류들은 논리적이고 설득력 있는 논증을 구성하는 과정에 방해가 될 수 있다. 따라서, 발표자는 이러한 오류들을 인식하고, 메시지를 효과적이고 윤리적으로 전달하기 위해 오류를 피해야 한다. 청중에게 진실하고, 공정하며, 책임감 있는 방식으로 접근함으로써, 발표자는 청중의 신뢰를 얻고 설득력을 극대화할 수 있다.

1) 인신공격 오류

인신공격 오류는 논증의 내용이 아닌, 개인을 공격함으로써 상대방의 주장을 무효화하려는 시도라고 볼 수 있다. 이 오류는 논리적 근거 대신 개인의 특성이나 행동을 비판함으로써 발생한다. 예를 들어, “당신은 경제에 대해 어떻게 논할 수 있나요? 당신은 경제학을 전공한 적도 없잖아요!” 이 예시에서 연설자는 상대방의 주장을 반박하기보다는 상대방의 전공을 문제 삼아 그의 주장을 폄하한다. 이는 상대방의 전공과 경제에 대한 논의의 유효성은 별개의 문제임에도 불구하고, 개인의 배경을 이유로 주장을 일축하는 오류를 범하고 있다.

2) 성급한 일반화 오류

성급한 일반화 오류는 제한된 정보나 사례를 바탕으로 너무 빠르게 일반적인 결론을 내리는 것이다. 이 오류는 표본이 너무 작거나 대표성이 없을 때 발생한다. 예를 들어, “나의 두 친구는 온라인 수업에서 나쁜 경험을 했으니, 온라인 교육은 효과가 없다.” 이 예시에서 연설자는 두 명의 친구 경험을 바탕으로 온라인 교육 전체의 효과성에 대한 결론을 내리고 있다. 이는 소수의 사례를 일반화하는 성급한 결론으로, 온라인 교육의 다양한 상황과 결과를 고려하지 않는 오류다.

3) 주의 전환의 오류

주의 전환의 오류는 본질적으로 중요한 논점에서 청중의 주의를 다른 데로 돌리는 것이다. 이는 종종 논쟁에서 상대방을 혼란시키기 위해 사용된다. 예를 들어, “우리는 지금 환경 문제에 대해 이야기해야 합니다. 하지만, 더 중요한 것은 경제 상황이 얼마나 나빠졌는가 입니다."와 같이 발표자는 환경 문제의 논의를 경제 문제로 전환시키며 본래의 논점에서 청중의 주의를 분산시킨다. 이는 환경 문제 논의의 중요성을 경제 문제로 대체하려는 시도로, 논점을 흐리게 하는 오류다.

4) 허수아비의 오류

허수아비의 오류는 상대방의 실제 주장을 왜곡하거나 단순화하여, 반박하기 쉬운 주장으로 만드는 기술이다. 이는 상대방의 주장을 공정하게 다루지 않음으로써 발생한다. 예를 들어, "환경 보호론자들은 모든 차량 사용을 금지하고 싶어 합니다. 이는 말도 안 되는 주장입니다." 발표자는 환경 보호론자들의 주장을 극단적으로 단순화하고 왜곡하여, 모든 차량 사용 금지라는 비현실적인 주장으로 몰아간다. 이는 실제 환경 보호론자들의 다양한 주장과 목표를 제대로 반영하지 않으며, 허수아비를 세워 논박하는 오류다.

5) 밴드웨건 오류

밴드웨건 오류는 많은 사람들이 어떤 주장을 믿거나 지지한다는 이유만으로 그 주장이 옳다고 가정하는 것이다. 이 오류는 대중의 인기나 추세를 논리적 근거로 사용한다. 예를 들어, "대부분의 사람들이 이 제품을 사용하고 있으니, 당신도 사용해야 합니다." 발표자는 제품의 질이나 효능에 대한 실제 증거를 제공하는 대신, 단순히 많은 사람들이 사용한다는 사실을 근거로 제품 사용을 권장한다. 이는 대중의 행동을 무조건적으로 따르는 것이 옳다는 잘못된 가정에 기반하며, 실제 제품의 가치에 대한 논리적인 판단을 흐리게 하는 오류라고 할 수 있다.

6) 비논리적 결론 오류

비논리적 오류는 주장과 결론 사이에 논리적인 연결이 없을 때 발생한다. 이 오류는 주장에서 도출된 결론이 주장과 관련이 없거나 뒷받침되지 않을 때 나타난다. 예를 들어, "그는 가장 빠른 달리기 선수이기 때문에, 그가 마라톤에서 우승할 것입니다." 이 예시에서 속도가 빠르다는 사실이 마라톤 우승과 직접적인 연결이 없음에도 불구하고, 빠른 달리기 선수라는 점을 우승의 근거로 제시하고 있다. 이는 결론이 주장으로부터 논리적으로 도출되지 않는 비논리적 결론의 오류다.

7) 권위에 호소하는 오류

권위에 호소하는 오류는 논점의 타당성을 평가하는 대신, 주장의 근거로 권위 있는 인물이나 기관의 의견을 부당하게 사용할 때 발생한다. 예를 들어, "세계적으로 유명한 의사가 이 다이어트 방법을 추천했으니, 분명히 효과적일 것입니다." 이 경우, 다이어트 방법의 과학적 검증이나 실제 효과에 대한 논의 없이, 단지 유명한 의사의 추천만으로 그 방법이 효과적이라고 주장하고 있다. 이는 권위 있는 인물의 의견을 비판적으로 검토하지 않고 받아들이는 오류다.

8) 수량적 논리의 오류

수량적 논리의 오류는 수량적 정보를 잘못 해석하거나 사용함으로써 발생하는 논리적 결함이다. 종종 통계나 데이터를 오도하는 방식으로 사용하여 결론을 도출한다. 예를 들어, "이 제품은 90%의 사람들이 만족한다고 답했습니다. 따라서 모든 사람에게 좋을 것입니다." 이 예시는 대다수가 만족한다는 수치를 바탕으로 모든 사람에게 이 제품이 좋다는 결론을 내리고 있다. 이는 선택된 표본이나 상황의 다양성을 고려하지 않는 수량적 논리의 오류다.

9) 미끄러운 경사의 오류

미끄러운 경사의 오류는 하나의 행동이 시작되면 피할 수 없는 일련의 부정적인 사건들로 이어질 것이라는 가정에 기반한 오류다. 이는 한 사건이 자동적으로 다른 사건을 촉발한다는 근거 없는 가정에서 비롯된다. 예를 들어, "학교 규칙에서 모자 착용을 허용한다면, 학생들은 곧 교실에서의 흡연을 요구할 것입니다." 이 예시는 모자 착용의 허용이 흡연 같은 더 심각한 규칙 위반으로 이어질 것이라고 주장한다. 이는 한 사건이 불가피하게 다른 사건을 초래한다는 근거 없는 가정에 의존하는 미끄러운 경사의 오류다.

논리적 오류를 피하는 것은 단지 오류를 피하는 것 그 이상의 의미를 가진다. 그것은 발표자가 청중과의 진정한 지적 대화를 위해 자신의 주장과 근거를 면밀히 검토하고, 비판적 사고를 적용하는 과정이다. 이런 과정을 통해, 발표자는 자신의 메시지를 효과적으로 전달하고, 청중의 생각과 행동에 긍정적인 영향을 미칠 수 있는 기회를 최대화할 수 있다. 따라서 논리적 사고를 강화하고, 설득력 있는 논증을 구성하는 데 필요한 지식과 기술을 계속해서 개발하는 것이 중요하다. 청중을 존중하고 그들의 지적 수준에 맞는 고품질의 논증을 제공함으로써, 발표자는 더욱 효과적이고 영향력 있는 커뮤니케이터가 될 수 있다.

설득 스피치 전문 개요서 예시

"대학생활에서의 시간 관리의 중요성"

1) 서론

(관심을 끄는 시작)

"여러분, 지난 학기에 늦은 밤까지 과제를 하거나 시험 공부를 하느라 밤을 새운 적이 몇 번이나 되나요? 이러한 경험은 대학생활에서 흔한 일이지만, 이는 바로 시간 관리가 얼마나 중요한지를 보여주는 예입니다. 실제로, Britton과 Tesser(1991)에 따르면, 효과적인 시간 관리는 학업 성취도뿐만 아니라 전반적인 삶의 질에도 큰 영향을 미친다고 합니다."

(구체적 목적)

"이번 스피치를 통해 제가 여러분에게 전하고자 하는 메시지는 시간 관리의 중요성, 그것이 우리의 학업 성취와 개인적 웰빙에 미치는 긍정적인 영향, 그리고 효과적인 시간 관리를 위한 실용적인 전략들입니다."

(예고)

"먼저, 시간 관리가 대학생활에서 중요한 이유를 살펴보겠습니다. 그 다음으로는 효과적인 시간 관리가 학업 성취와 웰빙에 어떤 긍정적인 영향을 미치는지 알아보고, 마지막으로는 여러분이 바로 적용할 수 있는 시간 관리 전략들을 공유하겠습니다."

2) 본론

(주요 포인트 1: 시간 관리의 중요성)

"시간은 한정적인 자원입니다. 우리가 효율적으로 시간을 사용하지 않으면,

마감 기한을 놓치거나, 스트레스를 받으며, 학업 성취도가 떨어질 수 있습니다. 예를 들어, 프로젝트 마감 기한이 임박했을 때야 비로소 시작하는 습관이 있다면, 그로 인해 생기는 스트레스와 압박감은 매우 클 것입니다. 대학생활은 공부, 아르바이트, 동아리 활동 등 여러 활동을 병행해야 하기 때문에, 시간 관리가 특히 중요해집니다. 시간을 잘 관리하면 이러한 여러 활동을 균형 있게 유지할 수 있습니다."

"우리가 시간을 잘 관리하지 못하면, 건강에도 영향을 미칠 수 있습니다. Macan 등(1990)에 따르면, 충분한 수면을 취하지 못하고 끼니를 거르거나, 스트레스를 해소할 시간이 부족해질 수 있습니다. 이는 결국 우리의 학업 성취와 삶의 질을 저하시킬 수 있습니다."

(전환사)

"그렇다면, 효과적인 시간 관리가 우리의 학업과 일상 생활에 어떤 긍정적인 영향을 미칠 수 있는지 살펴보기로 하겠습니다."

(주요 포인트 2: 효과적인 시간 관리의 긍정적인 영향)

"시간을 잘 관리하는 학생들은 일반적으로 학업 성취도가 높고, 스트레스를 더 잘 관리합니다. Nonis와 Hudson(2010)은 시간 관리를 잘하는 학생들이 그렇지 않은 학생들보다 높은 GPA를 기록하는 것으로 나타났다고 합니다. 또한, 취미 생활이나 친구들과의 교류와 같은 개인적인 시간도 더 많이 가질 수 있습니다. 이는 궁극적으로 더 높은 삶의 만족도로 이어집니다."

"예를 들어, 시간을 잘 관리하면 매일 운동할 시간을 내거나, 친구들과의 약속을 지킬 수 있으며, 이로 인해 전반적인 웰빙이 향상됩니다. 시간을 효율적으로 사용하면 더 많은 활동을 즐기고, 더 많은 경험을 쌓을 수 있습니다. 이는 여러분의 대학 생활을 더욱 풍부하게 만들고, 더 나아가 미래의 직장 생활에서도 큰 도움이 될 것입니다."

"또한, 시간 관리는 스트레스 관리에도 중요한 역할을 합니다. Eilam과

Aharon(2003)은 시간이 부족할 때 우리는 스트레스를 받기 쉽고, 이는 우리의 정신 건강에 악영향을 미칠 수 있다고 말합니다. 반면, 시간을 효율적으로 관리하면 스트레스를 줄이고, 더 긍정적인 마음 상태를 유지할 수 있습니다."

(전환사)

"이제 우리가 이러한 긍정적인 결과를 얻기 위해 취할 수 있는 구체적인 시간 관리 전략들에 대해 이야기해 보겠습니다."

(주요 포인트 3: 시간 관리를 위한 실용적인 전략)

"첫째, 중요도에 따라 업무를 우선순위화하세요. 예를 들어, 마감이 임박한 과제를 먼저 끝내고, 시간이 더 여유 있는 일을 나중에 처리하는 것입니다. 중요한 과제를 먼저 처리함으로써 우리는 더 집중할 수 있고, 더 나은 결과를 얻을 수 있습니다."

"둘째, 일정을 계획하고 이를 따르세요. 매일 아침 또는 전날 밤에 하루 일정을 계획하면, 하루를 더 체계적으로 보낼 수 있습니다. 계획을 세우면 우리는 시간을 효율적으로 사용할 수 있고, 더 많은 일을 할 수 있습니다. Schraw 등(2007)은 일정을 계획하고 이를 따르는 것이 시간 관리의 중요한 요소라고 강조합니다."

"셋째, 공부 또는 작업 시간에 집중할 수 있는 환경을 만드세요. 조용한 도서관이나 독서실, 또는 방해받지 않는 집의 한 구석이 될 수 있습니다. 집중할 수 있는 환경을 만들면 더 효율적으로 공부할 수 있고, 더 좋은 결과를 얻을 수 있습니다."

"넷째, 짧은 휴식 시간을 포함시켜 집중력을 유지하세요. 예를 들어, 25분 공부하고 5분 쉬는 '포모도로 기법'을 사용해 보세요. 짧은 휴식을 자주 취하면 집중력을 유지할 수 있고, 더 오랜 시간 동안 효율적으로 공부할 수 있습니다. Macan 등(1990)은 짧은 휴식 시간을 포함시키는 것이 집중력을 유지하는 데 효과적이라고 말합니다."

“마지막으로, 자기 자신을 위한 시간을 잊지 마세요. 하루 중 일부 시간을 오로지 자신을 위해 사용하면, 재충전된 느낌으로 더 생산적으로 하루를 보낼 수 있습니다. 자기 자신을 위한 시간을 가지면 우리는 더 행복하고, 더 건강하게 생활할 수 있습니다.”

“이러한 전략들은 여러분이 시간을 효과적으로 관리하고, 대학 생활을 더욱 풍부하게 만들 수 있도록 도울 것입니다. 여러분이 이 전략들을 실천해 보면, 시간 관리의 중요성을 더욱 실감하게 될 것입니다.”

3) 결론

(주요 포인트 요약)

“오늘 우리는 시간 관리의 중요성, 그것이 우리의 학업과 개인적 웰빙에 미치는 영향, 그리고 시간을 효과적으로 관리하기 위한 구체적인 전략들에 대해 알아보았습니다. 여러분이 들은 내용은 단순한 정보가 아니라, 실생활에서 적용할 수 있는 실용적인 방법들입니다.”

“시간 관리는 우리 삶의 질을 향상시키는 중요한 도구입니다. 시간을 효율적으로 사용하면 우리는 더 많은 것을 이루고, 더 많은 경험을 할 수 있습니다. 이는 여러분의 대학 생활을 더욱 풍부하게 만들고, 더 나아가 미래의 직장 생활에서도 큰 도움이 될 것입니다.”

(강력한 마무리)

“시간은 우리가 가진 가장 소중한 자원 중 하나입니다. 효과적인 시간 관리를 통해, 우리는 더 많은 것을 이루고, 스트레스를 줄이며, 삶의 질을 향상시킬 수 있습니다. 여러분, 지금부터라도 시간 관리를 시작해 보는 것은 어떨까요? 여러분의 대학 생활, 심지어는 여러분의 미래가 바뀔 수 있습니다. 지금 이 순간부터 더 나은 내일을 위해 시간을 현명하게 사용해 보세요. 여러분의 성공과 행복을 위해, 지금 바로 시작하세요. 감사합니다.”

4) 참고문헌

Britton, B. K., & Tesser, A. (1991). Effects of Time-Management Practices on College Grades. *Journal of Educational Psychology*, 83(3), 405-410.

Macan, T. H., Shahani, C., Dipboye, R. L., & Phillips, A. P. (1990). College Students' Time Management: Correlations with Academic Performance and Stress. *Journal of Educational Psychology*, 82(4), 760-768.

Nonis, S. A., & Hudson, G. I. (2010). Performance of College Students: Impact of Study Time and Study Habits. *Journal of Education for Business*, 85(4), 229-238.

Eilam, B., & Aharon, I. (2003). Students' Planning in the Process of Self-Regulated Learning. *Contemporary Educational Psychology*, 28(3), 304-334.

Schraw, G., Wadkins, T., & Olafson, L. (2007). Doing the Things We Do: A Grounded Theory of Academic Procrastination. *Journal of Educational Psychology*, 99(1), 12-25.

요약

설득 스피치는 청중의 태도, 가치, 믿음 또는 행동을 변화시키기 위해 설계된 커뮤니케이션 방식이다. 이 유형의 스피치는 강력한 메시지를 통해 청중을 어떤 행동으로 유도하거나 특정한 관점을 수용하도록 설득하는 것을 목표로 한다. 설득의 과정에서 에토스(발표자의 신뢰성), 파토스(감정에 호소), 로고스(논리와 근거)라는 세 가지 기본적인 수사학적 요소가 사용된다. 에토스는 발표자의 신뢰성과 윤리성을 강조하며, 파토스는 청중의 감정을 자극하여 강한 반응을 유도하고, 로고스는 논리적 근거와 증거를 통해 청중의 이성에 호소한다.

설득 스피치의 유형은 사실적 설득, 가치 설득, 정책 설득으로 나뉜다. 사실적 설득은 청중이 특정 사실을 믿도록 하며, 가치 설득은 청중의 가치관이나 태도를 변화시키는 것을 목표로 하고, 정책 설득은 청중에게 특정한 행동을 취하도록 설득한다. 각 설득 유형은 청중에게 구체적인 메시지와 동기를 제공하며, 청중을 적극적으로 참여시키는 전략을 요구한다.

설득 스피치를 준비할 때 청중의 유형을 파악하는 것이 중요하며, 이에 따라 전략을 조정한다. 예를 들어, 동의하지 않는 청중에게는 논리적 근거와 강력한 증거를 제시하여 그들의 견해를 변화시키려 시도해야 하고, 긍정적인 청중에게는 그들의 지지를 강화하고 행동을 촉구하는 메시지를 제공해야 한다. 무관심한 청중에게는 흥미로운 이야기나 관련성 높은 예를 통해 관심을 끌 수 있다.

설득 스피치의 윤리적 측면은 매우 중요하며, 발표자는 진실하고 정직한 정보를 제공하고, 청중을 존중하며, 부당하게 감정을 조작하지 않도록 주의해야 한다. 또한, 스피치 과정에서 발생할 수 있는 오류, 예를 들어 인신공격, 성급한 일반화, 주의 전환, 허수아비 오류 등을 피하고, 논리적이고 합리적인 접근을 유지해야 한다. 이러한 오류는 스피치의 설득력을 약화시키고 청중과의 신뢰를 손상시킬 수 있다. 철저한 준비와 윤리적 고려는 설득 스피치가 청중에게 긍정적인 영향을 미치고 목표를 달성하고자 할 때 필수적이다.

스피치 사례

최인아 책방 대표의 세바시 강연 영상 시청하기

최인아 책방 대표의 세바시 강연
'일터에선 을로 살아도, 내 인생은 갑으로 살고 싶다면'

최인아 대표는 자신의 이름을 내 걸고 선릉에 책방을 냈다. 제일기획에서 제작본부장이면서 부사장을 지낸 그녀가 책방을 냈다는 것이 나에게는 결코 의외의 행보가 아니었다. 회사에서 일 년간의 안식년을 얻어 스페인 '산티아고 순례자의 길(El Camino de Santiago)'을 걷고 돌아왔던 그녀를 삼청동에서 만나 점심을 함께 할 기회가 있었다. 그리고 그때, 그녀는 회사를 그만두면 조그만 책방을 내고 싶다고 속내를 내비쳤다. 그리고 정말 최인아 대표는 그렇게 자발적 퇴사 후, 2016년에 선릉역 근처에 책방을 오픈했다. 혼자서 조용히 책을 읽고 싶을 때, 나름 책을 통해 '힐링'이 필요할 때 방문하면 좋은 곳이 아닐까 싶다. 최인아 대표는 세바시 '일터에선 을로 살아도, 내 인생은 갑으로 살고 싶다면'이라는 주제로 한 강연에서 자서전적인 본인의 회사 성장기를 이야기해 준다. 2023년 그녀가 펴낸 『내가 가진 것을 세상이 원하게 하라』 책에서도 코치(coach)로서의 그녀의 새로운 삶의 궤적을 보여준 것은 아닌가 싶다. 최인아 대표의 세바시 강연을 몇 번이나 다시 재생해서 듣고 난 후, 도종환 시인의 『흔들리지 않으며 피는 꽃이 어디 있으랴』라는 시집이 생각났다. 우리는 그렇게 흔들리면서 가끔은 줄기를 곧게 세우기도 하면서, 그리고 바람과 비에 젖으며 피는 꽃이 아닌가 싶다.

[그림 13-5] 최인아 책방 대표의 세바시 강연 '일터에선 을로 살아도, 내 인생은 갑으로 살고 싶다면'

출처: 세바시 강연 (https://www.youtube.com/watch?v=JgKA62G63Ys)

소소하고 사소한 이야기

스튜디오좋 남우리 대표 인터뷰 - 설득력 있는 광고주 프레젠테이션

학교에서 '브랜디드 콘텐츠' 수업을 가르치고 있는 나에게 '스튜디오좋'과 '돌고래 유괴단'은 작지만 강력한 크리에이티브 한 방을 가진 광고대행사로 포지셔닝되어 있다. '스튜디오좋'과 '돌고래 유괴단'이 제작한 브랜디드 콘텐츠 영상은 매해 '대한민국 광고대상'에서 수상할 만큼 뛰어난 크리에이티브를 자랑하고 있기 때문에 수업에서 사례 영상으로 소개하고는 한다. 그리고 스튜디오좋 남우리 대표와의 인연은 2022년 4월로 거슬러 간다. 어느 날, 언제 그리고 어떻게 저장되었는지도 모를 스튜디오좋 남우리 대표의 이름을 카톡 친구에서 발견하게 되었다. 그리고는 실례를 무릅 쓰고 내가 가르치고 있는 '브랜디드 콘텐츠' 수업에서 특강을 부탁했다. 그리고 그 해 6월, 웹엑스로 특강을 진행한 남우리 대표는 학생들에게 브랜디드 콘텐츠에 대한 '실무적 가르침'뿐만 아니라 학생들의 다양한 질문에도 성의껏 답해 주었다. 바쁜 업무 스케줄 일정에도 불구하고 시간을 내어 특강을 해준 남우리 대표의 마음이 너무 고마웠다.

Q1 간단한 자기 소개를 부탁드립니다.

A1 안녕하세요 스튜디오좋 대표이자 CD로 근무 중인 남우리입니다.

Q2 스튜디오좋은 어떠한 회사인가요?

A2 스튜디오좋은 일반적으로 광고대행사라고 불리는 조직과 프로덕션이라고 불리는 조직이 합쳐져서 운영되는 광고 스튜디오입니다. 광고 캠페인은 기획을 하는 조직과 그것을 구현해 내는 제작 조직이 한 마음으로 합쳐 높은 퀄리티를 낼 때 가장 큰 파워를 가질 수 있다는 마음으로 협력을 가장 중요시하며 일을 하고 있습니다. 또한 "똑똑한 또라이가 세상을 지배한다."는 생각으로 항상 논리적인 또라이가 되어 눈에 띄는 솔루션을 내기 위해 최선을 다하고 있습니다.

Q3 광고 제작안을 광고주에게 프레젠테이션할 때 가장 중요하게 생각하는 것은 무엇인가요?

A3 광고주와 우리가 프레젠테이션을 통해 똑같은 상상을 머릿속에 그리도록 하는 것입니다. 그래야 광고회사가 준비한 아이디어를 가장 다이렉트하게 광고주에게 전달할 수 있으니까요. 그래서 가장 중요하게 생각하는 건 멋들어진 프레젠테이션보단 다이렉트한 프레젠테이션을 하는 것입니다. 예쁘게 프레젠테이션 파일을 꾸밀 시간에, 우리의 생각이 정말 그대로 문서에 담겼는지를 체크하는 것이 더 중요하다고 생각하고 있습니다. 두 번째로는 우리가 기획한 영상의 "감정"을 광고주에게 그대로 공유할 수 있도록 노력하는 것입니다. 영상을 보고 어떤 감정을 느끼게 할 것인지 설계하는 것은, 흥행에 가장 큰 요인이 된다고 생각하는데요. 그 흥행의 가능성을 프레젠테이션이 광고주 역시 그대로 느끼실 수 있도록 작업하려고 합니다. 특히 스튜디오좋은 드라마타이즈된 스토리텔링 캠페인이 많기에, 프레젠테이션에서 그 감정을 오롯이 전달하기 위해 연기자만큼의 연기가 필수적이라고 생각하고 있습니다. (실제로 회사 구성원들은 연기력이 뛰어납니다.) 더불어 광고주가 요청한 요청사항에서 벗어나지 않는 것을 가장 중요하게 생각합니다. 브랜드를 광고주만큼 잘 아는 사람은 없으니까요. 광고주가 왜 그런 요청을 했는지를 심도 깊게 고민하고, 광고대행을 하는 순간만큼은 해당 브랜드의 직원이 되어 생각하려고 합니다.

Q4 설득되지 않는 광고주를 설득하는 특별한 방법이 있을까요?

A4 저희가 광고기획을 준비할 때 해당 브랜드의 직원의 입장이 되는 것처럼, 저희의 솔루션이 광고주에게 설득이 되지 않을 땐, 정말 저희끼리 대화하는 화법으로 광고주분들께 말씀을 드리는 편입니다. 저희가 어떤 시행착오를 거쳤고, 다른 부분들을 왜 포기했는지 시간 순서대로 꾸미지 않고 말씀 드리고 있습니다. 그 고민의 과정을 말씀 드리면 설득이 되는 경우도 있고, 혹은 저희의 고민의 과정에서의 오류를 광고주분들이 짚어주실 때도 있습니다. 이러한 과정들을 통해 두 회사가 하나의 마음이 되도록 노력하고 있습니다. 단순히 저희의 생각이 맞다고 생각하고 밀어붙이는 편은 아닙니다. 마케터와 광고대행사는 세상을 바라보는 관점이 굉장히 다르고, 그 양측이 모두 동의하는 아이디어가 나왔을 때 실제로 시장에서도 파급력을 가지게 된다는 경험들도 많이 해보았구요.

Q5 광고회사에서 프레젠테이션은 얼마나 중요한가요?

A5 백 번 잘 준비한 프레젠테이션보단, 제대로 된 아이디어가 더 중요하다고 생각하긴 합니다. 아이디어가 별로라면 아무리 프레젠테이션을 잘 해도 절대 팔리지 않습니다. (혹시 프레젠테이션 실력으로 별로인 아이디어가 팔린다면 그거야말로 재앙입니다.) 다만 프레젠테이션 역시 중요한 이유는, 앞서 말한 것처럼 저희의 생각을 오롯이 광고주에게 전달하는 것이 가장 중요한 프로세스이기 때문입니다. 모든 프레젠테이션은 결국 커뮤니케이션을 위한 것이니까요. 실제로 광고주가 원하는 솔루션을 개발해냈으나, 그걸 제대로 전달하지 못해 재기획을 해야 하는 경우도 있다고 들었습니다. 사람은 생각보다 개개인이 생각하는 방식이 너무 달라서, 그 생각을 광고회사가 기획한 대로 이끌어야 하기에 프레젠테이션은 커뮤니케이션 툴로서 너무나 중요하다고 생각합니다.

Q6 스튜디오좋과 같은 광고대행사에서 뽑고 싶은 인재상은 무엇일까요?

A6 틀을 깨는 것에 무서움이 없는 사람. 선배의 발자취를 공부하기보단 선배의 과오를 보면서 자신만의 길을 만들려고 애쓰는 사람이 좋습니다. 그건 광고를 기획하는 방식의 틀일 수도 있고, 프레젠테이션하는 방식의 틀일 수도 있을 것 같습니다. 광고 기획의 모든 프로세스에 있어, 세상의 틀을 벗어나려고 시도할 때 새로운 캠페인이 나온다고 생각합니다.

남우리 대표 프로필

남우리 대표는 홍익대학교 건축학부 실내건축학 전공으로 졸업 한 이후, 제일기획 카피라이터로 입사했다. 20대 때 제일기획을 나와서 2016년 공동대표 송재원 감독과 함께 스튜디오좋을 설립했다. 대표적인 브랜디드 콘텐츠로 '새로 소주', '빙그레우스', '미원' 외 다수 작품들이 있다.

CHAPTER

14

특별한 상황 스피치

상황에 맞는 스피치하기

특별한 상황 스피치는 일상에서 중요한 역할을 한다. 일상적이지 않은 중요 이벤트나 변화를 맞이할 때, 이러한 스피치를 통해 개인이나 집단의 감정을 표현하고, 특정 순간의 의미를 강조하며, 공동체의 일원으로서의 연대감을 강화하기도 한다. 예를 들어, 생일이나 결혼식에서의 축하 스피치, 직장에서의 이별이나 환영 스피치는 각 상황의 중요성을 인정하고, 참석자들에게 긍정적인 기억을 남길 수 있다. 특별한 상황 스피치를 준비할 때는 스피치의 목적과 청중의 기대를 명확히 이해하고, 해당 이벤트에 적합한 내용과 톤을 선택하는 것이 중요하다. 감정을 적절히 표현하면서도 존중과 예의를 유지하는 것도 필수적이다. 또한, 스피치는 청중과의 연결을 강화하고, 그 순간의 의미를 더욱 빛나게 하는 기회로 활용되어야 한다. 따라서 철저한 준비와 연습을 통해 자신감 있고 진정성 있는 메시지를 전달하는 것이 좋다.

SPEECH
COMMUNICATION

1. 특별한 상황 스피치 개념 및 가이드라인

일상 속에서 우리는 다양한 스피치 기회에 직면한다. 이러한 기회들이 반드시 대중에게 정보를 제공하거나 설득을 목적으로 하는 것은 아니다. 예를 들어, 수상식에서 수상 소감을 말하거나 결혼식에서 건배사를 하는 것처럼, 특별한 순간에 적절한 말을 하는 것이 요구된다. 이러한 특별한 상황에서 스피치를 효과적으로 할 수 있는 방법을 아는 것이 중요하다. 아래의 특별한 상황 스피치 가이드라인을 참고하면, 앞으로 마주칠 특별한 순간에서 보다 성공적으로 스피치를 진행할 수 있을 것이다. 커뮤니케이션 능력은 대단하고 거창한 스피치를 통해서만 향상되는 것이 아니라, 이러한 일상적인 상황에서의 스피치를 통해 발전된다.

1) 특별한 상황 스피치 개념

특별한 상황 스피치는 특정 상황과 그 상황에 의해 정해진 목적을 위해 준비된 스피치라고 정의할 수 있다. 특별한 상황 스피치는 다양한 목적으로 사용할 수 있다. 특별한 상황 스피치는 특정 인물이나 사건을 기리거나, 축하하고, 감사의 뜻을 표현하고, 인정하고, 기념하거나, 애도하는 목적을 가지고 있다. 정보 제공 스피치나 설득 스피치처럼 특별한 상황 스피치도 명확한 메시지를 전달해야 하지만, 사용되는 말하기 방식은 일반적으로 다를 수 있다. '특별한 상황 스피치'라는 용어에서 "특별한"이라는 단어는 주관적인 성격을 가진다.

일부 스피치는 실제로 특별한 상황(예: 결혼식에서의 건배사, 시상식에서의 수락 스피치, 사랑하는 사람의 장례식에서의 추도사)에 해당되지만, 더 평범한 행사(예: 대형 마트에서 판매원이 하는 세일즈 프로모션)에도 이루어 질 수 있다. 특별한 상황 스피치의 주된 목적은 청중의 감정을 자극하고 특정 상황이나 기회에 대한 반응으로 청중이 특정한 방식으로 느끼도록 하는 것이다. 일반적으로, 이러한 스피치의 목적은 "영감을 주기 위해", "축하하기 위해", "존경을 표하기 위해", 또는 "오락을 제공하기 위해" 등으로 설정할 수 있다.

특별한 상황 스피치는 청중에게 강한 감정적 반응을 유도하기 위해 설계되며, 그들이 해당 이벤트에 더 깊이 몰입하고 기억하도록 만드는 효과적인 도구가 된다. 따라서 발표자는 특별한 상황 스피치를 준비할 때 이러한 목적을 명확히 이해하고, 연설 내용과 스타일을 그 목적에 맞게 조절해야 한다.

2) 특별한 상황 스피치 가이드라인

특별한 상황 스피치를 효과적으로 전달하기 위해서는 기존 우리가 배웠던 정보전달 스피치 또는 설득 스피치처럼 체계적인 조사가 필요하지는 않지만, 준비, 상황에 맞는 조정, 청중에 맞는 조정, 그리고 시간에 대한 인식과 같은 기본적인 가이드라인을 따르는 것이 중요하다.

① 준비하기

특별한 상황 스피치를 할 때 가장 큰 실수는 준비 부족이나 전혀 준비하지 않는 것이다. 결혼식의 건배사나 추도사를 할 때에도 스피치를 세심하게 생각하고 준비해야 한다. 상황이 즉흥적이라 할지라도, 간단한 메모라도 준비하는 것이 전혀 준비하지 않는 것보다 낫다. 준비는 스피치의 성공적인 전달을 위한 첫걸음이다.

② 상황에 맞게 조정하기

모든 내용이 모든 상황에 적합한 것은 아니다. 예를 들어, 학교 총격 사건의 첫 기념일에 스피치를 하게 되면, 유머를 사용하는 것은 부적절하다. 하지만 상황에 따라 적절한 스피치 내용과 스타일의 조정이 필요하다. 각 상황에 맞는 메시지와 스피치 스타일을 조정함으로써, 스피치의 효과를 극대화할 수 있다.

③ 청중에 맞게 조정하기

청중을 이해하고 그들에 맞게 연설을 조정하는 것은 매우 중요하다. 청중마다 반응이 다르기 때문에 청중에 대한 정보를 많이 알수록 스피치의 성공 가능성을 높일 수 있다. 예를 들어, 학교에서 스피치 교육을 하는 교사들을 위한 회의에서 기조연설을 하는 경우, 스피치의 중요성만 강조하는 것은 잘못된 청중 선택의 예가 될 수 있다.

④ 시간을 고려하기

스피치의 시간 관리도 중요한 고려사항이다. 각기 다른 스피치 상황에서는 시간에 대한 규칙과 관례가 있다. 예를 들어, 수상 스피치나 건배사는 일반적으로 2분 이내로 짧게 해야 하며, 인사말 스피치는 매우 간단하게 진행된다. 반면, 졸업식 스피치나 추도사는 10분에서 20분 정도 소요될 수 있다. 스피치가 길어질수록 청중이 지루해질 수 있으므로, 연설의 마지막 부분을 가장 흥미롭고 영감을 주는 부분으로 구성하는 것이 좋다.

2. 특별한 상황 스피치 유형

특별한 상황 스피치는 다양한 사회적, 개인적, 전문적 이벤트나 상황에 맞추어 진행되며, 이러한 스피치는 특정 목적을 달성하고, 청중과의 강한 연결을 구축할 때 중요한 역할을 한다. 예를 들어, 기념식, 축하 행사, 결혼식, 추도식 등에서 특별한 스피치는 감정적 연결을 촉진하고, 참석자들에게 영감을 주거나 위로를 제공한다. 또한, 이러한 스피치는 중대한 순간들을 기념하고, 공동체의 일원으로서 공감대를 형성하며, 사회적 규범과 문화를 전달하는 수단으로 작용한다. 따라서, 특별한 상황 스피치는 특정 이벤트의 의미를 강조하고, 참여자들에게 지속적인 인상을 남기는 데 결정적인 역할을 한다. 아래 다양한 유형의 특별한 상황 스피치들의 개념과 고려사항 및 작성 가이드라인을 제시한다.

1) 소개 스피치

소개 스피치는 행사에서 다른 사람을 청중에게 소개할 때 사용한다. 소개 스피치의 목적은 청중이 소개되는 사람에 대해 필요한 정보를 얻고, 그들이 이야기할 내용에 관심을 갖게 만드는 것이다. 소개 스피치는 간결하면서도 정보를 충분히 제공해야 하며, 소개받는 사람을 존중하고 그들의 성취를 강조하는 내용이어야 한다.

고려사항 및 작성 가이드라인

① 주요 성취 강조

소개받는 사람의 핵심적인 성취와 경력을 중점적으로 강조하는 것이 중요하다. 이는 소개받는 사람의 전문성과 기여를 잘 드러내어 청중이 그들의 발표에 대해 기대감을 가질 수 있도록 해야 한다. 주요 성취는 해당 분야에서의 중요한 업적이나 인정받은 성과 등이 될 수 있으며, 소개받는 사람의 능력과 관련성을 강조해야 한다.

② 관련성 있는 정보 제공

소개받는 사람의 배경과 관련된 정보를 제공하여, 청중이 그들의 발표 내용을 이해하고 관심을 갖도록 해야 한다. 이 정보는 발표의 주제와 직접적으로 연결되어야 하며, 청중이 왜 이 발표자를 주목해야 하는지를 명확히 해준다. 관련성 있는 정보는 발표자의 연구 분야, 최근 프로젝트, 또는 특정 사회적 이슈에 대한 기여 등이 될 수 있다.

③ 청중과의 연결 고려

소개받는 사람과 청중 사이의 연결고리를 형성할 수 있는 요소를 포함시켜야 한다. 이는 청중이 소개받는 사람에게 감정적으로 연결될 수 있게 하며, 청중이 발표 내용에 더욱 몰입하도록 돕는다. 연결고리는 공통의 경험, 관심사,

또는 청중이 공감할 수 있는 개인적 이야기 등이 될 수 있다.

④ 간결함 유지

소개 스피치는 간결하고 명료해야 한다. 긴 설명이나 불필요한 정보는 청중의 관심을 분산시킬 수 있으므로, 필수적인 정보만을 포함시켜야 한다. 스피치는 몇 분을 넘지 않도록 하며, 소개받는 사람의 발표로 자연스럽게 이어질 수 있도록 설계해야 한다. 정보의 선택과 배열은 청중이 쉽게 이해할 수 있도록 체계적이고 핵심적인 내용을 중심으로 구성해야 한다.

소개 스피치 예시

"오늘 저희와 함께 해주신 분은 인공지능 분야에서 뛰어난 성과를 이루어낸 과학자이자, 여러 획기적인 프로젝트를 이끌어 온 Dr. 김동후 교수님입니다. 김 교수님은 서울대학교 컴퓨터공학과를 졸업하시고, 실리콘밸리의 주요 기업에서 주요 기술 개발자로 활동하셨습니다. 오늘 김 교수님께서는 인공지능이 우리의 일상에 어떤 변화를 가져올지에 대해 깊이 있는 통찰을 공유해 주실 예정입니다. 여러분의 많은 관심과 집중을 부탁드립니다."

[그림 14-1] **소개 스피치**

출처: 챗GPT를 활용해 만든 이미지.

2) 지명 스피치

지명 스피치는 특정 인물을 어떤 직책이나 상을 받을 후보로 추천할 때 사용되는 스피치다. 지명 스피치는 후보의 자격과 그들이 해당 상이나 직책에 적합한 이유를 설명함으로써, 청중이나 판단 기구에게 강력한 인상을 남기고 설득하는 역할을 한다. 지명 스피치는 후보의 성취와 경험을 강조하고, 그들의 탁월함을 부각시켜야 한다.

고려사항 및 작성 가이드라인

① 후보의 성취와 자격 강조

지명 스피치에서 후보의 성취와 자격을 강조하는 것은 매우 중요하다. 이는 후보가 해당 상이나 직책을 맡을 수 있는 충분한 이유와 자격을 가지고 있음을 보여주는 데 도움을 준다. 후보의 전문성을 나타낼 수 있는 핵심 성과, 주요 프로젝트, 리더십 경험, 혹은 업계에서의 인정 등을 강조하여 그들의 역량과 해당 직책이나 상과의 일치성을 청중에게 명확히 전달해야 한다.

② 감정적 호소

지명 스피치는 단순히 후보의 이력을 나열하는 것 이상의 작업이다. 청중의 감정에 호소하여 후보와의 감정적 연결을 형성하는 것이 중요하다. 이를 통해 청중은 후보가 단순한 전문가 이상의 인간적인 면모를 느끼고, 그들의 이야기에 더 깊이 공감하게 된다. 후보의 인간적인 면모, 사회적 책임, 윤리적 가치, 혹은 공동체에 대한 공헌 등을 강조하여, 후보의 개성과 인품을 부각시킬 수 있다.

③ 적절한 어조 사용

지명 스피치는 존경과 감사의 느낌을 전달하는 적절한 어조를 사용해야 한다. 이는 후보를 지명하는 과정에서 존중과 지지의 메시지를 강하게 전달할 때 도움을 준다. 공식적이면서도 따뜻한 어조를 사용하여, 후보에 대한 높은 평가와 신뢰를 표현하고, 청중이 후보를 신뢰하고 지지하도록 독려한다.

④ 후보와의 연결성 강조

지명 스피치에서는 후보가 상이나 직책에 어떻게 잘 맞는지를 설명해야 한다. 이는 후보가 이 상이나 직책을 통해 어떤 변화나 혁신을 가져올 수 있을지에 대한 비전을 포함할 수 있다. 후보의 비전과 청중의 기대가 어떻게 연결될 수 있는지를 설명함으로써, 후보의 적합성과 잠재력을 강조한다. 이 과정에서 후보의 전문성, 경험 및 특성이 해당 상이나 직책의 요구사항과 어떻게 일치하는지를 구체적으로 부각시켜, 청중이 후보를 지지하도록 설득력 있게 만든다.

지명 스피치 예시

"존경하는 심사위원 여러분, 오늘 저는 탁월한 리더십과 전문성을 갖춘 이 모범적인 인물, 유승철 교수를 올해의 리더십 상 후보로 지명하게 되어 매우 영광스럽습니다. 유승철 교수는 지난 10년간 교육 분야에서 혁신적인 프로그램을 개발하고 수많은 학생들의 삶에 긍정적인 영향을 미쳤습니다. 그의 프로그램은 국내외에서 모범적으로 평가받았으며, 그의 리더십 하에 우리 학교는 국제적인 인정을 받게 되었습니다. 유승철 교수는 동료들 사이에서도 존경받는 인물이며, 그의 헌신적인 노력은 우리 학교뿐만 아니라 전국적으로도 인정받고 있습니다. 유승철 교수의 지속적인 기여와 리더십은 그가 이 상을 수상할 자격이 충분함을 명확히 보여줍니다."

3) 수락 스피치

수락 스피치는 어떤 상, 직위, 또는 책임을 공식적으로 받아들일 때 사용되는 스피치다. 수락 스피치는 감사의 표현, 해당 상이나 직책의 중요성 인식, 그리고 미래에 대한 비전을 제시하는 기회를 제공한다. 수락 스피치는 겸손과 자신감을 동시에 표현해야 하며, 수상자가 어떻게 그 상이나 직책에 걸맞은 인물인지를 강조해야 한다.

고려사항 및 작성 가이드라인

① 감사 표현

수상 스피치에서는 감사의 말을 전하는 것이 매우 중요하다. 이는 상을 주최한 기관, 후보를 추천해 준 사람들, 그리고 일상에서 지지를 보내준 가족이나 친구들에게 감사의 말을 전함으로써, 수상자의 성취가 단독의 노력만이 아닌 다른 이들의 지원과 격려가 있었기에 가능했음을 인정하는 것이다. 감사의 말은 스피치의 시작 부분에서 진솔하게 표현되어야 하며, 수상자의 겸손함과 감사하는 마음을 청중에게 전달해야 한다.

② 수상의 의미 및 책임감 강조

수상이 개인에게 어떤 의미를 가지는지, 그리고 그로 인해 느끼는 책임감을 솔직하게 표현하는 것도 중요하다. 이는 수상자가 상을 통해 어떤 영향을 받았으며, 이로 인해 어떤 책임감을 느끼고 있는지를 청중과 공유함으로써, 수상의 중요성을 더욱 깊이 있게 전달할 수 있다. 이 부분에서 수상자는 자신의 경험을 바탕으로 수상이 자신의 개인적이거나 전문적 성장에 어떻게 기여했는지를 설명할 수 있다.

③ 향후 계획과 비전 제시

받은 상이나 직책을 어떻게 활용할 계획인지, 그리고 이를 통해 어떤 변화를 도모할 것인지에 대한 비전을 공유하는 것도 중요하다. 이는 수상자가 미래에 어떤 목표를 가지고 있는지, 그리고 이 상이나 직책을 통해 어떤 긍정적인 변화를 추구할 것인지를 명확하게 밝힘으로써, 청중에게 수상자의 포부와 계획을 이해시키고 지지를 얻고자 할 때 도움이 된다. 수상자의 비전은 구체적이고 실행 가능한 계획을 포함해야 하며, 이를 통해 청중이 수상자의 미래 활동에 대한 기대감을 가질 수 있다.

④ 적절한 길이 및 어조

수락 스피치는 간결하면서도 내용이 충분히 전달될 수 있도록 작성해야 한다. 길이는 너무 길지 않아야 하며, 주요 포인트에 초점을 맞춰야 한다. 어조는 겸손하면서도 자신감이 느껴지도록 조율되어야 한다. 이는 수상자가 자신의 성취를 자랑하기보다는 수상을 통해 더 많은 책임을 질 준비가 되어 있음을 청중에게 보여주는 방식이다.

수락 스피치 예시

"존경하는 심사위원 여러분, 그리고 이 자리를 빛내주신 모든 분들께 깊은 감사를 드립니다. 오늘 이 상을 받게 되어 매우 영광스럽고 겸손합니다. 이 상은 저 혼자의 노력으로 이룬 것이 아니라, 저를 믿고 지지해 준 모든 분들과의 협력의 결과입니다. 앞으로 이 상을 계기로 더욱 헌신적으로 우리 사회와 지역 커뮤니티에 기여하며, 이 분야에서의 혁신과 발전을 이끌어 가겠습니다. 저를 위해 힘써주신 가족과 친구들, 그리고 모든 동료들에게 다시 한번 감사드리며, 이 상의 진정한 의미를 증명할 수 있도록 최선을 다하겠습니다."

[그림 14-2] 수락 스피치

출처: 챗GPT를 활용해 만든 이미지.

4) 건배사

건배사는 특별한 순간이나 이벤트를 축하하기 위해 제공되는 짧고 감동적인 스피치다. 건배사는 결혼식, 생일, 기념일, 은퇴 파티 등 다양한 사회적 모임에서 주로 사용한다. 건배사의 목적은 해당 이벤트의 중심 인물이나 순간을 찬양하고, 모든 참석자가 그 기쁨을 함께 나누도록 독려하는 것이다.

고려사항 및 작성 가이드라인

① 목적 명확화

건배사를 준비할 때는 그 목적을 명확히 정의해야 한다. 이벤트의 성격에 따라 건배사의 주제가 축하, 감사, 기념 등으로 다를 수 있으며, 이에 맞는 적절한 메시지를 준비해야 한다. 목적이 분명할수록 건배사는 더욱 효과적이며, 청중에게 강한 인상을 남길 수 있다. 예를 들어, 결혼식에서는 두 사람의 결합을 축하하는 메시지를, 은퇴 파티에서는 은퇴하는 사람의 기여와 노력에 대한 감사의 메시지를 전달한다.

② 개인화

건배사는 해당 이벤트의 주인공에게 맞춤화되어야 한다. 주인공의 성격, 업적, 그들과의 개인적인 관계 등을 반영하여 건배사를 구성함으로써, 메시지에 더 큰 의미와 가치를 부여할 수 있다. 이는 청중과 주인공 모두에게 건배사가 더욱 의미 있고 기억에 남게 만든다. 주인공과의 관계나 공유된 경험을 이야기함으로써, 건배사는 더욱 진솔하고 감동적으로 다가갈 수 있다.

③ 긍정적 어조

건배사는 항상 긍정적이고 희망적인 메시지를 담아야 한다. 이는 모든 참석자가 즐거움을 느끼고, 행사의 분위기를 밝고 긍정적으로 유지하는 데 기여한다. 건배사는 행사의 하이라이트 중 하나로, 참석자들에게 긍정적인 에너지를 전달해야 하며, 이를 통해 행사의 전반적인 경험을 향상시킬 수 있다.

④ 간결함 유지

건배사는 짧고 간결해야 한다. 긴 메시지는 청중의 관심을 분산시킬 수 있으므로, 몇 분 이내로 마무리되는 것이 이상적이다. 중요한 포인트에 집중하고, 간결하게 표현함으로써 청중의 관심을 유지하고 메시지를 효과적으로 전달할 수 있다. 건배사는 주로 이벤트의 시작부분이나 중간에 위치하므로, 다른 프로그램으로 자연스럽게 이어질 수 있도록 설계하는 것이 중요하다.

건배사 예시

"오늘 우리가 여기 모인 이유는 박태현과 장유리의 결혼을 축하하기 위함입니다. 두 사람의 사랑이 얼마나 특별한지 모두가 알고 있지요. 태현과 유리, 여러분의 결합은 서로에 대한 깊은 애정과 존중을 바탕으로 하고 있습니다. 오늘 이 아름다운 순간을 함께 할 수 있어 영광입니다. 두 사람의 행복을 기원하며, 모든 순간이 사랑으로 가득 차길 바랍니다. 건배!"

5) 헌사

헌사는 특정 인물이나 단체에 대한 존경과 감사의 뜻을 표현하는 스피치다. 헌사는 개인의 생애, 성취, 그리고 그들이 타인에게 미친 영향에 대해 칭찬하고 감사를 전하는 자리로 활용된다. 헌사는 종종 은퇴식, 기념식, 또는 중대한 기념일과 같은 행사에서 이루어지며, 대상의 공적과 개인적 특성을 조명한다.

고려사항 및 작성 가이드라인

① 개인적이고 세밀한 접근

헌사 스피치에서는 대상의 개인적인 측면과 전문적 성취를 세밀하게 조명해야 한다. 이는 대상의 인간적인 면모와 전문가로서의 업적을 모두 포괄하여, 대상의 다면적인 특성을 진실하고 세심하게 표현하는 데 중요하다. 대상의 성격, 취미, 업무 스타일, 독특한 성취, 그리고 사회적 기여 등을 포함하여, 청중이 대상의 인생 전반에 걸쳐 그들의 중요한 역할과 영향력을 이해할 수 있도록 해야 한다.

② 감정적 영향력 고려

대상의 인생과 성취가 타인, 특히 공동체와 동료에게 미친 긍정적인 영향을 강조하는 것이 필수적이다. 이 부분은 청중이 감정적으로 공감하고, 대상의 성취를 더욱 의미 있고 가치 있는 것으로 인식하게 하기 위해서 중요하다. 대상이 이룬 변화, 영감을 준 사례, 또는 지역 사회에 끼친 긍정적 영향 등을 포함시켜 청중에게 감동을 주는 내용을 공유해야 한다.

③ 사례와 에피소드 활용

대상의 특성과 성취를 입증할 수 있는 개인적인 경험이나 잘 알려진 사례를 활용하여 스피치에 생동감을 더하는 것이 좋다. 이러한 사례들은 대상의 인성, 리더십, 전문성, 혹은 창의성을 구체적으로 보여주는 예가 될 수 있으며, 청중에게 대상의 실제 모습을 더 가까이에서 보여줄 수 있다.

④ 진정성과 존경의 표현

헌사 스피치는 진정성 있는 감사와 존경의 메시지를 전달해야 한다. 스피치를 통해 대상에 대한 깊은 존경과 감사를 표현하며, 이는 대상이 그동안 보여준 헌신과 노력에 대한 진심 어린 인정과 감사를 나타낸다. 존경의 표현은 스피치의 어조와 내용 선택에 있어 겸손하면서도 강력한 지지를 반영해야 한다.

헌사 예시

"오늘 이 자리는 우리 모두에게 매우 특별한 의미를 가집니다. 우리가 여기 모인 이유는 바로 최용주 교수님을 위한 것이기 때문입니다. 최 교수님은 오랜 세월 동안 우리 학교에서 봉사하며 수많은 학생들의 인생에 긍정적인 영향을 미쳤습니다. 저 자신도 그의 지도 하에 많은 것을 배우고 성장할 수 있었습니다. 교수님의 노고와 헌신에 대해 깊은 감사의 말씀을 전하고 싶습니다. 교수님이 계셨기에 많은 학생들이 꿈과 희망을 키울 수 있었고, 저 역시 오늘날 제 자리에 설 수 있었습니다. 최 교수님, 당신의 가르침은 우리 모두의 마음속에 영원히 살아 숨 쉴 것입니다. 우리는 교수님의 뜨거운 열정과 무한한 사랑, 그리고 끝없는 헌신에 대해 영원히 감사할 것입니다."

6) 추도사

추도사는 고인의 삶과 업적을 기리기 위해 장례식이나 추모 행사에서 전달하는 스피치다. 추도사는 고인을 기억하고, 그들의 삶이 남긴 영향을 칭송하는 것을 목적으로 한다. 추도사는 개인적인 이야기, 고인과의 추억, 그리고 그들의 성격이나 성과를 반영하는 내용을 포함한다.

고려사항 및 작성 가이드라인

① 감정 공유

추도사는 청중과의 깊은 감정적 연결을 요구하는 스피치다. 말하는 사람은 진심을 담아 고인과의 관계, 공유된 순간, 그리고 고인의 삶에서 중요한 이야기를 감동적으로 전달해야 한다. 이는 청중이 고인과의 추억을 회상하고 슬픔을 함께 나누게 하며, 고인을 기리는 중요한 역할을 한다.

② 고인의 성격 반영

고인의 성격, 취미, 성취 등을 포함하여 그들의 전체적인 삶을 조명해야 한다. 고인의 독특한 특성, 평생의 업적, 그리고 그들이 좋아했던 활동들을 소개함으로써, 청중에게 고인의 인간적인 면모와 전문적인 성과를 모두 보여주어야 한다. 이는 고인에 대한 포괄적인 이해를 돕고, 청중이 고인을 더욱 잘 기억하게 한다.

③ 긍정적인 면 강조

추도사에서는 고인의 긍정적인 측면을 강조하는 것이 중요하다. 고인이 살아생전에 행했던 좋은 행동, 남긴 긍정적인 영향, 그리고 인간적인 덕목을 상기시키며, 이를 통해 고인의 삶의 아름다움과 가치를 칭송해야 한다. 이러한 긍정적인 이야기는 청중에게 위안을 주며, 고인에 대한 아름다운 추억을 강화한다.

④ 담담하고 위로가 되는 어조

추도사는 담담하고 위로가 되는 어조로 진행되어야 한다. 이는 슬픔에 잠긴 청중에게 힘을 주고, 고인을 기리는 과정에서 공감과 치유를 제공한다. 스피치는 고인에 대한 존경과 사랑을 표현하면서도, 청중이 슬픔을 극복하고 고인의 삶에서 영감을 받을 수 있도록 도와야 한다. 이러한 접근은 청중이 고인의 기억을 영원히 간직하게 하며, 그들의 슬픔을 조금이나마 덜어주는 중요한 역할을 한다.

추도사 예시

"오늘 우리는 고인이 된 조셉을 기리기 위해 모였습니다. 조셉은 항상 미소를 잃지 않았던 사람으로, 그의 따뜻한 마음은 누구에게나 편안함을 주었습니다. 그는 가족을 사랑했고, 친구들과 함께하는 시간을 소중히 여겼습니다. 조셉의 열정과 헌신은 우리 모두에게 큰 영감을 주었으며, 그의 삶은 많은 이들에게 긍정적인 변화를 가져왔습니다. 비록 오늘 우리는 그의 부재를 슬퍼하며 그를 추모하지만, 그가 우리 삶 속에 남긴 발자취는 영원히 지속될 것입니다. 그의 기억을 영원히 간직하며, 그가 보여준 사랑과 용기를 우리의 삶 속에서 이어가길 소망합니다. 조셉, 당신이 남긴 사랑과 교훈에 감사합니다. 당신을 사랑합니다."

[그림 14-3] **추도사**
출처: 챗GPT를 활용해 만든 이미지.

7) 격려 스피치

격려 스피치는 개인이나 단체에게 동기를 부여하고 영감을 주기 위해 설계된 스피치다. 격려 스피치는 청중의 내적 동기를 자극하여, 어떤 목표를 달성하거나 특정 행동을 취하도록 격려하는 것을 목적으로 한다. 격려 스피치는 비전 제시, 성공 사례 공유, 실패 극복 이야기, 실질적인 조언 제공 등을 포함할 수 있다.

고려사항 및 작성 가이드라인

① 강렬한 시작

격려 스피치는 강렬하고 기억에 남는 방식으로 시작되어야 한다. 이는 청중의 주의를 즉시 끌고 그들의 흥미를 유발시키기 위해서 중요하다. 시작 부분에는 인상적인 이야기, 강력한 질문, 관련 통계 또는 영향력 있는 인용구를 포함시킬 수 있다. 예를 들어, 특정 성공 사례나 통계를 제시하여 청중이 직면한 문제의 심각성을 인식하게 만들 수 있다.

② 비전과 목표의 명확성

격려 스피치에서는 청중에게 분명한 비전과 목표를 제시해야 한다. 이 목표는 청중이 달성하려는 구체적이고 실질적인 것이어야 하며, 스피치는 이 목표를 달성하기 위한 방법론을 제공해야 한다. 이 과정에서 목표 달성의 이점을 설명하고, 청중이 이 목표에 도달할 때 얻을 수 있는 결과를 명확히 해야 한다.

③ 개인적인 이야기와 연결

자신의 경험을 공유하거나 타인의 사례를 소개함으로써 메시지에 진정성과 신뢰성을 더할 수 있다. 개인적인 이야기는 청중과의 감정적 연결을 촉진하고, 메시지의 실질적인 영향력을 강화한다. 이러한 이야기는 청중이 비슷한 상황에 처해 있을 때 실제로 적용할 수 있는 모범 사례를 제공한다.

④ 행동 촉구

격려 스피치의 결론 부분에서는 청중이 구체적인 행동을 취하도록 촉구하는 것이 중요하다. 실질적이고 실행 가능한 조치를 제안하여, 청중이 스피치에서 얻은 영감을 실제 행동으로 옮길 수 있도록 돕는다. 이는 스피치의 효과를 극대화하며, 청중이 실제로 변화를 경험할 수 있도록 한다.

격려 스피치 예시

"여러분, 오늘 여러분 앞에 서 있는 이유는 여러분 모두가 각자의 삶에서 놀라운 변화를 만들 수 있다고 믿기 때문입니다. 우리 모두는 특별한 재능과 능력을 가지고 있으며, 이를 발휘하기 위한 첫걸음은 바로 자신을 믿는 것입니다. 예를 들어, 제가 처음 대학에 들어갔을 때 실패의 두려움에 떨었습니다. 하지만, 저는 실패를 두려워하지 않고 도전을 선택했습니다. 그 결과, 저는 이제 여러분 앞에 서서 이 이야기를 할 수 있게 되었습니다. 여러분도 할 수 있습니다. 오늘 이 자리에서 여러분도 자신의 꿈에 도전하고, 실패를 두려워하지 말고 첫걸음을 내딛기를 바랍니다. 꿈을 향해 나아가세요. 용기를 내어 그 첫걸음을 떼십시오. 여러분의 인생은 여러분이 만들어 가는 것입니다."

8) 졸업 축사

졸업 축사는 주로 대학이나 고등학교 졸업식에서 졸업생들에게 전달하는 스피치다. 이 스피치는 졸업생들의 이전 학업 성취를 축하하고, 그들의 미래 진로와 삶에서의 도전에 대해 영감과 조언을 제공하는 역할을 한다. 졸업 축사는 희망적이고 격려적인 메시지를 전달하여, 졸업생들이 새로운 시작을 향해 나아가는 데 필요한 동기를 부여한다. 미국에서뿐만 아니라 한국에서도 졸업식 축사를 외부 유명인을 초청하기도 한다. 국민대 졸업식 축사에 졸업생인 가수 이효리가 초대되었다. 그녀는 “여러분, 인생은 혼자입니다. 마음 가는 대로 사십시오. 많이 부딪치고 체득하십시오.”라며 졸업생들에게 축사를 건넸다. 후배들에게 진솔한 축사를 마친 그녀는 자신의 히트곡 ‘치티치티 뱅뱅’을 생생한 라이브로 열창하여 졸업식 현장의 열기를 뜨겁게 달궜다.

고려사항 및 작성 가이드라인

① 감동적인 서론

졸업 축사는 졸업생들과 그들의 가족에게 감사와 축하의 말을 전하며 시작하는 것이 좋다. 이 날의 중요성과 졸업생들이 이루어낸 성취를 강조하며, 청중의 감정을 자극해야 한다. 서론에서는 이 특별한 날의 의미를 상기시키고, 모두가 이 성과에 도달하기까지의 여정을 치하하는 말로 청중의 관심을 끌어야 한다.

② 개인적 경험 공유

축사자는 자신의 경험을 통해 졸업생들이 앞으로 직면할 수 있는 도전과 기회에 대해 이야기할 수 있다. 이는 졸업생들에게 현실적인 인사이트와 동기부여를 제공한다. 경험을 공유함으로써, 어떻게 그러한 상황을 극복하고 성공으로 이끌었는지를 설명하고, 이를 통해 졸업생들이 불확실한 미래에 대처할 수 있는 힘을 실어줄 수 있다.

③ 실질적 조언 제공

졸업 축사에서는 졸업생들에게 실생활에서 유용할 수 있는 구체적이고 실질적인 조언을 제공해야 한다. 이는 경력 개발, 인간 관계 구축, 지속적인 학습의 중요성 등을 포함할 수 있다. 이러한 조언은 졸업생들이 앞으로의 삶에서 직면할 수 있는 다양한 상황에 대비하고, 지속적으로 성장하며 자신의 목표를 달성하는 데 도움이 된다.

④ 행동 촉구 및 긍정적 마무리

졸업 축사는 졸업생들에게 그들의 꿈을 향해 용감하게 나아갈 것을 독려하며 긍정적으로 마무리해야 한다. 이 부분에서는 졸업생들의 미래에 대한 긍정적인 전망을 제시하고, 그들이 자신의 가능성을 최대한 발휘하여 성공적인 삶을 영위할 수 있도록 격려해야 한다. 이것은 졸업생들이 자신감을 가지고 새로운 시작을 할 수 있도록 도와주며, 그들의 새로운 여정에 대한 희망과 기대감을 높인다.

졸업 축사 예시

“오늘은 여러분 모두에게 특별한 날입니다. 여러분의 노력과 헌신이 결실을 맺은 날입니다. 저는 여러분 각자가 자신만의 독특한 여정을 통해 이 자리에 섰다는 것을 잘 알고 있습니다. 여러분의 학업 여정에서의 성취를 축하하며, 앞으로 여러분이 삶에서 맞이할 놀라운 모험에 대해 이야기하고자 합니다. 저 역시 졸업 후 많은 도전과 기회를 경험했습니다. 가장 중요한 것은, 어떠한 상황에서도 학습하는 태도를 유지하는 것이었습니다. 여러분께 드리고 싶은 조언은, 항상 호기심을 갖고, 새로운 것을 배우려는 자세를 잃지 않는 것입니다. 또한, 인생에서 만나는 모든 사람에게 친절을 베풀고, 그들과의 관계를 소중히 여기세요. 여러분의 여정은 이제 막 시작되었습니다. 용기를 갖고 꿈을 향해 나아가세요. 오늘 여러분의 졸업을 진심으로 축하드립니다. 앞으로 여러분이 이루어낼 위대한 일들을 기대하며, 오늘 이 순간을 영원히 기억하길 바랍니다.”

[그림 14-4] **졸업 축사**

출처: 챗GPT를 활용해 만든 이미지.

9) 수여 스피치

수여 스피치는 특정 개인이나 집단에게 상을 수여할 때 진행되는 스피치다. 수여 스피치는 수상자의 성취와 공헌을 강조하고, 그들의 노력을 공식적으로 인정하는 기회를 제공한다. 수여 스피치는 보통 상을 수여하는 행사에서 행해지며, 수상자에 대한 존경과 감사의 뜻을 전달하면서 수상의 의미를 더욱 돋보이게 한다.

고려사항 및 작성 가이드라인

① 수상자에 대한 정보 수집

수여 스피치를 준비하기 위해서는 수상자의 배경, 성취, 공헌에 대해 자세히 조사하는 것이 필수적이다. 이 정보는 스피치 내용에 반영되어 수상자의 전문성, 노력 및 성과를 명확하게 강조해야 한다. 수상자의 전문 분야, 주요 업적, 사회적 공헌 등을 포괄적으로 조명함으로써 청중이 수상자의 중요성과 가치를 이해할 수 있도록 해야 한다.

② 성취 강조

수상자의 중요한 성취를 스피치에서 강조하며, 그 성취가 왜 중요한지를 상세히 설명해야 한다. 이는 청중에게 수상자의 공헌을 명확히 이해하는 데 도움을 주며, 수상자의 성취가 가져온 사회적, 전문적 혹은 기술적 영향을 강조하는 것이 포함될 수 있다. 성취를 강조하는 것은 또한 수상자의 업적을 축하하고, 그들의 노력을 공식적으로 인정하는 중요한 방법이다.

③ 감정적 연결 만들기

수여 스피치에서는 수상자의 인간적인 면모를 드러내는 개인적인 이야기나 에피소드를 공유하여 청중과의 감정적 연결을 증진시킬 수 있다. 이러한 이야기는 수상자의 개인적인 성격, 가치, 그리고 사회에 미친 긍정적인 영향을 강조함으로써 청중에게 더 큰 감동과 영감을 제공할 수 있다. 이를 통해 수상자의 성취가 단순한 전문적 업적을 넘어서 인간적인 깊이를 갖게 된다.

④ 존경과 감사의 뜻 전달

수여 스피치는 수상자에 대한 깊은 존경과 감사를 표현하는 기회다. 스피치에서는 수상자의 노력과 헌신이 얼마나 큰 가치를 지니는지 강조하며, 그들의 업적을 통해 이루어진 변화나 발전을 치하해야 한다. 수상자에 대한 감사와 존경을 표현하는 것은 그들의 성취를 더욱 빛나게 하고, 행사의 중요성을 강조하는 중요한 역할을 한다.

수여 스피치 예시

"오늘 우리는 비범한 성취와 뛰어난 기여를 한 개인에게 상을 수여하는 영광을 가집니다. 이 상의 수상자인 김소정 교수님은 지난 몇 년간 우리 커뮤니티에서 봉사와 헌신의 모범을 보여주었습니다. 그녀의 노력으로 우리 지역 사회는 더욱 풍부해졌고, 많은 사람들이 그 혜택을 받았습니다. 특히 김소정 교수님은 청소년 교육 프로그램 개발에 헌신하며, 미래 세대를 위한 튼튼한 기반을 마련했습니다. 그녀의 업적은 단순히 숫자로 표현할 수 없는 가치가 있습니다. 오늘 이

자리를 빌어 김소정 교수님에게 깊은 감사와 존경의 말씀을 전합니다. 우리 모두의 삶을 밝게 만드는 그녀의 노력에 진심으로 감사드리며, 이 상이 그녀의 노고를 기리는 작은 표시가 되길 바랍니다."

10) 헌신 스피치

헌신 스피치는 주로 새로운 건물, 기념물, 또는 다른 중요한 시설의 개관이나 출시를 기념하여 진행한다. 헌신 스피치는 해당 시설이 공동체에 제공할 가치와 중요성을 강조하며, 이를 통해 사람들에게 영감을 주고 공동체의 단합을 도모하는 데 목적이 있다.

고려사항 및 작성 가이드라인

① 시설의 중요성 강조

헌신 스피치에서는 건물이나 시설이 갖는 역사적, 문화적, 사회적 가치를 상세하게 설명해야 한다. 이 부분은 시설이 공동체에 어떤 중요한 역할을 할 것인지, 그리고 공동체의 역사나 문화에 어떻게 기여할 것인지를 강조하는 것이 중요하다. 예를 들어, 시설이 지역 문화를 보존하고 증진시키는 데 어떤 기능을 할지, 또는 사회적 결속을 강화하는 중심지가 될 것인지를 설명할 수 있다.

② 헌신의 의미 설명

프로젝트에 참여한 모든 이들의 노력과 헌신을 치하하는 것이 필수적이다. 스피치에서는 건축가, 건설 노동자, 자금 조달에 참여한 이들, 그리고 프로젝트를 지원한 모든 사람들의 기여를 강조하며, 이 프로젝트가 얼마나 많은 헌신과 노력을 요구했는지를 청중에게 전달해야 한다. 이는 프로젝트가 단순한 물리적 구조물을 넘어 사람들의 노력과 헌신의 결실임을 강조하는 방법이다.

③ 미래 지향적 메시지

해당 시설이 지역사회나 관련된 단체에 미칠 긍정적인 영향을 전망하며, 청중의 기대감을 높여야 한다. 미래에 이 시설이 어떻게 공동체의 발전에 기여할지, 어떤 활동이나 이벤트가 이곳에서 개최될 수 있는지의 예를 들어 설명함으로써, 시설의 장기적인 가치와 중요성을 강조할 수 있다. 이는 청중이 시설에 대해 더욱 흥미롭고 기대감을 가지게 하며, 공동체의 일원으로서 이 시설을 자랑스럽게 여기고 지지하도록 독려하는 효과를 준다.

헌신 스피치 예시

"오늘 우리는 이 새로운 도서관의 문을 열며, 지식과 교육의 미래에 대한 우리의 헌신을 다시 한번 확인합니다. 이 건물은 단순한 구조물이 아닌, 우리 공동체의 지적 성장과 문화적 번영을 위한 터전이 될 것입니다. 도서관이 지역 사회에 미치는 영향은 측정할 수 없을 만큼 크며, 오늘 이 자리에 계신 모든 분들의 지원과 노력 덕분입니다. 앞으로 이곳에서 수많은 학생들과 시민들이 지식을 얻고, 영감을 받으며, 삶의 질을 향상시킬 것입니다."

11) 이별사

이별사는 일반적으로 한 개인이 직장을 떠나거나, 장기간의 임무를 마치거나, 은퇴할 때 발표한다. 이 스피치는 과거의 경험을 회고하고, 동료들에게 감사를 표현하는 동시에 미래의 계획에 대한 기대감을 공유하는 기회를 제공한다.

고려사항 및 작성 가이드라인

① 회고와 감사

이별사에서는 함께 일한 동료들, 멘토, 조직에 대한 감사의 말을 전해야 한다. 공동의 성취와 기억에 남는 순간들을 되새기며, 그동안의 경험을 통해 얻은 교훈과 성장을 강조하는 것이 좋다. 이 과정에서 개인적으로 의미 있는 사건이나, 특히 도움이 되었던 동료들의 기여에 대해 구체적으로 언급하여, 그들의 공로를 인정하고 감사를 표현한다.

② 긍정적인 표현 사용

이별의 순간에도 긍정적이고 희망적인 메시지를 전달하는 것이 중요하다. 이는 남은 동료들에게 영감을 주고, 이별의 아쉬움을 넘어서 새로운 시작에 대한 긍정적인 기대를 강화할 때 도움을 준다. 스피치에서 긍정적인 미래 전망, 격려의 말, 그리고 동료들에 대한 좋은 소망을 포함시켜 청중의 마음에 긍정적인 인상을 남긴다.

③ 미래 비전 공유

자신의 다음 단계나 미래 계획에 대해 설명하는 것은 이별사에서 중요한 요소다. 이는 변화에 대한 자신감과 긍정적인 기대감을 표현하며, 자신의 새로운 목표와 비전을 공유함으로써 청중과의 연결을 강화한다. 미래 계획을 공유함으로써 청중은 연사가 앞으로 나아갈 길에 대한 통찰을 얻고, 연사의 새로운 모험에 대해 지지와 관심을 보낼 수 있다.

이별사 예시

"여러분과의 시간은 제 인생에서 가장 값진 순간들 중 일부였습니다. 함께 일하면서 많은 것을 배우고, 성장할 수 있었습니다. 여러분 모두에게 진심으로 감사드립니다. 저는 이제 새로운 도전을 맞이할 준비가 되었으며, 앞으로 저를 기다리고 있는 미래에 큰 기대를 하고 있습니다. 여러분과의 추억은 언제나 제 마음 속에 남아 있을 것이며, 저는 언제나 여러분을 응원할 것입니다. 이별은 결코 쉽지 않지만, 우리 모두가 더 나은 미래를 향해 나아갈 수 있도록 이 기회를 발판으로 삼아야 합니다. 감사합니다."

[그림 14-5] **이별사**

출처: 챗GPT를 활용해 만든 이미지.

12) 면접에서 자기소개 스피치

면접에서 자기소개 스피치는 지원자가 면접관에게 자신의 배경, 경력, 성취 및 강점을 소개하는 짧고 명료한 발표다. 자기소개 스피치는 일반적으로 면접의 첫 부분에서 이루어지며, 면접의 분위기를 설정하고 지원자가 자신을 어떻게 표현하는지를 보여주는 중요한 기회라고 할 수 있다. 이 스피치는 지원자가 자신의 적합성을 효과적으로 전달할 수 있도록 구조화되어야 한다.

자기소개 스피치는 면접관에게 첫인상을 형성할 수 있는 기회를 제공한다. 좋은 첫인상은 면접의 나머지 부분에 긍정적인 영향을 미칠 수 있다. 전문적이고 자신감 있는 태도로 자기소개를 하면 면접관은 지원자가 준비된 인재라는 인상을 받게 된다. 자기소개 스피치는 지원자가 다른 후보자들과 자신을 차별화할 수 있는 기회다. 고유한 경험, 스킬, 성취를 강조함으로써 자신의 특별함을 어필할 수 있다. 광고대행사 면접에서는 창의성과 성과를 강조하는 것이 중요하며, 이를 통해 자신이 회사에 어떻게 기여할 수 있는지 보여줄 수 있다. 면접관은 자기소개를 통해 지원자의 커뮤니케이션 능력을 평가할 수 있다.

명확하고 조직적인 자기소개는 좋은 의사소통 능력을 나타낸다. 광고대행사와 같은 창의적인 직종에서는 효과적인 커뮤니케이션이 중요하기 때문에, 자기소개 스피치는 지원자의 언어적 표현 능력을 평가하는 중요한 기준이 된다. 또한, 자기소개 스피치를 통해 지원자는 자신의 경력과 역량이 직무와 어떻게 일치하는지를 설명할 수 있다. 이는 면접관이 지원자가 해당 직무에 적합한지 판단하는 데 도움을 준다. 광고대행사 면접에서는 특히 창의적인 프로젝트 경험과 팀 협업 능력을 강조함으로써, 지원자가 회사의 문화와 요구에 맞는 인재임을 보여줄 수 있다.

마지막으로, 자기소개 스피치는 면접의 나머지 부분에 대한 방향을 설정한다. 잘 준비된 자기소개는 면접관이 추가 질문을 할 때 유용한 정보를 제공하며, 지원자가 강조하고 싶은 부분을 부각시킬 수 있다. 지원자가 특히 자신 있는 분야나 프로젝트를 언급하면, 면접관은 그 부분에 대해 더 깊이 질문할 수 있게 된다.

면접 자기소개 스피치 작성 가이드

① 주요 성취 강조

지원자가 이룬 주요 성취와 경력을 중점적으로 강조한다. 이는 지원자의 전문성과 기여를 잘 드러내어 면접관이 지원자에 대해 기대감을 갖게 한다.

• 예시: 학업 성적, 프로젝트 성과, 인턴십 경험, 연구 결과, 수상 내역 등.

② 관련성 있는 정보 제공

지원자의 배경과 관련된 정보를 제공하여, 면접관이 지원자가 해당 직무에 적합한 이유를 명확히 이해할 수 있게 한다.

• 예시: 지원자가 학습한 전공, 직무와 관련된 경험, 해당 산업에 대한 관심 등.

③ 청중과의 연결 고려

면접관과의 연결고리를 형성할 수 있는 요소를 포함한다. 이는 면접관이 지원자에게 감정적으로 연결될 수 있게 하며, 면접관이 지원자를 기억하는 데 도움이 된다.

- 예시: 공통의 경험, 관심사, 회사의 미션과 비전과의 연결점 등.

④ 간결함 유지

자기소개는 간결하고 명료해야 한다. 불필요한 정보는 제외하고, 필수적인 정보만을 포함한다. 일반적으로 1-2분 내외로 작성한다.

- 예시: 자신을 효과적으로 소개하면서도 짧고 명확한 문장을 사용.

자기소개 스피치 예시

"안녕하세요, 저는 홍익대학교 광고홍보학과를 졸업한 박지현입니다. 학부 시절, 저는 다양한 광고 캠페인 프로젝트에 참여하며 실무 경험을 쌓았습니다. 특히, 졸업 프로젝트로 진행한 '친환경 생활 습관 캠페인'은 온라인상에서 큰 호응을 얻어, 교내 광고 경진대회에서 최우수상을 수상하였습니다.

졸업 후에는 ABC 광고대행사에서 인턴으로 근무하며, 다양한 광고 매체를 활용한 통합 마케팅 커뮤니케이션(IMC) 캠페인을 기획하고 실행했습니다. 이 과정에서 얻은 가장 큰 성과는 신규 고객사의 브랜드 인지도를 30% 이상 상승시킨 것입니다. 이를 통해 고객 분석과 효과적인 메시지 전달의 중요성을 깨달았습니다.

제가 이 회사에 지원한 이유는 창의적인 아이디어를 통해 브랜드 가치를 높이고, 소비자와의 의미 있는 소통을 이끌어내는 회사의 철학이 저의 가치관과 일치하기 때문입니다. 저는 광고의 힘을 믿으며, 팀원들과 협력하여 독창적이고 효과적인 캠페인을 만드는 데 기여하고 싶습니다. 저는 창의적인 사고와 데이터 분석 능력을 바탕으로, 귀사의 광고 캠페인이 더욱 성공적으로 이루어질 수 있도록 최선을 다하겠습니다. 감사합니다."

3. 소그룹 프레젠테이션

소그룹 프레젠테이션은 소규모 청중 앞에서 정보를 공유하고 토론을 유도하는 방식이다. 이 유형의 프레젠테이션은 직접적인 피드백과 높은 참여도를 가능하게 하며, 참가자 간의 깊이 있는 상호작용을 촉진한다. 소그룹 프레젠테이션은 맞춤형 내용 제공이 용이하고, 편안한 분위기에서 효과적인 의사소통을 돕는다. 이러한 점들은 교육적 환경이나 비즈니스 회의에서 특히 중요하며, 참여자들의 이해도와 학습 효과를 높이는 데 기여한다. 소그룹 프레젠테이션에는 패널 토론, 라운드 테이블 토론, 심포지엄, 포럼, 화상회의 등이 있다.

1) 패널 토론

패널 토론은 주제에 대한 다양한 전문가의 의견을 듣기 위해 구성된 소그룹 프레젠테이션 형식이다. 전문가들이 패널로 참여하여 각자의 관점을 제시하고, 진행자가 주제에 대한 질문을 하거나 청중의 질문을 전달하며 토론을 이끈다. 이 토론은 특정 주제에 대해 깊이 있는 통찰과 다양한 관점을 제공하는 것을 목표로 한다.

패널리스트는 해당 주제에 대한 깊은 지식과 경험을 갖춘 인물로 선정해야 한다. 패널 선정 과정에서는 다양성을 고려하여 다른 배경, 전문 분야, 그리고 경험을 가진 전문가들을 포함시키는 것이 중요하다. 이는 토론에 다양한 시각을 불러일으켜 청중에게 더 넓은 해를 제공하며, 다양한 해결책과 의견을 탐색할 수 있게 한다.

진행자는 패널 토론의 중심축으로, 토론을 중립적으로 유도하고 각 패널리스트가 의견을 공정하게 제시할 수 있도록 해야 한다. 진행자는 토론이 주제에서 벗어나지 않도록 관리하고, 청중의 질문을 적절하게 전달하여 토론의 흐름을 조절하는 중요한 역할을 한다. 또한, 필요에 따라 토론을 자극하거나 다른 방향으로 유도하는 능력도 요구된다.

2) 라운드 테이블 토론

라운드 테이블 토론은 테이블을 둘러싼 참가자들이 동등한 자격으로 의견을 교환하는 소그룹 프레젠테이션 형식이다. 비공식적이며 개방된 대화가 특징으로, 참가자 모두가 활발히 참여하여 자유롭게 의견을 나누는 것을 목표로 한다.

라운드 테이블 토론에 참여하는 모든 참가자는 토론 주제에 대해 충분히 이해하고 있어야 한다. 이를 위해 참가자들은 토론에 앞서 주제와 관련된 자료를 검토하고, 자신의 관점과 정보를 준비하여 토론에 적극적으로 기여할 수 있어야 한다. 참가자들의 준비는 토론의 질을 높이고, 보다 생산적인 대화를 촉진하는 위해서는 필수적이다.

진행자는 모든 참가자가 의견을 공유할 수 있도록 대화의 균형을 맞추는 중요한 역할을 한다. 한 사람이 토론을 독점하는 것을 방지하고, 모든 참가자가 동등하게 의견을 개진할 수 있도록 유도해야 한다. 이는 토론의 다양성과 포괄성을 보장하며, 모든 참가자가 자신의 의견을 자유롭게 표현할 수 있는 환경을 조성한다.

3) 심포지엄

심포지엄은 특정 주제에 대한 여러 발표를 포함하는 소그룹 프레젠테이션 형식이다. 이는 연구 결과나 학술적인 발견을 공유하고, 주제에 대한 깊이 있는 분석을 제공하는 데 목적이 있다. 각 발표자는 주제의 특정 측면을 다루며, 발표 후에는 청중과의 질의응답 시간을 가질 수 있다.

각 심포지엄에서는 각 발표자가 주제의 특정 측면을 맡아 철저하게 준비해야 한다. 이를 위해 최신 연구 결과와 학술 자료를 광범위하게 검토하여 발표 내용을 풍부하고 심도 있게 구성해야 한다. 발표자는 자신의 부분이 심포지엄의 전체 주제와 어떻게 연결되는지를 이해하고, 청중에게 명확하고 접근하기 쉬운 방식으로 정보를 제공해야 한다.

4) 포럼

포럼은 개방된 토론 형식으로, 참가자들이 자유롭게 의견을 교환하고, 다양한 사회적, 정치적, 경제적 이슈에 대해 심도 있는 대화를 나눌 수 있는 환경을 제공한다. 이 토론 형식은 청중과 패널이 상호작용하며 진행되며, 활발한 참여와 깊은 통찰을 촉진하는 것을 목표로 한다.

포럼의 성공은 개방적이고 유도적인 질문에서 시작된다. 이러한 질문은 참가자들로 하여금 깊이 있는 의견을 공유하도록 독려하며, 다양한 관점에서 주제를 탐색할 수 있게 한다. 질문은 충분히 광범위해야 하며, 참가자들이 자신의 경험, 지식, 감정을 자유롭게 표현할 수 있도록 해야 한다.

청중의 적극적인 참여를 촉진하기 위해서는 포럼이 청중에게 개방된 환경을 제공해야 한다. 청중이 질문하고, 의견을 제시하며, 토론에 직접적으로 참여할 수 있는 기회를 마련해야 한다. 이를 위해 토론 진행 중 청중의 의견을 주기적으로 요청하고, 모든 참여자가 의견을 나눌 수 있는 충분한 시간을 보장해야 한다.

5) 화상회의

화상회의는 지리적 위치에 구애받지 않고 참가자들이 비디오와 오디오 통신 기술을 사용하여 실시간으로 효과적으로 소통할 수 있는 현대적인 프레젠테이션 형식이다. 비즈니스 미팅, 워크숍, 세미나 등 다양한 목적으로 사용된다. 화상회의는 지리적 제약을 넘어선 커뮤니케이션과 협업을 가능하게 한다.

화상회의의 성공은 사전 기술적 준비에 달려 있다. 참가자들은 안정적인 인터넷 연결을 확보해야 하며, 고품질의 오디오 및 비디오 장비 사용이 필수적이다. 이는 의사소통의 명료성을 보장하고, 회의 중 기술적 문제로 인한 중단을 최소화하는 것이 중요하다. 마이크, 웹캠, 헤드셋 등의 장비를 사전에 테스트하여 모든 기술적 요소가 정상적으로 작동하는지 확인해야 한다.

모든 참가자는 화상회의 플랫폼의 사용 방법을 사전에 숙지하고, 필요한 소프트웨어나 애플리케이션을 미리 설치해야 한다. 이는 회의 시작 전에 진행되어야 하며, 참가자들에게 필요한 로그인 정보와 사용법을 제공해야 한다. 또한, 참가자들은 회의의 목적과 의제를 미리 검토하여 준비된 상태로 참여할 수 있도록 해야 한다.

요약

특별한 상황 스피치는 중요한 사회적, 개인적 이벤트나 변화에 적합하게 설계된 스피치로, 청중의 감정을 자극하고 이벤트의 중요성을 강조한다. 이러한 스피치는 준비가 중요하며, 청중의 기대와 감정적 요구에 맞게 내용과 톤을 조절해야 한다. 감사, 기념, 애도 등 다양한 목적으로 사용되며, 스피치의 목적을 명확히 이해하고 적절한 톤과 메시지로 조절하는 능력이 필요하다. 특별한 상황 스피치는 여러 유형이 있다.

예를 들어, 소개 스피치는 이벤트에서 다른 사람을 소개할 때 사용되며, 헌사 스피치는 새로운 건물이나 시설의 개관을 기념할 때 진행된다. 또한, 동기 부여 스피치는 청중에게 영감을 주고 행동을 촉구하는 목적으로 사용된다. 각 유형은 특정 상황에 맞춰 설계되어 청중과의 감정적 연결을 촉진하고, 이벤트의 의미를 강조하는 역할을 한다. 소그룹 프레젠테이션은 소규모 청중 앞에서 정보를 공유하고 토론을 유도하는 프레젠테이션 형식이다. 이러한 프레젠테이션은 직접적인 피드백과 높은 참여도를 가능하게 하며, 참가자 간의 깊이 있는 상호작용을 촉진한다.

소그룹 프레젠테이션은 맞춤형 내용 제공이 용이하고, 편안한 분위기에서 효과적인 의사소통을 돕는다. 패널 토론, 라운드 테이블 토론, 심포지엄 등 다양한 형태가 있으며, 각 형태는 특정 주제에 대해 깊이 있는 통찰과 다양한 관점을 제공하는 데 목적이 있다. 이와 같이 특별한 상황 스피치와 소그룹 프레젠테이션은 각기 다른 상황에서 청중과의 감정적 및 지적 연결을 강화하는 중요한 수단으로 활용된다.

스피치 사례

유시민 작가의 노회찬 추모사 '故 노회찬 의원에게 보내는 유시민 작가의 편지'

추모는 죽은 사람을 그리워하는 것으로, 죽은 사람을 그리워하는 마음을 글로 표현한 것을 추모사라고 한다. 유시민 작가의 '故 노회찬 의원에게 보내는 편지' 형식의 추모사에는 유시민 작가가 고인을 그리워하는 애절한 마음이 고스란히 담겨 있다. 감정에 북받쳐 눈물을 보이기도 한 유시민 작가의 추모사에서 "완벽한 사람이어서가 아니라 좋은 사람이라서 형을 좋아했어요"라는 말은 고인이 된 노회찬 의원의 인간미를 보여준다. 추모사는 고인을 위한 남아 있는 사람들이 기억하고, 추억하기 위한 글이다. 한 사람이 어떻게 살아왔고, 사람들과 어떠한 의미 있는 관계를 만들며 살아왔는지 가늠하게 되는 글이 바로 '추모사'가 아닐까 싶다. 나는 노회찬 의원을 잘 모른다. 하지만, 그가 부끄러움을 아는 그런 정치인이었다는 것은 기억한다. 유시민 작가가 추모사에 말한 것처럼, "다음 생에는 더 좋은 곳에서 태어나세요"라고 나 역시 그렇게 말하고 싶다.

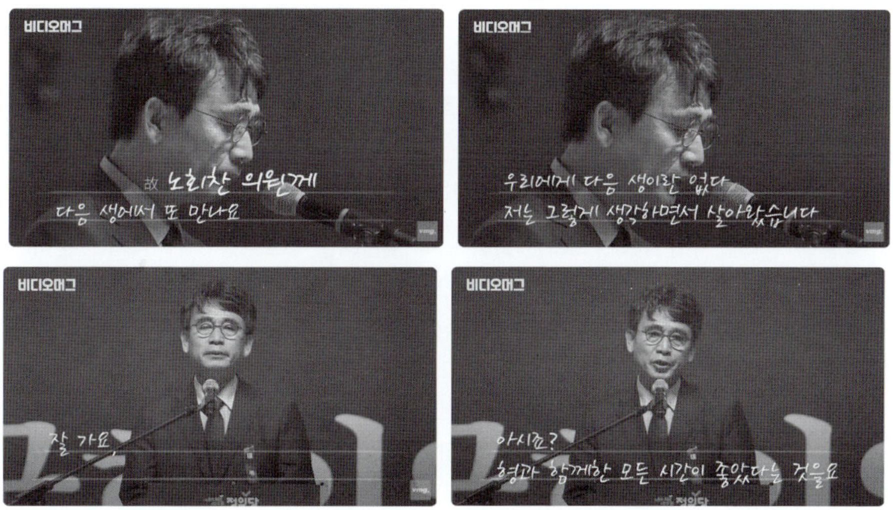

[그림 14-6] 유시민 작가의 노회찬 추모사 '故 노회찬 의원에게 보내는 유시민 작가의 편지'

출처: 비디오머그 (https://www.youtube.com/watch?v=h-1R4gF57jE)

유시민 작가의 노회찬 추모사 영상 시청하기

소소하고 사소한 이야기

어떻게 기억될 것인가에 대한 사유(思惟)

'죽음'이라는 녀석은 항상 우리 곁에 가까이 있다는 생각을 한다. 스티브 잡스도 유명한 그의 스탠포드 졸업식 축사에서 '죽음은 삶이 발명해낸 최고의 발명품'이라고 하지 않았던가.

어릴 적 살던 동네에서 상여(喪輿)가 나가는 것을 목격하고는 왠지 그 모습이 낯설고, 약간은 무섭다는 생각까지 한 적이 있다. 나이가 오십을 넘으니 '결혼식' 또는 '돌잔치'보다는 누군가의 장례식장에 더 자주 가는 듯하다. 그럴 때마다 죽음에 대해서 잠시나마 생각하고는 한다. tvN '유 퀴즈 온 더 블록'(이하 '유퀴즈')에 대한민국 장례 명장 1호 유재철 장례지도사가 출연했다. 영화 '파묘' 속 유해진 캐릭터의 모티브가 된 유재철 장례지도사는 1994년부터 장례지도사 일을 시작해 역대 대통령 6명, 법정 스님과 코미디언 송해 선생님의 장례를 치렀다. 유퀴즈 두 MC인 유재석과 조세호와의 대화에서 법정 스님은 마지막 표정 자체가 주무시는 것 같았고, 송해 선생님도 마지막 표정이 정말 편안하셨다고 전했다. 모두가 부러워 할 수 있는 그런 마지막 모습이 아닐까 싶다.

미국 텍사스 오스틴 대학 박사 과정에 있을 때 연구실 교수님의 어머니 장례식에 참석한 적이 있다. 텍사스 어느 시골 작은 교회에서 치러진 장례 미사 중에 고인과 인연이 있었던 분들이 앞으로 나와 각자 짧은 추도사를 했다. 중학생 정도로 보이는 아이에서부터 양로원 동료 할머니와 할아버지에 이르기까지 애도를 표하는 모습을 보고, 우리와는 다른 장례 문화에 대해 생각하는 기회가 되었다. 그리고 나도 누군가 내게 의미 있는 사람의 장례식에서 그를 위해 추도사를 준비해 주고 싶다는 생각이 들었다. 추도사를 통해 그의 삶을 다른 사람들과 공유하며, 그의 마지막을 함께 아쉬워하고 싶은 것은 아닐까.

살면서 매번 죽음을 생각할 수는 없다. 그러면 삶이 너무 우울해질 수도 있기에 가끔씩 누군가의 부고를 접하면, 그렇게 죽음에 대해 짧게나마 생각하게 된다. 살면서 다양한 사람들과 관계를 맺게 된다. 죽게 되면 남아 있는 사람들에게 "난 어떠한 모습으로 기억될까?"라는 생각이 들고는 한다. 가족에게는 남편으로서, 아버지로서, 동생으로서, 제자들에게는 선생님으로서, 그리고 누군가의 선배 또는 후배로서 난 그들에게 어떠한 사람으로 기억될까? 유시민 작가의 고인이 된 노회찬 의원의 추모사를 보면서 다시 그런 생각이 들었다. 그리고 노회찬을 기억하는 또 다른 사람, JTBC 앵커 손석희의 앵커 브리핑을 보면서, 누군가에게 어떻게 기억될 것인가는 진정 살아 있는 우리들의 몫이라는 생각이 들었다. 마치 오늘만 살 것처럼 내 욕심을 앞세워 누군가에게 상처 주고 살지는 않았는지 나부터 반성해 본다.

비고: JTBC 손석희의 앵커 브리핑이 궁금하다면 아래 QR 코드를 스캔하길 바란다.

출처: JTBC NEWS

부록

- 2018년 BTS 유엔 스피치 전문
- 노회찬 의원의 당대표 수락 연설 “6411번 버스라고 있습니다” 전문

2018년 BTS 유엔 스피치

Thank you, Mr. Secretary General, UNICEF Executive Director, and all the Excellencies and distinguished guests from across the world. My name is Kim Nam-joon, also known as RM, the leader of the group BTS. It's an incredible honor to be invited to an occasion with such significance for today's young generation. Last November, BTS launched the Love Myself campaign with UNICEF, building on our belief that true love first begins with loving myself.

We have been partnering with UNICEFs #ENDviolence program to protect children and young people all over the world from violence. Our fans have become a major part of this campaign with their action and with their enthusiasm. We truly have the best fans in the world.

I would like to begin by talking about myself. I was born in Ilsan, a city near Seoul, South Korea. It's a really beautiful place, with a lake, hills, and even an annual flower festival. I spent a very happy childhood there, and I was just an ordinary boy. I used to look up at the night sky in wonder, and I used to dream the dreams of a boy. I used to imagine that I was a superhero who could save the world.

In an intro to one of our early albums, there is a line that says, my heart stopped when I was maybe nine or ten. Looking back, I think that's when I began to worry about what other people thought of me and started seeing myself through their eyes. I stopped looking up at the night skies, the stars. I stopped daydreaming. Instead, I just tried to jam myself into the moulds that other people made. Soon, I began to shut out my own voice and started to listen to the voices of others. No one called out my name, and neither did I. My heart stopped and my eyes closed shut. So, like this, I, we, all lost our names. We became like ghosts.

But I had one sanctuary, and that was music. There was a small voice in me that said, "Wake up, man, and listen to yourself." But it took me quite a long time to hear music calling my real name. Even after making the decision to join BTS, there were a lot hurdles. Some people might not believe, but most people thought we were hopeless. And sometimes, I just wanted to quit. But I think I was very lucky that I didn't give it all up. And I'm sure that I, and we, will keep stumbling and falling like this.

BTS has become artists performing in those huge stadiums and selling millions of albums right now, but I am still an ordinary 24-year-old guy. If there's anything that I've achieved, it was only possible, that I have my other BTS members right by my side, and because of the love and support that our ARMY fans all over the world made for us. Maybe I made a mistake yesterday, but yesterday's me is still me. Today, I am who I am with all my faults and my mistakes. Tomorrow, I might be a tiny bit wiser, and that'll be me too. These faults and mistakes are what I am, making up the brightest stars in the constellation of my life. I have come to love myself for who I am, for who I was, and for who I hope to become.14

I would like to say one last thing. After releasing our Love Yourself albums and launching the Love Myself campaign, we started to hear remarkable stories from our fans all over the world, how our message helped them overcome their hardships in life and start loving themselves. Those stories constantly remind us of our responsibility. So, let's all take one more step. We have learned to love ourselves, so now I urge you to speak yourself.

I'd like to ask all of you, what is your name? What excites you and makes your heart beat? Tell me your story. I want to hear your voice, and I want to hear your conviction. No matter who you are, where you're from, your skin color, your gender identity, just speak yourself. Find your name and find your voice by speaking yourself.

I'm Kim Nam-joon, and also RM of BTS. I'm an idol and I'm an artist from a small town in Korea. Like most people, I've made many and plenty mistakes in my life. I have many faults and I have many more fears, but I am going to embrace myself as hard as I can, and I'm starting to love myself gradually, just little by little. What is your name? Speak yourself. Thank you very much.

Thank you very much. With so many young fans around the world, it was a pleasure having BTS with us, and I'm thankful that you use your platform and creativity to reach young audiences with positive messages about what it means to be a young person in the world today.

노회찬 의원의 당대표 수락 연설 "6411번 버스라고 있습니다."

당 대표가 되면 대표 선출 때 최고위원은 꽃다발을 하나 주는데 당 대표는 세 개씩 주는 이런 불평등과 예산낭비를 근절하겠습니다.

6411번 버스라고 있습니다. 서울 구로구 가로수 공원에서 출발해서 강남을 거쳐 개포동 주공 2단지까지 대략 2시간 정도 걸리는 노선버스입니다. 내일 아침에도 이 버스는 새벽 4시 정각에 출발합니다. 새벽 4시에 출발하는 그 버스와 4시 5분경에 출발하는 두 번째 버스는 출발한 지 15분 만에 신도림과 구로시장을 거칠 때쯤이면 좌석은 만석이 되고 버스 안 복도 길까지 사람들이 한 명 한 명 바닥에 다 앉는 진풍경이 매일 벌어집니다.

새로운 사람이 타는 일은 거의 없습니다. 매일 같은 사람이 탑니다. 그래서 시내버스인데도 마치 고정석이 있는 것처럼 어느 정류소에서 누가 타고 강남 어느 정류소에서 누가 내리는지 거의 다 알고 있는 매우 특이한 버스입니다. 이 버스 타시는 분들은 새벽 3시에 일어나서 새벽 5시 반이면 직장인 강남의 빌딩에 출근해야 하는 분들입니다. 지하철이 다니지 않는 시각이기 때문에 매일 이 버스를 탑니다. 한 명이 어쩌다 결근을 하면 누가 어디서 안 탔는지 모두가 다 알고 있습니다.

그러나 시간이 좀 흘러서 아침 출근 시간이 되고 낮에도 이 버스를 이용하는 사람들이 있고 퇴근길에도 이용하는 사람이 있지만, 그 누구도 새벽 4시와 4시 5분에 출발하는 6411번 버스가 출발점부터 거의 만석이 되어 강남의 여러 정류장에서 5 · 60대 아주머니들을 다 내려준 후에 종점으로 향하는지를 아는 사람은 거의 없습니다. 이분들이 아침에 출근하는 직장도 마찬가지입니다. 아들, 딸과 같은 수많은 직장인들이 그 빌딩을 드나들지만, 그 빌딩에 새벽 5시 반에 출근하는 아주머니들에 의해서 청소되고 정비되는 것을 의식하는 사람들은 거의 없습니다.

이분들은 태어날 때부터 이름이 있었지만 그 이름으로 불리지 않습니다. 그냥 아주머니입니다. 그냥 청소하는 미화원일 뿐입니다. 한 달에 85만원 받는 이분들이야말로 투명인간입니다. 존재하되 그 존재를 우리가 느끼지 못하고 함께 살아가는 분들입니다. 지금 현대자동차 그 고압선 철탑 위에 올라 있는 비정규직 노동자들도 마찬가지입니다. 23명씩 죽어나간 쌍용자동차 노동자들도 마찬가지입니다. 저 용산에서 지금은 몇 년째 허허벌판으로 방치되고 있는 저 남일당 그 건물에서 사라져간 다섯 분도 투명인간입니다.

저는 스스로에게 묻습니다. 이들은 아홉시 뉴스도 보지 못하고 일찍 잠자리에 들어야 하는 분들입니다. 그래서 이 분들이 유시민을 모르고 심상정을 모르고 이 노회찬을 모를 수 있습니다. 그러나 그렇다고 이 분들의 삶이 고단하지 않았던 순간이 있었겠습니까. 이분들이 그 어려움 속에서 우리 같은 사람들을 찾을 때 우리는 어디 있었습니까. 그들 눈앞에 있었습니까. 그들의 손이 닿는 곳에 있었습니까. 그들의 목소리가 들리는 곳에 과연 있었습니까.

그 누구 탓도 하지 않겠습니다. 오늘 우리가 함께 만들어가는 이 진보정의당, 대한민국을 실제로 움직여온 수많은 투명인간들을 위해 존재할 때 그 일말의 의의를 우리는 확인할 수 있을 것입니다. 사실상 그동안 이런 분들에게 우리는 투명 정당이나 다름없었습니다. 정치한다고 목소리 높여 외치지만 이분들이 필요로 할 때 이분들이 손에 닿는 거리에 우리는 없었습니다. 존재했지만 보이지 않는 정당, 투명정당. 그것이 이제까지 대한민국 진보정당의 모습이었습니다. 저는 이제 이분들이 냄새 맡을 수 있고 손에 잡을 수 있는 곳으로 이 당을 여러분과 함께 가져가고자 합니다. 여러분 준비되셨습니까?

강물은 아래로 흘러 갈수록 그 폭이 넓어진다고 합니다. 우리의 대중정당은 달리 이루어지는 것이 아니라 더 낮은 곳으로 내려갈 때 실현될 것입니다. 진보정의당의 공동대표로 이 부족한 사람을 선출해 주신 데 대해서 무거운 마음으로 수락하고자 합니다. 저는 진보정의당이 존재하는 그 시간까지, 그리고 제가 대표를 맡고 있는 동안 저의 모든 것을 바쳐서 심상정 후보를 앞장세운 진보적 정권교체에 성공하고, 그리고 우리가 바라는 모든 투명인간들의 당으로 이 진보정의당을 세우는 데 제가 가진 모든 것을 털어 넣겠습니다. 여러분, 함께합시다. 감사합니다.

참고문헌

김상준 (2015). **스피치 커뮤니케이션.** 역락.

김승종 2012). **설득과 말의 기술.** 한올출판사.

김정기 (2012). 커뮤니케이션 스타일, 동기, 주목도, 만족감, 교육효과의 관계. **스피치와 커뮤니케이션,** 18, 202–234.

문용식 (1997). **스피치 커뮤니케이션 이론과 실제.** 그리심.

박란희, 이시훈 (2009). 목소리 구성 요소의 커뮤니케이션 효과에 관한 연구. **스피치와 커뮤니케이션,** 11, 293–327.

백승권 (2022). **말 잘하는 아이, 글 잘 쓰는 아이.** 북루덴스.

오미영 (2013). **커뮤니케이션.** 커뮤니케이션북스.

오세정 (2009). 대학 스피치 교육에 대한 비판적 검토와 대안적 시각. **서강인문논총,** 25, 87–114.

우설리 (2015). **스피치 앤 커뮤니케이션면접과 발표를 위한 실전화술.** 구민사.

이범준, 조성겸 (2018). 경청 · 대화 행위 척도의 개발: 경청하기, 이해 돕는 말하기, 예의 지키기의 차원을 중심으로. **조사연구,** 19(3), 47–74.

이서영, 이상호 (2012). 비언어 커뮤니케이션 비교 연구: 한국과 미국 대통령의 취임사를 중심으로. **스피치와 커뮤니케이션,** 18, 269–309.

이유나, 허경호 (2008). 발표상황에서 발표자의 비언어적 요소가 발표자의이미지 평가 및 메시지 인지도에 미치는 영향. **스피치와 커뮤니케이션,** 10, 38–72.

임태섭 (2010). **스피치 커뮤니케이션.** 커뮤니케이션북스.

장해순, & 강태완. (2005). 스피치교육이 커뮤니케이션 능력과 불안감에 미치는 영향. **한국언론학보,** 49(1), 163–191.

정은이, 이상호. (2019). 스피치커뮤니케이션 교육이 비즈니스 직무역량에 미치는 영향에 관한 질적 연구. **기업과혁신연구,** 42(3), 1–19.

최승천 (2015). '경청' 포럼 명예이사장 정념 스님 · 홍석현 회장. 미디어붓다.

Addison, P., Ayala, J., Hunter, M., Behnke, R. R., & Sawyer, C. R. (2004). Body sensations of higher and lower anxiety sensitive speakers anticipating a public presentation. *Communication Research Reports,* 21(3), 284–290.

Addison, P., Clay, E., Xie, S., Sawyer, C. R., & Behnke, R. R. (2003). Worry as a function of public speaking state anxiety type. *Communication Reports,* 16(2), 125–131.

Ayres, J., & Ayres, T. A. (2003). Using images to enhance the impact of visualization. *Communication Reports,* 16(1), 47–55.

Bostrom, R. N. (1996). Memory, cognitive processing, and the process of "listening" a reply to Thomas and Levine. *Human Communication Research,* 23(2), 298–305.

Cope, E. M. (1877). *The rhetoric of Aristotle* (Vol. 2). University Press.

Coopman, S. J., & Lull, J. (2018). *Public speaking: The Evolving Art.* Cengage.

Festinger, L. (1959). *Cognitive Dissonance.* New York.

Jaffe, C. I. (2001). Public Speaking: Concepts and Skills for a Diverse Society. Cengage.

Imhof, M. (1998). What makes a good listener? Listening behavior in instructional settings. *International Journal of Listening,* 12(1), 81–105.

Johannesen, R. L., Valde, K. S., & Whedbee, K. E. (2008). *Ethics in human communication.* Waveland Press.

Maslow, A. H. (1987). *Motivation and Personality* (3rd ed.). SanFrancisco: Harper&Row.

Phillips, G. C., Jones, G. E., Rieger, E. J., & Snell, J. B. (1997). Normative data for the personal report of confidence as a speaker. *Journal of Anxiety Disorders,* 11(2), 215–220.

Kollins, T. K. (1996). Tips for Speakers. *Association Management,* 48(8), 175–179.

Munson, R., & Conway, D. (2001). Basics of reasoning. Wadsworth/Thomson Learning.

Ross, R. S. (1977). Speech Communication: Fundamentals and Practice. Prentice-Hall.

Seibold, D. R., Kudsi, S., & Rude, M. (1993). Does communication training make a difference?: Evidence for the effectiveness of a presentation skills program. *Journal of Applied Communication Research,* 21(2), 111-131.

Sellnow, D. D., Verderber, K. S., & Verderber, R. F. (2020). *COMM.* Cengage Learning.

Smith, T. E., & Frymier, A. B. (2006). Get 'real': Does practicing speeches before an audience improve performance?. *Communication Quarterly,* 54(1), 111–125.

Spitzberg, B. H., & Hecht, M. L. (1984). A component model of relational competence. Human *Communication Research,* 10(4), 575–599.

Toulmin, S. E. (2003). *The Uses of Argument.* Cambridge University Press.

Zabava Ford, W. S., & Wolvin, A. D. (1993). The differential impact of a basic communication course on perceived communication competencies in class, work, and social contexts. *Communication Education,* 42(3), 215–223.

Witt, P. L., & Behnke, R. R. (2006). Anticipatory speech anxiety as a function of public speaking assignment type. *Communication Education,* 55(2), 167–177.

저/ 자/ 소/ 개

엄남현 (광고학 박사: The University of Texas-Austin)

현재 홍익대학교 광고홍보학부에서 교수로 재직 중이며, 위스콘신 대학교 커뮤니케이션학과에서 조교수로 근무했다. '스피치 커뮤니케이션', '브랜디드 콘텐츠', '광고기획론', 그리고 '데이터 분석과 활용' 등 다양한 수업을 가르치고 있으며, 연구 활동은 주로 유명인 광고, 기부 광고, 금연 광고, 정치 광고, 및 광고 리터러시에 집중하고 있다. 제일기획에서 삼성그룹 광고, 삼성전자 '또 하나의 가족' 캠페인, 풀무원, 월드건설, 성균관대학교, KTF 브랜드 광고 등을 담당하며 실무경험을 쌓았다. [트리플 미디어 마케팅과 광고기획], [반갑다, 광고와 PR], [광고학개론], [디지털 시대의 광고 리터러시], [인공지능 시대의 광고윤리] 등 다수의 공저한 저서를 출판하였다.

소통으로 세상을 바꾸다

모두를 위한 스피치 커뮤니케이션

초판발행 2024년 11월 20일 **1판 1쇄 인쇄** | 2024년 11월 25일 **1판 1쇄 발행**

지은이 엄남현
펴낸이 최용구 | **펴낸곳** 도서출판 **이프레스**
주소 (04316) 서울시 용산구 원효로 89길 19 (원효로1가)
전화 02) 537-1720(영업부), 537-1721(편집부), 537-1711(팩스)
이메일 epress01@naver.com | **홈페이지** www.epress1.com
등록 2009년 12월 10일 제16-2710호
기획마케팅 최용구 장만동 최충구 송대용 | **책임편집** 석기은 황가연

ISBN 979-11-91348-69-9 93320
정가 28,000원